지식
정보
법전 04

법률·판례·법률용어·상담사례를 같이보는

헌법·헌재지식정보법전

편저 : 대한법률편찬연구회

– 사법시험·공무원시험·변호사시험을 준비하는 로스쿨재학생 및 졸업생과
법률관련 각종 시험을 준비하는 수험생들을 위한 필독서 –

법문 북스

헌법·헌법재판소법을 내면서

　憲法은 국민의 일상생활과 밀접한 관계가 있는 法律로서 모든 法令의 근원이 되고 있다.

　이 책에 수록된 헌법은 변호사시험·사법시험·법무사시험·공인회계사시험·세무사시험 등 각종 시험에 출제되는 법률로서 어느 시험을 준비하든 필수적인 법령으로 공부해야 하는 법률 과목이다.

　각 법령 마다 중요한 판례를 엄선·수록하여 법령이 실제로 어떻게 적용되는지도 파악할 수 있도록 하였고 상담사례와 관련법률용어까지 포함되어 있고 헌법재판소법을 포함하여 학습하기에 도움이 될 수 있도록 하였다.

　변화하는 현실을 담아내지 못하다면 살아있는 법령으로서의 역할을 충분히 다할 수 없기에 법령은 자주 개편되는 것이지만, 이는 법률관련 공부를 하는 수험생들에게는 적지 않은 부담이 되는 것이 사실이다. 그러나 법학이라는 길을 선택한 사람들에게는 이는 피할 수 없는 현실이고, 필자들은 이 憲法이 法學을 공부하는 분·각종 시험에 응시하는 분·實務에 종사하는 분들에게 이루고자 하는 목표를 달성하기 위한 필요한 반려자가 된다면 더없는 기쁨과 보람을 느낄 것이다.

2016年

대한법률편찬연구회
편집위원

대한민국헌법

헌법재판소법

관련법률용어

대한민국헌법

[시행 1988. 2.25]
[헌법 제10호, 1987.10.29, 전부개정]

[전부개정 1987.10.29 제10호]
[전부개정 1980.10.27 제9호]
[전부개정 1972.12.27 제8호]
[일부개정 1969.10.21 제7호]
[전부개정 1962.12.26 제6호]
[일부개정 1960.11.29 제5호]
[일부개정 1960. 6.15 제4호]
[일부개정 1954.11.29 제3호]
[일부개정 1952. 7. 7 제2호]
[제   정 1948. 7.17 제1호]

전문

  유구한 역사와 전통에 빛나는 우리 대한국민은 3·1운동으로 건립된 대한민국 임시정부의 법통과 불의에 항거한 4·19민주이념을 계승하고, 조국의 민주개혁과 평화적 통일의 사명에 입각하여 정의·인도와 동포애로써 민족의 단결을 공고히 하고, 모든 사회적 폐습과 불의를 타파하며, 자율과 조화를 바탕으로 자유민주적 기본질서를 더욱 확고히 하여 정치·경제·사회·문화의 모든 영역에 있어서 각인의 기회를 균등히 하고, 능력을 최고도로 발휘하게 하며, 자유와 권리에 따르는 책임과 의무를 완수하게 하여, 안으로는 국민생활의 균등한 향상을 기하고 밖으로는 항구적인 세계평화와 인류공영에 이바지함으로써 우리들과 우리들의 자손의 안전과 자유와 행복을 영원히 확보할 것을 다짐하면서 1948년 7월 12일에 제정되고 8차에 걸쳐 개정된 헌법을 이제 국회의 의결을 거쳐 국민투표에 의하여 개정한다.

1987년 10월 29일

제1장 총강

제1조 ①대한민국은 민주공화국이다.
  ②대한민국의 주권은 국민에게 있고, 모든 권력은 국민으로부터 나온다.

제2조 ①대한민국의 국민이 되는 요건은 법률로 정한다.
  ②국가는 법률이 정하는 바에 의하여 재외국민을 보호할 의무를 진다.

제3조 대한민국의 영토는 한반도와 그 부속도서로 한다.

판례-간통,무고,증회,도주
[대법원 1955.3.4, 4285형상114]

【판시사항】
가. 위헌의 법률과 그 효력
나. 의례의 범위를 초과한 다액의 향응과 뇌물성

【판결요지】
가. 위헌의 법률도 헌법위원회의 위헌결정이 없는 한 효력이 있다.
나. 다액의 향응은 사회적 의례의 범위에 속하지 아니한다.

제4조 대한민국은 통일을 지향하며, 자유민주적 기본질서에 입각한 평화적 통일 정책을 수립하고 이를 추진한다.

제5조 ①대한민국은 국제평화의 유지에 노력하고 침략적 전쟁을 부인한다.
②국군은 국가의 안전보장과 국토방위의 신성한 의무를 수행함을 사명으로 하며, 그 정치적 중립성은 준수된다.

제6조 ①헌법에 의하여 체결·공포된 조약과 일반적으로 승인된 국제법규는 국내법과 같은 효력을 가진다.
②외국인은 국제법과 조약이 정하는 바에 의하여 그 지위가 보장된다.

판례-해고무효확인
[대법원 1998.12.17, 선고, 97다39216, 전원합의체 판결]

【판시사항】
[1] 외국국가에 대한 재판권에 관한 국제관습법
[2] 우리 나라 법원의 외국국가에 대한 재판권의 유무 및 그 범위

【판결요지】
[1] 국제관습법에 의하면 국가의 주권적 행위는 다른 국가의 재판권으로부터 면제되는 것이 원칙이라 할 것이나, 국가의 사법적(私法的) 행위까지 다른 국가의 재판권으로부터 면제된다는 것이 오늘날의 국제법이나 국제관례라고 할 수 없다.
[2] 우리 나라의 영토 내에서 행하여진 외국의 사법적 행위가 주권적 활동에 속하는 것이거나 이와 밀접한 관련이 있어서 이에 대한 재판권의 행사가 외국의 주권적 활동에 대한 부당한 간섭이 될 우려가 있다는 등의 특별한 사정이 없는 한, 외국의 사법적(私法的) 행위에 대하여는 당해 국가를 피고로 하여 우리 나라의 법원이 재판권을 행사할 수 있다.

제7조 ①공무원은 국민전체에 대한 봉사자이며, 국민에 대하여 책임을 진다.
②공무원의 신분과 정치적 중립성은 법률이 정하는 바에 의하여 보장된다.

제8조 ①정당의 설립은 자유이며, 복수정당제는 보장된다.

②정당은 그 목적·조직과 활동이 민주적이어야 하며, 국민의 정치적 의사형성에 참여하는데 필요한 조직을 가져야 한다.

③정당은 법률이 정하는 바에 의하여 국가의 보호를 받으며, 국가는 법률이 정하는 바에 의하여 정당운영에 필요한 자금을 보조할 수 있다.

④정당의 목적이나 활동이 민주적 기본질서에 위배될 때에는 정부는 헌법재판소에 그 해산을 제소할 수 있고, 정당은 헌법재판소의 심판에 의하여 해산된다.

판례-대통령긴급조치위반·반공법 위반(대통령 긴급조치 제4호 위반사건)

[대법원 2013.5.16, 선고, 2011도2631, 전원합의체 판결]

【판시사항】

[1] 폐지된 형벌 관련 법령이 당초부터 위헌·무효인 경우, 그 법령을 적용하여 공소가 제기된 피고사건에 대하여 법원이 취할 조치(=무죄의 선고) 및 재심 사건에서 형벌 관련 법령이 당초부터 위헌·무효인 경우 무죄사유에 해당하는지 여부(적극)

[2] 이른바 유신헌법 제53조에 근거를 둔 '대통령긴급조치 제4호'가 그 폐지 이전부터 헌법에 위배되어 무효인지 여부(적극)

【판결요지】

[1] 형벌에 관한 법령이 헌법재판소의 위헌결정으로 인하여 소급하여 그 효력을 상실하였거나 법원에서 위헌·무효로 선언된 경우, 당해 법령을 적용하여 공소가 제기된 피고사건에 대하여는 형사소송법 제325조에 따라 무죄를 선고하여야 한다. 나아가 재심이 개시된 사건에서 형벌에 관한 법령이 재심판결 당시 폐지되었다 하더라도 그 폐지가 당초부터 헌법에 위배되어 효력이 없는 법령에 대한 것이었다면 형사소송법 제325조 전단이 규정하는 '범죄로 되지 아니한 때'의 무죄사유에 해당하는 것이지, 형사소송법 제326조 제4호에서 정한 면소사유에 해당한다고 할 수 없다.

[2] 구 대한민국헌법(1980. 10. 27. 헌법 제9호로 전부 개정되기 전의 것, 이하 '유신헌법'이라 한다) 제53조에 기한 대통령긴급조치 제4호는 그 발동 요건을 갖추지 못한 채 목적상 한계를 벗어나 민주주의의 본질적 요소인 표현의 자유를 침해하고, 영장주의에 위배되며, 법관에 의한 재판을 받을 권리와 학문의 자유 및 대학의 자율성 등 헌법상 보장된 국민의 기본권을 침해하는 것이므로, 그것이 폐지되기 이전부터 유신헌법은 물론 현행 헌법에 비추어 보더라도 위헌·무효이다.

제9조 국가는 전통문화의 계승·발전과 민족문화의 창달에 노력하여야 한다.

판례-급수사용료초과처분취소

[대법원 1971.6.22, 선고, 71누45,46, 판결]

【판시사항】

상수도의 요율을 정함에 있어 수요자의 종별에 따라 차등을 두었다 하여 이를 헌법제9조의 정신에 반하는 것이라도 볼 수 없다.

【판결요지】

처 명의의 수도전에 의한 급수를 이용하여 자기 명의의 영업허가하에 목욕탕을 경영하는 자는 서울특별시급수조례 제2조 제5호에서 말하는 급수사용자에 해당하고, 따라서 처에 대한 급수사용료 부과처분에 대하여 법률적인 이해관계있는 자라 할 것이다.

제2장 국민의 권리와 의무

제10조 모든 국민은 인간으로서의 존엄과 가치를 가지며, 행복을 추구할 권리를 가진다. 국가는 개인이 가지는 불가침의 기본적 인권을 확인하고 이를 보장할 의무를 진다.

판례-공직선거법위반

[대법원 2013.11.28. 선고, 2010도12244, 판결]

【판시사항】
[1] 국민의 사생활 영역에 관계된 증거의 제출이 허용되는지 판단하는 기준 및 이때 법원이 고려하여야 할 사항
[2] 구 공직선거법 제85조 제1항에서 정한 '공무원의 지위를 이용하여'의 의미
[3] 구 공직선거법 제86조 제1항 제2호에서 정한 '선거운동의 기획에 참여하는 행위'의 의미 및 공무원이 선거운동의 기획에 '참여'하였다고 인정하기 위한 요건

【판결요지】
[1] 국민의 인간으로서의 존엄과 가치를 보장하는 것은 국가기관의 기본적인 의무에 속하고 이는 형사절차에서도 당연히 구현되어야 하지만, 국민의 사생활 영역에 관계된 모든 증거의 제출이 곧바로 금지되는 것으로 볼 수는 없으므로 법원으로서는 효과적인 형사소추 및 형사소송에서 진실발견이라는 공익과 개인의 인격적 이익 등 보호이익을 비교형량하여 그 허용 여부를 결정하여야 한다. 이때 법원이 그 비교형량을 함에 있어서는 증거수집 절차와 관련된 모든 사정 즉, 사생활 내지 인격적 이익을 보호하여야 할 필요성 여부 및 정도, 증거수집 과정에서 사생활 기타 인격적 이익을 침해하게 된 경위와 침해의 내용 및 정도, 형사소추의 대상이 되는 범죄의 경중 및 성격, 피고인의 증거동의 여부 등을 전체적·종합적으로 고려하여야 하고, 단지 형사소추에 필요한 증거라는 사정만을 들어 곧바로 형사소송에서 진실발견이라는 공익이 개인의 인격적 이익 등 보호이익보다 우월한 것으로 섣불리 단정하여서는 아니 된다.
[2] 구 공직선거법(2010. 1. 25. 법률 제9974호로 개정되기 전의 것) 제85조 제1항에서 '공무원의 지위를 이용하여'라는 개념은 공무원이 개인의 자격으로서가 아니라 공무원의 지위와 결부되어 선거운동을 하는 행위를 뜻하는 것으로, 공무원의 지위에 있기 때문에 특히 선거운동을 효과적으로 할 수 있는 영향력 또는 편익을 이용하는 것을 의미하고, 구체적으로는 그 지위에 수반되는 신분상의 지휘감독권, 직무권한, 담당사무 등과 관련하여 공무원이 직무를 행하는 사무소 내부 또는 외부의 사람에게 작용하는 것도 포함된다.
[3] 구 공직선거법(2010. 1. 25. 법률 제9974호로 개정되기 전의 것) 제86조 제1항 제2호의 '선거운동의 기획에 참여하는 행위'란 당선되게 하거나 되지 못하게 하기 위한 선거운동에는 이르지 아니한 것으로서, 선거운동의 효율적 수행을 위한 일체의 계획 수립에 참여하는 행위를 말하는 것으로 해석하여야 하고, 반드시 구체적인 선거운동을 염두에 두고 선거운동을 할 목적으로 그에 대한 기획에 참여하는 행위만을 의미하는 것으로 볼 수는 없으나, 공무원이 선거운동의 기획에 '참여'하였다고 하기 위해서는 그러한 선거운동방안 제시 등으로 후보자의 선거운동 계획 수립에 직접적·간접적으로 관여하였음이 증명되어야 하고, 단지 공무원이 개인적으로 후보자를 위한 선거운동에 관한 의견을 표명하였다는 사정만으로 선거운동의 효율적 수행을 위한 일체의 계획 수립에 참여하였다고 단정할 수는 없다.

제11조 ①모든 국민은 법 앞에 평등하다. 누구든지 성별·종교 또는 사회적 신분에
의하여 정치적·경제적·사회적·문화적 생활의 모든 영역에 있어서 차별을 받지 아니한다.
②사회적 특수계급의 제도는 인정되지 아니하며, 어떠한 형태로도 이를 창설할 수 없다.
③훈장등의 영전은 이를 받은 자에게만 효력이 있고, 어떠한 특권도 이에 따르
지 아니한다.

제12조 ①모든 국민은 신체의 자유를 가진다. 누구든지 법률에 의하지 아니하고는
체포·구속·압수·수색 또는 심문을 받지 아니하며, 법률과 적법한 절차에 의하지
아니하고는 처벌·보안처분 또는 강제노역을 받지 아니한다.
②모든 국민은 고문을 받지 아니하며, 형사상 자기에게 불리한 진술을 강요당하
지 아니한다.
③체포·구속·압수 또는 수색을 할 때에는 적법한 절차에 따라 검사의 신청에 의
하여 법관이 발부한 영장을 제시하여야 한다. 다만, 현행범인인 경우와 장기 3
년 이상의 형에 해당하는 죄를 범하고 도피 또는 증거인멸의 염려가 있을 때에
는 사후에 영장을 청구할 수 있다.
④누구든지 체포 또는 구속을 당한 때에는 즉시 변호인의 조력을 받을 권리를
가진다. 다만, 형사피고인이 스스로 변호인을 구할 수 없을 때에는 법률이 정하
는 바에 의하여 국가가 변호인을 붙인다.
⑤누구든지 체포 또는 구속의 이유와 변호인의 조력을 받을 권리가 있음을 고지
받지 아니하고는 체포 또는 구속을 당하지 아니한다. 체포 또는 구속을 당한 자의 가족
등 법률이 정하는 자에게는 그 이유와 일시·장소가 지체없이 통지되어야 한다.
⑥누구든지 체포 또는 구속을 당한 때에는 적부의 심사를 법원에 청구할 권리를
가진다.
⑦피고인의 자백이 고문·폭행·협박·구속의 부당한 장기화 또는 기망 기타의 방법
에 의하여 자의로 진술된 것이 아니라고 인정될 때 또는 정식재판에 있어서 피
고인의 자백이 그에게 불리한 유일한 증거일 때에는 이를 유죄의 증거로 삼거
나 이를 이유로 처벌할 수 없다.

판례-폭행·공무집행방해·사기
[대법원 2015.6.25, 선고, 2014도17252, 전원합의체 판결]

【판시사항】
소송촉진 등에 관한 특례법 제23조에 따라 진행된 제1심의 불출석 재판에 대하여 검
사만 항소하고 항소심도 불출석 재판으로 진행한 후에 제1심판결을 파기하고 새로 또
는 다시 유죄판결을 선고하여 유죄판결이 확정된 경우, 같은 법 제23조의2 제1항을 유
추 적용하여 항소심 법원에 재심을 청구할 수 있는지 여부(적극) / 이때 피고인이 상
고권회복에 의한 상고를 제기하여 위 사유를 상고이유로 주장하는 경우, 형사소송법
제383조 제3호에서 상고이유로 정한 원심판결에 '재심청구의 사유가 있는 때'에 해당
하는지 여부(적극) 및 위 사유로 파기되는 사건을 환송받아 다시 항소심 절차를 진행
하는 원심이 취해야 할 조치

【판결요지】
[다수의견] 소송촉진 등에 관한 특례법(이하 '소송촉진법'이라 한다) 제23조(이하 '특례
규정'이라 한다)와 소송촉진법 제23조의2 제1항(이하 '재심 규정'이라 한다)의 내용 및
입법 취지, 헌법 및 형사소송법에서 정한 피고인의 공정한 재판을 받을 권리 및 방어

권의 내용, 적법절차를 선언한 헌법 정신, 귀책사유 없이 불출석한 상태에서 제1심과 항소심에서 유죄판결을 받은 피고인의 공정한 재판을 받을 권리를 실질적으로 보호할 필요성 등의 여러 사정들을 종합하여 보면, 특례 규정에 따라 진행된 제1심의 불출석 재판에 대하여 검사만 항소하고 항소심도 불출석 재판으로 진행한 후에 제1심판결을 파기하고 새로 또는 다시 유죄판결을 선고하여 유죄판결이 확정된 후에도, 재심 규정을 유추 적용하여 귀책사유 없이 제1심과 항소심의 공판절차에 출석할 수 없었던 피고인은 재심 규정이 정한 기간 내에 항소심 법원에 유죄판결에 대한 재심을 청구할 수 있다. 그리고 피고인이 재심을 청구하지 않고 상고권회복에 의한 상고를 제기하여 위 사유를 상고이유로 주장한다면, 이는 형사소송법 제383조 제3호에서 상고이유로 정한 원심판결에 '재심청구의 사유가 있는 때'에 해당한다고 볼 수 있으므로 원심판결에 대한 파기사유가 될 수 있다. 나아가 위 사유로 파기되는 사건을 환송받아 다시 항소심 절차를 진행하는 원심으로서는 피고인의 귀책사유 없이 특례 규정에 의하여 제1심이 진행되었다는 파기환송 판결 취지에 따라, 제1심판결에 형사소송법 제361조의5 제13호의 항소이유에 해당하는 재심 규정에 의한 재심청구의 사유가 있어 직권 파기 사유에 해당한다고 보고, 다시 공소장 부본 등을 송달하는 등 새로 소송절차를 진행한 다음 새로운 심리 결과에 따라 다시 판결을 하여야 한다.

[대법관 민일영, 대법관 권순일의 반대의견] 법률에 명문의 규정이 있고 의미와 내용이 명확한 경우에는 그 규정에 부족함이나 불합리한 점이 있다고 하더라도 국회의 입법을 통해 보완해 나가야 옳지, 그러한 절차를 거치지 않고 법원이 곧바로 명문의 규정에 어긋나게 해석하거나 입법자의 의사를 추론하여 새로운 규범을 창설하여서는 안 된다. 재심 규정이 '특례 규정에 따라 유죄 판결을 받고 그 판결이 확정된 경우'에 재심을 청구할 수 있다고 규정하고, 나아가 재심의 관할법원을 '원판결 법원'이 아닌 '제1심 법원'으로 한정하고 있는 점에 비추어 보면, 재심 규정은 제1심의 피고인 불출석 재판에 의하여 유죄판결이 확정된 경우에만 제1심 법원에 재심을 청구하는 것을 허용하고 있을 뿐, 제1심에 이어 항소심도 피고인 불출석 재판으로 진행한 후 제1심판결을 파기하고 다시 유죄판결을 선고하여 확정된 경우에는 재심을 허용하지 않고 있음이 분명하다. 형사소송법상 재심은 확정된 종국판결에 중대한 하자가 있음을 이유로 판결의 기판력을 깨뜨려 부당함을 시정하는 사후적인 구제절차이므로, 재심사유는 형사소송법이 열거하고 있는 사유에 한정되고 그 이외의 사유는 허용되지 않는다. 이러한 재심사유의 엄격성을 완화하기 위하여 헌법재판소법 등 개별 법률로 재심사유를 확장해 가고 있기는 하지만, 여전히 재심사유는 법률로 엄격히 제한되어 법률에서 제한적으로 인정하는 사유 이외에는 허용되지 않는다.

결론적으로, 제1심에 이어 항소심도 피고인 불출석 재판으로 진행하여 제1심판결을 파기하고 다시 유죄판결을 선고하여 확정된 경우에도 재심 규정을 유추 적용하여 항소심 법원에 재심을 청구할 수 있다는 다수의견은 정당한 법률해석의 한계를 벗어나 사실상 입법을 한 것이나 다름없어 받아들이기 어렵다.

제13조 ①모든 국민은 행위시의 법률에 의하여 범죄를 구성하지 아니하는 행위로 소추되지 아니하며, 동일한 범죄에 대하여 거듭 처벌받지 아니한다.
②모든 국민은 소급입법에 의하여 참정권의 제한을 받거나 재산권을 박탈당하지 아니한다.
③모든 국민은 자기의 행위가 아닌 친족의 행위로 인하여 불이익한 처우를 받지 아니한다.

판례-도로교통법위반(무면허운전)·도로교통법위반(음주운전)
[대법원 2014.7.10, 선고, 2014도5868, 판결]

【판시사항】
도로교통법 제148조의2 제1항 제1호를 적용하고 다시 형법 제35조에 의한 누범가중을 허용하는 것이 헌법상 일사부재리나 이중처벌금지에 반하는지 여부(소극)

【이 유】
상고이유를 판단한다.
도로교통법 제148조의2 제1항 제1호(이하 '이 사건 법률조항'이라고 한다)는 입법취지가 반복적 음주운전행위에 대한 법정형을 강화하기 위한 데 있다고 보이고, 조문의 체계가 일정한 구성요건을 규정하는 형식으로 되어 있으며, 적용요건이나 효과도 형법 제35조와 달리 규정되어 있는 점, 누범을 가중 처벌하는 이유는 전범에 대한 형벌에 의하여 주어진 기왕의 경고를 무시하고 다시 범죄를 저질렀다는 점에서 비난가능성 및 책임이 높기 때문이지 전범에 대하여 처벌을 받았음에도 다시 범행을 하는 경우에 전범도 후범과 일괄하여 다시 처벌한다는 것은 아닌 점 등에 비추어 보면, 이 사건 법률조항을 적용하고 다시 형법 제35조에 의한 누범가중을 허용한다고 하더라도 헌법상의 일사부재리나 이중처벌금지에 반한다고 볼 수 없다.
그렇다면 원심이 유지한 제1심판결이 피고인의 이 사건 범죄행위에 대하여 이 사건 법률조항을 적용한 후 다시 형법 제35조에 의하여 누범가중을 한 조치는 정당하고, 거기에 피고인이 주장하는 바와 같은 일사부재리 원칙을 위반한 잘못이 없다.
그러므로 상고를 기각하기로 하여 관여 대법관의 일치된 의견으로 주문과 같이 판결한다.

제14조 모든 국민은 거주·이전의 자유를 가진다.

제15조 모든 국민은 직업선택의 자유를 가진다.

판례-교사임용시험불합격처분취소
[대법원 2009.11.26, 선고, 2009두6759, 판결]

【판시사항】
복수·부전공 가산점 적용시한을 규정하고 있는 교육공무원법 부칙(2004. 10. 15.) 제2조가 헌법상 공무담임권, 직업선택의 자유, 행복추구권 등 기본권을 제한하거나 신뢰보호의 원칙, 평등의 원칙에 위배되는지 여부(소극)

【이 유】
상고이유를 판단한다.
복수·부전공 가산점 적용시한을 규정하고 있는 교육공무원법(2004. 10. 15. 법률 제7223호로 개정된 것) 부칙 제2조(이하 '이 사건 가산점 조항'이라 한다)는 침해받은 신뢰이익의 보호가치, 침해의 중한 정도 및 방법, 이를 통하여 실현하고자 하는 공익적 목적을 종합적으로 비교형량 할 때, 헌법상의 신뢰보호원칙에 위배된다고 볼 수 없고, 복수·부전공 가산점은 그 적용대상에서 제외된 자의 공무담임권을 제한하는 성격이 중대하므로 복수·부전공 가산점을 폐지하기로 하면서, 복수·부전공 이수예정자 또는 이수자에 대한 신뢰이익을 보호하기 위하여 이 사건 가산점 조항에서 경과규정을 둔 것이므로, 헌법상의 공무담임권, 직업선택의 자유 및 행복추구권 등 기본권이 제한된다고 보기 어려우며, 임용시험에서 복수·부전공자에게 가산점을 부여할 것인지 여부 및 가산점 적용시한을 어떻게 규정할 것인지는 입법자에게 광범위한 재량이 부여되는 영역으로서, 입법자가 각 개인마다 가산점 부여 여부가 복잡하게 적용되는 것을 방지하고 제도의 한시적 운영이라는 취지에 따라 복수전공 가산점 부여 여부를 병역의무의 이행을 위한 경우를 제외한 휴학이나 복수·부전공 가산점을 받기 위한 학점 취득 등과 같은 개인적인 사정을 감안하지 않고 일률적으로 입학년도라는 기준에 따라 결정하였다고 하여 이를 두고 재량의 범위를 넘어서는 합리적인 이유 없는 차별에 해당한다고 보기 어려울 뿐만 아니라, 이 사건 가산점 조항이 신설되기 전의 2001학년도 입학생에게는 2006년도에 공고되는 공개전형까지만 가산점을 부여하면서도, 이 사건 가산점 조항이 신설된 이후에 복수전공을 시작한 2004학년도 및 2005학년도 입학생들을 가산점 제도의 적용대상에 포함시키고 부여 횟수 또한 이 사건 가산점 조항이 신설되기 전에 복수전공을 시작한 응시자들과 동일하게 규정하였다고 하여 이를 두고 재량의 범위를 넘어서는 합리적인 이유 없는 차별에 해당한다고 보기 어려우므로, 이 사건 가산점 조항이 헌법상의 평등의 원칙에 위배된다고 할 수도 없다 (헌법재판소 2009. 10. 29. 선고 2008헌바77, 167 결정 참조).
원심은, 입학년도를 기준으로 일률적으로 3년 동안 복수전공 가산점을 부여하고 있는 이 사건 가산점 조항은 헌법상의 기본권인 평등권, 공무담임권, 직업선택의 자유, 행복추구권 등의 본질적 내용을 침해하는 것으로서 헌법에 위배된다는 원고의 주장에 대하여, ① 이 사건 가산점 조항은 입법자가 기존의 복수·부전공 가산점을 궁극적으로는 폐지하되 이를 알고 준비해 온 응시자의 신뢰이익을 보호하기 위하여 한시적으로 운영하기로 하여 신설한 것으로서, 광범위한 입법재량의 범위 내에서 이루어진 입법행위이므로, 그 자체로는 평등권, 공무담임권, 직업선택의 자유의 본질적 내용을 침해한다거나 비례의 원칙에 위배된다고 할 수 없고, ② 복수·부전공 가산점 부여를 응시자의 개인적인 의사나 사정에 따라 결정되게 되면 오히려 개인에 따라서는 최장 시한인 2010년도 이후에도 가산점이 적용될 수 있는 경우가 발생하여 그 제도의 한시적 운영이라는 입법자의 의사에 반하게 되는 점, 복수·부전공 가산점 부여 여부가 각 개인마다 복잡하게 적용되어 제도의 일률적인 시행이 어렵게 되는 점 등에 비추어 보면, 이 사건 가산점 조항이 응시자에게 최대 3회의 복수·부전공 가산점 부여의 기회를 주기로 하여 응시자의 입학년도를 기준으로 하여 일률적으로 시한을 설정한 것을 두고 객관성이나 합리성을 일탈한 것이라고 볼 수 없으며, ③ 전체 임용시험 응시자들에게 공평한 응시기회를 부여할 필요성보다 가산점 제도가 계속될 것으로 생각하고 임용시험을 준비해 온 일부 학생들의 신뢰이익을 보호할 필요성이 크다고 보기 어려우므로, 신뢰보호의 원칙에 위배된다고 할 수 없고, ④ 이 사건 가산점 조항에서 가산점 제도 적용시한의 연장을 인정하고 있는 사유인 병역법에 의한 의무복무기간과 비교하여 복수전공 또는 부전공을 이수하는 바람에 졸업연도가 늦어져 실질적으로 가산점 제도의 혜택을 받을 수 있는 응시기회가 줄어들게 되었다는 사정은 응시자의 개인적인 사정에 가깝고, 복수전공자 또는 부전공자에게 추가 응시기회를 인정하는 예외를 만들 경우 질병, 가정형편, 해외유학 등 다른 여러 가지 사정 때문에 늦게 졸업을 하게 된 학생들과의 형평성 문제가 제기될 가능성도 있다는 점 등을 종합적으로 고려해 보면, 복수전공자나 부전공자에 대하여도 입학년도를 기준으로 일률적으로 가산점 제도의 적용시한을 정한 것이 현저히 입법재량에 위배된 것이라고 할 수 없다는 이유로, 이를 배척하고, 이 사건 가산점 조항을 적용하여 원고를 불합격 처리한 피고의 이 사건 처분은 적법하다고 판단하였는바, 앞서 본 법리와 기록에 비추어 살펴보면, 위와 같은 원심의 판단은 옳은 것으로 수긍이 되고, 거기에 상고이유의 주장과 같은 위법이 있다고 할 수 없다.
그러므로 상고를 기각하고 상고비용은 패소자가 부담하도록 하여 관여 대법관의 일치된 의견으로 주문과 같이 판결한다.

제16조 모든 국민은 주거의 자유를 침해받지 아니한다. 주거에 대한 압수나 수색을 할 때에는 검사의 신청에 의하여 법관이 발부한 영장을 제시하여야 한다.

제17조 모든 국민은 사생활의 비밀과 자유를 침해받지 아니한다.

판례-사생활침해 행위금지등

[대법원 2013.6.27. 선고, 2012다31628, 판결]

【판시사항】

[1] 불법행위를 구성하는 사생활의 비밀과 자유 또는 초상권에 대한 부당한 침해가 공개된 장소에서 이루어졌다거나 민사소송의 증거를 수집할 목적으로 이루어졌다고 하여 정당화되는지 여부(소극)

[2] 사생활과 관련된 사항의 공개에 관하여 위법성이 조각되기 위한 요건 및 초상권 또는 사생활의 비밀과 자유를 침해하는 행위의 위법성을 판단할 때 고려하여야 할 요소와 위법성조각에 관한 증명책임의 소재

[3] 甲 주식회사 등이 乙, 丙의 동의 없이 乙 등의 양가 상견례, 데이트 장면 등을 상세히 묘사하고, 乙 등을 무단으로 촬영한 사진을 싣는 보도를 한 사안에서, 甲 회사 등은 공동불법행위자로서 乙 등이 입은 정신적 손해를 배상할 의무가 있다고 한 사례

【판결요지】

[1] 헌법 제10조 제1문, 제17조, 제21조 제4항, 형법 제316조, 제317조 등 여러 규정을 종합하여 보면, 사람은 자신의 사생활의 비밀에 관한 사항을 함부로 타인에게 공개당하지 아니할 법적 이익을 가진다고 할 것이므로, 개인의 사생활의 비밀에 관한 사항은 그것이 공공의 이해와 관련되어 공중의 정당한 관심의 대상이 되는 사항이 아닌 한, 비밀로서 보호되어야 한다. 또한 사람은 누구나 자신의 얼굴 기타 사회통념상 특정인임을 식별할 수 있는 신체적 특징에 관하여 함부로 촬영 또는 그림묘사되거나 공표되지 아니하며 영리적으로 이용당하지 아니할 권리를 가지는데, 이러한 초상권도 헌법 제10조 제1문에 의하여 헌법적으로 보장되는 권리이다. 그러므로 사생활의 비밀과 자유 또는 초상권에 대한 부당한 침해는 불법행위를 구성하고, 그 침해는 그것이 공개된 장소에서 이루어졌다거나 민사소송의 증거를 수집할 목적으로 이루어졌다는 사유만으로는 정당화되지 아니한다.

[2] 개인의 사생활과 관련된 사항의 공개가 사생활의 비밀을 침해하는 것이더라도, 사생활과 관련된 사항이 공공의 이해와 관련되어 공중의 정당한 관심의 대상이 되는 사항에 해당하고, 공개가 공공의 이익을 위한 것이며, 표현내용·방법 등이 부당한 것이 아닌 경우에는 위법성이 조각될 수 있다. 초상권이나 사생활의 비밀과 자유를 침해하는 행위를 둘러싸고 서로 다른 두 방향의 이익이 충돌하는 경우에는 구체적 사안에서의 사정을 종합적으로 고려한 이익형량을 통하여 침해행위의 최종적인 위법성이 가려진다. 이러한 이익형량과정에서, 첫째 침해행위의 영역에 속하는 고려요소로는 침해행위로 달성하려는 이익의 내용 및 중대성, 침해행위의 필요성과 효과성, 침해행위의 보충성과 긴급성, 침해방법의 상당성 등이 있고, 둘째 피해이익의 영역에 속하는 고려요소로는 피해법익의 내용과 중대성 및 침해행위로 인하여 피해자가 입는 피해의 정도, 피해이익의 보호가치 등이 있다. 그리고 일단 권리의 보호영역을 침범함으로써 불법행위를 구성한다고 평가된 행위가 위법하지 아니하다는 점은 이를 주장하는 사람이 증명하여야 한다.

[3] 甲 주식회사 등이 乙, 丙의 동의 없이 乙 등의 사생활 영역에 속하는 양가 상견례, 데이트 장면 등을 상세히 묘사하고, 乙 등을 무단으로 촬영한 사진을 함께 싣는 보도를 한 사안에서, 甲 회사 등은 위 보도를 통해 乙 등의 사생활의 비밀과 자유, 乙의 초상권을 침해하였으므로 공동불법행위자로서 乙 등이 입은 정신적 손해를 배상할 의무가 있다고 한 사례.

제18조 모든 국민은 통신의 비밀을 침해받지 아니한다.

제19조 모든 국민은 양심의 자유를 가진다.

판례-손해배상(기)
[서울중앙지법 2013.2.20, 선고, 2012가단93143, 판결 : 확정]

【판시사항】
甲 등이 국가보안법 위반 등의 혐의로 구속되었는데, 구치소 공무원들이 시국 사건으로 수감되었던 사람의 전향수기를 甲 등의 사방거실에 넣었다가 항의를 받고 회수한 사안에서, 위 도서의 전달만으로 구치소 공무원들이 甲 등에 대하여 사상전향공작을 하였다거나 甲 등의 사상·양심의 자유를 침해하였다고 보기 어렵고, 불법행위를 구성할 정도로 甲 등의 명예감정을 훼손하였다고 볼 수도 없다고 한 사례

【판결요지】
甲 등이 국가보안법 위반 등의 혐의로 구속되어 구치소에 수감되었는데, 구치소 공무원들이 시국 사건으로 수감되었던 사람의 전향수기를 甲 등의 사방거실에 넣었다가 甲 등의 항의를 받고 회수한 사안에서, 위 도서의 전달만으로 구치소 공무원들이 甲 등에 대하여 사상전향공작을 하였다거나 甲 등의 사상·양심의 자유를 침해하였다고 보기 어렵고, 불법행위를 구성할 정도로 甲 등의 명예감정을 훼손하였다고 볼 수도 없다고 한 사례.

제20조 ①모든 국민은 종교의 자유를 가진다.
②국교는 인정되지 아니하며, 종교와 정치는 분리된다.

판례-소유권 이전 등기
[대법원 2012.8.30, 선고, 2010다52072, 판결]

【판시사항】
[1] 법원이 종교단체에서 한 징계의 당부를 판단할 수 있는 경우
[2] 甲 교단이 乙 교회 담임목사 丙을 교단에서 제명·출교한다는 내용의 처분을 하여, 丙이 乙 교회의 대표자로서 제기한 소송이 대표권이 없는 자에 의하여 제기된 것으로 부적법한지가 문제 된 사안에서, 丙이 불법으로 교회를 분립하는 행동을 하였음을 사유로 하는 제명 등 처분은 적법한 면직사유에 의하지 아니한 것으로서 효력이 없고, 제명 등 처분에 불구하고 여전히 丙이 乙 교회의 적법한 대표자라고 한 사례
[3] 재단법인의 기본재산으로 되어 있는 부동산에 관한 명의신탁이 해지되었으나 명의수탁자인 재단법인이 명의신탁 부동산의 반환에 관하여 주무관청의 허가를 신청하지 않고 있는 경우, 명의신탁자가 명의수탁자를 상대로 허가신청의 의사표시에 갈음하는 재판을 청구하고 이와 병합하여 주무관청의 처분허가를 조건으로 하는 소유권이전등기절차 이행청구소송을 제기할 수 있는지 여부(적극)

【이 유】
상고이유를 판단한다.
1. 본안전항변에 관한 상고이유에 대하여
가. (1) 종교단체의 징계결의는 종교단체 내부의 규제로서 헌법이 보장하고 있는 종교자유의 영역에 속하므로 교인 개인의 특정한 권리의무에 관계되는 법률관계를 규율하는 것이 아니라면 원칙적으로 법원으로서는 그 효력의 유무를 판단할 수 없다고 할 것이지만, 그 효력의 유무와 관련하여 구체적인 권리 또는 법률관계를 둘러싼 분쟁이 존재하고 또한 그 청구의 당부를 판단하기에 앞서 위 징계의 당부를 판단할 필요가 있는 경우에는 그 판단의 내용이 종교 교리의 해석에 미치지 아니하는 한 법원으로서는 위 징계의 당부를 판단하여야 한다(대법원 2005. 6. 24. 선고 2005다10388 판결,

대법원 2010. 5. 27. 선고 2009다67658 판결 등 참조).
(2) 원심판결 이유 및 기록에 의하면 다음과 같은 사실을 알 수 있다.
기독교대한하나님의성회(이하 '기하성'이라 한다)는 1953. 4.경 설립되었다가, 1992. 1. 26.경에는 기하성(통합), 기하성(수호), 예수교대한하나님의성회 등 3개의 교단으로 분립되어 각기 별개의 교단으로 활동하였다. 원고는 1967. 10. 8. 창립되어 종래 기하성(통합) 교단에 속하였고 소외 1은 원고의 담임목사로 재직하여 왔다.
위 3개 교단은 2006. 12.경부터 통합을 위한 논의를 하기 시작하였고, 2007. 5. 21.경 각기 총회 결의를 거쳐 통합추진위원을 7명씩 선정하여 구성된 통합추진위원회에 헌법개정권, 임원선임권 등 통합에 관한 권한을 위임하였다. 통합추진위원회는 2007. 6. 15.경 만장일치로 소외 2 목사를 대표로 추대하고, 헌법개정위원회 및 통합특별위원회를 구성하여 통합될 교단의 헌법 초안을 만드는 등 통합을 추진한 끝에 2007. 10. 15. 여의도순복음교회에서 위 세 교단의 통합을 선언하는 대회를 개최하였다.
그 후 통합특별위원회가 통합을 위한 특별법(모든 법에 우선하여 3년간 한시적으로 적용되고, 3년의 임기를 갖는 대표총회장이 당연직 이사 외의 이사들의 임면권을 갖는 것을 주된 내용으로 한다)을 만들었는데, 위 3개 교단 사이에 특별법이 대표총회장에게 지나치게 많은 권한을 부여한다는 등의 이유로 특별법의 인정 여부와 관련하여 상호 이견이 발생하였다. 이에 기하성(통합) 교단은 2008. 5. 19. 개최된 제57차 정기총회에서 위 특별법을 부결시켰고, 그 무렵 기하성(수호) 교단도 같은 취지의 결의를 하여 사실상 통합이 무산되었으나, 통합을 지지하는 목회자들은 소외 2 목사를 대표로 하여 활동을 지속하고 있다.
원고의 담임목사인 소외 1도 소외 2 목사를 대표로 한 측에 참여하고 있는데, 기하성(통합) 교단 재판위원회는 2008. 7. 18. 소외 1이 교단으로부터 무단이탈하였다는 이유로 소외 1을 교단에서 제명, 출교한다는 내용의 판결(이하 '이 사건 제명 등 처분'이라 한다)을 하였고, 이 사건 제명 등 처분은 그 무렵 확정되었다.
기하성(통합) 교단의 권징조례법 제3조는 "교인, 직원, 치리회의 신앙과 행위가 성서에 위배되거나 규례를 위반하거나 또는 다른 사람으로 하여금 범죄행위를 하게 한 때에는 범죄가 성립한다."라고 규정하고 있고, 제8조 제2항은 책벌의 종류로서 "1) 권계, 2) 견책(근신), 3) 성례정지(성례참여 정지도 함), 4) 징직(직분정지), 5) 면직, 6) 벌과금 추징, 7) 출교(제명)"를 규정하고 있으며, 제95조는 "목사가 이단을 주장하거나 불법으로 교회를 분립하는 행동을 할 때 그 안건이 중대하면 면직할 것이다."라고 규정하고 있다.
기하성(통합) 교단은 소외 1에 대하여 이 사건 제명 등 처분을 한 후 2008. 7. 5.자로 소외 3을 원고의 치리 목사로 파견하였으나, 원고는 2009. 6. 7. 임시당회 및 임시공동의회를 개최하여 ① 기하성(통합) 탈퇴 확인결의 건, ② 통합기하성 소속 확인 건, ③ 원고 담임목사(소외 1) 재확인, ④ 이 사건 토지 및 건물을 반환받는 것에 대한 찬성 확인 건에 관하여 결의하였고, 의결권이 없는 교인들의 참석으로 인하여 위 임시공동의회 결의의 효력이 문제되자 소외 1이 임시당회의 결의를 거쳐 2010. 4. 25. 임시공동의회(이하 '이 사건 임시공동의회'라 한다)를 소집하여 개최하였고 이 사건 임시공동의회에서 의결권자인 침례 받은 만 20세 이상의 교인 중 2/3 이상인 133명이 출석하여 다시 위 안건들에 모두 찬성함으로써 위 안건들을 결의하였다.
그러나 여전히 피고는 소외 1이 이 사건 제명 등 처분에 의하여 원고의 대표자인 담임목사의 지위를 상실하였고, 또한 소외 1의 소집에 의하여 개최된 이 사건 임시공동의회는 소집권자가 아닌 자가 소집한 회의로서 그 결의의 효력이 없다고 주장하면서, 소외 1의 원고에 대한 대표권을 다투고, 나아가 이 사건 소는 대표권 없는 자에 의하여 제기되어 부적법하다고 주장하고 있다.
(3) 이와 같은 사실관계를 앞서 본 법리에 비추어 보면, 소외 1이 원고의 대표자로서 제기한 이 사건 소가 대표권이 없는 자에 의하여 제기되어 부적법한지를 판단하기 위해서는, 소외 1을 원고의 담임목사로 재확인한 이 사건 임시공동의회가 적법한 소집권자에 의하여 소집되었는지 여부 내지는 그 전제로서 이 사건 임시공동의회를 소집한 소외 1이 이 사건 제명 등 처분으로 인하여 원고의 대표자인 담임목사의 지위를 상실

하였는지 여부가 문제 되므로, 이 사건 제명 등 처분은 그 효력에 관하여 판단할 필요가 있어 사법심사의 대상이 될 수 있다고 보아야 한다.

그리고 위 3개 교단의 통합이 사실상 무산된 후 원고의 담임목사인 소외 1이 소외 2 목사를 대표로 하는 측에 참여하는 등으로 기하성(통합) 교단의 입장과는 다른 행보를 하여 왔지만, 당초 기하성(통합) 교단이 기하성(수호) 교단 및 예수교대한하나님의성회 교단과 함께 교단 통합을 결의하고 통합추진위원회에 헌법개정권 및 임원선임권을 비롯한 통합에 관한 권한을 부여하여 헌법 초안을 만들고 합동으로 통합선언대회까지 개최하였음에도 통합교단의 대표총회장에게 지나치게 많은 권한이 부여되었다는 이유 등으로 이건이 발생하여 사실상 통합이 무산된 상황에서 소외 1이 계속 통합을 주장하면서 통합추진세력과 행보를 같이하였을 뿐이라면, 이는 기하성(통합) 교단의 주도적인 세력과 교단 통합의 구체적인 절차나 방식에 관한 입장을 달리하는 것일 뿐 기하성(통합) 교단이 추구하는 종교적인 교리나 가치와 다른 주장을 하거나 단순히 기하성(통합) 교단 내에서 세력을 규합하여 이탈하려는 분파활동을 한 것이라고 할 수는 없으므로, 이로써 기하성(통합) 교단의 권징조례법 제95조에서 면직사유로 정한 '불법으로 교회를 분립하는 행동'을 한 것으로 보기는 어렵다. 따라서 소외 1이 불법으로 교회를 분립하는 행동을 하였음을 사유로 하는 소외 1에 대한 이 사건 제명 등 처분은 적법한 면직사유에 의하지 아니한 것으로서 그 효력이 없다고 할 것이며, 이 사건 제명 등 처분에 불구하고 여전히 소외 1은 원고의 대표자인 담임목사의 지위를 가지고 있고, 또한 이 사건 임시공동의회는 적법한 소집권자가 소집한 회의로서 소외 1을 담임목사로 재확인한 결의는 유효하므로, 어느 모로 보나 소외 1은 원고의 적법한 대표자로서 그가 제기한 이 사건 소는 적법하다고 할 것이다.

(4) 따라서 원심이 이 사건 제명 등 처분의 효력에 관하여 판단을 하지 아니한 채 소외 1이 원고 대표자로서 한 이 사건 소제기에 어떠한 하자가 있다고 하더라도 이 사건 임시공동의회 결의로써 소외 1의 대표권 흠결 등 하자가 모두 치유되었다고 판단한 것은 잘못이라 할 것이지만, 이 사건 임시공동의회 결의가 유효하고 소외 1이 원고를 대표할 권한이 있으며 그가 제기한 이 사건 소가 적법하다고 판단하여 피고의 본안전항변을 배척한 원심의 결론은 정당하고, 거기에 상고이유에서 주장하는 바와 같이 소집권자가 아닌 자에 의하여 소집된 결의의 효력에 관한 법리를 오해하거나 그에 관한 판단을 누락하여 판결 결과에 영향을 미친 위법이 없다.

나. 한편 원심판결 이유에 의하면, 피고는 기하성(통합) 교단의 헌법에 의하면 교단 내에서 교회이전이나 병합결의는 재적교인 3/4 이상의 날인이 있어야 하므로 교단탈퇴를 하려면 재적교인 3/4 이상의 결의가 필요함에도 이 사건 임시공동의회는 그 의결정족수를 충족시키지 못하였으므로 그 결의에 의하여 소외 1이 원고의 적법한 대표자로 추인받지 못하였다는 취지로 주장하였으나, 원심은 소속 교단의 변경은 교단 내 교회이전과 그 성격이 같다고 보기 어렵다는 이유로 위 주장을 받아들이지 아니하였다.

앞서 본 바와 같이 소외 1이 이 사건 제명 등 처분에 불구하고 원고의 담임목사로서 적법한 대표자에 해당하는 이상, 나아가 그를 원고의 담임목사로서 재확인한 안건에 관한 이 사건 임시공동의회 결의 부분은 교단탈퇴와는 직접적인 관계가 없다고 할 수 있으므로, 이 사건 임시공동의회가 교단탈퇴의 결의 요건을 갖추었는지 여부 및 이에 관한 원심 판단의 당부는 소외 1의 원고에 대한 대표권에 영향을 주지 못한다. 따라서 이에 관한 원심 판단의 당부를 다투는 이 사건 상고이유의 주장은 본안전항변에 관한 결론에 영향을 미치는 상고이유가 되지 못한다. 또한 특정 교단에 가입한 지교회가 교단이 정한 헌법을 지교회 자신의 자치규범으로 받아들였다고 인정되는 경우에는 소속 교단의 변경은 실질적으로 지교회 자신의 규약에 해당하는 자치규범을 변경하는 결과를 초래하고, 만약 지교회 자신의 규약을 갖춘 경우에는 교단변경으로 인하여 지교회의 명칭이나 목적 등 지교회의 규약에 포함된 사항의 변경까지 수반하기 때문에, 소속 교단에서의 탈퇴 내지 소속 교단의 변경은 사단법인 정관변경에 준하여 의결권을 가진 교인 2/3 이상의 찬성에 의한 결의를 필요로 하는 일반 법리에 비추어 보면(대법원 2006. 4. 20. 선고 2004다37775 전원합의체 판결 참조), 위와 같은 원심의 판단에

교회탈퇴 요건에 관한 법리를 오해한 위법이 있다고 보이지 아니하므로, 위 상고이유
는 받아들이지 아니한다.
　2.　본안에 관한 상고이유에 대하여
　가.　원심은 제1심판결을 인용하여, 그 채택 증거에 의하여 인정되는 판시와 같은 사
실을 비롯한 판시 사정들을 종합하여 보면, 원고가 이 사건 부동산을 피고 명의로 등
기한 것은 교회 재산의 분산을 방지하고 재단법인 명의로 등기함으로써 세제상의 혜
택을 받기 위하여 피고에게 명의신탁한 것이라고 봄이 상당하다고 판단하였다.
원심판결 이유를 적법하게 채택된 증거들에 비추어 살펴보면, 원심의 위와 같은 판단
에 상고이유로 주장하는 바와 같이 논리와 경험의 법칙을 위반하여 자유심증주의의
한계를 벗어나 사실을 잘못 인정한 위법이 없다.
　나.　재단법인이 명의신탁을 받은 부동산이 주무관청의 허가를 얻어 재단법인의 정관
에서 정한 기본재산에 편입되어 정관 기재사항의 일부가 된 경우라고 하더라도, 그 부
동산을 기본재산에서 제외하는 정관변경에 관하여 주무관청의 허가를 받으면 명의신
탁자는 그 부동산을 반환받을 수 있으므로, 명의신탁자가 명의신탁을 해지한 경우에
명의수탁자인 재단법인으로서는 명의신탁 부동산의 반환에 관하여 주무관청의 허가를
신청할 의무를 부담하고, 명의수탁자가 이러한 의무를 이행하지 않는 경우에는 명의신
탁자로서는 명의수탁자를 상대로 민법 제389조 제2항에 의하여 허가신청의 의사표시
에 갈음하는 재판을 청구하고, 이와 병합하여 주무관청의 처분허가를 조건으로 하는
소유권이전등기절차 이행청구소송을 제기할 수 있다. 그리고, 허가신청의 의사표시에
갈음하는 재판에 관한 확정판결을 받아 판결정본이나 등본을 주무관청에 제출한 경우
에는 민사집행법 제263조에 따라 그 재단법인이 직접 처분허가신청을 한 것으로 의제
되므로, 주무관청으로서는 재단법인 내부의 적법한 의사형성 여부를 심사하기 위한 자
료인 이사회회의록 사본 등이 제출되지 아니하더라도 그 허가를 거부할 수 없다 (대
법원 1995. 5. 9. 선고 93다62478 판결, 대법원 1997. 12. 26. 선고 97누14538 판결 등 참조).
원심은 판시와 같은 이유로, 원고로부터 명의신탁을 받아 피고의 기본재산으로 되어
있는 이 사건 부동산에 관한 명의신탁이 해지됨에 따라, 피고는 원고에게 이 사건 관
할 행정청에 대하여 기본재산 처분에 따른 재단법인 정관변경허가 신청절차를 이행하
고, 이 사건 관할 행정청의 정관변경허가를 조건으로 이 사건 부동산에 관하여 2008.
9. 22. 명의신탁해지를 원인으로 한 소유권이전등기절차를 이행할 의무가 있다고 판단하였다.
원심판결 이유를 살펴보면, 원심의 위와 같은 판단은 위에서 본 법리를 따른 것으로
서, 거기에 상고이유에서 주장하는 바와 같이 재단법인의 기본재산처분허가 신청절차
이행청구의 법적 성질 및 정관변경 청구권에 관한 법리 등을 오해하여 판결 결과에
영향을 미친 위법이 없다.
피고가 상고이유로 들고 있는 대법원 1998. 8. 21. 선고 98다19202, 19219 판결은 이
사건과 사안이 다르므로, 이 사건에 원용하기에 적절하지 않다.
　3.　결론
그러므로 상고를 기각하고, 상고비용은 패소자가 부담하도록 하여, 관여 대법관의 일
치된 의견으로 주문과 같이 판결한다.

제21조 ①모든 국민은 언론·출판의 자유와 집회·결사의 자유를 가진다.
　②언론·출판에 대한 허가나 검열과 집회·결사에 대한 허가는 인정되지 아니한다.
　③통신·방송의 시설기준과 신문의 기능을 보장하기 위하여 필요한 사항은 법률로 정한다.
　④언론·출판은 타인의 명예나 권리 또는 공중도덕이나 사회윤리를 침해하여서는
　아니된다. 언론·출판이 타인의 명예나 권리를 침해한 때에는 피해자는 이에 대
　한 피해의 배상을 청구할 수 있다.

판례-집회및시위에관한법률위반
[대법원 2014.7.10, 선고, 2008도4260, 판결]

【판시사항】
'야간 옥외집회 또는 시위' 금지·처벌조항인 구 집회 및 시위에 관한 법률 제10조 본문, 제20조 제3호에 대한 헌법재판소 결정이 위헌결정의 효력을 갖는지 여부(적극) 및 야간 옥외집회 또는 시위 금지 위반으로 기소된 '주최자'에 대하여 위 위헌결정의 효력이 미치는지 여부(적극)

【이 유】
1. 피고인 1, 2의 상고와 피고인 3의 야간 옥외집회 또는 시위 주최 및 참가로 인한 구 집회 및 시위에 관한 법률위반죄 부분에 관한 상고에 대하여 직권으로 판단한다. 원심은 구 집회 및 시위에 관한 법률(2007. 5. 11. 법률 제8424호로 전부 개정되기 전의 것, 이하 '구 집시법'이라고 한다) 제20조 제1호, 제3호, 제10조 본문을 적용하여 이 사건 공소사실 중 피고인 1에 대한 야간 옥외집회 및 시위 주최로 인한 부분과 피고인 2, 3에 대한 야간 옥외집회 참가로 인한 부분을 모두 유죄로 판단하였다. 그런데 그 후 헌법재판소는 2014. 4. 24. 선고 2011헌가29 사건에서 "구 집시법 제10조 및 제20조 제3호 중 '제10조 본문'에 관한 부분은 각 '일몰시간 후부터 같은 날 24시까지의 옥외집회 또는 시위'에 적용하는 한 헌법에 위반된다."는 결정을 선고하였다.
위 헌법재판소 결정은 그 주문의 표현 형식에도 불구하고 구 집시법의 위 각 조항의 '옥외집회 또는 시위'에 관한 부분 중 '일몰시간 후부터 같은 날 24시까지' 부분이 헌법에 위반된다는 일부 위헌의 취지라고 보아야 하므로, 헌법재판소법 제47조에서 정한 위헌결정으로서의 효력을 갖는다. 그리고 구 집시법 제20조는 구 집시법 제10조 본문의 야간 옥외집회 또는 시위 부분을 공통의 처벌근거로 삼고 있고 다만 야간 옥외집회 또는 시위를 주최한 자(제1호)인지 단순참가자(제3호)인지에 따라 법정형을 달리하고 있는바, 위 헌법재판소 결정은 비록 구 집시법 제20조 중 제3호에 규정된 참가자에 대한 것이기는 하지만 구 집시법 제10조 본문의 야간 옥외집회 또는 시위 중 위 시간대의 부분에 대하여 위헌결정을 한 것이므로, 야간 옥외집회 또는 시위 금지 위반으로 기소된 주최자에 대하여도 위 위헌결정의 효력이 미친다.
그렇다면, 위 각 구 집시법 조항의 '옥외집회 또는 시위'에 관한 부분 중 '일몰시간 후부터 같은 날 24시까지' 부분은 헌법재판소법 제47조 제2항 단서에 따라 소급하여 그 효력을 상실하므로, 위 부분 법조를 적용하여 기소한 이 부분 공소사실은 범죄로 되지 아니한 때에 해당한다고 할 것이다. 따라서 이 부분 공소사실을 유죄로 인정한 원심판결은 결과적으로 유지될 수 없게 되었다.
2. 피고인 3의 집회참가자 준수사항 위반으로 인한 구 집시법위반죄 부분에 대한 상고와 피고인 4, 5의 상고에 대하여 원심은 적법하게 채택한 증거를 종합하여, 피고인 3, 4, 5가 2006. 12. 1. 부산에서 개최된 '노동법 개악 저지 집회'에 참석하여 부산 ○○ ○○당 당사 안으로의 진입을 시도하면서 경찰관들을 폭행하여 집회참가자의 준수사항을 위반한 사실을 인정하고 이 부분 공소사실을 유죄로 인정하였다. 이를 다투는 위 피고인들의 상고이유의 주장은 결국 사실심인 원심의 전권에 속하는 증거의 취사선택과 사실의 인정을 탓하는 취지에 불과하므로, 적법한 상고이유가 될 수 없다.
3. 결론
그렇다면, 원심판결 중 피고인 1, 2에 대한 부분과 피고인 3에 대한 야간 옥외집회 참가로 인한 구 집시법위반죄 부분에 관하여는 상고이유의 주장에 대한 판단을 생략한 채 이 부분 원심판결을 모두 파기하고, 이 부분 사건을 다시 심리·판단하게 하기 위하여 원심법원에 환송하기로 하며, 피고인 3의 나머지 상고와 피고인 4, 5의 상고를 모두 기각하기로 하여 관여 대법관의 일치된 의견으로 주문과 같이 판결한다.

제22조 ①모든 국민은 학문과 예술의 자유를 가진다.

②저작자·발명가·과학기술자와 예술가의 권리는 법률로써 보호한다.

제23조 ①모든 국민의 재산권은 보장된다. 그 내용과 한계는 법률로 정한다.
②재산권의 행사는 공공복리에 적합하도록 하여야 한다.
③공공필요에 의한 재산권의 수용·사용 또는 제한 및 그에 대한 보상은 법률로써 하되, 정당한 보상을 지급하여야 한다.

판례-도시계획시설결정폐지신청거부처분취소

[대법원 2015.3.26, 선고, 2014두42742, 판결]

【판시사항】
도시계획시설결정에 이해관계가 있는 주민에게 도시시설계획의 입안 내지 변경을 요구할 수 있는 법규상 또는 조리상의 신청권이 있는지 여부(적극) 및 이러한 신청에 대한 거부행위가 항고소송의 대상이 되는 행정처분에 해당하는지 여부(적극)

【판결요지】
국토의 계획 및 이용에 관한 법률은 국토의 이용·개발과 보전을 위한 계획의 수립 및 집행 등에 필요한 사항을 규정함으로써 공공복리를 증진시키고 국민의 삶의 질을 향상시키는 것을 목적으로 하면서도 도시계획시설결정으로 인한 개인의 재산권행사의 제한을 줄이기 위하여, 도시·군계획시설부지의 매수청구권(제47조), 도시·군계획시설결정의 실효(제48조)에 관한 규정과 아울러 도시·군관리계획의 입안권자인 특별시장·광역시장·특별자치시장·특별자치도지사·시장 또는 군수(이하 '입안권자'라 한다)는 5년마다 관할 구역의 도시·군관리계획에 대하여 타당성 여부를 전반적으로 재검토하여 정비하여야 할 의무를 지우고(제34조), 주민(이해관계자 포함)에게는 도시·군관리계획의 입안권자에게 기반시설의 설치·정비 또는 개량에 관한 사항, 지구단위계획구역의 지정 및 변경과 지구단위계획의 수립 및 변경에 관한 사항에 대하여 도시·군관리계획도서와 계획설명서를 첨부하여 도시·군관리계획의 입안을 제안할 권리를 부여하고 있고, 입안제안을 받은 입안권자는 그 처리 결과를 제안자에게 통보하도록 규정하고 있다. 이들 규정에 헌법상 개인의 재산권 보장의 취지를 더하여 보면, 도시계획구역 내 토지 등을 소유하고 있는 사람과 같이 당해 도시계획시설결정에 이해관계가 있는 주민으로서는 도시시설계획의 입안권자 내지 결정권자에게 도시시설계획의 입안 내지 변경을 요구할 수 있는 법규상 또는 조리상의 신청권이 있고, 이러한 신청에 대한 거부행위는 항고소송의 대상이 되는 행정처분에 해당한다.

토지수용보상기준 규정의 헌법상 정당보상 규정 위배 여부

(대한법률구조공단 자료)

질문

甲은 그의 소유인 토지가 택지개발사업구역에 편입되었습니다. 그런데 토지보상에 관한 협의가 불성립 하여 중앙토지수용위원회에 재결신청 하였고, 그 수용재결에 따른 손실보상금도 역시 甲에게 만족을 주지 못하여 이의신청을 하였으나 이의신청이 기각되었습니다. 이 경우 甲이 이의재결 중 이의신청을 기각한 부분의 취소를 구하는 행정소송을 제기하면서 토지의 수용에 대한 보상을 개별공시지가에 의하여 산정하지 않고, 표준지 공시지가를 기준으로 하도록 한 「부동산가격공시및감정평가에관한법률」 (구 지가공시및토지등의평가에관한법률) 제9조 제1항 제1호가 「헌법」 제23조 제3항의 정당한 보상규정 등을 위배한 것이라고 위헌법률심판의 제청신청 등을 해볼 수 있는지요?

답변

공시지가의 적용에 관하여 「부동산가격공시및감정평가에관한법률」 제9조 제1항 제1호(구 지가공시 및토지등의평가에관한법률 제10조 제1항 제1호)는 "국가·지방자치단체, 「공공기관의 운영에 관한 법률」에 따른 공공기관 그 밖에 대통령령이 정하는 공공단체가 공공용지의 매수 및 토지의 수용·사용에 대한 보상의 목적을 위하여 토지의 가격을 산정하는 경우에는 당해 토지와 유사한 이용가치를 지닌다고 인정되는 하나 또는 둘 이상의 표준지공시지가를 기준으로 하여 당해 토지의 가격과 표준지공시지가가 균형을 유지하도록 하여야 한다. 다만, 필요하다고 인정하는 때에는 산정된 지가를 다음 각호의 목적에 따라 가감조정하여 적용할 수 있다"라고 규정하고 있습니다.

그리고 「헌법」 제23조 제3항은 "공공필요에 의한 재산권의 수용·사용 또는 제한 및 그에 대한 보상은 법률로써 하되, 정당한 보상을 지급하여야 한다."라고 규정하고 있습니다.

그런데 토지의 수용에 대한 보상을 표준지 공시지가를 기준으로 하도록 한 「부동산가격공시및감정평가에관한법률」 제9조 제1항 제1호(구 지가공시및토지등의평가에관한법률 제10조 제1항 제1호)가 헌법 제23조 제3항의 정당한 보상규정 등을 위배한 것인지에 관하여 헌법재판소는 "공시지가는 그 평가의 기준이나 절차로 미루어 대상토지가 대상지역공고일 당시 갖는 객관적 가치를 평가하기 위한 것으로서 적정성을 갖고 있으며, 표준지와 지가선정 대상토지 사이에 가격의 유사성을 인정할 수 있도록 표준지 선정의 적정성이 보장되므로 지가공시및토지등의평가에관한법률 제10조 제1항 제1호가 헌법 제23조 제3항이 규정한 정당보상의 원칙에 위배되거나 과잉금지의 원칙에 위배된다고 볼 수 없고, 토지수용시 개별공시지가에 따라 손실보상액을 산정하지 아니하였다고 하여 위헌이 되는 것은 아니다."라고 하였습니다(헌법재판소 2001. 4. 26. 선고 2000헌바31 결정).

따라서 甲이 토지의 수용에 대한 보상을 표준지 공시지가를 기준으로 하도록 한 「부동산가격공시및감정평가에관한법률」 제9조 제1항 제1호(구 지가공시및토지등의평가에관한법률 제10조 제1항 제1호)가 「헌법」 제23조 제3항의 정당한 보상규정 등을 위배한 것이라고 다투기는 어려울 것으로 보입니다.

> "본 사례는 개인의 법률문제 해결에 도움을 주고자 게재되었으나, 이용자 여러분의 생활에서 발생하는 구체적 사안은 동일하지는 않을 것이므로 참고자료로 활용하시기 바랍니다."

제24조 모든 국민은 법률이 정하는 바에 의하여 선거권을 가진다.

제25조 모든 국민은 법률이 정하는 바에 의하여 공무담임권을 가진다.

제26조 ①모든 국민은 법률이 정하는 바에 의하여 국가기관에 문서로 청원할 권리를 가진다.
②국가는 청원에 대하여 심사할 의무를 진다.

판례-형사보상

[대법원 2013.4.18. 결정, 2011초기689, 전원합의체 결정]

【판시사항】

[1] 폐지된 형벌 관련 법령이 당초부터 위헌·무효인 경우, 그 법령을 적용하여 공소가 제기된 피고사건에 대하여 법원이 취할 조치(=무죄의 선고)

[2] 이른바 유신헌법 제53조에 근거하여 발령된 '대통령긴급조치 제9호'가 헌법에 위배되어 위헌·무효인지 여부(적극)

[3] 피고인이 대통령긴급조치 제9호 위반으로 제1, 2심에서 유죄판결을 선고받고 상고하여 상고심에서 구속집행이 정지된 한편 대통령긴급조치 제9호가 해제됨에 따라 면소판결을 받아 확정된 다음 사망하였는데, 그 후 피고인의 처(妻) 甲이 형사보상을 청구한 사안에서, 甲은 대통령긴급조치 제9호 위반으로 피고인이 구금을 당한 데 대한 보상을 청구할 수 있다고 한 사례

【판결요지】

[1] 형벌에 관한 법령이 헌법재판소의 위헌결정으로 소급하여 효력을 상실하였거나 법원에서 위헌·무효로 선언된 경우, 법원은 당해 법령을 적용하여 공소가 제기된 피고사건에 대하여 형사소송법 제325조에 따라 무죄를 선고하여야 한다. 나아가 형벌에 관한 법령이 폐지되었다 하더라도 그 '폐지'가 당초부터 헌법에 위배되어 효력이 없는 법령에 대한 것이었다면 그 피고사건은 형사소송법 제325조 전단이 규정하는 '범죄로 되지 아니한 때'의 무죄사유에 해당하는 것이지, 형사소송법 제326조 제4호에서 정한 면소사유에 해당한다고 할 수 없다.

[2] 구 대한민국헌법(1980. 10. 27. 헌법 제9호로 전부 개정되기 전의 것. 이하 '유신헌법'이라 한다) 제53조에 근거하여 발령된 '국가안전과 공공질서의 수호를 위한 대통령긴급조치'(이하 '긴급조치 제9호'라 한다)는 그 발동 요건을 갖추지 못한 채 목적상 한계를 벗어나 국민의 자유와 권리를 지나치게 제한함으로써 헌법상 보장된 국민의 기본권을 침해한 것이므로, 긴급조치 제9호가 해제 내지 실효되기 이전부터 이는 유신헌법에 위배되어 위헌·무효이고, 나아가 긴급조치 제9호에 의하여 침해된 기본권들의 보장 규정을 두고 있는 현행 헌법에 비추어 보더라도 위헌·무효이다.

[3] 피고인이 '국가안전과 공공질서의 수호를 위한 대통령긴급조치'(이하 '긴급조치 제9호'라 한다)를 위반하였다는 공소사실로 제1, 2심에서 유죄판결을 선고받고 상고하여 상고심에서 구속집행이 정지된 한편 긴급조치 제9호가 해제됨에 따라 면소판결을 받아 확정된 다음 사망하였는데, 그 후 피고인의 처(妻) 甲이 형사보상을 청구한 사안에서, 긴급조치 제9호는 헌법에 위배되어 당초부터 무효이고, 이와 같이 위헌·무효인 긴급조치 제9호를 적용하여 공소가 제기된 경우에는 형사소송법 제325조 전단의 '피고사건이 범죄로 되지 아니한 때'에 해당하므로 법원은 무죄를 선고하였어야 하는데, 피고인이 면소판결을 받은 경위 및 그 이유, 원판결 당시 법원이 긴급조치 제9호에 대한 사법심사를 자제하는 바람에 그 위반죄로 기소된 사람으로서는 재판절차에서 긴급조치 제9호의 위헌성을 다툴 수 없었던 사정 등을 종합하여 보면, 이 결정에서 긴급조치 제9호의 위헌·무효를 선언함으로써 비로소 면소의 재판을 할 만한 사유가 없었더라면 무죄재판을 받을 만한 현저한 사유가 피고인에게 생겼다고 할 것이므로, 甲은 형사보상 및 명예회복에 관한 법률 제26조 제1항 제1호, 제3조 제1항, 제11조를 근거로 긴급조치 제9호 위반으로 피고인이 구금을 당한 데 대한 보상을 청구할 수 있다고 한 사례.

제27조 ①모든 국민은 헌법과 법률이 정한 법관에 의하여 법률에 의한 재판을 받을 권리를 가진다.

②군인 또는 군무원이 아닌 국민은 대한민국의 영역안에서는 중대한 군사상 기밀·초병·초소·유독음식물공급·포로·군용물에 관한 죄중 법률이 정한 경우와 비상계엄이 선포된 경우를 제외하고는 군사법원의 재판을 받지 아니한다.

③모든 국민은 신속한 재판을 받을 권리를 가진다. 형사피고인은 상당한 이유가 없는 한 지체없이 공개재판을 받을 권리를 가진다.

④형사피고인은 유죄의 판결이 확정될 때까지는 무죄로 추정된다.

⑤형사피해자는 법률이 정하는 바에 의하여 당해 사건의 재판절차에서 진술할 수 있다.

판례-폭행·공무집행방해·사기
[대법원 2015.6.25. 선고, 2014도17252, 전원합의체 판결]

【판시사항】

소송촉진 등에 관한 특례법 제23조에 따라 진행된 제1심의 불출석 재판에 대하여 검사만 항소하고 항소심도 불출석 재판으로 진행한 후에 제1심판결을 파기하고 새로 또는 다시 유죄판결을 선고하여 유죄판결이 확정된 경우, 같은 법 제23조의2 제1항을 유추 적용하여 항소심 법원에 재심을 청구할 수 있는지 여부(적극) / 이때 피고인이 상고권회복에 의한 상고를 제기하여 위 사유를 상고이유로 주장하는 경우, 형사소송법 제383조 제3호에서 상고이유로 정한 원심판결에 '재심청구의 사유가 있는 때'에 해당하는지 여부(적극) 및 위 사유로 파기되는 사건을 환송받아 다시 항소심 절차를 진행하는 원심이 취해야 할 조치

【판결요지】
[다수의견] 소송촉진 등에 관한 특례법(이하 '소송촉진법'이라 한다) 제23조(이하 '특례 규정'이라 한다)와 소송촉진법 제23조의2 제1항(이하 '재심 규정'이라 한다)의 내용 및 입법 취지, 헌법 및 형사소송법에서 정한 피고인의 공정한 재판을 받을 권리 및 방어권의 내용, 적법절차를 선언한 헌법 정신, 귀책사유 없이 불출석한 상태에서 제1심과 항소심에서 유죄판결을 받은 피고인의 공정한 재판을 받을 권리를 실질적으로 보호할 필요성 등의 여러 사정들을 종합하여 보면, 특례 규정에 따라 진행된 제1심의 불출석 재판에 대하여 검사만 항소하고 항소심도 불출석 재판으로 진행한 후에 제1심판결을 파기하고 새로 또는 다시 유죄판결을 선고하여 유죄판결이 확정된 경우에도, 재심 규정을 유추 적용하여 귀책사유 없이 제1심과 항소심의 공판절차에 출석할 수 없었던 피고인은 재심 규정이 정한 기간 내에 항소심 법원에 유죄판결에 대한 재심을 청구할 수 있다.
그리고 피고인이 재심을 청구하지 않고 상고권회복에 의한 상고를 제기하여 위 사유를 상고이유로 주장한다면, 이는 형사소송법 제383조 제3호에서 상고이유로 정한 원심판결에 '재심청구의 사유가 있는 때'에 해당한다고 볼 수 있으므로 원심판결에 대한 파기사유가 될 수 있다. 나아가 위 사유로 파기되는 사건을 환송받아 다시 항소심 절차를 진행하는 원심으로서는 피고인의 귀책사유 없이 특례 규정에 의하여 제1심이 진행되었다는 파기환송 판결 취지에 따라, 제1심판결에 형사소송법 제361조의5 제13호의 항소이유에 해당하는 재심 규정에 의한 재심청구의 사유가 있어 직권 파기 사유에 해당한다고 보고, 다시 공소장 부본 등을 송달하는 등 새로 소송절차를 진행한 다음 새로운 심리 결과에 따라 다시 판결을 하여야 한다.
[대법관 민일영, 대법관 권순일의 반대의견] 법률에 명문의 규정이 있고 의미와 내용이 명확한 경우에는 그 규정에 부족함이나 불합리한 점이 있다고 하더라도 국회의 입법을 통해 보완해 나가야 옳지, 그러한 절차를 거치지 않고 법원이 곧바로 명문의 규정에 어긋나게 해석하거나 입법자의 의사를 추론하여 새로운 규범을 창설하여서는 안 된다.
재심 규정이 '특례 규정에 따라 유죄 판결을 받고 그 판결이 확정된 경우'에 재심을 청구할 수 있다고 규정하고, 나아가 재심의 관할법원을 '원판결 법원'이 아닌 '제1심 법원'으로 한정하고 있는 점에 비추어 보면, 재심 규정은 제1심의 피고인 불출석 재판에 의하여 유죄판결이 확정된 경우에만 제1심 법원에 재심을 청구하는 것을 허용하고 있을 뿐, 제1심에 이어 항소심도 피고인 불출석 재판으로 진행한 후 제1심판결을 파기하고 다시 유죄판결을 선고하여 확정된 경우에는 재심을 허용하지 않고 있음이 분명하다.
형사소송법상 재심은 확정된 종국판결에 중대한 하자가 있음을 이유로 판결의 기판력을 깨뜨려 부당함을 시정하는 사후적인 구제절차이므로, 재심사유는 형사소송법이 열거하고 있는 사유에 한정되고 그 이외의 사유는 허용되지 않는다. 이러한 재심사유의 엄격성을 완화하기 위하여 헌법재판소법 등 개별 법률로 재심사유를 확장해 가고 있기는 하지만, 여전히 재심사유는 법률로 엄격히 제한되어 법률에서 제한적으로 인정하는 사유 이외에는 허용되지 않는다.
결론적으로, 제1심에 이어 항소심도 피고인 불출석 재판으로 진행하여 제1심판결을 파기하고 다시 유죄판결을 선고하여 확정된 경우에도 재심 규정을 유추 적용하여 항소심 법원에 재심을 청구할 수 있다는 다수의견은 정당한 법률해석의 한계를 벗어나 사실상 입법을 한 것이나 다름없어 받아들이기 어렵다.

불출석 시 소 취하간주 규정의 재판청구권 침해 여부

(대한법률구조공단 자료)

질문

甲은 부동산경매절차에서 주택임차인으로서의 우선변제권을 행사하여 배당요구를 하였다가, 불복절차인 배당이의의 소를 제기하였습니다. 그런데 甲은 배당이의소송의 첫 변론기일에 출석하지 못할 사정이 생겨 그 기일연기신청을 하였으나 받아들여지지 않았고, 어쩔 수 없이 그 기일에 출석하지 못하였습니다. 이에 甲이 제기한 배당이의소송은 「민사집행법」 제158조에 의하여 취하간주되었는바, 이와 같이 배당이의 신청권자의 첫 변론기일 불출석시 취하간주 하도록 한 위 규정은 헌법상 보장된 재판청구권을 침해한 것은 아닌지요?

답변

「민사집행법」 제158조는 "이의한 사람이 배당이의의 소의 첫 변론기일에 출석하지 아니한 때에는 소를 취하한 것으로 본다."라고 규정하고 있고, 「헌법」 제27조 제1항은 "모든 국민은 헌법과 법률이 정한 법관에 의하여 법률에 의한 재판을 받을 권리를 가진다."라고 규정하고 있습니다.

그러므로 「민사집행법」 제158조의 내용이 「헌법」 제27조 제1항에 규정한 국민의 재판을 받을 권리를 침해한 것이 아닌지 문제됩니다.

이에 관하여 판례는 "민사소송법 제596조(현행 민사집행법 제158조)는 배당이의소송의 원고에 대하여 불필요한 지연을 방지하고 최초 변론기일부터의 적극적 소송참여를 유도함으로써 강제집행절차(배당절차)를 신속하고 효율적으로 진행시키기 위한 것이다. 비록 이 조항이 원고의 귀책사유에 따라 차별적으로 제재를 가하지 않고 있다고 하더라도, 이는 강제집행절차에 필요한 신속성의 요청에 따른 것이다. 또한, 현실적으로 귀책사유 없이 첫 변론기일에 참석할 수 없었던 경우란 드물 것이고, 사정이 있는 경우 법원이 변론기일의 변경신청을 쉽게 무시할 것이라고 볼 수 없고, 또 소취하 의제가 됨으로써 종전의 배당표가 확정되더라도 원고는 부당이득반환청구를 통하여 권리구제를 받을 방법이 있다. 이상의 이유 및 이 조항이 민사소송법 제정시부터 존재해 온 규정으로서 배당이의소송을 제기한 당사자는 최초의 변론기일 출석의 중요성과 제재의 내용을 쉽게 예측할 수 있는 사정 등을 감안할 때, 이 조항은 부당한 배당의 지연으로 인하여 상당한 손실을 입게 되는 채권자의 권리구제를 위하여 입법자가 그 형성범위 내에서 필요한 제한을 한 규정으로 볼 수 있으므로 재판청구권을 침해한 것이 아니다."라고 하였습니다(헌법재판소 2001. 2. 22. 선고 2000헌가1 결정, 2005. 3. 11. 선고 2003헌바92 결정).

따라서 집행절차에서 배당에 대한 이의를 신청한 채권자가 이의소송의 첫 변론기일에 출석하지 아니한 때에 소를 취하한 것으로 보도록 한 민사집행법 제158조는 헌법상 보장된 국민의 재판청구권을 침해하는 위헌법률이라고 할 수는 없을 것으로 보입니다.

> "본 사례는 개인의 법률문제 해결에 도움을 주고자 게재되었으나, 이용자 여러분의 생활에서 발생하는 구체적 사안은 동일하지는 않을 것이므로 참고자료로 활용하시기 바랍니다."

제28조 형사피의자 또는 형사피고인으로서 구금되었던 자가 법률이 정하는 불기소처분을 받거나 무죄판결을 받은 때에는 법률이 정하는 바에 의하여 국가에 정당한 보상을 청구할 수 있다.

제29조 ①공무원의 직무상 불법행위로 손해를 받은 국민은 법률이 정하는 바에 의하여 국가 또는 공공단체에 정당한 배상을 청구할 수 있다. 이 경우 공무원 자신의 책임은 면제되지 아니한다.
②군인·군무원·경찰공무원 기타 법률이 정하는 자가 전투·훈련등 직무집행과 관련하여 받은 손해에 대하여는 법률이 정하는 보상외에 국가 또는 공공단체에 공무원의 직무상 불법행위로 인한 배상은 청구할 수 없다.

제30조 타인의 범죄행위로 인하여 생명·신체에 대한 피해를 받은 국민은 법률이 정하는 바에 의하여 국가로부터 구조를 받을 수 있다.

제31조 ①모든 국민은 능력에 따라 균등하게 교육을 받을 권리를 가진다.
②모든 국민은 그 보호하는 자녀에게 적어도 초등교육과 법률이 정하는 교육을 받게 할 의무를 진다.
③의무교육은 무상으로 한다.
④교육의 자주성·전문성·정치적 중립성 및 대학의 자율성은 법률이 정하는 바에 의하여 보장된다.
⑤국가는 평생교육을 진흥하여야 한다.
⑥학교교육 및 평생교육을 포함한 교육제도와 그 운영, 교육재정 및 교원의 지위에 관한 기본적인 사항은 법률로 정한다.

제32조 ①모든 국민은 근로의 권리를 가진다. 국가는 사회적·경제적 방법으로 근로자의 고용의 증진과 적정임금의 보장에 노력하여야 하며, 법률이 정하는 바에 의하여 최저임금제를 시행하여야 한다.
②모든 국민은 근로의 의무를 진다. 국가는 근로의 의무의 내용과 조건을 민주주의원칙에 따라 법률로 정한다.
③근로조건의 기준은 인간의 존엄성을 보장하도록 법률로 정한다.
④여자의 근로는 특별한 보호를 받으며, 고용·임금 및 근로조건에 있어서 부당한 차별을 받지 아니한다.
⑤연소자의 근로는 특별한 보호를 받는다.
⑥국가유공자·상이군경 및 전몰군경의 유가족은 법률이 정하는 바에 의하여 우선적으로 근로의 기회를 부여받는다.

판례-퇴직금(통상임금 사건(정기상여금))
[대법원 2013.12.18, 선고, 2012다89399, 전원합의체 판결]
【판시사항】
[1] 어떠한 임금이 통상임금에 속하는지 판단하는 기준 및 근로기준법상 통상임금에 속하는 임금을 통상임금에서 제외하기로 하는 노사합의의 효력(무효)
[2] 甲 주식회사가 상여금지급규칙에 따라 상여금을 근속기간이 2개월을 초과한 근로자에게는 전액을, 2개월을 초과하지 않는 신규입사자나 2개월 이상 장기 휴직 후 복직한 자, 휴직자에게는 상여금 지급 대상기간 중 해당 구간에 따라 미리 정해 놓은 비율을 적용하여 산정한 금액을 각 지급하고, 상여금 지급 대상기간 중에 퇴직한 근로자에게는 근무일수에 따라 일할계산하여 지급한 사안에서, 위 상여금은 통상임금에 해당한다고 한 사례
[3] 노사가 정기상여금을 통상임금에서 제외하기로 합의하고 이를 전제로 임금수준을 정한 경우, 근로자가 노사합의의 무효를 주장하며 정기상여금을 통상임금에 포함하여 산정한 추가 법정수당을 청구하는 것이 신의성실의 원칙에 위배되는지 여부
[4] 甲 주식회사가 일정 기간 한시적으로 관리직 직원에게 상여금을 매월 지급하였던 것을 제외하고는 상여금지급규칙에 따라 관리직과 생산직 직원 모두에 대하여 동일한 지급률과 지급 기준을 적용하여 상여금을 지급하였고, 노동조합과 체결한 단체협약에서 상여금을 통상임금 산입에서 제외하였는데, 노동조합원이 아닌 관리직 직원 乙에 대해서도 단체협약을 적용하여 상여금이 제외된 통상임금을 기초로 법정수당을 산정·

지급한 사안에서, 제반 사정들에 대하여 제대로 심리하지 아니한 채 미사용 연차휴가 수당 등의 지급을 구하는 乙의 청구가 신의칙에 위배되지 않는다고 본 원심판결에 법리오해 등의 위법이 있다고 한 사례

【판결요지】

[1] [다수의견] (가) 어떠한 임금이 통상임금에 속하는지 여부는 그 임금이 소정근로의 대가로 근로자에게 지급되는 금품으로서 정기적·일률적·고정적으로 지급되는 것인지를 기준으로 객관적인 성질에 따라 판단하여야 하고, 임금의 명칭이나 지급주기의 장단 등 형식적 기준에 의해 정할 것이 아니다. 여기서 소정근로의 대가라 함은 근로자가 소정근로시간에 통상적으로 제공하기로 정한 근로에 관하여 사용자와 근로자가 지급하기로 약정한 금품을 말한다. 근로자가 소정근로시간을 초과하여 근로를 제공하거나 근로계약에서 제공하기로 정한 근로 외의 근로를 특별히 제공함으로써 사용자로부터 추가로 지급받는 임금이나 소정근로시간의 근로와는 관련 없이 지급받는 임금은 소정근로의 대가라 할 수 없으므로 통상임금에 속하지 아니한다. 위와 같이 소정근로의 대가가 무엇인지는 근로자와 사용자가 소정근로시간에 통상적으로 제공하기로 정한 근로자의 근로의 가치를 어떻게 평가하고 그에 대하여 얼마의 금품을 지급하기로 정하였는지를 기준으로 전체적으로 판단하여야 하고, 그 금품이 소정근로시간에 근무한 직후나 그로부터 가까운 시일 내에 지급되지 아니하였다고 하여 그러한 사정만으로 소정근로의 대가가 아니라고 할 수는 없다.

(나) ① 어떤 임금이 통상임금에 속하기 위해서 정기성을 갖추어야 한다는 것은 임금이 일정한 간격을 두고 계속적으로 지급되어야 함을 의미한다. 통상임금에 속하기 위한 성질을 갖춘 임금이 1개월을 넘는 기간마다 정기적으로 지급되는 경우, 이는 노사 간의 합의 등에 따라 근로자가 소정근로시간에 통상적으로 제공하는 근로의 대가가 1개월을 넘는 기간마다 분할지급되고 있는 것일 뿐, 그러한 사정 때문에 갑자기 그 임금이 소정근로의 대가로서 성질을 상실하거나 정기성을 상실하게 되는 것이 아님은 분명하다. 따라서 정기상여금과 같이 일정한 주기로 지급되는 임금의 경우 단지 그 지급주기가 1개월을 넘는다는 사정만으로 그 임금이 통상임금에서 제외된다고 할 수는 없다. ② 어떤 임금이 통상임금에 속하기 위해서는 그것이 일률적으로 지급되는 성질을 갖추어야 한다. '일률적'으로 지급되는 것에는 '모든 근로자'에게 지급되는 것뿐만 아니라 '일정한 조건 또는 기준'에 달한 모든 근로자'에게 지급되는 것도 포함된다. 여기서 '일정한 조건'이란 고정적이고 평균적인 임금을 산출하려는 통상임금의 개념에 비추어 볼 때 고정적인 조건이어야 한다. 일정 범위의 모든 근로자에게 지급된 임금이 일률성을 갖추고 있는지 판단하는 잣대인 '일정한 조건 또는 기준'은 통상임금이 소정근로의 가치를 평가한 개념이라는 점을 고려할 때, 작업 내용이나 기술, 경력 등과 같이 소정근로의 가치 평가와 관련된 조건이라야 한다. ③ 어떤 임금이 통상임금에 속하기 위해서는 그것이 고정적으로 지급되어야 한다. '고정성'이라 함은 '근로자가 제공한 근로에 대하여 업적, 성과 기타의 추가적인 조건과 관계없이 당연히 지급될 것이 확정되어 있는 성질'을 말하고, '고정적인 임금'은 '임금의 명칭 여하를 불문하고 임의의 날에 소정근로시간을 근무한 근로자가 그 다음 날 퇴직한다 하더라도 그 하루의 근로에 대한 대가로 당연하고도 확정적으로 지급받게 되는 최소한의 임금'이라고 정의할 수 있다. 고정성을 갖춘 임금은 근로자가 임의의 날에 소정근로를 제공하면 추가적인 조건의 충족 여부와 관계없이 당연히 지급될 것이 예정된 임금이므로, 지급 여부나 지급액이 사전에 확정된 것이라 할 수 있다. 이와 달리 근로자가 소정근로를 제공하더라도 추가적인 조건을 충족하여야 지급되는 임금이나 조건 충족 여부에 따라 지급액이 변동되는 임금 부분은 고정성을 갖춘 것이라고 할 수 없다.

(다) 통상임금은 근로조건의 기준을 마련하기 위하여 법이 정한 도구개념이므로, 사용자와 근로자가 통상임금의 의미나 범위 등에 관하여 단체협약 등에 의해 따로 합의할 수 있는 성질의 것이 아니다. 따라서 성질상 근로기준법상의 통상임금에 속하는 임금을 통상임금에서 제외하기로 노사 간에 합의하였다 하더라도 그 합의는 효력이 없다. 연장·야간·휴일 근로에 대하여 통상임금의 50% 이상을 가산하여 지급하도록 한

근로기준법의 규정은 각 해당 근로에 대한 임금산정의 최저기준을 정한 것이므로, 통상임금의 성질을 가지는 임금을 일부 제외한 채 연장·야간·휴일 근로에 대한 가산임금을 산정하도록 노사 간에 합의한 경우 그 노사합의에 따라 계산한 금액이 근로기준법에서 정한 위 기준에 미달할 때에는 그 미달하는 범위 내에서 노사합의는 무효이고, 무효로 된 부분은 근로기준법이 정하는 기준에 따라야 한다.

[대법관 김창석의 별개의견] (가) 통상임금에 관한 노사합의나 노사관행은 어떤 임금이 통상임금에 포함되느냐의 여부를 판단하는 기준이 된다. 연장근로, 야간근로 또는 휴일근로(이하 '연장근로 등'이라고 한다)에 대하여 지급되는 임금을 제외한 나머지 임금은 그 실질에 따라 통상근로(소정근로)에 대한 임금과 총 근로(통상근로와 연장근로 등을 포함하는 전체 근로를 의미한다)에 대한 임금의 두 종류로 구분된다. 통상임금에 포함될 수 있는 임금은 총 근로가 아닌 통상근로에 대한 대가인 임금일 수밖에 없고 어떤 임금이 총 근로가 아닌 통상근로에 대한 대가인지의 여부는 객관적으로 확인되는 노사의 의사에 의하여 판단될 수밖에 없다.

(나) 일반적으로 노사합의나 노사관행은 기본급과 1개월 이내의 기간마다 지급되는 수당만을 통상임금에 포함시키고 있다는 점에 별다른 의문이 없는 것으로 보인다. 특별한 사정이 없는 한 상여금이나 1개월을 넘는 기간마다 지급되는 수당을 통상임금에 포함시키는 해석은 노사합의나 노사관행의 법적 효력을 부정하는 위법한 해석이라 할 것이고, 원칙적으로 기본급과 1개월 이내의 기간마다 지급되는 수당만이 통상임금에 포함된다고 해석하여야 한다. 본질적으로 어떤 임금이 통상임금에 포함될 수 있느냐의 여부는 임금이 통상근로(소정근로)에 대한 대가냐 아니면 총 근로에 대한 대가냐에 의하여 결정되는 것이다. 어떤 임금이 정기적·일률적·고정적으로 지급되는 것이냐 아니냐의 여부는 기본급에 준하는 형식적 속성도 갖고 있는지 여부를 판단하는 2차적 기준일 뿐이다. 상여금이나 1개월을 넘는 기간마다 지급되는 수당은 기본급에 준하는 실질을 갖는다고 볼 수 없고 오히려 전혀 다른 실질을 갖고 있으며, 정기적·일률적·고정적으로 지급되는 것이냐에 관계없이 통상근로(소정근로)에 대한 대가로서 실질을 갖는 것이 아니라 총 근로에 대한 대가로서의 실질을 갖는다. 결국 상여금이나 1개월을 넘는 기간마다 지급되는 수당은 통상임금에 포함될 수 없다.

(다) 통상임금의 범위는 본질적으로 임금지급의 형식에 의하여 정하여지는 것이 아니라 임금의 실질에 의하여 정하여지며, 임금의 실질을 결정하고 이에 따라 통상임금의 범위를 결정하는 근본적 책임과 권리는 1차적으로 노사 당사자에게 귀속된다는 것이다. 그럼에도 법원이 노사합의나 노사관행의 효력을 부정하고 스스로 새로운 틀에 의한 임금을 형성하려고 하는 것은 해석의 한계를 벗어나는 것으로서 찬성하기 어렵다.

[2] 甲 주식회사가 상여금지급규칙에 따라 상여금을 근속기간이 2개월을 초과한 근로자에게는 전액을, 2개월을 초과하지 않는 신규입사자나 2개월 이상 장기 휴직 후 복직한 자, 휴직자에게는 상여금 지급 대상기간 중 해당 구간에 따라 미리 정해 놓은 비율을 적용하여 산정한 금액을 각 지급하고, 상여금 지급 대상기간 중에 퇴직한 근로자에게는 근무일수에 따라 일할계산하여 지급한 사안에서, 위 상여금은 근속기간에 따라 지급액이 달라지기는 하나 일정 근속기간에 이른 근로자에게는 일정액의 상여금이 확정적으로 지급되는 것이므로, 위 상여금은 소정근로를 제공하기만 하면 지급이 확정된 것이라고 볼 수 있어 정기적·일률적으로 지급되는 고정적인 임금인 통상임금에 해당한다고 한 사례.

[3] [다수의견] (가) 단체협약 등 노사합의의 내용이 근로기준법의 강행규정을 위반하여 무효인 경우에, 무효를 주장하는 것이 신의칙에 위배되는 권리의 행사라는 이유로 이를 배척한다면 강행규정으로 정한 입법 취지를 몰각시키는 결과가 될 것이므로, 그러한 주장이 신의칙에 위배된다고 볼 수 없음이 원칙이다. 그러나 노사합의의 내용이 근로기준법의 강행규정을 위반한다고 하여 노사합의의 무효 주장에 대하여 예외 없이 신의칙의 적용이 배제되는 것은 아니다. 신의칙을 적용하기 위한 일반적인 요건을 갖춤은 물론 근로기준법의 강행규정성에도 불구하고 신의칙을 우선하여 적용하는 것을 수긍할 만한 특별한 사정이 있는 예외적인 경우에 한하여 노사합의의 무효를

주장하는 것은 신의칙에 위배되어 허용될 수 없다.

(나) 노사가 자율적으로 임금협상을 할 때에는 기업의 한정된 수익을 기초로 하여 상호 적정하다고 합의가 이루어진 범위 안에서 임금을 정하게 되는데, 우리나라의 실태는 임금협상 시 임금 총액을 기준으로 임금 인상 폭을 정하되, 그 임금 총액 속에 기본급은 물론, 일정한 대상기간에 제공되는 근로에 대응하여 1개월을 초과하는 일정 기간마다 지급되는 상여금(이하 '정기상여금'이라고 한다), 각종 수당, 그리고 통상임금을 기초로 산정되는 연장·야간·휴일 근로 수당 등의 법정수당까지도 그 규모를 예측하여 포함시키는 것이 일반적이다. 이러한 방식의 임금협상에 따르면, 기본급, 정기상여금, 각종 수당 등과 통상임금에 기초하여 산정되는 각종 법정수당은 임금 총액과 무관하게 별개 독립적으로 결정되는 것이 아니라 노사 간에 합의된 임금 총액의 범위 안에서 그 취지에 맞도록 각 임금 항목에 금액이 할당되고, 각각의 지급형태 및 지급시기 등이 결정된다는 의미에서 상호 견련관계가 있는 것이다. 그런데 우리나라 대부분의 기업에서는 정기상여금은 그 자체로 통상임금에 해당하지 아니한다는 전제 아래에서, 임금협상 시 노사가 정기상여금을 통상임금에서 제외하기로 합의하는 실무가 장기간 계속되어 왔고, 이러한 노사합의는 일반화되어 이미 관행으로 정착된 것으로 보인다.

(다) 앞서 본 바와 같은 방식의 임금협상 과정을 거쳐 이루어진 노사합의에서 정기상여금은 그 자체로 통상임금에 해당하지 아니한다고 오인한 나머지 정기상여금을 통상임금 산정 기준에서 제외하기로 합의하고 이를 전제로 임금수준을 정한 경우, 근로자측이 앞서 본 임금협상의 방법과 경위, 실질적인 목표와 결과 등은 도외시한 채 임금협상 당시 전혀 생각하지 못한 사유를 들어 정기상여금을 통상임금에 가산하고 이를 토대로 추가적인 법정수당의 지급을 구함으로써, 노사가 합의한 임금수준을 훨씬 초과하는 예상외의 이익을 추구하고 그로 말미암아 사용자에게 예측하지 못한 새로운 재정적 부담을 지워 중대한 경영상의 어려움을 초래하거나 기업의 존립을 위태롭게 한다면, 이는 종국적으로 근로자 측에까지 피해가 미치게 되어 노사 어느 쪽에도 도움이 되지 않는 결과를 가져오므로 정의와 형평 관념에 비추어 신의에 현저히 반하고 도저히 용인될 수 없음이 분명하다. 그러므로 이와 같은 경우 근로자 측의 추가 법정수당 청구는 신의칙에 위배되어 받아들일 수 없다.

[대법관 이인복, 대법관 이상훈, 대법관 김신의 반대의견] (가) 신의칙을 적용하여 실정법상의 권리를 제한하는 것은, 개별적인 사안의 특수성 때문에 법률을 그대로 적용하면 도저히 참을 수 없는 부당한 결과가 야기되는 경우에 최후 수단으로, 그것도 법의 정신이나 입법자의 결단과 모순되지 않는 범위 안에서만 고려해 볼 수 있는 방안에 불과하다. 신의칙은 강행규정에 앞설 수 없다. 신의칙의 적용을 통하여 임금청구권과 같은 법률상 강행규정으로 보장된 근로자의 기본적 권리를 제약하려 시도하는 것은 헌법적 가치나 근로기준법의 강행규정성에 정면으로 반한다. 근로기준법이 강행규정으로 근로자에게 일정한 권리를 보장하고 있음에도 근로자나 사용자가 그 강행규정에 저촉되는 내용의 노사합의를 한 경우에, 신의칙을 내세워 사용자의 그릇된 신뢰를 권리자인 근로자의 정당한 권리 찾기에 우선할 수는 없다.

(나) 근로자가 정기상여금을 통상임금에서 제외하기로 하는 노사합의를 무효라고 주장하는 것에 대하여 '신의칙을 적용하기 위한 일반적인 요건'이 갖추어졌다고 볼 수 없다. 정기상여금을 통상임금에서 제외하기로 하는 노사합의의 관행이 있다고 볼 근거가 없음은 물론이고, 만에 하나 그런 관행이 있다고 한들 그것이 근로자에 의하여 유발되었거나 그 주된 원인이 근로자에게 있다고 볼 근거는 어디에도 없다. 근로자가 이를 무효라고 주장하지 않을 것이라고 사용자가 신뢰하였다는 전제 자체가 증명된 바 없지만, 그 '신뢰'가 존재한다고 하더라도 이를 정당한 것이라고 말할 수 없다.

(다) 근로자가 받았어야 할 임금을 예상외의 이익으로 취급하여 이를 되찾는 것을 정의와 형평관념에 반한다고 하는 것 자체가 정의관념에 반한다. '중대한 경영상의 어려움'이나 '기업 존립의 위태'는 모두 모호하고 불확정적인 내용으로서, 도대체 추가 부담액이 어느 정도가 되어야 그러한 요건을 충족한다는 것인지 알 수 없다. 사용자는 상여금도 그 성격에 따라 통상임금에 해당할 수 있음을 알았다고 보이고, 사용자가

상여금의 통상임금 해당 가능성을 알지 못하였더라도 이를 법적으로 보호할 가치가
있는 선의(善意)라고 볼 수는 없다.
[4] 甲 주식회사가 일정 기간 한시적으로 관리직 직원에게 상여금을 매월 지급하였던
것을 제외하고는 상여금지급규칙에 따라 관리직과 생산직 직원 모두에 대하여 동일한
지급률과 지급 기준을 적용하여 상여금을 지급하였고, 노동조합과 체결한 단체협약에
서 상여금이 근로기준법에서 정한 통상임금에 해당하지 않는다는 전제하에 이를 통상
임금 산입에서 제외하였는데, 노동조합의 조합원이 아닌 관리직 직원 乙에 대해서도
위 단체협약을 적용하여 상여금이 제외된 통상임금을 기초로 법정수당을 산정·지급한
사안에서, 甲 회사와 노동조합의 임금협상 실태와 甲 회사와 관리직 직원들 사이에 상
여금을 통상임금에서 제외하기로 하는 명시적 또는 묵시적 노사합의 내지 관행이 이
루어졌는지 등의 제반 사정들에 대하여 제대로 심리하지 아니한 채 미사용 연차휴가
수당 등의 지급을 구하는 乙의 청구가 신의칙에 위배되지 않는다고 본 원심판결에 법
리오해 등의 위법이 있다고 한 사례.

제33조 ①근로자는 근로조건의 향상을 위하여 자주적인 단결권·단체교섭권 및 단
체행동권을 가진다.
②공무원인 근로자는 법률이 정하는 자에 한하여 단결권·단체교섭권 및 단체행
동권을 가진다.
③법률이 정하는 주요방위산업체에 종사하는 근로자의 단체행동권은 법률이 정
하는 바에 의하여 이를 제한하거나 인정하지 아니할 수 있다.

판례-업무방해

[대법원 2014.11.13, 선고, 2011도393, 판결]

【판시사항】
[1] 노동조합이 실질적으로 기업의 구조조정 실시 자체를 반대하기 위하여 쟁의행위에
나아간 경우, 쟁의행위 목적의 정당성이 인정되는지 여부(원칙적 소극) / 쟁의행위에
서 추구되는 목적 중 일부가 정당하지 못한 경우, 쟁의행위 전체의 정당성을 판단하는 기준
[2] 쟁의행위로서 파업이 '위력'에 해당하여 업무방해죄를 구성하는 경우

【이 유】
상고이유(상고이유서 제출기간 경과 후에 제출된 상고이유보충서의 기재는 상고이유
를 보충하는 범위 내에서)를 판단한다.
1. 정리해고나 사업조직의 통폐합 등 기업의 구조조정 실시 여부는 경영주체의 고도
의 경영상 결단에 속하는 사항으로서 원칙적으로 단체교섭의 대상이 될 수 없어, 그것
이 긴박한 경영상의 필요나 합리적 이유 없이 불순한 의도로 추진된다는 등의 특별한
사정이 없음에도 노동조합이 실질적으로 그 실시 자체를 반대하기 위하여 쟁의행위로
나아간다면, 비록 그러한 구조조정의 실시가 근로자들의 지위나 근로조건의 변경을 필
연적으로 수반한다 하더라도, 그 쟁의행위는 목적의 정당성을 인정할 수 없다. 아울러
쟁의행위가 추구하는 목적이 여러 가지로서 그 중 일부가 정당하지 못한 경우에는 주
된 목적 내지 진정한 목적을 기준으로 쟁의행위 목적의 정당성 여부를 판단하여야 하
는데, 만일 부당한 요구사항을 뺐더라면 쟁의행위를 하지 않았을 것이라고 인정될 때
에는 그 쟁의행위 전체가 정당성을 갖지 못한다고 보아야 한다(대법원 2011. 1. 27. 선
고 2010도11030 판결 등 참조).
한편 쟁의행위로서의 파업은 근로자가 사용자에게 압력을 가하여 그 주장을 관철하고
자 집단적으로 노무제공을 중단하는 실력행사여서 업무방해죄에서의 위력으로 볼 만
한 요소를 포함하고 있지만, 근로자에게는 원칙적으로 헌법상 보장된 기본권으로서

근로조건 향상을 위한 자주적인 단결권·단체교섭권 및 단체행동권이 있으므로, 이러한
파업이 언제나 업무방해죄의 구성요건을 충족한다고 할 것은 아니며, 전후 사정과 경
위 등에 비추어 전격적으로 이루어져 사용자의 사업운영에 심대한 혼란 내지 막대한
손해를 초래할 위험이 있는 등의 사정으로 사용자의 사업계속에 관한 자유의사가 제
압·혼란될 수 있다고 평가할 수 있는 경우 비로소 그러한 집단적 노무제공의 거부도
위력에 해당하여 업무방해죄를 구성한다고 보는 것이 타당하다(대법원 2011. 3. 17. 선
고 2007도482 전원합의체 판결 참조).
2. 이 사건 공소사실의 요지는, 민주노총 산하 공공운수연맹 전국공공서비스노동조합
○○○○공사 지부(이하 '이 사건 지부'라고 한다)의 지부장, 부지부장, 사무처장 또는
국장인 피고인들의 주도로 이 사건 지부 조합원 1,200여 명이 2009. 11. 6. 해당 근무
지에 출근하지 아니하고 정부과천청사 앞에서 열린 '공공부문 선진화 분쇄와 사회 공
공성 강화를 위한 공동투쟁본부 파업 출정식'에 참가(이하 '이 사건 파업'이라고 한다)
함으로써 ○○○○공사의 업무를 방해하였다는 것이다.
3. 이에 대하여 원심은, 경영주체인 ○○○○공사의 경영상 결단에 속하는 사항으로
서 단체교섭의 대상이 될 수 없는 가스산업 선진화 정책에 대한 반대를 주된 목적으
로 한 이 사건 파업은 정당한 쟁의행위로 볼 수 없어, 업무방해죄가 성립한다는 취지
로 판단하였다.
원심판결 이유를 위 법리와 원심이 적법하게 채택한 증거들에 비추어 살펴보면, 원심
이 이 사건 파업의 주된 목적을 단체교섭의 대상이 될 수 없는 가스산업 선진화 정책
에 대한 반대로 보아 그 정당성을 부인한 것은 정당하고, 거기에 상고이유 주장과 같
이 논리와 경험의 법칙을 위반하고 자유심증주의의 한계를 벗어나거나 쟁의행위의 정
당성에 관한 법리를 오해한 위법은 없다.
4. 그러나 원심이 쟁의행위로서의 정당성이 인정되지 않는다는 점만을 들어 이 사건 파업이
곧바로 업무방해죄에 해당한다고 판단한 것은 다음과 같은 이유에서 수긍하기 어렵다.
원심이 적법하게 채택한 증거들에 의하면, 이 사건 지부는 2009. 9. 22.부터 9. 24.까지
전 조합원에 대하여 파업 찬반투표를 실시하여 전 조합원 중 92%가 투표하여 그 중
85.2%가 파업에 찬성하는 등 이 사건 파업을 위한 절차를 거친 사실, 이 사건 지부의
지부장인 피고인 1은 2009. 10. 23. 이 사건 지부의 조합원들에게 2009. 11. 6. 공동투
쟁본부 파업 출정식에 따른 파업 참가지침을 하달한 사실, 이 사건 지부와 ○○○○공
사는 2009. 11. 3. 단체협약 개정 제14차 실무교섭을 하면서 2009. 11. 6.에 파업이 예
정되어 있음을 전제로 하여 실무교섭을 한 사실, 2009. 11. 5. 피고인 1은 ○○○○공
사 사장에게 2009. 11. 6.에 이 사건 파업에 돌입함을 예고하고 필수유지업무 근무 대
상 조합원의 명단을 통보한 사실, 같은 날 ○○○○공사 사장은 ○○○○공사 직원들
에게 파업 참여 자제를 호소하는 호소문을 발표하고, 전국공공서비스노동조합의 위원
장에게 필수유지업무 근무 대상 조합원의 명단을 통보하면서 필수유지업무 대상자의
파업 참가의 제한에 대한 협조를 요청한 사실, 이 사건 파업 기간은 1일에 불과하고,
필수유지업무 근무 대상자들은 2009. 11. 6. 이 사건 파업에 참가하지 않고 천연가스의
인수, 제조 및 저장, 공급 업무, 천연가스시설의 긴급정비 및 안전관리 업무를 계속한
사실, 이에 따라 이 사건 파업으로 가스의 공급업무나 인수업무가 중단된 바는 없는
사실을 알 수 있다.
위와 같은 사실관계를 앞서 본 법리에 비추어 살펴보면, 이 사건 파업으로 말미암아
○○○○공사의 사업운영에 심대한 혼란 내지 막대한 손해가 초래될 위험이 있었다고
하기는 어렵고, 그 결과 ○○○○공사의 사업계속에 관한 자유의사가 제압·혼란될 수
있다고 평가할 수 있는 경우에는 해당하지 아니한다고 볼 여지가 충분하다.
그럼에도 원심은 이와 달리 위와 같은 사정을 전혀 살피지 아니한 채 이 사건 파업의
주된 목적이 정당하지 않다는 이,유만으로 업무방해죄가 성립한다고 단정하여 이 사건
공소사실을 유죄로 인정하였으니, 이러한 원심의 판단에는 업무방해죄의 위력에 관한
법리를 오해하여 필요한 심리를 다하지 아니함으로써 판결 결과에 영향을 미친 위법
이 있다. 이 점을 지적하는 취지의 상고이유 주장은 이유 있다.

5. 그러므로 원심판결을 파기하고, 사건을 다시 심리·판단하도록 하기 위하여 원심법원에 환송하기로 하여, 관여 대법관의 일치된 의견으로 주문과 같이 판결한다.

제34조 ①모든 국민은 인간다운 생활을 할 권리를 가진다.
②국가는 사회보장·사회복지의 증진에 노력할 의무를 진다.
③국가는 여자의 복지와 권익의 향상을 위하여 노력하여야 한다.
④국가는 노인과 청소년의 복지향상을 위한 정책을 실시할 의무를 진다.
⑤신체장애자 및 질병·노령 기타의 사유로 생활능력이 없는 국민은 법률이 정하는 바에 의하여 국가의 보호를 받는다.
⑥국가는 재해를 예방하고 그 위험으로부터 국민을 보호하기 위하여 노력하여야 한다.

제35조 ①모든 국민은 건강하고 쾌적한 환경에서 생활할 권리를 가지며, 국가와 국민은 환경보전을 위하여 노력하여야 한다.
②환경권의 내용과 행사에 관하여는 법률로 정한다.
③국가는 주택개발정책등을 통하여 모든 국민이 쾌적한 주거생활을 할 수 있도록 노력하여야 한다.

제36조 ①혼인과 가족생활은 개인의 존엄과 양성의 평등을 기초로 성립되고 유지되어야 하며, 국가는 이를 보장한다.
②국가는 모성의 보호를 위하여 노력하여야 한다.
③모든 국민은 보건에 관하여 국가의 보호를 받는다.

제37조 ①국민의 자유와 권리는 헌법에 열거되지 아니한 이유로 경시되지 아니한다.
②국민의 모든 자유와 권리는 국가안전보장·질서유지 또는 공공복리를 위하여 필요한 경우에 한하여 법률로써 제한할 수 있으며, 제한하는 경우에도 자유와 권리의 본질적인 내용을 침해할 수 없다.

부동산실명법상 명의신탁 무효 규정의 위헌 여부

(대한법률구조공단 자료)

질문

甲은 그의 남편 乙이 사망하여 乙의 상속재산의 관리를 乙의 형 丙에게 위임하였습니다. 그러자 丙은 위 상속재산을 처분하여 운용하다가 3필지의 부동산을 매수하면서, 그 부동산은 甲과 乙의 자 丁에게 마련하여 주되 당시 甲이 아직 젊어 재혼할 가능성이 있고, 丁도 미성년자이므로 甲이 이를 임의로 처분할 가능성이 있어 이를 방지한다는 이유로, 甲과 丁의 묵시적인 승낙 아래 위 부동산의 1/3 지분에 관하여는 자신의 명의로, 나머지 지분에 관하여는 甲과 丁의 공동명의로 매매를 원인으로 한 소유권이전등기를 경료한 후 자신이 이를 계속 관리하여 왔습니다. 그런데 甲과 丁은 丙명의의 공유지분권등기는 명의신탁등기인데, 「부동산 실권리자명의 등기에 관한 법률」에 따라 위 명의신탁약정이 무효로 되기 때문에 매도인을 대위하여 丙명의의 지분소유권이전등기말소등기절차의 이행청구소송을 제기하였으나, 매도인과 甲·丁은 아무런 계약관계도 없다는 이유로 소각하를 당하였습니다. 甲과 丁은 이에 불복하여 항소를 한 후 그 소송 계속 중 위 법 제4조 제1항, 제2항, 제8조, 제11조 제1항, 제12조 제1항에 대한 위헌제청신청을 하였으나 기각되었습니다. 甲과 丁은 위 규정의 위헌여부를 헌법소원을 제기하여 다투고자 하는데 가능한지요?

답변

「부동산 실권리자명의 등기에 관한 법률」 제4조 제1항은 "명의신탁약정은 무효로 한다."라고 규정하고 있고, 같은 법 제4조 제2항 본문에서는 "명의신탁약정에 따라 행하여진 등기에 의한 부동산에 관한 물권변동은 무효로 한다."라고 규정하고 있습니다.

그런데 명의신탁의 효력에 관한 구 「부동산실권리자명의등기에관한법률」(1995. 3. 30. 법률 제4944호) 제4조 제1항, 제2항 본문이 헌법상 자본주의적 시장경제질서 내지 행복추구권에 내재된 사적자치의 원칙, 그리고 재산권보장의 원칙이나 과잉금지의 원칙에 위반되는지에 관하여 판례는 "명의신탁의 효력과 관련된 위 규정들은 헌법 제37조 제2항의 질서유지 또는 공공복리를 위하여 필요한 조항으로서, 헌법 제119조 제1항의 자본주의적 시장경제질서 내지 제10조의 행복추구권에 내재된 사적자치의 원칙 및 재산권보장의 원칙의 본질을 침해하였다고 볼 수 없다. 그리고 명의신탁의 사법적 효력을 부인하는 입법목적은 정당하고, 위와 같은 입법목적을 달성하기 위하여 명의신탁약정의 사법적 효력을 부인하는 것 또한 그 수단으로서 적절한 것으로 판단되며, 입법목적의 달성을 위하여 현재 상태에서는 부동산실명법의 규정과 같이 명의신탁의 효력을 부인하는 방법이 불가피하다고 할 것이고, 부동산실명법에 의하여 달성되는 공익에 비하여 제한 받는 기본권의 정도가 과하다고 볼 수 없으므로, 각 법 조항은 헌법 제37조 제2항의 과잉금지의 원칙에 위반된다고 할 수 없다."라고 하였습니다(헌법재판소 2001. 5. 31. 선고, 99헌가18 등 결정).

따라서 위 사안에서 甲과 丁이 「부동산 실권리자명의 등기에 관한 법률」 제4조 제1항, 제2항 본문에 관하여 헌법소원을 제기한다고 하여도 위헌결정을 받아내기는 어려울 것으로 보입니다.

> "본 사례는 개인의 법률문제 해결에 도움을 주고자 게재되었으나, 이용자 여러분의 생활에서 발생하는 구체적 사안은 동일하지는 않을 것이므로 참고자료로 활용하시기 바랍니다."

제38조 모든 국민은 법률이 정하는 바에 의하여 납세의 의무를 진다.

제39조 ①모든 국민은 법률이 정하는 바에 의하여 국방의 의무를 진다.
②누구든지 병역의무의 이행으로 인하여 불이익한 처우를 받지 아니한다.

제3장 국회

제40조 입법권은 국회에 속한다.

제41조 ①국회는 국민의 보통·평등·직접·비밀선거에 의하여 선출된 국회의원으로 구성한다.
②국회의원의 수는 법률로 정하되, 200인 이상으로 한다.
③국회의원의 선거구와 비례대표제 기타 선거에 관한 사항은 법률로 정한다.

판례-업무방해
[대법원 2013.11.28. 선고, 2013도5117, 판결]

【판시사항】
[1] 위계에 의한 업무방해죄의 성립요건 및 컴퓨터 등 정보처리장치에 정보를 입력하는 등의 행위가 입력된 정보 등을 바탕으로 업무를 담당하는 사람의 오인, 착각 또는 부지를 일으킬 목적으로 행해진 경우, 그 행위가 업무를 담당하는 사람을 직접적인 대상으로 이루어진 것이 아니라도 '위계'에 해당하는지 여부(적극)
[2] 甲 정당의 국회의원 비례대표 후보자 추천을 위한 당내 경선과정에서 피고인들이 선거권자들로부터 인증번호만을 전달받은 뒤 그들 명의로 특정 후보자에게 전자투표를 하는 방법으로 위계로써 甲 정당의 경선관리 업무를 방해하였다는 내용으로 기소된 사안에서, 당내 경선에도 직접·평등·비밀투표 등 일반적인 선거원칙이 적용되고 대리투표는 허용되지 않는다는 이유로 피고인들에게 유죄를 인정한 사례

【판결요지】
[1] 위계에 의한 업무방해죄에서 '위계'란 행위자가 행위목적을 달성하기 위하여 상대방에게 오인, 착각 또는 부지를 일으키게 하여 이를 이용하는 것을 말하고, 업무방해죄의 성립에는 업무방해의 결과가 실제로 발생함을 요하지 않고 업무방해의 결과를 초래할 위험이 발생하면 족하며, 업무수행 자체가 아니라 업무의 적정성 내지 공정성이 방해된 경우에도 업무방해죄가 성립한다. 나아가 컴퓨터 등 정보처리장치에 정보를 입력하는 등의 행위가 그 입력된 정보 등을 바탕으로 업무를 담당하는 사람의 오인, 착각 또는 부지를 일으킬 목적으로 행해진 경우에는 그 행위가 업무를 담당하는 사람을 직접적인 대상으로 이루어진 것이 아니라고 하여 위계가 아니라고 할 수는 없다.
[2] 甲 정당의 제19대 국회의원 비례대표 후보자 추천을 위한 당내 경선과정에서 피고인들이 선거권자들로부터 인증번호만을 전달받은 뒤 그들 명의로 특정 후보자에게 전자투표를 함으로써 위계로써 甲 정당의 경선관리 업무를 방해하였다는 내용으로 기소된 사안에서, 국회의원 비례대표 후보자 명단을 확정하기 위한 당내 경선은 정당의 대표자나 대의원을 선출하는 절차와 달리 국회의원 당선으로 연결될 수 있는 중요한 절차로서 직접투표의 원칙이 그러한 경선절차의 민주성을 확보하기 위한 최소한의 기준이 된다고 할 수 있는 점 등 제반 사정을 종합할 때, 당내 경선에도 직접·평등·비밀투표 등 일반적인 선거원칙이 그대로 적용되고 대리투표는 허용되지 않는다는 이유로 피고인들에게 유죄를 인정한 사례.

제42조 국회의원의 임기는 4년으로 한다.

제43조 국회의원은 법률이 정하는 직을 겸할 수 없다.

제44조 ①국회의원은 현행범인인 경우를 제외하고는 회기중 국회의 동의없이 체포 또는 구금되지 아니한다.
②국회의원이 회기전에 체포 또는 구금된 때에는 현행범인이 아닌 한 국회의 요구가 있으면 회기중 석방된다.

제45조 국회의원은 국회에서 직무상 행한 발언과 표결에 관하여 국회외에서 책임을 지지 아니한다.

제46조 ①국회의원은 청렴의 의무가 있다.
②국회의원은 국가이익을 우선하여 양심에 따라 직무를 행한다.
③국회의원은 그 지위를 남용하여 국가·공공단체 또는 기업체와의 계약이나 그 처분에 의하여 재산상의 권리·이익 또는 직위를 취득하거나 타인을 위하여 그 취득을 알선할 수 없다.

제47조 ①국회의 정기회는 법률이 정하는 바에 의하여 매년 1회 집회되며, 국회의 임시회는 대통령 또는 국회재적의원 4분의 1 이상의 요구에 의하여 집회된다.
②정기회의 회기는 100일을, 임시회의 회기는 30일을 초과할 수 없다.
③대통령이 임시회의 집회를 요구할 때에는 기간과 집회요구의 이유를 명시하여야 한다.

제48조 국회는 의장 1인과 부의장 2인을 선출한다.

제49조 국회는 헌법 또는 법률에 특별한 규정이 없는 한 재적의원 과반수의 출석과 출석의원 과반수의 찬성으로 의결한다. 가부동수인 때에는 부결된 것으로 본다.

판례-공무집행 방해·공용물건 손상·국회회의장 소동
[대법원 2013.6.13, 선고, 2010도13609, 판결]

【판시사항】
[1] 甲 정당 당직자인 피고인들 등이 국회 외교통상 상임위원회 회의장 앞 복도에서 출입이 봉쇄된 회의장 출입구를 뚫을 목적으로 회의장 출입문 및 그 안쪽에 쌓여있던 집기를 손상하거나, 국회 심의를 방해할 목적으로 회의장 내에 물을 분사한 사안에서, 피고인들의 공용물건손상 및 국회회의장소동 행위를 위법성이 조각되는 정당행위나 긴급피난의 요건을 갖춘 행위로 평가하기 어렵다고 한 사례
[2] 국회의 경호 업무 등을 담당하는 국회 경위가 상임위원회 위원의 회의장 출입을 막는 행위가 적법한지 여부(원칙적 소극)
[3] 甲 정당 당직자인 피고인들 등이 국회 외교통상 상임위원회 회의장 출입문 앞에 배치되어 출입을 막고 있던 국회 경위들을 밀어내기 위해 경위들의 옷을 잡아당기거나 밀치는 등의 행위를 한 사안에서, 피고인들의 행위는 적법성이 결여된 직무행위를 하는 공무원에게 대항하여 한 것에 지나지 아니하여 공무집행방해죄가 성립하지 않는다고 한 사례

【판결요지】
[1] 甲 정당 당직자인 피고인들 등이 국회 외교통상 상임위원회 회의장 앞 복도에서 출입이 봉쇄된 회의장 출입구를 뚫을 목적으로 회의장 출입문 및 그 안쪽에 쌓여있던 책상, 탁자 등 집기를 손상하거나, 국회의 심의를 방해할 목적으로 소방호스를 이용하여 회의장 내에 물을 분사한 사안에서, 피고인들의 위와 같은 행위는 공용물건손상죄 및 국회회의장소동죄의 구성요건에 해당하고, 국민의 대의기관인 국회에서 서로의 의견을 경청하고 진지한 토론과 양보를 통하여 더욱 바람직한 결론을 도출하는 합법적 절차를 외면한 채 곧바로 폭력적 행동으로 나아가 방법이나 수단에 있어서도 상당성의 요건을 갖추지 못하여 이를 위법성이 조각되는 정당행위나 긴급피난의 요건을 갖춘 행위로 평가하기 어렵다고 한 사례.
[2] 헌법 제49조가 국회에서의 다수결 원리를 선언하고 있으나, 이는 어디까지나 통지가 가능한 국회의원 모두에게 회의에 출석할 기회가 부여된 바탕 위에서 재적의원 과반수의 출석과 출석의원 과반수의 찬성으로 그 결의가 이루어질 것을 전제로 하고 있다고 해석되는 점, 국회 상임위원회의 의사·의결정족수를 규정한 국회법 제54조의 규정 또한 실질적으로 모든 위원회의 구성원에게 출석의 기회가 보장된 상태에서 자유로운 토론의 기회가 부여되는 것을 전제조건으로 하고 있는 점 등에 비추어 보면 누구든지 국회의원이 본회의 또는 위원회에 출석하기 위하여 본회의장 또는 위원회 회의장에 출입하는 것을 방해하여서는 아니 되며, 특히 국회의 경호 업무 등을 담당하는 국회 경위가 상임위원회 위원의 회의장 출입을 막는 것은 이를 정당화할 만한 특별한 사정이 없는 한 위법하다.
[3] 한미FTA 비준동의안에 대한 국회 외교통상 상임위원회(이하 '외통위'라 한다)의 처리 과정에서, 甲 정당 당직자인 피고인들이 甲 정당 소속 외통위 위원 등과 함께 외통위 회의장 출입문 앞에 배치되어 출입을 막고 있던 국회 경위들을 밀어내기 위해 국회 경위들의 옷을 잡아당기거나 밀치는 등의 행위를 한 사안에서, 제반 사정에 비추어 외통위 위원장이 乙 정당 소속 외통위 위원들이 위원장실에 이미 입실한 상태에서 회의장 출입구를 폐쇄하고 출입을 봉쇄하여 다른 정당 소속 외통위 위원들의 회의장

출입을 막은 행위는 상임위원회 위원장의 질서유지권 행사의 한계를 벗어난 위법한
조치이고, 회의장 근처에 배치된 국회 경위들이 甲 정당 소속 외통위 위원들의 회의장
출입을 막은 행위는 외통위 위원장의 위법한 조치를 보조한 행위에 지나지 아니하여
역시 위법한 직무집행이며, 피고인들이 甲 정당 소속 외통위 위원들을 회의장으로 들
여보내기 위하여 그들과 함께 국회 경위들을 밀어내는 과정에서 경위들의 옷을 잡아
당기는 등의 행위를 하였더라도, 이러한 행위는 적법성이 결여된 직무행위를 하는 공
무원에게 대항하여 한 것에 지나지 아니하여 공무집행이 적법함을 전제로 하는 공무
집행방해죄는 성립하지 않는데도, 이와 달리 보아 피고인들에게 유죄를 인정한 원심판
결에 공무집행방해죄에 관한 법리오해의 위법이 있다고 한 사례.

제50조 ①국회의 회의는 공개한다. 다만, 출석의원 과반수의 찬성이 있거나 의장이
국가의 안전보장을 위하여 필요하다고 인정할 때에는 공개하지 아니할 수 있다.
②공개하지 아니한 회의내용의 공표에 관하여는 법률이 정하는 바에 의한다.

제51조 국회에 제출된 법률안 기타의 의안은 회기중에 의결되지 못한 이유로 폐
기되지 아니한다. 다만, 국회의원의 임기가 만료된 때에는 그러하지 아니하다.

제52조 국회의원과 정부는 법률안을 제출할 수 있다.

제53조 ①국회에서 의결된 법률안은 정부에 이송되어 15일 이내에 대통령이 공포한다.
②법률안에 이의가 있을 때에는 대통령은 제1항의 기간내에 이의서를 붙여 국회
로 환부하고, 그 재의를 요구할 수 있다. 국회의 폐회중에도 또한 같다.
③대통령은 법률안의 일부에 대하여 또는 법률안을 수정하여 재의를 요구할 수 없다.
④재의의 요구가 있을 때에는 국회는 재의에 붙이고, 재적의원과반수의 출석과
출석의원 3분의 2 이상의 찬성으로 전과 같은 의결을 하면 그 법률안은 법률로
서 확정된다.
⑤대통령이 제1항의 기간내에 공포나 재의의 요구를 하지 아니한 때에도 그 법
률안은 법률로서 확정된다.
⑥대통령은 제4항과 제5항의 규정에 의하여 확정된 법률을 지체없이 공포하여야
한다. 제5항에 의하여 법률이 확정된 후 또는 제4항에 의한 확정법률이 정부에
이송된 후 5일 이내에 대통령이 공포하지 아니할 때에는 국회의장이 이를 공포한다.
⑦법률은 특별한 규정이 없는 한 공포한 날로부터 20일을 경과함으로써 효력을 발생한다.

제54조 ①국회는 국가의 예산안을 심의·확정한다.
②정부는 회계연도마다 예산안을 편성하여 회계연도 개시 90일전까지 국회에 제
출하고, 국회는 회계연도 개시 30일전까지 이를 의결하여야 한다.
③새로운 회계연도가 개시될 때까지 예산안이 의결되지 못한 때에는 정부는 국
회에서 예산안이 의결될 때까지 다음의 목적을 위한 경비는 전년도 예산에 준
하여 집행할 수 있다.
1. 헌법이나 법률에 의하여 설치된 기관 또는 시설의 유지·운영
2. 법률상 지출의무의 이행
3. 이미 예산으로 승인된 사업의 계속

제55조 ①한 회계연도를 넘어 계속하여 지출할 필요가 있을 때에는 정부는 연한을 정하여 계속비로서 국회의 의결을 얻어야 한다.
②예비비는 총액으로 국회의 의결을 얻어야 한다. 예비비의 지출은 차기국회의 승인을 얻어야 한다.

제56조 정부는 예산에 변경을 가할 필요가 있을 때에는 추가경정예산안을 편성하여 국회에 제출할 수 있다.

제57조 국회는 정부의 동의없이 정부가 제출한 지출예산 각항의 금액을 증가하거나 새 비목을 설치할 수 없다.

제58조 국채를 모집하거나 예산외에 국가의 부담이 될 계약을 체결하려 할 때에는 정부는 미리 국회의 의결을 얻어야 한다.

제59조 조세의 종목과 세율은 법률로 정한다.

제60조 ①국회는 상호원조 또는 안전보장에 관한 조약, 중요한 국제조직에 관한 조약, 우호통상항해조약, 주권의 제약에 관한 조약, 강화조약, 국가나 국민에게 중대한 재정적 부담을 지우는 조약 또는 입법사항에 관한 조약의 체결·비준에 대한 동의권을 가진다.
②국회는 선전포고, 국군의 외국에의 파견 또는 외국군대의 대한민국 영역안에서의 주류에 대한 동의권을 가진다.

제61조 ①국회는 국정을 감사하거나 특정한 국정사안에 대하여 조사할 수 있으며, 이에 필요한 서류의 제출 또는 증인의 출석과 증언이나 의견의 진술을 요구할 수 있다.
②국정감사 및 조사에 관한 절차 기타 필요한 사항은 법률로 정한다.

제62조 ①국무총리·국무위원 또는 정부위원은 국회나 그 위원회에 출석하여 국정처리상황을 보고하거나 의견을 진술하고 질문에 응답할 수 있다.
②국회나 그 위원회의 요구가 있을 때에는 국무총리·국무위원 또는 정부위원은 출석·답변하여야 하며, 국무총리 또는 국무위원이 출석요구를 받은 때에는 국무위원 또는 정부위원으로 하여금 출석·답변하게 할 수 있다.

제63조 ①국회는 국무총리 또는 국무위원의 해임을 대통령에게 건의할 수 있다.
②제1항의 해임건의는 국회재적의원 3분의 1 이상의 발의에 의하여 국회재적의원 과반수의 찬성이 있어야 한다.

제64조 ①국회는 법률에 저촉되지 아니하는 범위안에서 의사와 내부규율에 관한 규칙을 제정할 수 있다.

②국회는 의원의 자격을 심사하며, 의원을 징계할 수 있다.
③의원을 제명하려면 국회재적의원 3분의 2 이상의 찬성이 있어야 한다.
④제2항과 제3항의 처분에 대하여는 법원에 제소할 수 없다.

제65조 ①대통령·국무총리·국무위원·행정각부의 장·헌법재판소 재판관·법관·중앙선
거관리위원회 위원·감사원장·감사위원 기타 법률이 정한 공무원이 그 직무집행
에 있어서 헌법이나 법률을 위배한 때에는 국회는 탄핵의 소추를 의결할 수 있다.
②제1항의 탄핵소추는 국회재적의원 3분의 1 이상의 발의가 있어야 하며, 그 의
결은 국회재적의원 과반수의 찬성이 있어야 한다. 다만, 대통령에 대한 탄핵소
추는 국회재적의원 과반수의 발의와 국회재적의원 3분의 2 이상의 찬성이 있어야 한다.
③탄핵소추의 의결을 받은 자는 탄핵심판이 있을 때까지 그 권한행사가 정지된다.
④탄핵결정은 공직으로부터 파면함에 그친다. 그러나, 이에 의하여 민사상이나
형사상의 책임이 면제되지는 아니한다.

제4장 정부
제1절 대통령

제66조 ①대통령은 국가의 원수이며, 외국에 대하여 국가를 대표한다.
②대통령은 국가의 독립·영토의 보전·국가의 계속성과 헌법을 수호할 책무를 진다.
③대통령은 조국의 평화적 통일을 위한 성실한 의무를 진다.
④행정권은 대통령을 수반으로 하는 정부에 속한다.

제67조 ①대통령은 국민의 보통·평등·직접·비밀선거에 의하여 선출한다.
②제1항의 선거에 있어서 최고득표자가 2인 이상인 때에는 국회의 재적의원 과
반수가 출석한 공개회의에서 다수표를 얻은 자를 당선자로 한다.
③대통령후보자가 1인일 때에는 그 득표수가 선거권자 총수의 3분의 1 이상이
아니면 대통령으로 당선될 수 없다.
④대통령으로 선거될 수 있는 자는 국회의원의 피선거권이 있고 선거일 현재 40
세에 달하여야 한다.
⑤대통령의 선거에 관한 사항은 법률로 정한다.

제68조 ①대통령의 임기가 만료되는 때에는 임기만료 70일 내지 40일전에 후임자
를 선거한다.
②대통령이 궐위된 때 또는 대통령 당선자가 사망하거나 판결 기타의 사유로 그
자격을 상실한 때에는 60일 이내에 후임자를 선거한다.

제69조 대통령은 취임에 즈음하여 다음의 선서를 한다.
"나는 헌법을 준수하고 국가를 보위하며 조국의 평화적 통일과 국민의 자유와
복리의 증진 및 민족문화의 창달에 노력하여 대통령으로서의 직책을 성실히 수
행할 것을 국민 앞에 엄숙히 선서합니다."

제70조 대통령의 임기는 5년으로 하며, 중임할 수 없다.

제71조 대통령이 궐위되거나 사고로 인하여 직무를 수행할 수 없을 때에는 국무 총리, 법률이 정한 국무위원의 순서로 그 권한을 대행한다.

제72조 대통령은 필요하다고 인정할 때에는 외교·국방·통일 기타 국가안위에 관한 중요정책을 국민투표에 붙일 수 있다.

제73조 대통령은 조약을 체결·비준하고, 외교사절을 신임·접수 또는 파견하며, 선 전포고와 강화를 한다.

제74조 ①대통령은 헌법과 법률이 정하는 바에 의하여 국군을 통수한다.
②국군의 조직과 편성은 법률로 정한다.

판례-상관모욕
[대법원 2013.12.12. 선고, 2013도4555, 판결]
【판시사항】
군형법상 상관모욕죄의 객체인 '상관'에 대통령이 포함되는지 여부(적극)

【판결요지】
군형법상 상관모욕죄는 상관에 대한 사회적 평가, 즉 외부적 명예 외에 군 조직의 질 서 및 통수체계 유지 역시 보호법익으로 하는 점, 상관모욕죄의 입법 취지, 군형법 제 2조 제1호, 제64조 제2항 및 헌법 제74조, 국군조직법 제6조, 제8조, 제9조, 제10조, 군 인사법 제47조의2, 군인복무규율 제2조 제4호의 체계적 구조 등을 종합하면, 상관모욕 죄의 '상관'에 대통령이 포함된다고 보아야 한다.

제75조 대통령은 법률에서 구체적으로 범위를 정하여 위임받은 사항과 법률을 집 행하기 위하여 필요한 사항에 관하여 대통령령을 발할 수 있다.

판례-위헌법률심판제청
[대법원 2014.10.16. 자, 2014아132, 결정]
【판시사항】
[1] 위임입법의 한계인 예측가능성의 의미와 그 유무를 판단하는 방법
[2] 질서위반행위규제법 제17조 제2항이 위임의 한계를 벗어난 것으로서 위헌인지 여부(소극)
[3] 질서위반행위규제법 제20조 제1항이 헌법상 보장된 재판청구권의 행사를 제한한 것인지 여부(소극)

【이 유】
신청이유를 판단한다.
1. 질서위반행위규제법 제17조 제2항에 관하여신청인은 과태료를 부과하는 서면에 명 시할 사항을 대통령령으로 정하도록 위임한 질서위반행위규제법 제17조 제2항이 너무 포괄적이어서 대통령령으로 어떠한 사항이 규정될 것인지 예측할 수 없으므로 위헌이 라고 주장한다.

위임입법의 경우 그 한계는 예측가능성인바, 이는 법률에 이미 대통령령으로 규정될 내용 및 범위의 기본사항이 구체적으로 규정되어 있어 누구라도 당해 법률로부터 대통령령 등에 규정될 내용의 대강을 예측할 수 있어야 함을 의미하고, 이러한 예측가능성의 유무는 당해 특정조항 하나만을 가지고 판단할 것은 아니고 관련 법조항 전체를 유기적·체계적으로 종합 판단하여야 하며, 각 대상법률의 성질에 따라 구체적·개별적으로 검토하여 법률조항과 법률의 입법 취지를 종합적으로 고찰할 때 합리적으로 그 대강이 예측될 수 있는 것이라면 위임의 한계를 일탈하지 아니한 것이다(대법원 2007. 10. 26. 선고 2007두9884 판결 등 참조).
질서위반행위규제법 제17조 제2항은 과태료를 부과하는 서면에 명시하여야 할 사항으로 '질서위반행위', '과태료 금액'을 규정하고, 그 밖에 명시하여야 할 사항을 대통령령으로 정하도록 위임하였는바, 누구라도 위 법률조항의 위임을 받은 대통령령에서는 과태료의 부과주체, 부과대상자, 과태료 납부에 관한 사항, 불복절차 및 방법 등을 규정할 것이라고 예측할 수 있으므로 위 법률 조항이 위임의 한계를 벗어나 위헌이라고 할 수 없다.
  2. 질서위반행위규제법 제20조 제1항에 관하여
신청인은 질서위반행위규제법 제20조 제1항이 행정청이 잘못된 고지를 하여 상대방이 착오에 빠지는 등 행정청의 과실로 인하여 제대로 불복절차를 밟지 못하는 경우의 상대방 권리구제에 관하여 아무런 규정을 두고 있지 않아 재판청구권을 침해하여 위헌이라고 주장한다.
그러나 신청인이 주장하는 위와 같은 사유만으로는 위 법률 조항이 재판청구권을 침해하여 위헌이라고 할 수 없고, 질서위반행위규제법이 행정청의 과태료 부과처분에 대하여 당사자가 이의제기를 통해 불복할 수 있고, 이의제기가 있으면 그 효력이 상실되도록 함으로써 행정청의 과태료 부과처분이 그 자체로는 국민의 권리의무 등에 직접적으로 어떠한 영향을 미치지 못하도록 하는 한편, 법원으로 하여금 과태료의 부과 여부 및 그 당부를 질서위반행위규제법에 의한 절차에 의하여 판단하도록 한 것을 두고 헌법상 보장된 재판청구권의 행사를 제한한 것이라고 할 수도 없다(대법원 2012. 10. 11. 선고 2011두19369 판결 참조).
  3. 결론
그러므로 이 사건 위헌법률심판제청신청은 이유 없으므로 이를 기각하기로 하여, 관여 대법관의 일치된 의견으로 주문과 같이 결정한다.

제76조 ①대통령은 내우·외환·천재·지변 또는 중대한 재정·경제상의 위기에 있어서 국가의 안전보장 또는 공공의 안녕질서를 유지하기 위하여 긴급한 조치가 필요하고 국회의 집회를 기다릴 여유가 없을 때에 한하여 최소한으로 필요한 재정·경제상의 처분을 하거나 이에 관하여 법률의 효력을 가지는 명령을 발할 수 있다.
②대통령은 국가의 안위에 관계되는 중대한 교전상태에 있어서 국가를 보위하기 위하여 긴급한 조치가 필요하고 국회의 집회가 불가능한 때에 한하여 법률의 효력을 가지는 명령을 발할 수 있다.
③대통령은 제1항과 제2항의 처분 또는 명령을 한 때에는 지체없이 국회에 보고하여 그 승인을 얻어야 한다.
④제3항의 승인을 얻지 못한 때에는 그 처분 또는 명령은 그때부터 효력을 상실한다. 이 경우 그 명령에 의하여 개정 또는 폐지되었던 법률은 그 명령이 승인을 얻지 못한 때부터 당연히 효력을 회복한다.
⑤대통령은 제3항과 제4항의 사유를 지체없이 공포하여야 한다.

제77조 ①대통령은 전시·사변 또는 이에 준하는 국가비상사태에 있어서 병력으로써 군사상의 필요에 응하거나 공공의 안녕질서를 유지할 필요가 있을 때에는 법

률이 정하는 바에 의하여 계엄을 선포할 수 있다.

②계엄은 비상계엄과 경비계엄으로 한다.

③비상계엄이 선포된 때에는 법률이 정하는 바에 의하여 영장제도, 언론·출판·집회·결사의 자유, 정부나 법원의 권한에 관하여 특별한 조치를 할 수 있다.

④계엄을 선포한 때에는 대통령은 지체없이 국회에 통고하여야 한다.

⑤국회가 재적의원 과반수의 찬성으로 계엄의 해제를 요구한 때에는 대통령은 이를 해제하여야 한다.

제78조 대통령은 헌법과 법률이 정하는 바에 의하여 공무원을 임면한다.

제79조 ①대통령은 법률이 정하는 바에 의하여 사면·감형 또는 복권을 명할 수 있다.

②일반사면을 명하려면 국회의 동의를 얻어야 한다.

③사면·감형 및 복권에 관한 사항은 법률로 정한다.

제80조 대통령은 법률이 정하는 바에 의하여 훈장 기타의 영전을 수여한다.

판례-독립유공자서훈취소처분의취소

[대법원 2015.4.23, 선고, 2012두26920, 판결]

【판시사항】

[1] 서훈취소가 법원이 사법심사를 자제해야 할 고도의 정치성을 띤 행위인지 여부(소극)

[2] 구 상훈법 제8조 제1항 제1호에서 정한 서훈취소사유인 '서훈공적이 거짓임이 판명된 경우'에 서훈 수여 당시 드러나지 않은 사실이 새로 밝혀졌고 그 사실이 서훈 심사 당시 밝혀졌더라면 당초 조사된 공적사실과 새로 밝혀진 사실을 전체적으로 평가했을 때 서훈대상자의 행적을 서훈에 관한 공적으로 인정할 수 없음이 객관적으로 뚜렷한 경우가 포함되는지 여부(적극)

【판결요지】

[1] 구 상훈법(2011. 8. 4. 법률 제10985호로 개정되기 전의 것) 제8조는 서훈취소의 요건을 구체적으로 명시하고 있고 절차에 관하여 상세하게 규정하고 있다. 그리고 서훈취소는 서훈수여의 경우와는 달리 이미 발생된 서훈대상자 등의 권리 등에 영향을 미치는 행위로서 관련 당사자에게 미치는 불이익의 내용과 정도 등을 고려하면 사법심사의 필요성이 크다. 따라서 기본권의 보장 및 법치주의의 이념에 비추어 보면, 비록 서훈취소가 대통령이 국가원수로서 행하는 행위라고 하더라도 법원이 사법심사를 자제하여야 할 고도의 정치성을 띤 행위라고 볼 수는 없다.

[2] 대한민국 훈장 및 포장은 서훈의 원칙을 정한 구 상훈법(2011. 8. 4. 법률 제10985호로 개정되기 전의 것, 이하 같다) 제2조에 따라 대한민국 국민이나 우방국 국민으로서 대한민국에 뚜렷한 공적을 세운 사람에게 수여하는 것으로서, 서훈은 단순히 서훈대상자 본인에 대한 수혜적 행위로서의 성격만을 가지는 것이 아니라 국가에 뚜렷한 공적을 세운 사람에게 명예를 부여함으로써 국민 일반에 대하여 국가와 민족에 대한 자긍심을 높이고 국가적 가치를 통합·제시하는 행위의 성격도 가지고 있다. 그리고 서훈의 수여 사유인 '대한민국에 대한 뚜렷한 공적'에 관한 판단은 서훈추천권자가 제출한 공적조서에 기재된 개개의 사실뿐만 아니라 일정한 공적기간 동안 서훈대상자의 행적을 전체적으로 평가하여 이루어진다. 한편 구 상훈법 제8조 제1항 제1호는 '서훈공적이 거짓임이 판명된 경우'에는 그 서훈을 취소하도록 정하고 있는데, 이러한 서훈취소 제도는 수여된 서훈을 그대로 유지한다면 서훈의 영예성을 수호할 수 없는 사유

가 발생한 경우에 서훈제도의 본질과 기능을 보호하기 위하여 마련된 것으로 보인다. 이와 같은 서훈의 원칙 및 취소에 관한 규정들과 아울러 그 취지와 입법 목적 등을 종합하여 보면, 구 상훈법 제8조 제1항 제1호에서 정한 서훈취소사유인 '서훈공적이 거짓임이 판명된 경우'에는 서훈 수여 당시 조사된 공적사실 자체가 진실에 반하는 경우뿐만 아니라, 서훈 수여 당시 드러나지 않은 사실이 새로 밝혀졌고 만일 그 사실이 서훈 심사 당시 밝혀졌더라면 당초 조사된 공적사실과 새로 밝혀진 사실을 전체적으로 평가하였을 때 서훈대상자의 행적을 서훈에 관한 공적으로 인정할 수 없음이 객관적으로 뚜렷한 경우도 포함된다.

제81조 대통령은 국회에 출석하여 발언하거나 서한으로 의견을 표시할 수 있다.

제82조 대통령의 국법상 행위는 문서로써 하며, 이 문서에는 국무총리와 관계 국무위원이 부서한다. 군사에 관한 것도 또한 같다.

제83조 대통령은 국무총리·국무위원·행정각부의 장 기타 법률이 정하는 공사의 직을 겸할 수 없다.

제84조 대통령은 내란 또는 외환의 죄를 범한 경우를 제외하고는 재직중 형사상의 소추를 받지 아니한다.

제85조 전직대통령의 신분과 예우에 관하여는 법률로 정한다.

제2절 행정부
제1관 국무총리와 국무위원

제86조 ①국무총리는 국회의 동의를 얻어 대통령이 임명한다.
②국무총리는 대통령을 보좌하며, 행정에 관하여 대통령의 명을 받아 행정각부를 통할한다.
③군인은 현역을 면한 후가 아니면 국무총리로 임명될 수 없다.

제87조 ①국무위원은 국무총리의 제청으로 대통령이 임명한다.
②국무위원은 국정에 관하여 대통령을 보좌하며, 국무회의의 구성원으로서 국정을 심의한다.
③국무총리는 국무위원의 해임을 대통령에게 건의할 수 있다.
④군인은 현역을 면한 후가 아니면 국무위원으로 임명될 수 없다.

제2관 국무회의

제88조 ①국무회의는 정부의 권한에 속하는 중요한 정책을 심의한다.
②국무회의는 대통령·국무총리와 15인 이상 30인 이하의 국무위원으로 구성한다.
③대통령은 국무회의의 의장이 되고, 국무총리는 부의장이 된다.

제89조 다음 사항은 국무회의 심의를 거쳐야 한다.
1. 국정의 기본계획과 정부의 일반정책
2. 선전·강화 기타 중요한 대외정책
3. 헌법개정안·국민투표안·조약안·법률안 및 대통령령안
4. 예산안·결산·국유재산처분의 기본계획·국가의 부담이 될 계약 기타 재정에 관한 중요사항
5. 대통령의 긴급명령·긴급재정경제처분 및 명령 또는 계엄과 그 해제
6. 군사에 관한 중요사항
7. 국회의 임시회 집회의 요구
8. 영전수여
9. 사면·감형과 복권
10. 행정각부간의 권한의 획정
11. 정부안의 권한의 위임 또는 배정에 관한 기본계획
12. 국정처리상황의 평가·분석
13. 행정각부의 중요한 정책의 수립과 조정
14. 정당해산의 제소
15. 정부에 제출 또는 회부된 정부의 정책에 관계되는 청원의 심사
16. 검찰총장·합동참모의장·각군참모총장·국립대학교총장·대사 기타 법률이 정한 공무원과 국영기업체관리자의 임명
17. 기타 대통령·국무총리 또는 국무위원이 제출한 사항

제90조 ①국정의 중요한 사항에 관한 대통령의 자문에 응하기 위하여 국가원로로 구성되는 국가원로자문회의를 둘 수 있다.
②국가원로자문회의의 의장은 직전대통령이 된다. 다만, 직전대통령이 없을 때에는 대통령이 지명한다.
③국가원로자문회의의 조직·직무범위 기타 필요한 사항은 법률로 정한다.

제91조 ①국가안전보장에 관련되는 대외정책·군사정책과 국내정책의 수립에 관하여 국무회의의 심의에 앞서 대통령의 자문에 응하기 위하여 국가안전보장회의를 둔다.
②국가안전보장회의는 대통령이 주재한다.
③국가안전보장회의의 조직·직무범위 기타 필요한 사항은 법률로 정한다.

제92조 ①평화통일정책의 수립에 관한 대통령의 자문에 응하기 위하여 민주평화통일자문회의를 둘 수 있다.
②민주평화통일자문회의의 조직·직무범위 기타 필요한 사항은 법률로 정한다.

제93조 ①국민경제의 발전을 위한 중요정책의 수립에 관하여 대통령의 자문에 응하기 위하여 국민경제자문회의를 둘 수 있다.
②국민경제자문회의의 조직·직무범위 기타 필요한 사항은 법률로 정한다.

제3관 행정각부

제94조 행정각부의 장은 국무위원 중에서 국무총리의 제청으로 대통령이 임명한다.

제95조 국무총리 또는 행정각부의 장은 소관사무에 관하여 법률이나 대통령령의 위임 또는 직권으로 총리령 또는 부령을 발할 수 있다.

제96조 행정각부의 설치·조직과 직무범위는 법률로 정한다.

제4관 감사원

제97조 국가의 세입·세출의 결산, 국가 및 법률이 정한 단체의 회계검사와 행정기관 및 공무원의 직무에 관한 감찰을 하기 위하여 대통령 소속하에 감사원을 둔다.

제98조 ①감사원은 원장을 포함한 5인 이상 11인 이하의 감사위원으로 구성한다.
②원장은 국회의 동의를 얻어 대통령이 임명하고, 그 임기는 4년으로 하며, 1차에 한하여 중임할 수 있다.
③감사위원은 원장의 제청으로 대통령이 임명하고, 그 임기는 4년으로 하며, 1차에 한하여 중임할 수 있다.

제99조 감사원은 세입·세출의 결산을 매년 검사하여 대통령과 차년도국회에 그 결과를 보고하여야 한다.

제100조 감사원의 조직·직무범위·감사위원의 자격·감사대상공무원의 범위 기타 필요한 사항은 법률로 정한다.

제5장 법원

제101조 ①사법권은 법관으로 구성된 법원에 속한다.
②법원은 최고법원인 대법원과 각급법원으로 조직된다.
③법관의 자격은 법률로 정한다.

제102조 ①대법원에 부를 둘 수 있다.
②대법원에 대법관을 둔다. 다만, 법률이 정하는 바에 의하여 대법관이 아닌 법관을 둘 수 있다.
③대법원과 각급법원의 조직은 법률로 정한다.

제103조 법관은 헌법과 법률에 의하여 그 양심에 따라 독립하여 심판한다.

제104조 ①대법원장은 국회의 동의를 얻어 대통령이 임명한다.
②대법관은 대법원장의 제청으로 국회의 동의를 얻어 대통령이 임명한다.
③대법원장과 대법관이 아닌 법관은 대법관회의의 동의를 얻어 대법원장이 임명한다.

제105조 ①대법원장의 임기는 6년으로 하며, 중임할 수 없다.
②대법관의 임기는 6년으로 하며, 법률이 정하는 바에 의하여 연임할 수 있다.
③대법원장과 대법관이 아닌 법관의 임기는 10년으로 하며, 법률이 정하는 바에 의하여 연임할 수 있다.
④법관의 정년은 법률로 정한다.

제106조 ①법관은 탄핵 또는 금고 이상의 형의 선고에 의하지 아니하고는 파면되지 아니하며, 징계처분에 의하지 아니하고는 정직·감봉 기타 불리한 처분을 받지 아니한다.
②법관이 중대한 심신상의 장해로 직무를 수행할 수 없을 때에는 법률이 정하는 바에 의하여 퇴직하게 할 수 있다.

제107조 ①법률이 헌법에 위반되는 여부가 재판의 전제가 된 경우에는 법원은 헌법재판소에 제청하여 그 심판에 의하여 재판한다.
②명령·규칙 또는 처분이 헌법이나 법률에 위반되는 여부가 재판의 전제가 된 경우에는 대법원은 이를 최종적으로 심사할 권한을 가진다.
③재판의 전심절차로서 행정심판을 할 수 있다. 행정심판의 절차는 법률로 정하되, 사법절차가 준용되어야 한다.

행정소송 패소확정 후 행정처분에 대해 헌법소원심판청구 가능한지

(대한법률구조공단 자료)

질문

저는 저에 대한 증여세부과처분을 다투어 법원에 행정소송을 제기하였으나 패소 당하고 그 판결이 확정되었습니다. 이에 저는 인권의 최후보루인 헌법재판소에 헌법소원을 제기하여 권리를 구제 받고자 합니다. 과연 헌법소원심판을 통하여 증여세부과처분의 취소를 구할 수 있는지요?

답변

귀하께서 헌법소원심판을 청구하여 권리구제를 받을 수 있는 방법으로는 첫째, 패소확정판결을 대상으로 직접 헌법소원을 제기하는 것과 둘째, 원행정처분인 증여세부과처분을 대상으로 헌법소원심판을 제기하는 것을 검토해볼 수 있습니다.
첫째 방법에 관하여 보면, 「헌법재판소법」 제68조 제1항은 "공권력의 행사 또는 불행사로 인하여 헌법상 보장된 기본권을 침해받은 자는 법원의 재판을 제외하고는 헌법재판소에 헌법소원심판을 청구할 수 있다."라고 규정하고 있어 현행법상 법원의 재판을 헌법소원의 대상에서 제외하고 있고, 헌법재판소도 '헌법재판소가 위헌으로 결정하여 그 효력을 상실한 법률을 적용함으로써 국민의 기본권을 침해하는 재판'에 대해서만 예외적으로 헌법소원을 인정하고 있습니다.
그러므로 귀하도 위헌으로 결정되어 그 효력을 상실한 법률을 적용한 재판이 아니라면 패소확정판결을 대상으로 직접 헌법소원심판을 청구할 수는 없을 것입니다.

둘째 방법에 관하여 보면, 헌법재판소는 "행정처분의 취소를 구하는 행정소송이 확정된 경우에 그 원행정처분의 취소를 구하는 헌법소원심판 청구를 받아들여 이를 취소하는 것은, 원행정처분을 심판의 대상으로 삼았던 법원의 재판이 예외적으로 헌법소원심판의 대상이 되어 그 재판 자체가 취소되는 경우에 한하여 국민의 기본권을 신속하고 효율적으로 구제하기 위하여 가능한 것이고, 이와는 달리 법원의 재판이 취소되지 아니하는 경우에는 확정판결의 기판력으로 인하여 원행정처분은 헌법소원심판의 대상이 되지 아니하며, 뿐만 아니라 원행정처분에 대한 헌법소원심판청구를 허용하는 것은 '명령·규칙 또는 처분이 헌법이나 법률에 위반되는 여부가 재판의 전제가 된 경우에는 대법원은 이를 최종적으로 심사할 권한을 가진다.'고 규정한 헌법 제107조 제2항이나, 원칙적으로 헌법소원심판의 대상에서 법원의 재판을 제외하고 있는 헌법재판소법 제68조 제1항의 취지에도 어긋난다."라고 하였습니다(헌법재판소 2001. 2. 22. 선고 99헌마409 결정).

결국 귀하의 경우 귀하에 대한 증여세부과처분에 대한 법원의 재판이 헌법소원심판의 대상이 되어 그 재판 자체가 취소되는 경우가 아니라면 헌법소원심판청구를 통한 권리구제가 어려울 것으로 보입니다.

> "본 사례는 개인의 법률문제 해결에 도움을 주고자 게재되었으나, 이용자 여러분의 생활에서 발생하는 구체적 사안은 동일하지는 않을 것이므로 참고자료로 활용하시기 바랍니다."

제108조 대법원은 법률에 저촉되지 아니하는 범위안에서 소송에 관한 절차, 법원의 내부규율과 사무처리에 관한 규칙을 제정할 수 있다.

판례-위헌제청
[대법원 1984.9.25. 자, 84부3, 결정]

【판시사항】
소를 부적법하다 하여 각하한 원심판결에 대하여 상고를 하였으나, 그 상고가 기각될 것이 분명한 경우, 본안판단에 관하여 적용한 법률의 위헌여부를 재판의 전제가 된다고 할 수 있는지 여부(소극)

【판결요지】
불변기간의 도과로 적법한 전심절차를 밟은 것이라고 할 수 없어 소를 부적법하다 하여 각하한 원심판결에 대하여 상고를 하였으나 그 상고가 기각될 것이 분명한 경우에는 본안의 판단에 관하여 적용한 법률의 위헌여부는 그 재판의 전제가 된다고 할 수 없다.

제109조 재판의 심리와 판결은 공개한다. 다만, 심리는 국가의 안전보장 또는 안녕질서를 방해하거나 선량한 풍속을 해할 염려가 있을 때에는 법원의 결정으로 공개하지 아니할 수 있다.

판례-국가보안법 위반(반국가단체의 구성등)·국가보안법 위반(간첩)·국가보안법 위반(자진지원·금품수수)·국가보안법 위반(특수잠입·탈출)·국가보안법 위반(찬양·고무등)·국가보안법 위반(회합·통신등)·국가보안법 위반(편의제공)
[대법원 2013.7.26. 선고, 2013도2511, 판결]

【판시사항】
[1] 공개금지사유가 없음에도 공개금지결정에 따라 비공개로 진행된 증인신문절차에 의하여 이루어진 증언의 증거능력 유무(소극) 및 공개금지결정의 선고가 없는 등으로 공개금지결정의 사유를 알 수 없는 경우에도 같은 법리가 적용되는지 여부(적극)
[2] 정보저장매체에 기억된 문자정보 또는 그 출력물을 증거로 사용하기 위한 요건 및 정보저장매체 원본을 대신하여 저장매체에 저장된 자료를 '하드카피' 또는 '이미징'한 매체로부터 출력한 문건의 경우, 그 출력 문건과 정보저장매체에 저장된 자료가 동일

하고 정보저장매체 원본이 문건 출력 시까지 변경되지 않았다는 점에 대한 증명 방법
[3] '증거물인 서면'의 증거조사 방식
[4] 국가보안법 제4조 제1항 제2호 (나)목에서 정한 '국가기밀'의 의미 및 위 규정이
명확성의 원칙, 책임주의 원칙, 평등원칙 등에 위배되는지 여부(소극)

【판결요지】
[1] 헌법 제27조 제3항 후문, 제109조와 법원조직법 제57조 제1항, 제2항의 취지에 비
추어 보면, 헌법 제109조, 법원조직법 제57조 제1항에서 정한 공개금지사유가 없음에
도 불구하고 재판의 심리에 관한 공개를 금지하기로 결정하였다면 그러한 공개금지결
정은 피고인의 공개재판을 받을 권리를 침해한 것으로서 그 절차에 의하여 이루어진
증인의 증언은 증거능력이 없고, 변호인의 반대신문권이 보장되었더라도 달리 볼 수
없으며, 이러한 법리는 공개금지결정의 선고가 없는 등으로 공개금지결정의 사유를 알
수 없는 경우에도 마찬가지이다.
[2] 압수물인 컴퓨터용 디스크 그 밖에 이와 비슷한 정보저장매체(이하 '정보저장매체'
라고만 한다)에 입력하여 기억된 문자정보 또는 그 출력물(이하 '출력 문건'이라 한다)
을 증거로 사용하기 위해서는 정보저장매체 원본에 저장된 내용과 출력 문건의 동일
성이 인정되어야 하고, 이를 위해서는 정보저장매체 원본이 압수 시부터 문건 출력 시
까지 변경되지 않았다는 사정, 즉 무결성이 담보되어야 한다. 특히 정보저장매체 원본
을 대신하여 저장매체에 저장된 자료를 '하드카피' 또는 '이미징'한 매체로부터 출력한
문건의 경우에는 정보저장매체 원본과 '하드카피' 또는 '이미징'한 매체 사이에 자료의
동일성도 인정되어야 할 뿐만 아니라, 이를 확인하는 과정에서 이용한 컴퓨터의 기계
적 정확성, 프로그램의 신뢰성, 입력·처리·출력의 각 단계에서 조작자의 전문적인 기술
능력과 정확성이 담보되어야 한다. 이 경우 출력 문건과 정보저장매체에 저장된 자료
가 동일하고 정보저장매체 원본이 문건 출력 시까지 변경되지 않았다는 점은, 피압수·
수색 당사자가 정보저장매체 원본과 '하드카피' 또는 '이미징'한 매체의 해쉬(Hash) 값
이 동일하다는 취지로 서명한 확인서면을 교부받아 법원에 제출하는 방법에 의하여
증명하는 것이 원칙이나, 그와 같은 방법에 의한 증명이 불가능하거나 현저히 곤란한
경우에는, 정보저장매체 원본에 대한 압수, 봉인, 봉인해제, '하드카피' 또는 '이미징'
등 일련의 절차에 참여한 수사관이나 전문가 등의 증언에 의해 정보저장매체 원본과
'하드카피' 또는 '이미징'한 매체 사이의 해쉬 값이 동일하다거나 정보저장매체 원본이
최초 압수 시부터 밀봉되어 증거 제출 시까지 전혀 변경되지 않았다는 등의 사정을
증명하는 방법 또는 법원이 그 원본에 저장된 자료와 증거로 제출된 출력 문건을 대
조하는 방법 등으로도 그와 같은 무결성·동일성을 인정할 수 있으며, 반드시 압수·수
색 과정을 촬영한 영상녹화물 재생 등의 방법으로만 증명하여야 한다고 볼 것은 아니다.
[3] 형사소송법 제292조, 제292조의2 제1항, 형사소송규칙 제134조의6의 취지에 비추어
보면, 본래 증거물이지만 증거서류의 성질도 가지고 있는 이른바 '증거물인 서면'을 조
사하기 위해서는 증거서류의 조사방식인 낭독·내용고지 또는 열람의 절차와 증거물의
조사방식인 제시의 절차가 함께 이루어져야 하므로, 원칙적으로 증거신청인으로 하여
금 그 서면을 제시하면서 낭독하게 하거나 이에 갈음하여 그 내용을 고지 또는 열람
하도록 하여야 한다.
[4] 국가보안법 제4조 제1항 제2호 (나)목에 규정된 '국가기밀'은 '그 기밀이 정치, 경
제, 사회, 문화 등 각 방면에서 반국가단체에 대하여 비밀로 하거나 확인되지 아니함
이 대한민국의 이익이 되는 모든 사실, 물건 또는 지식으로서, 그것들이 국내에서 적
법한 절차 등을 거쳐 이미 일반인에게 널리 알려진 공지의 사실, 물건 또는 지식에 속
하지 아니한 것이어야 하고, 또 그 내용이 누설되는 경우 국가의 안전에 위험을 초래
할 우려가 있어 기밀로 보호할 실질가치를 갖춘 것'일 경우에 한정된다고 보는 것이
대법원 1997. 9. 16. 선고 97도985 전원합의체 판결 이래 대법원의 확립된 견해이다.
'국가기밀'의 일반적 의미를 위와 같이 제한적으로 해석하는 한편, 위 규정이 그 행위
주체를 '반국가단체의 구성원 또는 그 지령을 받은 자'로 한정하고 있을 뿐만 아니라

그 행위가 '반국가단체의 목적수행을 위한 행위'일 것을 그 구성요건으로 하고 있어 행위주체와 행위태양의 면에서 제한을 하고 있는 점 등에 비추어 보면, 위 규정이 헌법에 위배된다고 할 정도로 죄형법정주의가 요구하는 명확성의 원칙에 반한다고 할 수 없다. 한편 군사기밀 보호법 제11조가 군사기밀 탐지·수집행위의 법정형을 10년 이하의 징역으로 규정하고 있는 것과 달리 국가보안법 제4조 제1항 제2호 (나)목의 법정형이 사형·무기 또는 7년 이상의 징역으로 규정되어 있다는 등의 사정만으로 위 조항이 지나치게 무거운 형벌을 규정하여 책임주의 원칙에 반한다거나 법정형이 형벌체계상 균형을 상실하여 평등원칙에 위배되는 조항이라고 할 수 없으며, 법관의 양형 판단 및 결정권을 중대하게 침해하는 것이라고 볼 수도 없다.

제110조 ①군사재판을 관할하기 위하여 특별법원으로서 군사법원을 둘 수 있다.
②군사법원의 상고심은 대법원에서 관할한다.
③군사법원의 조직·권한 및 재판관의 자격은 법률로 정한다.
④비상계엄하의 군사재판은 군인·군무원의 범죄나 군사에 관한 간첩죄의 경우와 초병·초소·유독음식물공급·포로에 관한 죄중 법률이 정한 경우에 한하여 단심으로 할 수 있다. 다만, 사형을 선고한 경우에는 그러하지 아니하다.

제6장 헌법재판소

제111조 ①헌법재판소는 다음 사항을 관장한다.
1. 법원의 제청에 의한 법률의 위헌여부 심판
2. 탄핵의 심판
3. 정당의 해산 심판
4. 국가기관 상호간, 국가기관과 지방자치단체간 및 지방자치단체 상호간의 권한 쟁의에 관한 심판
5. 법률이 정하는 헌법소원에 관한 심판
②헌법재판소는 법관의 자격을 가진 9인의 재판관으로 구성하며, 재판관은 대통령이 임명한다.
③제2항의 재판관중 3인은 국회에서 선출하는 자를, 3인은 대법원장이 지명하는 자를 임명한다.
④헌법재판소의 장은 국회의 동의를 얻어 재판관중에서 대통령이 임명한다.

제112조 ①헌법재판소 재판관의 임기는 6년으로 하며, 법률이 정하는 바에 의하여 연임할 수 있다.
②헌법재판소 재판관은 정당에 가입하거나 정치에 관여할 수 없다.
③헌법재판소 재판관은 탄핵 또는 금고 이상의 형의 선고에 의하지 아니하고는 파면되지 아니한다.

제113조 ①헌법재판소에서 법률의 위헌결정, 탄핵의 결정, 정당해산의 결정 또는 헌법소원에 관한 인용결정을 할 때에는 재판관 6인 이상의 찬성이 있어야 한다.
②헌법재판소는 법률에 저촉되지 아니하는 범위안에서 심판에 관한 절차, 내부규율과 사무처리에 관한 규칙을 제정할 수 있다.
③헌법재판소의 조직과 운영 기타 필요한 사항은 법률로 정한다.

제7장 선거관리

제114조 ①선거와 국민투표의 공정한 관리 및 정당에 관한 사무를 처리하기 위하여 선거관리위원회를 둔다.
②중앙선거관리위원회는 대통령이 임명하는 3인, 국회에서 선출하는 3인과 대법원장이 지명하는 3인의 위원으로 구성한다. 위원장은 위원중에서 호선한다.
③위원의 임기는 6년으로 한다.
④위원은 정당에 가입하거나 정치에 관여할 수 없다.
⑤위원은 탄핵 또는 금고 이상의 형의 선고에 의하지 아니하고는 파면되지 아니한다.
⑥중앙선거관리위원회는 법령의 범위안에서 선거관리·국민투표관리 또는 정당사무에 관한 규칙을 제정할 수 있으며, 법률에 저촉되지 아니하는 범위안에서 내부규율에 관한 규칙을 제정할 수 있다.
⑦각급 선거관리위원회의 조직·직무범위 기타 필요한 사항은 법률로 정한다.

제115조 ①각급 선거관리위원회는 선거인명부의 작성등 선거사무와 국민투표사무에 관하여 관계 행정기관에 필요한 지시를 할 수 있다.
②제1항의 지시를 받은 당해 행정기관은 이에 응하여야 한다.

제116조 ①선거운동은 각급 선거관리위원회의 관리하에 법률이 정하는 범위안에서 하되, 균등한 기회가 보장되어야 한다.
②선거에 관한 경비는 법률이 정하는 경우를 제외하고는 정당 또는 후보자에게 부담시킬 수 없다.

제8장 지방자치

제117조 ①지방자치단체는 주민의 복리에 관한 사무를 처리하고 재산을 관리하며, 법령의 범위안에서 자치에 관한 규정을 제정할 수 있다.
②지방자치단체의 종류는 법률로 정한다.

제118조 ①지방자치단체에 의회를 둔다.
②지방의회의 조직·권한·의원선거와 지방자치단체의 장의 선임방법 기타 지방자치단체의 조직과 운영에 관한 사항은 법률로 정한다.

제9장 경제

제119조 ①대한민국의 경제질서는 개인과 기업의 경제상의 자유와 창의를 존중함을 기본으로 한다.
②국가는 균형있는 국민경제의 성장 및 안정과 적정한 소득의 분배를 유지하고, 시장의 지배와 경제력의 남용을 방지하며, 경제주체간의 조화를 통한 경제의 민

주화를 위하여 경제에 관한 규제와 조정을 할 수 있다.

제120조 ①광물 기타 중요한 지하자원·수산자원·수력과 경제상 이용할 수 있는 자연력은 법률이 정하는 바에 의하여 일정한 기간 그 채취·개발 또는 이용을 특허할 수 있다.
②국토와 자원은 국가의 보호를 받으며, 국가는 그 균형있는 개발과 이용을 위하여 필요한 계획을 수립한다.

제121조 ①국가는 농지에 관하여 경자유전의 원칙이 달성될 수 있도록 노력하여야 하며, 농지의 소작제도는 금지된다.
②농업생산성의 제고와 농지의 합리적인 이용을 위하거나 불가피한 사정으로 발생하는 농지의 임대차와 위탁경영은 법률이 정하는 바에 의하여 인정된다.

제122조 국가는 국민 모두의 생산 및 생활의 기반이 되는 국토의 효율적이고 균형있는 이용·개발과 보전을 위하여 법률이 정하는 바에 의하여 그에 관한 필요한 제한과 의무를 과할 수 있다.

제123조 ①국가는 농업 및 어업을 보호·육성하기 위하여 농·어촌종합개발과 그 지원등 필요한 계획을 수립·시행하여야 한다.
②국가는 지역간의 균형있는 발전을 위하여 지역경제를 육성할 의무를 진다.
③국가는 중소기업을 보호·육성하여야 한다.
④국가는 농수산물의 수급균형과 유통구조의 개선에 노력하여 가격안정을 도모함으로써 농·어민의 이익을 보호한다.
⑤국가는 농·어민과 중소기업의 자조조직을 육성하여야 하며, 그 자율적 활동과 발전을 보장한다.

판례-담배제조업허가신청거부처분취소
[대법원 2008.4.11, 선고, 2008두2019, 판결]

【판시사항】
담배제조업 허가 기준의 하나로 '자본금 300억 원 이상'을 요구하고 있는 담배사업법 시행령 제4조 제1항 제1호가 직업선택의 자유의 본질적 내용을 침해하거나 평등의 원칙, 국가의 중소기업 보호·육성의무를 위반하였는지 여부(소극) 및 위 규정이 수권법률인 담배사업법 제11조의 위임의 범위나 한계를 벗어났는지 여부(소극)

【이 유】
상고이유를 본다.
담배사업법 제11조 제1항은 담배제조업을 영위하고자 하는 자로 하여금 피고의 허가를 받도록 하면서 같은 조 제2항에서 자본금, 시설기준, 기술인력, 담배제조 기술의 연구·개발 및 국민건강 보호를 위한 품질관리 등의 구체적인 허가기준을 대통령령에 위임하고 있고, 이에 따라 제정된 담배사업법 시행령 제4조 제1항 제1호는 자본금 규모를 300억 원 이상으로 할 것을 허가기준으로 규정하고 있는바, 이는 종래 한국담배인삼공사가 독점하던 담배제조업에 허가제를 도입하여 독점에 따른 비효율성 제거와 담배소비자의 경제적 후생 증진을 도모하되, 국민건강과 직결되는 담배사업의 특성을 고려하여 군소생산업체의 난립을 방지함으로써 담배소비의 증가를 억제하고 국민건강을 저해하는 제품 생산을 예방함과 아울러 담배가격의 대부분을 차지하는 조세를 안정적으로 징수하고 근래 급증하고 있는 담배관련소송 등에 대비하여 담배제조기업의 재정적 안정을 도모하며 잎담배 재배농가를 보호하기 위한 목적으로 적정규모의 자본금을 갖출 것을 허가기준으로 한 것이고, 자본의 적정규모를 300억 원 이상으로 한 것은 위와 같은 입법 목적과 국내 담배시장의 규모와 상황을 고려하여 신규 사업자로 하여금 연간 담배 50억 개비 이상의 생산시설을 갖추도록 하는 것이 적정하다는 정책적 판단아래 그 시설에 맞는 투자금액을 추산하여 결정한 것이다.

담배사업법 시행령 제4조 제1항 제1호가 300억 원 이상의 자본금을 갖출 것을 허가기준으로 하여 자본금이 그에 미치지 못하는 기업의 담배제조업 진입을 제한함으로써 직업선택의 자유나 중소기업의 활동을 일부 제한하는 측면이 없지 않으나, 위에서 본 바와 같이 그 입법목적이 정당한 점, 그로 인하여 자본금 300억 원을 마련할 수 없는 기업의 담배제조업 진입을 제한함으로써 잃게 되는 사익보다 위 조항으로 인하여 얻게 되는 국민건강, 조세징수확보 및 담배제조기업의 재정안정이라는 공익이 훨씬 큰 것으로 보이는 점, 자본금의 적정규모를 300억 원으로 한 것도 현저히 부당하다고 보이지 않는 점을 고려하면, 위 조항이 직업선택의 자유의 본질적인 내용을 침해하였다거나 합리적 근거 없는 차별에 해당하여 평등권을 침해하였다고 보기 어려울 뿐만 아니라, 헌법 제123조 제3항이 가지는 규범적 성격과 헌법 제36조 제3항에 따른 국민보건에 관한 국가의 의무를 아울러 고려하면 위 조항이 헌법상의 중소기업 보호·육성 의무에 위반된다고 볼 수도 없으므로, 결국 위 시행령 조항은 헌법에 위반되지 않는다.

또한, 위에서 본 바와 같은 담배사업법의 입법 목적, 담배사업법 및 그 시행령의 전반적인 체계와 취지, 당해 위임조항의 규정형식과 내용 및 그 규제 대상의 성질 등에 비추어 보면, 위 시행령 조항이 담배사업법 제11조의 위임범위나 담배제조업 허가제 도입의 취지에 따른 한계를 일탈하였다고 할 수도 없다.

같은 취지에서 원심이 채용 증거들을 종합하여 그 판시와 같은 사실을 인정한 다음 위 시행령 조항이 유효하다고 판단한 것은 정당하고, 거기에 주장하는 바와 같은 대통령령의 헌법위반 및 수권법률의 위임한계에 관한 법리오해, 채증법칙 위배 등의 위법이 없다.

그러므로 상고를 기각하고, 상고비용은 패소자의 부담으로 하여 관여 대법관의 일치된 의견으로 주문과 같이 판결한다.

제124조 국가는 건전한 소비행위를 계도하고 생산품의 품질향상을 촉구하기 위한 소비자보호운동을 법률이 정하는 바에 의하여 보장한다.

판례-업무방해·정보통신망 이용촉진 및 정보보호 등에 관한 법률 위반(정보통신망 침해 등)

[대법원 2013.3.14, 선고, 2010도410, 판결]

【판시사항】

[1] 소비자불매운동이 위력에 의한 업무방해죄를 구성하는지 판단하는 기준

[2] 위력 행사의 상대방이 피해자가 아닌 제3자인 경우 피해자에 대한 업무방해죄가 성립하기 위한 요건 및 그 판단 기준

[3] 인터넷카페의 운영진인 피고인들이 카페 회원들과 공모하여, 특정 신문들에 광고를 게재하는 광고주들에게 불매운동의 일환으로 지속적·집단적으로 항의전화를 하거나 항의글을 게시하는 등의 방법으로 광고중단을 압박함으로써 위력으로 광고주들 및 신문사들의 업무를 방해하였다는 내용으로 기소된 사안에서, 피고인들의 행위가 광고주들에 대하여는 업무방해죄의 위력에 해당하지만, 신문사들에 대하여는 직접적인 위력의 행사가 있었다고 보기에 부족하다고 본 사례

[4] 정보통신망에 장애가 발생하게 함으로 인한 정보통신망 이용촉진 및 정보보호 등에 관한 법률 위반죄가 성립하기 위하여 정보통신망의 장애가 현실적으로 발생할 것을 요하는지 여부(적극)

【판결요지】
[1] 소비자가 구매력을 무기로 상품이나 용역에 대한 자신들의 선호를 시장에 실질적으로 반영하기 위한 집단적 시도인 소비자불매운동은 본래 '공정한 가격으로 양질의 상품 또는 용역을 적절한 유통구조를 통해 적절한 시기에 안전하게 구입하거나 사용할 소비자의 제반 권익을 증진할 목적'에서 행해지는 소비자보호운동의 일환으로서 헌법 제124조를 통하여 제도로서 보장되나, 그와는 다른 측면에서 일반 시민들이 특정한 사회, 경제적 또는 정치적 대의나 가치를 주장·옹호하거나 이를 진작시키기 위한 수단으로서 소비자불매운동을 선택하는 경우도 있을 수 있고, 이러한 소비자불매운동 역시 반드시 헌법 제124조는 아니더라도 헌법 제21조에 따라 보장되는 정치적 표현의 자유나 헌법 제10조에 내재된 일반적 행동의 자유의 관점 등에서 보호받을 가능성이 있으므로, 단순히 소비자불매운동이 헌법 제124조에 따라 보장되는 소비자보호운동의 요건을 갖추지 못하였다는 이유만으로 이에 대하여 아무런 헌법적 보호도 주어지지 아니한다거나 소비자불매운동에 본질적으로 내재되어 있는 집단행위로서의 성격과 대상 기업에 대한 불이익 또는 피해의 가능성만을 들어 곧바로 형법 제314조 제1항의 업무방해죄에서 말하는 위력의 행사에 해당한다고 단정하여서는 아니 된다. 다만 그 소비자불매운동이 헌법상 보장되는 정치적 표현의 자유나 일반적 행동의 자유 등의 점에서도 전체 법질서상 용인될 수 없을 정도로 사회적 상당성을 갖추지 못한 때에는 그 행위 자체가 위법한 세력의 행사로서 형법 제314조 제1항의 업무방해죄에서 말하는 위력의 개념에 포섭될 수 있고, 그러한 관점에서 어떠한 소비자불매운동이 위력에 의한 업무방해죄를 구성하는지 여부는 해당 소비자불매운동의 목적, 불매운동에 이르게 된 경위, 대상 기업의 선정이유 및 불매운동의 목적과의 연관성, 대상 기업의 사회·경제적 지위와 거기에 비교되는 불매운동의 규모 및 영향력, 불매운동 참여자의 자발성, 불매운동 실행과정에서 다른 폭력행위나 위법행위의 수반 여부, 불매운동의 기간 및 그로 인하여 대상 기업이 입은 불이익이나 피해의 정도, 그에 대한 대상 기업의 반응이나 태도 등 제반 사정을 종합적·실질적으로 고려하여 판단하여야 한다.
[2] 업무방해죄의 위력은 원칙적으로 피해자에게 행사되어야 하므로, 그 위력 행사의 상대방이 피해자가 아닌 제3자인 경우 그로 인하여 피해자의 자유의사가 제압될 가능성이 직접적으로 발생함으로써 이를 실질적으로 피해자에 대한 위력의 행사와 동일시할 수 있는 특별한 사정이 있는 경우가 아니라면 피해자에 대한 업무방해죄가 성립한다고 볼 수 없다. 이때 제3자에 대한 위력의 행사로 피해자의 자유의사가 직접 제압될 가능성이 있는지는 위력 행사의 의도나 목적, 위력 행사의 상대방인 제3자와 피해자의 관계, 위력의 행사 장소나 방법 등 태양, 제3자에 대한 위력의 행사에 관한 피해자의 인식 여부, 제3자에 대한 위력의 행사로 피해자가 입게 되는 불이익이나 피해의 정도, 피해자에 의한 위력의 배제나 제3자에 대한 보호의 가능성 등을 종합적으로 고려하여 판단하여야 한다.
[3] 인터넷카페의 운영진인 피고인들이 카페 회원들과 공모하여, 특정 신문들에 광고를 게재하는 광고주들에게 불매운동의 일환으로 지속적·집단적으로 항의전화를 하거나 광고주들의 홈페이지에 항의글을 게시하는 등의 방법으로 광고중단을 압박함으로써 위력으로 광고주들 및 신문사들의 업무를 방해하였다는 내용으로 기소된 사안에서, 원심이 피고인들이 벌인 불매운동의 목적, 그 조직과정, 대상 기업의 선정경위, 불매운동의 규모 및 영향력, 불매운동의 실행 형태, 불매운동의 기간, 대상 기업인 광고주들이 입은 불이익이나 피해의 정도 등에 비추어 피고인들의 위 행위가 광고주들의 자유의사를 제압할 만한 세력으로서 위력에 해당한다고 본 것은 정당하나, 나아가 피고인들의 행위로 신문사들이 실제 입은 불이익이나 피해의 정도, 그로 인하여 신문사들의 영업활동이나 보도에 관한 자유의사가 제압될 만한 상황에 이르렀는지 등을 구체적으로 심리하여 살펴보지 아니한 채, 신문사들에 대한 직접적인 위력의 행사가 있었다고 보아 유죄를 인정한 원심판결에 업무방해죄의 구성요건인 위력의 대상 등에 관한 법리를 오해하여 심리를 다하지 아니한 잘못이 있다고 한 사례.
[4] 정보통신망 이용촉진 및 정보보호 등에 관한 법률 제48조 제3항은 "누구든지 정보

통신망의 안정적 운영을 방해할 목적으로 대량의 신호 또는 데이터를 보내거나 부정한 명령을 처리하도록 하는 등의 방법으로 정보통신망에 장애가 발생하게 하여서는 아니 된다."라고 규정하고 있고, 이는 정보통신망의 안정적 운영 내지 적정한 작동을 보호하기 위한 규정이므로, 위 죄가 성립하기 위해서는 정보통신망이 그 사용목적에 부합하는 기능을 하지 못하거나 사용목적과 다른 기능을 하는 등 정보통신망의 장애가 현실적으로 발생하였을 것을 요한다.

제125조 국가는 대외무역을 육성하며, 이를 규제·조정할 수 있다.

제126조 국방상 또는 국민경제상 긴절한 필요로 인하여 법률이 정하는 경우를 제외하고는, 사영기업을 국유 또는 공유로 이전하거나 그 경영을 통제 또는 관리할 수 없다.

제127조 ①국가는 과학기술의 혁신과 정보 및 인력의 개발을 통하여 국민경제의 발전에 노력하여야 한다.
②국가는 국가표준제도를 확립한다.
③대통령은 제1항의 목적을 달성하기 위하여 필요한 자문기구를 둘 수 있다.

제10장 헌법개정

제128조 ①헌법개정은 국회재적의원 과반수 또는 대통령의 발의로 제안된다.
②대통령의 임기연장 또는 중임변경을 위한 헌법개정은 그 헌법개정 제안 당시의 대통령에 대하여는 효력이 없다.

제129조 제안된 헌법개정안은 대통령이 20일 이상의 기간 이를 공고하여야 한다.

제130조 ①국회는 헌법개정안이 공고된 날로부터 60일 이내에 의결하여야 하며, 국회의 의결은 재적의원 3분의 2 이상의 찬성을 얻어야 한다.
②헌법개정안은 국회가 의결한 후 30일 이내에 국민투표에 붙여 국회의원선거권자 과반수의 투표와 투표자 과반수의 찬성을 얻어야 한다.
③헌법개정안이 제2항의 찬성을 얻은 때에는 헌법개정은 확정되며, 대통령은 즉시 이를 공포하여야 한다.

부칙
<제10호, 1987.10.29.>

제1조 이 헌법은 1988년 2월 25일부터 시행한다. 다만, 이 헌법을 시행하기 위하여 필요한 법률의 제정·개정과 이 헌법에 의한 대통령 및 국회의원의 선거 기타 이 헌법시행에 관한 준비는 이 헌법시행 전에 할 수 있다.

제2조 ①이 헌법에 의한 최초의 대통령선거는 이 헌법시행일 40일 전까지 실시한다. ②이 헌법에 의한 최초의 대통령의 임기는 이 헌법시행일로부터 개시한다.

제3조 ①이 헌법에 의한 최초의 국회의원선거는 이 헌법공포일로부터 6월 이내에 실시하며, 이 헌법에 의하여 선출된 최초의 국회의원의 임기는 국회의원선거후 이 헌법에 의한 국회의 최초의 집회일로부터 개시한다. ②이 헌법공포 당시의 국회의원의 임기는 제1항에 의한 국회의 최초의 집회일 전일까지로 한다.

제4조 ①이 헌법시행 당시의 공무원과 정부가 임명한 기업체의 임원은 이 헌법에 의하여 임명된 것으로 본다. 다만, 이 헌법에 의하여 선임방법이나 임명권자가 변경된 공무원과 대법원장 및 감사원장은 이 헌법에 의하여 후임자가 선임될 때까지 그 직무를 행하며, 이 경우 전임자인 공무원의 임기는 후임자가 선임되는 전일까지로 한다. ②이 헌법시행 당시의 대법원장과 대법원판사가 아닌 법관은 제1항 단서의 규정에 불구하고 이 헌법에 의하여 임명된 것으로 본다. ③이 헌법중 공무원의 임기 또는 중임제한에 관한 규정은 이 헌법에 의하여 그 공무원이 최초로 선출 또는 임명된 때로부터 적용한다.

제5조 이 헌법시행 당시의 법령과 조약은 이 헌법에 위배되지 아니하는 한 그 효력을 지속한다.

제6조 이 헌법시행 당시에 이 헌법에 의하여 새로 설치될 기관의 권한에 속하는 직무를 행하고 있는 기관은 이 헌법에 의하여 새로운 기관이 설치될 때까지 존속하며 그 직무를 행한다.

헌법재판소법

[시행 2015.7.1.]
[법률 제12897호, 2014.12.30., 일부개정]

제1장 총칙

제1조(목적) 이 법은 헌법재판소의 조직 및 운영과 그 심판절차에 관하여 필요한 사항을 정함을 목적으로 한다.
[전문개정 2011.4.5.]

제2조(관장사항) 헌법재판소는 다음 각 호의 사항을 관장한다.
1. 법원의 제청(提請)에 의한 법률의 위헌(違憲) 여부 심판
2. 탄핵(彈劾)의 심판
3. 정당의 해산심판
4. 국가기관 상호간, 국가기관과 지방자치단체 간 및 지방자치단체 상호간의 권한쟁의(權限爭議)에 관한 심판
5. 헌법소원(憲法訴願)에 관한 심판
[전문개정 2011.4.5.]

제3조(구성) 헌법재판소는 9명의 재판관으로 구성한다.
[전문개정 2011.4.5.]

제4조(재판관의 독립) 재판관은 헌법과 법률에 의하여 양심에 따라 독립하여 심판한다.
[전문개정 2011.4.5.]

제5조(재판관의 자격) ① 재판관은 다음 각 호의 어느 하나에 해당하는 직(職)에 15년 이상 있던 40세 이상인 사람 중에서 임명한다. 다만, 다음 각 호 중 둘 이상의 직에 있던 사람의 재직기간은 합산한다.
1. 판사, 검사, 변호사
2. 변호사 자격이 있는 사람으로서 국가기관, 국영·공영 기업체, 「공공기관의 운영에 관한 법률」 제4조에 따른 공공기관 또는 그 밖의 법인에서 법률에 관한 사무에 종사한 사람
3. 변호사 자격이 있는 사람으로서 공인된 대학의 법률학 조교수 이상의 직에 있던 사람
② 다음 각 호의 어느 하나에 해당하는 사람은 재판관으로 임명할 수 없다.
1. 다른 법령에 따라 공무원으로 임용하지 못하는 사람
2. 금고 이상의 형을 선고받은 사람
3. 탄핵에 의하여 파면된 후 5년이 지나지 아니한 사람 [전문개정 2011.4.5.]

제6조(재판관의 임명) ① 재판관은 대통령이 임명한다. 이 경우 재판관 중 3명은 국회에서 선출하는 사람을, 3명은 대법원장이 지명하는 사람을 임명한다.
② 재판관은 국회의 인사청문을 거쳐 임명·선출 또는 지명하여야 한다. 이 경우 대통령은 재판관(국회에서 선출하거나 대법원장이 지명하는 사람은 제외한다)을 임명하기 전에, 대법원장은 재판관을 지명하기 전에 인사청문을 요청한다.
③ 재판관의 임기가 만료되거나 정년이 도래하는 경우에는 임기만료일 또는 정년도래일까지 후임자를 임명하여야 한다.
④ 임기 중 재판관이 결원된 경우에는 결원된 날부터 30일 이내에 후임자를 임명하여야 한다.
⑤ 제3항 및 제4항에도 불구하고 국회에서 선출한 재판관이 국회의 폐회 또는 휴회 중에 그 임기가 만료되거나 정년이 도래한 경우 또는 결원된 경우에는 국회는 다음 집회가 개시된 후 30일 이내에 후임자를 선출하여야 한다.
[전문개정 2011.4.5.]

제7조(재판관의 임기) ① 재판관의 임기는 6년으로 하며, 연임할 수 있다.
② 재판관의 정년은 70세로 한다. <개정 2014.12.30.>
[전문개정 2011.4.5.]

제8조(재판관의 신분 보장) 재판관은 다음 각 호의 어느 하나에 해당하는 경우가 아니면 그 의사에 반하여 해임되지 아니한다.
1. 탄핵결정이 된 경우
2. 금고 이상의 형을 선고받은 경우
[전문개정 2011.4.5.]

제9조(재판관의 정치 관여 금지) 재판관은 정당에 가입하거나 정치에 관여할 수 없다.
[전문개정 2011.4.5.]

제10조(규칙 제정권) ① 헌법재판소는 이 법과 다른 법률에 저촉되지 아니하는 범위에서 심판에 관한 절차, 내부 규율과 사무처리에 관한 규칙을 제정할 수 있다.
② 헌법재판소규칙은 관보에 게재하여 공포한다.
[전문개정 2011.4.5.]

제10조의2(입법 의견의 제출) 헌법재판소장은 헌법재판소의 조직, 인사, 운영, 심판절차와 그 밖에 헌법재판소의 업무와 관련된 법률의 제정 또는 개정이 필요하다고 인정하는 경우에는 국회에 서면으로 그 의견을 제출할 수 있다.
[전문개정 2011.4.5.]

제11조(경비) ① 헌법재판소의 경비는 독립하여 국가의 예산에 계상(計上)하여야 한다.
② 제1항의 경비 중에는 예비금을 둔다.
[전문개정 2011.4.5.]

제2장 조직

제12조(헌법재판소장) ① 헌법재판소에 헌법재판소장을 둔다.
② 헌법재판소장은 국회의 동의를 받아 재판관 중에서 대통령이 임명한다.
③ 헌법재판소장은 헌법재판소를 대표하고, 헌법재판소의 사무를 총괄하며, 소속 공무원을 지휘·감독한다.
④ 헌법재판소장이 궐위(闕位)되거나 부득이한 사유로 직무를 수행할 수 없을 때에는 다른 재판관이 헌법재판소규칙으로 정하는 순서에 따라 그 권한을 대행한다.
[전문개정 2011.4.5.]

제13조 삭제 <1991.11.30.>

제14조(재판관의 겸직 금지) 재판관은 다음 각 호의 어느 하나에 해당하는 직을 겸하거나 영리를 목적으로 하는 사업을 할 수 없다.
1. 국회 또는 지방의회의 의원의 직
2. 국회·정부 또는 법원의 공무원의 직
3. 법인·단체 등의 고문·임원 또는 직원의 직
[전문개정 2011.4.5.]

제15조(헌법재판소장 등의 대우) 헌법재판소장의 대우와 보수는 대법원장의 예에 따르며, 재판관은 정무직(政務職)으로 하고 그 대우와 보수는 대법관의 예에 따른다.
[전문개정 2011.4.5.]

제16조(재판관회의) ① 재판관회의는 재판관 전원으로 구성하며, 헌법재판소장이 의장이 된다.
② 재판관회의는 재판관 7명 이상의 출석과 출석인원 과반수의 찬성으로 의결한다.
③ 의장은 의결에서 표결권을 가진다.
④ 다음 각 호의 사항은 재판관회의의 의결을 거쳐야 한다.
1. 헌법재판소규칙의 제정과 개정, 제10조의2에 따른 입법 의견의 제출에 관한 사항
2. 예산 요구, 예비금 지출과 결산에 관한 사항
3. 사무처장, 사무차장, 헌법재판연구원장, 헌법연구관 및 3급 이상 공무원의 임면(任免)에 관한 사항
4. 특히 중요하다고 인정되는 사항으로서 헌법재판소장이 재판관회의에 부치는 사항
⑤ 재판관회의의 운영에 필요한 사항은 헌법재판소규칙으로 정한다.
[전문개정 2011.4.5.]

제17조(사무처) ① 헌법재판소의 행정사무를 처리하기 위하여 헌법재판소에 사무처를 둔다.
② 사무처에 사무처장과 사무차장을 둔다.

③ 사무처장은 헌법재판소장의 지휘를 받아 사무처의 사무를 관장하며, 소속 공무원을 지휘·감독한다.
④ 사무처장은 국회 또는 국무회의에 출석하여 헌법재판소의 행정에 관하여 발언할 수 있다.
⑤ 헌법재판소장이 한 처분에 대한 행정소송의 피고는 헌법재판소 사무처장으로 한다.
⑥ 사무차장은 사무처장을 보좌하며, 사무처장이 부득이한 사유로 직무를 수행할 수 없을 때에는 그 직무를 대행한다.
⑦ 사무처에 실, 국, 과를 둔다.
⑧ 실에는 실장, 국에는 국장, 과에는 과장을 두며, 사무처장·사무차장·실장 또는 국장 밑에 정책의 기획, 계획의 입안, 연구·조사, 심사·평가 및 홍보업무를 보좌하는 심의관 또는 담당관을 둘 수 있다.
⑨ 이 법에 규정되지 아니한 사항으로서 사무처의 조직, 직무 범위, 사무처에 두는 공무원의 정원, 그 밖에 필요한 사항은 헌법재판소규칙으로 정한다.
[전문개정 2011.4.5.]

제18조(사무처 공무원) ① 사무처장은 정무직으로 하고, 보수는 국무위원의 보수와 같은 금액으로 한다.
② 사무차장은 정무직으로 하고, 보수는 차관의 보수와 같은 금액으로 한다.
③ 실장은 1급 또는 2급, 국장은 2급 또는 3급, 심의관 및 담당관은 2급부터 4급까지, 과장은 3급 또는 4급의 일반직국가공무원으로 임명한다. 다만, 담당관 중 1명은 3급 상당 또는 4급 상당의 별정직국가공무원으로 임명할 수 있다.
④ 사무처 공무원은 헌법재판소장이 임면한다. 다만, 3급 이상의 공무원의 경우에는 재판관회의의 의결을 거쳐야 한다.
⑤ 헌법재판소장은 다른 국가기관에 대하여 그 소속 공무원을 사무처 공무원으로 근무하게 하기 위하여 헌법재판소에의 파견근무를 요청할 수 있다.
[전문개정 2011.4.5.]

제19조(헌법연구관) ① 헌법재판소에 헌법재판소규칙으로 정하는 수의 헌법연구관을 둔다. <개정 2011.4.5.>
② 헌법연구관은 특정직국가공무원으로 한다. <개정 2011.4.5.>
③ 헌법연구관은 헌법재판소장의 명을 받아 사건의 심리(審理) 및 심판에 관한 조사·연구에 종사한다. <개정 2011.4.5.>
④ 헌법연구관은 다음 각 호의 어느 하나에 해당하는 사람 중에서 헌법재판소장이 재판관회의의 의결을 거쳐 임용한다. <개정 2011.4.5.>
1. 판사·검사 또는 변호사의 자격이 있는 사람
2. 공인된 대학의 법률학 조교수 이상의 직에 있던 사람
3. 국회, 정부 또는 법원 등 국가기관에서 4급 이상의 공무원으로서 5년 이상 법률에 관한 사무에 종사한 사람
4. 법률학에 관한 박사학위 소지자로서 국회, 정부, 법원 또는 헌법재판소 등 국가기관에서 5년 이상 법률에 관한 사무에 종사한 사람
5. 법률학에 관한 박사학위 소지자로서 헌법재판소규칙으로 정하는 대학 등 공인된 연구기관에서 5년 이상 법률에 관한 사무에 종사한 사람
⑤ 삭제 <2003.3.12.>

⑥ 다음 각 호의 어느 하나에 해당하는 사람은 헌법연구관으로 임용될 수 없다. <개정 2011.4.5.>
1. 「국가공무원법」 제33조 각 호의 어느 하나에 해당하는 사람
2. 금고 이상의 형을 선고받은 사람
3. 탄핵결정에 의하여 파면된 후 5년이 지나지 아니한 사람
⑦ 헌법연구관의 임기는 10년으로 하되, 연임할 수 있고, 정년은 60세로 한다. <개정 2011.4.5.>
⑧ 헌법연구관이 제6항 각 호의 어느 하나에 해당할 때에는 당연히 퇴직한다. 다만, 「국가공무원법」 제33조제5호에 해당할 때에는 그러하지 아니하다. <개정 2011.4.5.>
⑨ 헌법재판소장은 다른 국가기관에 대하여 그 소속 공무원을 헌법연구관으로 근무하게 하기 위하여 헌법재판소에의 파견근무를 요청할 수 있다. <개정 2011.4.5.>
⑩ 사무차장은 헌법연구관의 직을 겸할 수 있다. <개정 2011.4.5.>
⑪ 헌법재판소장은 헌법연구관을 사건의 심리 및 심판에 관한 조사·연구업무 외의 직에 임명하거나 그 직을 겸임하게 할 수 있다. 이 경우 헌법연구관의 수는 헌법재판소규칙으로 정하며, 보수는 그 중 고액의 것을 지급한다. <개정 2011.4.5., 2014.12.30.>
[제목개정 2011.4.5.]

제19조의2(헌법연구관보) ① 헌법연구관을 신규임용하는 경우에는 3년간 헌법연구관보(憲法硏究官補)로 임용하여 근무하게 한 후 그 근무성적을 고려하여 헌법연구관으로 임용한다. 다만, 경력 및 업무능력 등을 고려하여 헌법재판소규칙으로 정하는 바에 따라 헌법연구관보 임용을 면제하거나 그 기간을 단축할 수 있다.
② 헌법연구관보는 헌법재판소장이 재판관회의의 의결을 거쳐 임용한다.
③ 헌법연구관보는 별정직국가공무원으로 하고, 그 보수와 승급기준은 헌법연구관의 예에 따른다.
④ 헌법연구관보가 근무성적이 불량한 경우에는 재판관회의의 의결을 거쳐 면직시킬 수 있다.
⑤ 헌법연구관보의 근무기간은 이 법 및 다른 법령에 규정된 헌법연구관의 재직기간에 산입한다.
[전문개정 2011.4.5.]

제19조의3(헌법연구위원) ① 헌법재판소에 헌법연구위원을 둘 수 있다. 헌법연구위원은 사건의 심리 및 심판에 관한 전문적인 조사·연구에 종사한다.
② 헌법연구위원은 3년 이내의 범위에서 기간을 정하여 임명한다.
③ 헌법연구위원은 2급 또는 3급 상당의 별정직공무원이나 「국가공무원법」 제26조의5에 따른 임기제공무원으로 하고, 그 직제 및 자격 등에 관하여는 헌법재판소규칙으로 정한다. <개정 2012.12.11.>
[본조신설 2007.12.21.]

제19조의4(헌법재판연구원) ① 헌법 및 헌법재판 연구와 헌법연구관, 사무처 공무원 등의 교육을 위하여 헌법재판소에 헌법재판연구원을 둔다.

② 헌법재판연구원의 정원은 원장 1명을 포함하여 40명 이내로 하고, 원장 밑에 부장, 팀장, 연구관 및 연구원을 둔다. <개정 2014.12.30.>

③ 원장은 헌법재판소장이 재판관회의의 의결을 거쳐 헌법연구관으로 보하거나 1급인 일반직국가공무원으로 임명한다. <신설 2014.12.30.>

④ 부장은 헌법연구관이나 2급 또는 3급 일반직공무원으로, 팀장은 헌법연구관이나 3급 또는 4급 일반직공무원으로 임명하고, 연구관 및 연구원은 헌법연구관 또는 일반직공무원으로 임명한다. <개정 2014.12.30.>

⑤ 연구관 및 연구원은 다음 각 호의 어느 하나에 해당하는 사람 중에서 헌법재판소장이 보하거나 헌법재판연구원장의 제청을 받아 헌법재판소장이 임명한다. <신설 2014.12.30.>

1. 헌법연구관

2. 변호사의 자격이 있는 사람(외국의 변호사 자격을 포함한다)

3. 학사 또는 석사학위를 취득한 사람으로서 헌법재판소규칙으로 정하는 실적 또는 경력이 있는 사람

4. 박사학위를 취득한 사람

⑥ 그 밖에 헌법재판연구원의 조직과 운영에 필요한 사항은 헌법재판소규칙으로 정한다. <신설 2014.12.30.>

[전문개정 2011.4.5.]

제20조(헌법재판소장 비서실 등) ① 헌법재판소에 헌법재판소장 비서실을 둔다.

② 헌법재판소장 비서실에 비서실장 1명을 두되, 비서실장은 1급 상당의 별정직국가공무원으로 임명하고, 헌법재판소장의 명을 받아 기밀에 관한 사무를 관장한다.

③ 제2항에 규정되지 아니한 사항으로서 헌법재판소장 비서실의 조직과 운영에 필요한 사항은 헌법재판소규칙으로 정한다.

④ 헌법재판소에 재판관 비서관을 둔다.

⑤ 재판관 비서관은 4급의 일반직국가공무원 또는 4급 상당의 별정직국가공무원으로 임명하며, 재판관의 명을 받아 기밀에 관한 사무를 관장한다.

[전문개정 2011.4.5.]

제21조(서기 및 정리) ① 헌법재판소에 서기(書記) 및 정리(廷吏)를 둔다.

② 헌법재판소장은 사무처 직원 중에서 서기 및 정리를 지명한다.

③ 서기는 재판장의 명을 받아 사건에 관한 서류의 작성·보관 또는 송달에 관한 사무를 담당한다.

④ 정리는 심판정(審判廷)의 질서유지와 그 밖에 재판장이 명하는 사무를 집행한다.

[전문개정 2011.4.5.]

제3장 일반심판절차

제22조(재판부) ① 이 법에 특별한 규정이 있는 경우를 제외하고는 헌법재판소의 심판은 재판관 전원으로 구성되는 재판부에서 관장한다.
② 재판부의 재판장은 헌법재판소장이 된다.
[전문개정 2011.4.5.]

제23조(심판정족수) ① 재판부는 재판관 7명 이상의 출석으로 사건을 심리한다.
② 재판부는 종국심리(終局審理)에 관여한 재판관 과반수의 찬성으로 사건에 관한 결정을 한다. 다만, 다음 각 호의 어느 하나에 해당하는 경우에는 재판관 6명 이상의 찬성이 있어야 한다.
1. 법률의 위헌결정, 탄핵의 결정, 정당해산의 결정 또는 헌법소원에 관한 인용결정(認容決定)을 하는 경우
2. 종전에 헌법재판소가 판시한 헌법 또는 법률의 해석 적용에 관한 의견을 변경하는 경우
[전문개정 2011.4.5.]

판례 - 업무방해·집회및시위에관한법률위반
[대법원 2011.6.23. 선고, 2008도7562, 전원합의체 판결]

【판시사항】
[1] 집회 및 시위에 관한 법률 중 '야간옥외집회 금지규정'에 대한 헌법불합치결정이 위헌결정인지 여부(적극) 및 이로 인하여 위 규정이 소급하여 효력을 상실하는지 여부(적극)
[2] [다수의견] 피고인이 야간옥외집회를 주최하였다는 취지의 공소사실에 대하여 원심이 집회 및 시위에 관한 법률 제23조 제1호, 제10조 본문을 적용하여 유죄를 인정하였는데, 원심판결 선고 후 헌법재판소가 위 법률조항에 대해 헌법불합치결정을 선고하면서 개정시한을 정하여 입법개선을 촉구하였는데도 위 시한까지 법률 개정이 이루어지지 않은 사안에서, 위 법률조항은 소급하여 효력을 상실하므로 이를 적용하여 공소가 제기된 위 피고사건에 대하여 무죄를 선고하여야 한다고 한 사례
[대법관 안대희, 대법관 신영철, 대법관 이인복의 별개의견] 위 사안에서, 위 법률조항이 위 개정시한 만료 다음날부터 효력을 상실하므로 이에 대하여 면소를 선고하여야 한다고 한 사례

【판결요지】
[1] [다수의견]
(가) 헌법재판소의 헌법불합치결정은 헌법과 헌법재판소법이 규정하고 있지 않은 변형된 형태이지만 법률조항에 대한 위헌결정에 해당하고, 집회 및 시위에 관한 법률(2007. 5. 11. 법률 제8424호로 전부 개정된 것, 이하 '집시법'이라 한다) 제23조 제1호는 집회 주최자가 집시법 제10조 본문을 위반할 것을 구성요건으로 삼고 있어 집시법 제10조 본문은 집시법 제23조 제1호와 결합하여 형벌에 관한 법률조항을 이루게 되므로, 집시법의 위 조항들(이하 '이 사건 법률조항'이라 한다)에 대하여 선고된 헌법불합치결정(헌법재판소 2009. 9. 24. 선고 2008헌가25 전원재판부 결정, 이하 '이 사건 헌법불합치결정'이라 한다)은 형벌에 관한 법률조항에 대한 위헌결정이다. 그리고 헌법재판소법 제47조 제2항 단서는 형벌에 관한 법률조항에 대하여 위헌결정이 선고된 경우 그 조항이 소급하여 효력을 상실한다고 규정하고 있으므로, 형벌에 관한 법률조항이

소급하여 효력을 상실한 경우에 당해 조항을 적용하여 공소가 제기된 피고사건은 범죄로 되지 아니한 때에 해당하고, 법원은 이에 대하여 형사소송법 제325조 전단에 따라 무죄를 선고하여야 한다.
(나) 또한 헌법 제111조 제1항과 헌법재판소법 제45조 본문에 의하면 헌법재판소는 법률 또는 법률조항의 위헌 여부만을 심판·결정할 수 있으므로, 형벌에 관한 법률조항이 위헌으로 결정된 이상 그 조항은 헌법재판소법 제47조 제2항 단서에 정해진 대로 효력이 상실된다. 그러므로 헌법재판소가 이 사건 헌법불합치결정의 주문에서 이 사건 법률조항이 개정될 때까지 계속 적용되고, 이유 중 결론에서 개정시한까지 개선입법이 이루어지지 않는 경우 그 다음날부터 효력을 상실하도록 하였더라도, 이 사건 헌법불합치결정을 위헌결정으로 보는 이상 이와 달리 해석할 여지가 없다.
[대법관 안대희, 대법관 신영철, 대법관 이인복의 별개의견]
(가) 헌법재판소가 어떠한 형벌법규에 위헌성이 있다고 인정하면서도 그 가운데 합헌적 부분 또한 혼재되어 있어 국회 입법에 의한 구분 필요성이 있거나 단순위헌결정이 가져올 법적 안정성에 대한 침해가능성이 중대하다고 보아, 헌법재판소법 제47조 제2항 단서에 따른 소급효의 적용을 배제하는 것이 불가피하다고 판단하여 단순위헌결정이 아닌 헌법불합치결정을 하면서 아울러 일정한 개선입법이 마련되어 시행되기까지 해당 법규의 잠정적용을 명한 경우, 법원으로서도 이러한 헌법적 가치와 이익형량에 관한 헌법재판소의 판단을 존중할 필요가 있고, 다수의견과 같이 예외적 소급효 제한의 헌법적 당부를 따지지 않은 채 단지 헌법불합치결정이 위헌결정의 일종이고 헌법불합치결정의 대상이 형벌법규이므로 당연히 헌법재판소법 제47조 제2항 단서의 적용에 따라 소급효가 인정될 뿐 여기에 어떠한 예외도 허용될 수 없다고 기계적으로 해석할 것은 아니다.
(나) 이 사건 헌법불합치결정은 개선입법이 이루어지지 않은 경우 처음부터 단순위헌결정이 있었던 것과 동일한 상태로 돌아가는 것이 아니라 개선입법의 시한이 만료된 다음날부터 이 사건 법률조항의 효력이 상실되도록 한 취지이다.
[2] [다수의견] 피고인이 야간옥외집회를 주최하였다는 취지의 공소사실에 대하여 원심이 집회 및 시위에 관한 법률(2007. 5. 11. 법률 제8424호로 전부 개정된 것) 제23조 제1호, 제10조 본문을 적용하여 유죄를 인정하였는데, 원심판결 선고 후 헌법재판소가 위 법률조항에 대해 헌법불합치결정을 선고하면서 개정시한을 정하여 입법개선을 촉구하였는데도 위 시한까지 법률 개정이 이루어지지 않은 사안에서, 위 법률조항은 소급하여 효력을 상실하므로 이를 적용하여 공소가 제기된 위 피고사건에 대하여 형사소송법 제325조 전단에 따라 무죄를 선고하여야 한다고 한 사례.
[대법관 안대희, 대법관 신영철, 대법관 이인복의 별개의견]
위 사안에서, 피고인에 대한 야간옥외집회 주최의 공소사실은 형벌의 근거가 되는 위 법률조항이 개정시한 만료 다음날부터 효력이 상실됨에 따라 '범죄 후 법령 개폐로 형이 폐지되었을 때'에 해당한다고 볼 수 있으므로, 형사소송법 제326조 제4호에 따라 면소를 선고하여야 한다고 한 사례.

고소사건의 진정종결처분에 대한 헌법소원심판청구 가능한지
(대한법률구조공단 자료)

질문

저는 甲을 사기죄로 고소하였는데, 검찰은 제 고소사건을 고소사건으로 수리하지 아니하고 진정사건으로 수리하여 내사한 후 검찰 내부적으로 공람종결처분을 내렸습니다. 이 경우 제가 평등권 및 재판진술권 침해를 이유로 헌법소원심판을 청구할 수 있는지요?

답변

진정 또는 내사종결처분은 헌법소원심판의 대상이 될 수 없다는 것이 헌법재판소의 일관된 입장입니다. 즉, 헌법재판소는 "진정(陳情)에 기하여 이루어진 내사사건(內査事件)의 종결처분은, 수사기관의 내부적 사건처리방식에 지나지 아니하고, 따라서 그 처리결과에 불만이 있으면 따로 고소 또는 고발을 할 수 있는 것으로서 진정인의 권리행사에 아무런 영향을 미치는 것이 아니므로, 헌법소원심판의 대상이 되는 공권력의 행사라고 할 수 없고, 그렇다면 피청구인의 내사종결처분을 대상으로 하여 그 취소를 구하는 이 사건 헌법소원심판청구는 부적법하다."고 판시하고 있습니다(헌법재판소 1990. 12. 26. 선고 89헌마277 결정, 1995. 12. 28. 선고 93헌마259 결정).

그런데 귀하와 같이 고소를 하였으나 고소로 접수되지 아니하고 진정으로 접수·처리된 경우 이를 진정종결처분으로 볼 것인지, 아니면 고소로 볼 것인지 문제됩니다.

이에 관하여 헌법재판소 재판관 9인 중 5인(認容意見 : 고소사건진정종결처분을 취소하여야 한다는 의견)은 "피청구인이 자의적인 판단에 의하여 청구인의 적법한 고소를 고소사건으로 수리하지 아니하고 진정사건으로 수리하여 공람종결처분한 것은 현행법이 전혀 예정하고 있지 아니한 간이절차를 창설한 것이 되어 현행법이 명문으로 간이처리절차를 둔 취지를 몰각한 것일 뿐만 아니라, 고소인의 권리보호에 관한 규정을 형해화(形骸化)하는 것으로서 청구인의 평등권과 재판절차진술권을 침해하였다고 아니할 수 없으므로 취소되어야 한다."라고 하였으나, 4인(棄却意見 : 고소사건진정종결처분을 취소할 수 없다는 의견)은 "청구인의 고소사건을 적법한 절차에 따라 고소사건으로 처리하지 아니하고 단순히 진정사건으로 보아 공람종결처분을 한 것은 부당하다고 아니할 수 없으나, 청구인의 고소사건은 피청구인이 고소사건으로 수리하여 처리하였다고 하더라도 공소를 제기할 사건으로 보이지 아니하므로 피청구인의 그 진정종결처분으로 인하여 청구인의 재판절차진술권과 평등권이 침해되었다고 볼 수는 없다."라고 하여 인용의견에 찬성한 재판관은 5인이어서 다수의견이기는 하지만 헌법 제113조 제1항, 헌법재판소법 제23조 제2항 단서 제1호에서 정한 헌법소원의 인용결정을 위한 심판정족수에는 이르지 못하여 청구인의 심판청구를 기각 할 수밖에 없었다는 사례(헌법재판소 1999. 1. 28. 선고 98헌마85 결정), "청구인의 고소사건을 적법한 절차에 따라 고소사건으로 처리하지 아니하고 단순히 진정사건으로 보아 공람종결처분을 한 것은 부적합하다고 보여지나, 위 고소사건은 피청구인이 고소사건으로 수리하여 조사 후 처리하였다 하더라도 공소를 제기할 사건으로 보이지 아니하므로 피청구인의 위 진정종결처분으로 인하여 청구인의 재판절차진술권과 평등권이 침해되었다고 볼 수는 없다."라고 하여 진정종결처분취소신청을 기각한 사례(인용의견 4인, 기각의견 5인)가 있습니다(헌법재판소 2000. 11. 30. 선고 2000헌마356 결정).

따라서 고소사건을 진정사건으로 수리하여 공람종결처분한 경우, 그 사건이 고소사건으로 수리하여 조사 후 처리하였다고 하여도 공소를 제기할 사건으로 보여지지 않는 경우에는 진정종결처분의 취소를 구하는 헌법소원심판을 청구하여도 인용되지 않을 것으로 보입니다.

> "본 사례는 개인의 법률문제 해결에 도움을 주고자 게재되었으나, 이용자 여러분의 생활에서 발생하는 구체적 사안은 동일하지는 않을 것이므로 참고자료로 활용하시기 바랍니다."

제24조(제척·기피 및 회피) ① 재판관이 다음 각 호의 어느 하나에 해당하는 경우에는 그 직무집행에서 제척(除斥)된다.

1. 재판관이 당사자이거나 당사자의 배우자 또는 배우자였던 경우
2. 재판관과 당사자가 친족관계이거나 친족관계였던 경우
3. 재판관이 사건에 관하여 증언이나 감정(鑑定)을 하는 경우
4. 재판관이 사건에 관하여 당사자의 대리인이 되거나 되었던 경우
5. 그 밖에 재판관이 헌법재판소 외에서 직무상 또는 직업상의 이유로 사건에 관여한 경우

② 재판부는 직권 또는 당사자의 신청에 의하여 제척의 결정을 한다.
③ 재판관에게 공정한 심판을 기대하기 어려운 사정이 있는 경우 당사자는 기피(忌避)신청을 할 수 있다. 다만, 변론기일(辯論期日)에 출석하여 본안(本案)에 관한 진술을 한 때에는 그러하지 아니하다.
④ 당사자는 동일한 사건에 대하여 2명 이상의 재판관을 기피할 수 없다.
⑤ 재판관은 제1항 또는 제3항의 사유가 있는 경우에는 재판장의 허가를 받아 회피(回避)할 수 있다.
⑥ 당사자의 제척 및 기피신청에 관한 심판에는 「민사소송법」 제44조, 제45조, 제46조제1항·제2항 및 제48조를 준용한다. [전문개정 2011.4.5.]

제25조(대표자·대리인) ① 각종 심판절차에서 정부가 당사자(참가인을 포함한다. 이하 같다)인 경우에는 법무부장관이 이를 대표한다.

② 각종 심판절차에서 당사자인 국가기관 또는 지방자치단체는 변호사 또는 변호사의 자격이 있는 소속 직원을 대리인으로 선임하여 심판을 수행하게 할 수 있다.

③ 각종 심판절차에서 당사자인 사인(私人)은 변호사를 대리인으로 선임하지 아니하면 심판청구를 하거나 심판 수행을 하지 못한다. 다만, 그가 변호사의 자격이 있는 경우에는 그러하지 아니하다.

[전문개정 2011.4.5.]

청구인의 주장과 국선변호인의 청구내용이 다른 경우 그 효력
(대한법률구조공단 자료)

질문

저는 헌법소원심판을 청구하면서 선임된 국선변호인이 제 주장을 전부 반영해주지 않으므로 국선변호인의 주장과 관계없이 제가 헌법소원심판에 대하여 어떤 주장을 하고 싶은데, 그럴 경우 제 주장도 효력이 있는지요?

답변

「헌법재판소법」 제25조 제3항은 "각종 심판절차에 있어서 당사자인 사인은 변호사를 대리인으로 선임하지 아니하면 심판청구를 하거나 심판수행을 하지 못한다. 다만, 그가 변호사의 자격이 있는 때에는 그러하지 아니하다."라고 규정하고 있습니다.

그리고 청구인이 국선변호인의 심판청구내용과 다른 청구와 주장을 한 경우 그 효력에 관하여 판례는 "변호사의 자격이 없는 사인(私人)인 청구인이 한 헌법소원심판청구나 주장 등 심판수행은 변호사인 대리인이 추인한 경우만이 적법한 헌법소원심판청구와 심판수행으로서 효력이 있고 헌법소원심판대상이 되며, 이는 대리인이 국선변호인인 경우에도 마찬가지로 적용된다."라고 하였습니다(헌법재판소 1995. 2. 23. 선고 94헌마105 결정).

또한, "국선대리인이 한 헌법소원을 취소한다는 청구인의 주장취지는 국선대리인이 제출한 헌법소원심판대상의 기재내용 중 청구인에게 불리한 부분을 취소한다는 취지로 보여진다."라고 한 사례가 있습니다(헌법재판소 1992. 6. 26. 선고 89헌마132 결정).

그러므로 귀하로서는 귀하의 주장에 대해 국선변호인의 추인이 없을 경우 귀하의 주장은 효력이 없다고 할 것이므로, 국선변호인과 협의하여 국선변호인이 귀하의 주장을 반영하여 변론하도록 요청함이 좋을 것으로 보입니다.

"본 사례는 개인의 법률문제 해결에 도움을 주고자 게재되었으나, 이용자 여러분의 생활에서 발생하는 구체적 사안은 동일하지는 않을 것이므로 참고자료로 활용하시기 바랍니다."

제26조(심판청구의 방식) ① 헌법재판소에의 심판청구는 심판절차별로 정하여진 청구서를 헌법재판소에 제출함으로써 한다. 다만, 위헌법률심판에서는 법원의 제청서, 탄핵심판에서는 국회의 소추의결서(訴追議決書)의 정본(正本)으로 청구서를 갈음한다.

② 청구서에는 필요한 증거서류 또는 참고자료를 첨부할 수 있다.

[전문개정 2011.4.5.]

제27조(청구서의 송달) ① 헌법재판소가 청구서를 접수한 때에는 지체 없이 그 등본을 피청구기관 또는 피청구인(이하 "피청구인"이라 한다)에게 송달하여야 한다.

② 위헌법률심판의 제청이 있으면 법무부장관 및 당해 소송사건의 당사자에게 그 제청서의 등본을 송달한다.

[전문개정 2011.4.5.]

제28조(심판청구의 보정) ① 재판장은 심판청구가 부적법하나 보정(補正)할 수 있다고 인정되는 경우에는 상당한 기간을 정하여 보정을 요구하여야 한다.
② 제1항에 따른 보정 서면에 관하여는 제27조제1항을 준용한다.
③ 제1항에 따른 보정이 있는 경우에는 처음부터 적법한 심판청구가 있은 것으로 본다.
④ 제1항에 따른 보정기간은 제38조의 심판기간에 산입하지 아니한다.
⑤ 재판장은 필요하다고 인정하는 경우에는 재판관 중 1명에게 제1항의 보정요구를 할 수 있는 권한을 부여할 수 있다.
[전문개정 2011.4.5.]

제29조(답변서의 제출) ① 청구서 또는 보정 서면을 송달받은 피청구인은 헌법재판소에 답변서를 제출할 수 있다.
② 답변서에는 심판청구의 취지와 이유에 대응하는 답변을 적는다.
[전문개정 2011.4.5.]

제30조(심리의 방식) ① 탄핵의 심판, 정당해산의 심판 및 권한쟁의의 심판은 구두변론에 의한다.
② 위헌법률의 심판과 헌법소원에 관한 심판은 서면심리에 의한다. 다만, 재판부는 필요하다고 인정하는 경우에는 변론을 열어 당사자, 이해관계인, 그 밖의 참고인의 진술을 들을 수 있다.
③ 재판부가 변론을 열 때에는 기일을 정하여 당사자와 관계인을 소환하여야 한다.
[전문개정 2011.4.5.]

제31조(증거조사) ① 재판부는 사건의 심리를 위하여 필요하다고 인정하는 경우에는 직권 또는 당사자의 신청에 의하여 다음 각 호의 증거조사를 할 수 있다.
1. 당사자 또는 증인을 신문(訊問)하는 일
2. 당사자 또는 관계인이 소지하는 문서·장부·물건 또는 그 밖의 증거자료의 제출을 요구하고 영치(領置)하는 일
3. 특별한 학식과 경험을 가진 자에게 감정을 명하는 일
4. 필요한 물건·사람·장소 또는 그 밖의 사물의 성상(性狀)이나 상황을 검증하는 일
② 재판장은 필요하다고 인정하는 경우에는 재판관 중 1명을 지정하여 제1항의 증거조사를 하게 할 수 있다.
[전문개정 2011.4.5.]

제32조(자료제출 요구 등) 재판부는 결정으로 다른 국가기관 또는 공공단체의 기관에 심판에 필요한 사실을 조회하거나, 기록의 송부나 자료의 제출을 요구할 수 있다. 다만, 재판·소추 또는 범죄수사가 진행 중인 사건의 기록에 대하여는 송부를 요구할 수 없다.
[전문개정 2011.4.5.]

제33조(심판의 장소) 심판의 변론과 종국결정의 선고는 심판정에서 한다. 다만, 헌법재판소장이 필요하다고 인정하는 경우에는 심판정 외의 장소에서 변론 또는 종국결정의 선고를 할 수 있다.
[전문개정 2011.4.5.]

제34조(심판의 공개) ① 심판의 변론과 결정의 선고는 공개한다. 다만, 서면심리와 평의(評議)는 공개하지 아니한다.
② 헌법재판소의 심판에 관하여는 「법원조직법」 제57조제1항 단서와 같은 조 제2항 및 제3항을 준용한다.
[전문개정 2011.4.5.]

제35조(심판의 지휘와 법정경찰권) ① 재판장은 심판정의 질서와 변론의 지휘 및 평의의 정리(整理)를 담당한다.
② 헌법재판소 심판정의 질서유지와 용어의 사용에 관하여는 「법원조직법」 제58조부터 제63조까지의 규정을 준용한다. [전문개정 2011.4.5.]

제36조(종국결정) ① 재판부가 심리를 마쳤을 때에는 종국결정을 한다.
② 종국결정을 할 때에는 다음 각 호의 사항을 적은 결정서를 작성하고 심판에 관여한 재판관 전원이 이에 서명날인하여야 한다.
1. 사건번호와 사건명
2. 당사자와 심판수행자 또는 대리인의 표시
3. 주문(主文)
4. 이유
5. 결정일
③ 심판에 관여한 재판관은 결정서에 의견을 표시하여야 한다.
④ 종국결정이 선고되면 서기는 지체 없이 결정서 정본을 작성하여 당사자에게 송달하여야 한다.
⑤ 종국결정은 헌법재판소규칙으로 정하는 바에 따라 관보에 게재하거나 그 밖의 방법으로 공시한다. [전문개정 2011.4.5.]

제37조(심판비용 등) ① 헌법재판소의 심판비용은 국가부담으로 한다. 다만, 당사자의 신청에 의한 증거조사의 비용은 헌법재판소규칙으로 정하는 바에 따라 그 신청인에게 부담시킬 수 있다.
② 헌법재판소는 헌법소원심판의 청구인에 대하여 헌법재판소규칙으로 정하는 공탁금의 납부를 명할 수 있다.
③ 헌법재판소는 다음 각 호의 어느 하나에 해당하는 경우에는 헌법재판소규칙으로 정하는 바에 따라 공탁금의 전부 또는 일부의 국고 귀속을 명할 수 있다.
1. 헌법소원의 심판청구를 각하하는 경우
2. 헌법소원의 심판청구를 기각하는 경우에 그 심판청구가 권리의 남용이라고 인정되는 경우
[전문개정 2011.4.5.]

제38조(심판기간) 헌법재판소는 심판사건을 접수한 날부터 180일 이내에 종국결정
의 선고를 하여야 한다. 다만, 재판관의 궐위로 7명의 출석이 불가능한 경우에는
그 궐위된 기간은 심판기간에 산입하지 아니한다.
[전문개정 2011.4.5.]

제39조(일사부재리) 헌법재판소는 이미 심판을 거친 동일한 사건에 대하여는 다시
심판할 수 없다.
[전문개정 2011.4.5.]

제39조의2(심판확정기록의 열람·복사) ① 누구든지 권리구제, 학술연구 또는 공
익 목적으로 심판이 확정된 사건기록의 열람 또는 복사를 신청할 수 있다. 다만,
헌법재판소장은 다음 각 호의 어느 하나에 해당하는 경우에는 사건기록을 열람
하거나 복사하는 것을 제한할 수 있다.
1. 변론이 비공개로 진행된 경우
2. 사건기록의 공개로 인하여 국가의 안전보장, 선량한 풍속, 공공의 질서유지나
   공공복리를 현저히 침해할 우려가 있는 경우
3. 사건기록의 공개로 인하여 관계인의 명예, 사생활의 비밀, 영업비밀(「부정경
   쟁방지 및 영업비밀보호에 관한 법률」 제2조제2호에 규정된 영업비밀을 말
   한다) 또는 생명·신체의 안전이나 생활의 평온을 현저히 침해할 우려가 있
   는 경우
② 헌법재판소장은 제1항 단서에 따라 사건기록의 열람 또는 복사를 제한하는
경우에는 신청인에게 그 사유를 명시하여 통지하여야 한다.
③ 제1항에 따른 사건기록의 열람 또는 복사 등에 관하여 필요한 사항은 헌법재
판소규칙으로 정한다.
④ 사건기록을 열람하거나 복사한 자는 열람 또는 복사를 통하여 알게 된 사항
을 이용하여 공공의 질서 또는 선량한 풍속을 침해하거나 관계인의 명예 또는
생활의 평온을 훼손하는 행위를 하여서는 아니 된다.
[전문개정 2011.4.5.]

제40조(준용규정) ① 헌법재판소의 심판절차에 관하여는 이 법에 특별한 규정이
있는 경우를 제외하고는 헌법재판의 성질에 반하지 아니하는 한도에서 민사소송
에 관한 법령을 준용한다. 이 경우 탄핵심판의 경우에는 형사소송에 관한 법령
을 준용하고, 권한쟁의심판 및 헌법소원심판의 경우에는 「행정소송법」을 함께
준용한다.
② 제1항 후단의 경우에 형사소송에 관한 법령 또는 「행정소송법」이 민사소송
에 관한 법령에 저촉될 때에는 민사소송에 관한 법령은 준용하지 아니한다.
[전문개정 2011.4.5.]

헌법소원심판청구를 취하하면 헌법소원심판절차가 종료되는지
(대한법률구조공단 자료)

질문

저는 헌법소원심판청구를 제기하였으나 제기된 헌법소원심판청구를 취하하려고 합니다. 이 경우 제가 헌법소원심판청구를 취하하면 헌법소원심판절차가 종료되는지요?

답변

「헌법재판소법」 제40조 제1항은 "헌법재판소의 심판절차에 관하여는 이 법에 특별한 규정이 있는 경우를 제외하고는 헌법재판의 성질에 반하지 아니하는 한도 내에서 민사소송에 관한 법령의 규정을 준용한다. 이 경우 탄핵심판의 경우에는 형사소송에 관한 법령을, 권한쟁의심판 및 헌법소원심판의 경우에는 행정소송법을 함께 준용한다."라고 규정하고 있으며, 같은 법 제40조 제2항은 "제1항 후단의 경우에 형사소송에 관한 법령 또는 행정소송법이 민사소송에 관한 법령과 저촉될 때에는 민사소송에 관한 법령은 준용하지 아니한다."라고 규정하고 있습니다.

그리고 「민사소송법」 제266조 제1항은 "소(訴)는 판결이 확정될 때까지 그 전부나 일부를 취하할 수 있다."라고 규정하고 있으며, 같은 법 제267조 제1항은 "취하된 부분에 대하여는 소가 처음부터 계속되지 아니한 것으로 본다."라고 규정하고 있습니다.

그런데 헌법소원심판청구가 취하되면 헌법소원심판절차가 종료되는지에 관하여 판례는 "헌법재판소법이나 행정소송법이나 헌법소원심판청구의 취하와 이에 대한 피청구인의 동의나 그 효력에 관하여 특별한 규정이 없으므로, 소의 취하에 관한 민사소송법 제239조(현행 민사소송법 제266조)는 검사가 한 불기소처분의 취소를 구하는 헌법소원심판절차에 준용된다고 보아야 한다. 따라서 청구인들이 헌법소원심판청구를 취하하면 헌법소원심판절차는 종료되며, 헌법재판소로서는 헌법소원심판청구가 적법한 것인지 여부와 이유가 있는 것인지 여부에 대하여 판단할 수 없게 된다."라고 하였습니다(헌법재판소 1995. 12. 15. 선고 95헌마221, 233, 297 결정).

참고로 권한쟁의심판절차에 소의 취하에 관한 「민사소송법」 제266조가 준용되는지에 관하여도 판례는 "헌법재판소법 제40조 제1항은 '헌법재판의 심판절차에 관하여는 이 법에 특별한 규정이 있는 경우를 제외하고는 민사소송에 관한 법령의 규정을 준용한다. 이 경우 탄핵심판의 경우에는 형사소송에 관한 법령을, 권한쟁의심판 및 헌법소원심판의 경우에는 행정소송법을 함께 준용한다.'라고 규정하고, 헌법재판소법 제40조 제2항은 '제1항 후단의 경우에 형사소송에 관한 법령 또는 행정소송법이 민사소송에 관한 법령과 저촉될 때에는 민사소송에 관한 법령은 준용하지 아니한다.'라고 규정하고 있다. 그런데 헌법재판소법이나 행정소송법에 권한쟁의심판청구의 취하와 이에 대한 피청구인의 동의나 그 효력에 관하여 특별한 규정이 없으므로, 소의 취하에 관한 민사소송법 제239조(현행 민사소송법 제266조)는 이 사건과 같은 권한쟁의심판절차에 준용된다고 보아야 한다."라고 하였습니다(헌법재판소 2001. 6. 28. 선고 2000헌라1 결정).

따라서 위 사안에서도 귀하가 헌법소원심판청구를 취하하면 귀하가 제기한 헌법소원심판청구절차는 종료될 것으로 보입니다.

"본 사례는 개인의 법률문제 해결에 도움을 주고자 게재되었으나, 이용자 여러분의 생활에서 발생하는 구체적 사안은 동일하지는 않을 것이므로 참고자료로 활용하시기 바랍니다."

제4장 특별심판절차
제1절 위헌법률심판

제41조(위헌 여부 심판의 제청) ① 법률이 헌법에 위반되는지 여부가 재판의 전제가 된 경우에는 당해 사건을 담당하는 법원(군사법원을 포함한다. 이하 같다)은 직권 또는 당사자의 신청에 의한 결정으로 헌법재판소에 위헌 여부 심판을 제청한다.

② 제1항의 당사자의 신청은 제43조제2호부터 제4호까지의 사항을 적은 서면으로 한다.

③ 제2항의 신청서면의 심사에 관하여는 「민사소송법」 제254조를 준용한다.

④ 위헌 여부 심판의 제청에 관한 결정에 대하여는 항고할 수 없다.

⑤ 대법원 외의 법원이 제1항의 제청을 할 때에는 대법원을 거쳐야 한다.
[전문개정 2011.4.5.]

판례-위헌법률심판제청

[대법원 2013.12.26. 자, 2013아99, 결정]

【판시사항】
위헌법률심판 제청신청의 당해 사건이 재심사건인 경우, 제청대상법률조항의 재판의 전제성을 인정하기 위한 요건

【이유】
위헌법률심판 제청신청의 당해 사건이 재심사건인 경우, 제청대상법률조항이 재심의 소 자체의 적법 여부에 대한 재판에 적용되는 법률조항이 아니라 본안 사건에 대한 재판에 적용될 법률조항이라면 재심의 소가 적법하고 재심사유가 인정되는 경우에 한하여 재판의 전제가 된다 할 것이다. 왜냐하면, 재심의 소가 부적법하거나 재심사유가 인정되지 않으면 본안 판단에 나아갈 수가 없으므로, 본안 재판에 적용될 조항의 위헌 여부는 당해 사건 재판의 주문을 달라지게 하거나 재판의 내용이나 효력에 관한 법률적 의미가 달라지게 하는 데 아무런 영향을 미치지 못하기 때문이다(대법원 2000. 11. 24.자 99카기48 결정, 헌법재판소 2007. 12. 27. 선고 2006헌바73 전원재판부 결정 등 참조).
신청인은 헌법재판소법 제61조 제1항 및 행정소송법 제3조에 대하여 이 사건 위헌법률심판제청을 신청하였다. 그러나 앞서 본 법리와 기록에 의하면, 이 사건 재심사건에서 재심대상판결에 신청인 주장과 같은 재심사유가 있지 않다고 판단되므로 위 법령조항의 위헌 여부는 이 사건 재판의 전제가 되지 않는다고 할 것이다.
그러므로 이 사건 위헌심판 제청신청은 더 나아가 살펴볼 필요도 없이 부적법하므로 이를 각하하기로 하여 관여 대법관의 일치된 의견으로 주문과 같이 결정한다.

위헌법률심판제도

(대한법률구조공단 자료)

질문
헌법재판소에서 위헌법률을 심판하는 위헌법률심판제도가 있다고 하는데, 그 제도는 어떠한 것인지요?

답변
현행 헌법상 위헌법률심판은 국회가 제정한 법률의 위헌여부가 일반법원에서 재판의 전제가 되는 경우에 법원이 헌법재판소에 위헌심판을 제청하고 헌법재판소가 그 위헌여부를 심사·판단하는 사후적·구체적인 규범통제제도입니다(헌법 제107조 제1항, 제111조 제1항 제1호).
즉, 법률에 대한 '위헌제청권'은 일반법원이 담당하며, '위헌결정권'은 헌법재판소가 담당하는 구조로 되어 있습니다.
따라서 법률이 헌법에 위반되는 여부가 재판의 전제가 되어 당해 사건을 담당하는 법원이 '직권 또는 당사자의 신청'에 의하여 위헌제청결정을 하고(헌법재판소법 제41조 제1항), 대법원을 거쳐(같은 법 제41조 제5항) 헌법재판소에 위헌제청결정서 정본을 송부하면 헌법재판소는 이를 접수하여 사건번호와 사건명을 부여함으로써 심판절차를 진행시키게 됩니다.
먼저 당사자가 위헌제청신청을 하는 경우, 일반법원의 재판계속 중 당해 사건에 적용될 특정의 법률 또는 법률조항이 헌법에 위반된다고 주장하는 당사자는 당해 사건을 담당하는 법원(군사법원을 포함)에 위헌제청의 신청을 할 수 있습니다. 이 위헌제청신청서에는 인지를 첨부하지 않습니다(위헌법률심판제청사건의 처리에 관한 대법원예규 [제일 88-3] 제3조).
당사자에 의한 위헌제청의 신청은 당해 사건에 관련된 신청사건(예컨대 민사사건에 관한 것은 민사신청사건, 형사사건에 관한 것은 형사신청사건)으로 접수·처리됩니다(같은 예규 제2조).
위헌제청신청을 받은 당해 법원은 위헌으로 주장된 법률의 위헌 여부가 당해 소송의 재판의 전제가 되고 또 합리적인 위헌의 의심이 있는 때에 결정의 형식으로 위헌심판제청을 결정합니다(헌법재판소

1993. 12. 23. 선고 93헌가2 결정, 2001. 9. 27. 선고 2000헌바13 결정).

다음으로 당해 법원은 직권으로도 위헌심판제청을 결정할 수 있습니다. 그리고 이들 두 경우 모두 대법원 외의 법원이 위헌제청결정을 한 때에는 대법원을 거치도록 되어 있기 때문에(헌법재판소법 제41조 제5항), 당해 법원은 위헌제청결정서 정본을 법원행정처장에게 법원장 또는 지원장 명의로 송부하게 됩니다(같은 예규 제8조).

이 경우 대법원은 각급 법원의 위헌법률심판제청을 심사할 권한을 가지고 있지 않습니다. 그리하여 법원행정처장은 이 위헌제청결정서정본을 그대로 헌법재판소에 송부하게 되고 이로써 위헌법률심판의 제청이 이루어지게 됩니다(헌법재판소법 제26조 제1항 단서).

그리고 「헌법재판소법」 제41조 제4항은 "위헌여부심판의 제청에 관한 결정에 대하여는 항고할 수 없다."라고 규정하고 있으므로, 위헌제청신청을 기각하는 결정에 대하여는 민사소송에 의한 항고나 재항고를 할 수 없습니다. 뿐만 아니라 재판의 전제가 되는 어떤 법률이 위헌인지의 여부는 재판을 담당한 법원이 직권으로 심리하여야 하는 것이어서 당사자가 그 본안사건에 대하여 상소를 제기한 때에는 그 법률이 위헌인지 여부는 상소심이 독자적으로 심리·판단하여야 하는 것이므로, 위헌제청신청 기각결정은 본안에 대한 종국재판과 함께 상소심의 심판을 받는 중간적 재판의 성질을 갖는 것으로서 '특별항고의 대상이 되는 불복을 신청할 수 없는 결정'에도 해당되지 않습니다(대법원 1993. 8. 25. 자 93그34 결정).

한편, 법원이 위헌제청신청을 기각한 때에는 그 신청을 한 당사자는 「헌법재판소법」 제68조 제2항에 따라서 헌법재판소에 헌법소원심판을 청구할 수 있습니다. 그리고 이 경우 그 당사자는 당해 사건의 소송절차에서 동일한 사유를 이유로 다시 위헌여부심판의 제청을 신청할 수 없습니다(헌법재판소법 제68조 제2항).

법원이 위헌법률심판을 제청한 때에는 당해 소송사건의 재판은 헌법재판소의 위헌 여부의 결정이 있을 때까지 정지됩니다. 다만, 법원이 긴급하다고 인정하는 경우에는 종국재판 외의 소송절차를 진행할 수 있습니다(헌법재판소법 제42조 제1항). 그리고 위의 재판정지기간은 형사소송절차에서의 구속기간(형사소송법 제92조 제1항, 제2항, 군사법원법 제132조 제1항, 제2항)과 민사소송절차에서의 종국판결선고기간(구 민사소송법 제184조(현행 민사소송법 제199조))에 이를 산입하지 아니합니다(헌법재판소법 제42조 제2항). 이 경우 재판정지기간의 기산점은 법원이 위헌제청결정을 한 때, 그리고 그 만료점은 헌법재판소의 위헌여부결정서 정본이 위헌제청법원에 송달된 때로 보고, 위헌법률심판제청사건의 처리에 관한 대법원예규 제7조 제4항의 경우에는 위헌제청결정에 대한 취소결정을 한 때에 재판정지기간이 만료된 것으로 본다고 하고 있습니다(같은 예규 제9조의 2).

헌법재판소가 당해 법률을 위헌이라고 결정하거나 그 법률이 폐지되는 등의 사유로 위헌제청의 사유가 소멸된 경우에는 위헌제청결정을 취소하고 그 취소결정정본을 헌법재판소에 송부함으로써 위헌여부심판제청을 철회합니다(같은 예규 제7조 제4항). 이러한 위헌제청의 철회에 대해 헌법재판소는 별다른 재판 없이 위헌심판절차가 종료된 것으로 처리합니다.

> "본 사례는 개인의 법률문제 해결에 도움을 주고자 게재되었으나, 이용자 여러분의 생활에서 발생하는 구체적 사안은 동일하지는 않을 것이므로 참고자료로 활용하시기 바랍니다."

제42조(재판의 정지 등) ① 법원이 법률의 위헌 여부 심판을 헌법재판소에 제청한 때에는 당해 소송사건의 재판은 헌법재판소의 위헌 여부의 결정이 있을 때까지 정지된다. 다만, 법원이 긴급하다고 인정하는 경우에는 종국재판 외의 소송절차를 진행할 수 있다.
② 제1항 본문에 따른 재판정지기간은 「형사소송법」 제92조제1항·제2항 및 「군사법원법」 제132조제1항·제2항의 구속기간과 「민사소송법」 제199조의 판결 선고기간에 산입하지 아니한다.
[전문개정 2011.4.5.]

판례-법인세 부과처분 취소
[대법원 2013.3.28. 선고, 2012재두299, 판결]

【판시사항】
[1] 법률 조항 자체는 그대로 둔 채 법률 조항에 관한 특정한 내용의 해석·적용만을 위헌으로 선언하는 이른바 한정위헌결정에 헌법재판소법 제47조가 규정하는 위헌결정의 효력을 부여할 수 있는지 여부(소극) 및 한정위헌결정이 재심사유가 될 수 있는지 여부(소극)

[2] 법령을 전부 개정하는 경우 종전 부칙 규정이 소멸하는지 여부(원칙적 적극) 및 예외적으로 종전 부칙 경과규정이 실효되지 않고 계속 적용되는 경우
[3] 구 조세감면규제법 부칙(1990. 12. 31.) 제23조가 1993. 12. 31. 법률 제4666호로 전부 개정된 조세감면규제법의 시행 이후에도 실효되지 않고 계속 적용되는지 여부(적극)

【판결요지】
[1] 헌법재판소가 법률 조항 자체는 그대로 둔 채 그 법률 조항에 관한 특정한 내용의 해석·적용만을 위헌으로 선언하는 이른바 한정위헌결정에 관하여는 헌법재판소법 제47조가 규정하는 위헌결정의 효력을 부여할 수 없으며, 그 결과 한정위헌결정은 법원을 기속할 수 없고 재심사유가 될 수 없다. 이와 같은 대법원의 판단은 다음과 같은 이유에서 비롯된 것이다.
(가) 법원과 헌법재판소 간의 권력분립 구조와 사법권 독립의 원칙에 관한 헌법 제101조 제1항, 제2항, 제103조, 제111조 제1항 규정의 내용과 취지에 비추어 보면, 구체적인 사건에서 어떠한 법률해석이 헌법에 합치되는 해석인가를 포함하는 법령의 해석·적용에 관한 권한은 대법원을 최고 법원으로 하는 법원에 전속한다. 헌법재판소는 헌법 제111조 제1항 제1호에 의하여 국회가 제정한 '법률'이 위헌인지를 심판할 제한적인 권한을 부여받았을 뿐, 이를 넘어서 헌법의 규범력을 확보한다는 명목으로 법원의 법률해석이나 판결 등에 관여하여 다른 해석 기준을 제시할 수 없다. 이와 달리 보는 것은 헌법재판소의 관장사항으로 열거한 사항에 해당하지 않는 한 사법권은 포괄적으로 법원에 속하도록 결단하여 규정한 헌법에 위반된다.

(나) 민사소송법 제423조, 제442조, 제449조, 제451조 제1항, 제461조, 행정소송법 제8조 제2항, 형사소송법 제383조 제1호, 제415조, 제420조의 내용과 취지에 따르면, 당사자가 제1심법원이나 항소법원의 법률해석이 헌법에 위반된다고 주장하는 경우에는 상소를 통하여 다투어야 하고, 어떠한 법률해석이 헌법에 합치되는 해석인가는 최종적으로 최고법원인 대법원의 심판에 의하여 가려지며, 대법원의 심판이 이루어지면 그 사건의 판결 등은 확정되고 기판력이 발생하게 된다. 이로써 그 법적 분쟁은 종결되어 더는 같은 분쟁을 되풀이하여 다툴 수 없게 되고 이에 따라 법적 안정성이 확보되며 사회 전체는 그 확정판결에서 제시된 법리를 행위규범으로 삼아 새로운 법률관계를 형성하게 되는 것이다.
(다) 헌법재판소법 제41조 제1항, 제45조 본문은 헌법재판소는 국회가 제정한 '법률'이 헌법에 위반되는지를 당해 사건을 담당하는 법원으로부터 제청받아 '법률의 위헌 여부'만을 결정할 뿐 특정한 '법률해석이 위헌인지 여부'에 관하여 제청받아 이를 심판하는 것이 아님을 분명히 밝히고 있다.
헌법재판소법 제41조 제1항에서 규정하는 '법률의 위헌 여부'에 대한 심판에 '법률해석의 위헌 여부'에 대한 심판이 포함되어 있다고 해석한다면, 헌법재판소법 제42조 제1항에 의하여 법원은 어떠한 법률해석이 헌법에 합치되는지 여부의 심판을 헌법재판소에 제청한 후 헌법재판소의 결정이 있을 때까지 재판을 정지하여야 하는 수긍할 수 없는 결과가 발생한다.
헌법재판소법 제47조 제1항, 제2항, 제3항의 규정을 헌법재판소가 '법률의 위헌 여부'만을 결정할 수 있도록 한 헌법재판소법 제45조 본문과 함께 살펴보면, 헌법재판소법 제47조 제1항에서 규정한 '법률의 위헌결정'은 국회가 제정한 '법률'이 헌법에 위반된다는 이유로 그 효력을 상실시키는 결정만을 가리키고, 단순히 특정한 '법률해석'이 헌법에 위반된다는 의견을 표명한 결정은 '법률'의 위헌 여부에 관한 결정이 아닐 뿐만 아니라 그 결정에 의하여 법률의 효력을 상실시키지도 못하므로 이에 해당하지 아니함이 명백하다. 따라서 헌법재판소가 '법률'이 헌법에 위반된다고 선언하여 그 효력을 상실시키지 아니한 채 단지 특정한 '법률해석'이 헌법에 위반된다고 표명한 의견은 그 권한 범위를 뚜렷이 넘어선 것으로서 그 방식이나 형태가 무엇이든지 간에 법원과 그 밖의 국가기관 등을 기속할 수 없다. 또한 그 의견이 확정판결에서 제시된 법률해석에

대한 것이라 하더라도 법률이 위헌으로 결정된 경우에 해당하지 아니하여 법률의 효력을 상실시키지 못하는 이상 헌법재판소법 제47조 제3항에서 규정한 재심사유가 존재한다고 할 수 없다. 헌법재판소가 법률의 해석기준을 제시함으로써 구체적 사건의 재판에 관여하는 것은 독일 등 일부 외국의 입법례에서처럼 헌법재판소가 헌법상 규정된 사법권의 일부로서 그 권한을 행사함으로써 사실상 사법부의 일원이 되어 있는 헌법구조에서는 가능할 수 있다. 그러나 우리 헌법은 사법권은 대법원을 최고법원으로 한 법원에 속한다고 명백하게 선언하고 있고, 헌법재판소는 사법권을 행사하는 법원의 일부가 아님이 분명한 이상, 법률의 합헌적 해석기준을 들어 재판에 관여하는 것은 헌법 및 그에 기초한 법률체계와 맞지 않는 것이고 그런 의견이 제시되었더라도 이는 법원을 구속할 수 없다.

(라) 헌법재판소법 제41조 제1항에 의한 법률의 위헌 여부 심판의 제청은 법원이 국회가 제정한 '법률'이 위헌인지 여부의 심판을 헌법재판소에 제청하는 것이지 그 법률의 의미를 풀이한 '법률해석'이 위헌인지 여부의 심판을 제청하는 것이 아니므로, 당사자가 위헌제청신청이 기각된 경우 헌법재판소에 헌법소원심판을 청구할 수 있는 대상도 '법률'의 위헌 여부이지 '법률해석'의 위헌 여부가 될 수 없음은 분명하다. 따라서 헌법재판소가 '법률해석'에 대한 헌법소원을 받아들여 특정한 법률해석이 위헌이라고 결정하더라도, 이는 헌법이나 헌법재판소법상 근거가 없는 결정일 뿐만 아니라 법률의 효력을 상실시키지도 못하므로, 이를 헌법재판소법 제75조 제1항에서 규정하는 '헌법소원의 인용결정'이라거나, 헌법재판소법 제75조 제7항에서 규정하는 '헌법소원이 인용된 경우'에 해당된다고 볼 수 없고, 이러한 결정은 법원이나 그 밖의 국가기관 등을 기속하지 못하며 확정판결 등에 대한 재심사유가 될 수도 없다. 법원의 판결 등에서 제시된 법률해석을 헌법소원의 대상으로 받아들이는 것은 국회의 입법작용을 통제하기 위하여 헌법재판소에 부여된 '법률'의 위헌 여부에 대한 심판권을 법원의 사법작용을 통제하는 수단으로 변질시킴으로써 헌법이 결단한 권력분립 구조에 어긋나고 사법권 독립의 원칙을 해치며 재판소원을 금지한 헌법재판소법 제68조 제1항의 취지를 위반하는 결과를 가져온다. 또한 위와 같은 헌법소원을 허용하게 되면, 재판의 당사자는 제1심법원부터 대법원에 이르기까지 법원이 자신에게 불리하게 적용하거나 적용할 것으로 예상되는 하나 또는 여러 법률해석에 대하여 수시로 위헌제청신청을 하고 그 신청이 기각당하면 헌법소원심판을 청구할 수 있게 된다. 이렇게 되면 법원의 재판과 이에 대한 상소를 통하여 최종적으로 대법원에서 가려야 할 법률해석에 대한 다툼이 법원을 떠나 헌법재판소로 옮겨가고 재판의 반대당사자는 이 때문에 사실상 이중으로 응소하여야 하는 고통을 겪게 되며, 승소 확정판결을 받은 당사자는 확정판결 등에 의하여 보장받아야 할 법적 안정성을 침해받게 된다. 이는 사실상 재판절차에서 또 하나의 심급을 인정하는 결과로서 현행 헌법과 법률 아래에서 가능한 일이 아니다.
[2] 법령을 전부 개정하는 경우에는 법령의 내용 전부를 새로 고쳐 쓰므로 종전의 본칙은 물론 부칙 규정도 모두 소멸한다고 해석하는 것이 원칙이겠지만, 그 경우에도 종전 경과규정의 입법 경위와 취지, 그리고 개정 전후 법령의 전반적인 체계나 내용 등에 비추어 신법의 효력발생 이후에도 종전의 경과규정을 계속 적용하는 것이 입법자의 의사에 부합하고, 그 결과가 수범자인 국민에게 예측할 수 없는 부담을 지우는 것이 아니라면 별도의 규정이 없더라도 종전의 경과규정이 실효되지 않고 계속 적용된다고 해석할 수 있다.
[3] 구 조세감면규제법(1993. 12. 31. 법률 제4666호로 전부 개정되기 전의 것) 부칙(1990. 12. 31.) 제23조(이하 '위 부칙규정'이라 한다)의 입법 경위와 취지, 그리고 1993. 12. 31. 법률 제4666호로 전부 개정된 조세감면규제법(이하 '전부 개정 조감법'이라 한다)의 전반적인 체계나 내용 등에 비추어 보면, 전부 개정 조감법의 시행에도 위 부칙규정은 실효되지 않았다고 보는 것이 입법자의 의사에 부합한다. 위 부칙규정은 이미 재평가를 한 법인에 대한 사후관리를 위한 목적에서 규정되었을 뿐이므로, 위 부칙규정을 계속 적용하는 것이 납세자에게 예측하지 못한 부담을 지우는 것이라고 할 수도

없다. 따라서 위 부칙규정은 전부 개정 조감법의 시행 이후에도 실효되지 않고 계속 적용된다고 해석하는 것이 타당하다. 그리고 이러한 해석이 헌법에 위배된다고 볼 이유도 없다.

제43조(제청서의 기재사항) 법원이 법률의 위헌 여부 심판을 헌법재판소에 제청할 때에는 제청서에 다음 각 호의 사항을 적어야 한다.
1. 제청법원의 표시
2. 사건 및 당사자의 표시
3. 위헌이라고 해석되는 법률 또는 법률의 조항
4. 위헌이라고 해석되는 이유
5. 그 밖에 필요한 사항
[전문개정 2011.4.5.]

제44조(소송사건 당사자 등의 의견) 당해 소송사건의 당사자 및 법무부장관은 헌법재판소에 법률의 위헌 여부에 대한 의견서를 제출할 수 있다.
[전문개정 2011.4.5.]

제45조(위헌결정) 헌법재판소는 제청된 법률 또는 법률 조항의 위헌 여부만을 결정한다. 다만, 법률 조항의 위헌결정으로 인하여 해당 법률 전부를 시행할 수 없다고 인정될 때에는 그 전부에 대하여 위헌결정을 할 수 있다.
[전문개정 2011.4.5.]

판례·부당이득금
[대법원 2008.10.23, 선고, 2006다66272, 판결]
【판시사항】
헌법재판소가 법률의 위헌 여부를 판단하기 위하여 한 법률해석에 법원이 구속되는지 여부(소극)

【판결요지】
구체적 분쟁사건의 재판에 즈음하여 법률 또는 법률조항의 의미·내용과 적용 범위가 어떠한 것인지를 정하는 권한, 곧 법령의 해석·적용 권한은 사법권의 본질적 내용을 이루는 것이고, 법률이 헌법규범과 조화되도록 해석하는 것은 법령의 해석·적용상 대원칙이므로, 합헌적 법률해석을 포함하는 법령의 해석·적용 권한은 대법원을 최고법원으로 하는 법원에 전속한다. 따라서 헌법재판소가 법률의 위헌 여부를 판단하기 위하여 불가피하게 법원의 최종적인 법률해석에 앞서 법령을 해석하거나 그 적용 범위를 판단하더라도 헌법재판소의 법률해석에 대법원이나 각급 법원이 구속되는 것은 아니다.

제46조(결정서의 송달) 헌법재판소는 결정일부터 14일 이내에 결정서 정본을 제청한 법원에 송달한다. 이 경우 제청한 법원이 대법원이 아닌 경우에는 대법원을 거쳐야 한다.
[전문개정 2011.4.5.]

제47조(위헌결정의 효력) ① 법률의 위헌결정은 법원과 그 밖의 국가기관 및 지방자치단체를 기속(羈束)한다.

② 위헌으로 결정된 법률 또는 법률의 조항은 그 결정이 있는 날부터 효력을 상실한다. <개정 2014.5.20.>
③ 제2항에도 불구하고 형벌에 관한 법률 또는 법률의 조항은 소급하여 그 효력을 상실한다. 다만, 해당 법률 또는 법률의 조항에 대하여 종전에 합헌으로 결정한 사건이 있는 경우에는 그 결정이 있는 날의 다음 날로 소급하여 효력을 상실한다. <신설 2014.5.20.>
④ 제3항의 경우에 위헌으로 결정된 법률 또는 법률의 조항에 근거한 유죄의 확정판결에 대하여는 재심을 청구할 수 있다. <개정 2014.5.20.>
⑤ 제4항의 재심에 대하여는 「형사소송법」을 준용한다. <개정 2014.5.20.>
[전문개정 2011.4.5.]

판례-상이연금지급거부처분취소

[대법원 2015.5.29, 선고, 2014두35447, 판결]

【판시사항】
어느 법률 또는 법률조항에 대한 적용중지의 효력을 갖는 헌법불합치결정에 따라 개선입법이 이루어졌을 때, 헌법불합치결정 이후에 제소된 일반사건에 관하여 개선입법이 소급하여 적용될 수 있는 경우

【판결요지】
위헌으로 결정된 법률 또는 법률의 조항은 형벌에 관한 것이 아닌 한 그 결정이 있는 날로부터 효력을 상실하고(헌법재판소법 제47조 제2항), 어떠한 법률조항에 대하여 헌법재판소가 헌법불합치결정을 하여 입법자에게 법률조항을 합헌적으로 개정 또는 폐지하는 임무를 입법자의 형성 재량에 맡긴 이상, 개선입법의 소급적용 여부와 소급적용의 범위는 원칙적으로 입법자의 재량에 달린 것이다. 따라서 어느 법률 또는 법률조항에 대한 적용중지의 효력을 갖는 헌법불합치결정에 따라 개선입법이 이루어진 경우 헌법불합치결정 이후에 제소된 일반사건에 관하여 개선입법이 소급하여 적용될 수 있는지 여부는, 그와 같은 입법형성권 행사의 결과로 만들어진 개정법률의 내용에 따라 결정되어야 하므로, 개정법률에 소급적용에 관한 명시적인 규정이 있는 경우에는 그에 따라야 하고, 개정법률에 그에 관한 경과규정이 없는 경우에는 다른 특별한 사정이 없는 한 헌법불합치결정 전의 구법이 적용되어야 할 사안에 관하여 개정법률을 소급하여 적용할 수 없는 것이 원칙이다.

위헌결정 이후 재심이나 형사보상을 청구할 수 있는지 여부

(대한법률구조공단 자료)

질문
甲은 간통죄로 유죄판결을 받고 형이 확정되어 6개월 동안 복역한 후 출소하였는데, 이후 간통죄에 대하여 헌법재판소의 위헌결정이 있었습니다. 甲과 같이 이미 간통죄로 유죄의 확정판결을 받은 경우 재심이나 형사보상을 청구할 수 있는지요?

답변
헌법재판소는 간통죄의 위헌 여부에 관하여 "개인의 성행위와 같은 사생활의 내밀영역에 속하는 부분에 대하여는 그 권리와 자유의 성질상 국가는 최대한 간섭과 규제를 자제하여 개인의 자기결정권에 맡겨야 한다. 국가형벌권의 행사는 중대한 법익에 대한 위험이 명백한 경우에 한하여 최후의 수단으로 필요 최소한의 범위에 그쳐야 한다. 성인이 서로 자발적으로 만나 성행위를 하는 것은 개인의 자유 영역에 속하고, 다만 그것이 외부에 표출되어 사회의 건전한 성풍속을 해칠 때 비로소 법률의 규제를 필요로 한다. 그런데 성도덕에 맡겨 사회 스스로 질서를 잡아야 할 내밀한 성생활의 영역에 국가가 개입하여 형벌의 대상으로 삼는 것은, 성적 자기결정권과 사생활의 비밀과 자유를 침해하는 것이다. (..중

략..) 심판대상조항은 수단의 적절성 및 침해최소성을 갖추지 못하였고 법익의 균형성도 상실하였으므로, 과잉금지원칙을 위반하여 국민의 성적 자기결정권 및 사생활의 비밀과 자유를 침해하는 것으로 헌법에 위반된다."고 결정하였습니다(헌재 2015. 2. 26. 2009헌바17 등 (병합) 전원재판부).

위헌으로 결정된 법률조항의 효력에 관하여 「헌법재판소법」 제47조 제3항본문은 "형벌에 관한 법률 또는 법률의 조항은 소급하여 그 효력을 상실한다."고 하여 소급효를 규정하고, 같은 항 단서는 "해당 법률 또는 법률의 조항에 대하여 종전에 합헌으로 결정한 사건이 있는 경우에는 그 결정이 있는 날의 다음 날로 소급하여 효력을 상실한다."고 하여 소급효의 예외를 규정하고 있으며, 같은 조 제4항은 "위헌으로 결정된 법률 또는 법률의 조항에 근거한 유죄의 확정판결에 대하여는 재심을 청구할 수 있다."고 규정하여 위헌인 형벌조항에 근거한 유죄판결에 대해서 재심을 청구할 수 있도록 하고 있습니다.

따라서 甲이 종전 합헌결정이 있었던 2008. 10. 30.의 다음날인 같은 달 31. 이후 간통죄로 확정판결을 받은 경우라면 위헌결정의 소급적 효력이 미쳐 재심을 청구할 수 있고, 그 이전에 간통죄의 확정판결을 받은 것이라면 재심을 청구할 수 없을 것으로 보입니다.

한편, 유죄판결을 받고 구금되어 있었던 사람이 재심을 통하여 무죄판결을 받는 경우 '형사보상 및 명예회복에 관한 법률' 제5조 제1항에 따라 형사보상금을 지급받을 수 있는바, 甲이 재심을 통하여 무죄판결을 받는다면, 6개월 동안 구금되어 있었던 기간에 대하여 일정액의 보상금을 지급받을 수 있을 것입니다.

"본 사례는 개인의 법률문제 해결에 도움을 주고자 게재되었으나, 이용자 여러분의 생활에서 발생하는 구체적 사안은 동일하지는 않을 것이므로 참고자료로 활용하시기 바랍니다."

제2절 탄핵심판

제48조(탄핵소추) 다음 각 호의 어느 하나에 해당하는 공무원이 그 직무집행에서 헌법이나 법률을 위반한 경우에는 국회는 헌법 및 「국회법」에 따라 탄핵의 소추를 의결할 수 있다.
1. 대통령, 국무총리, 국무위원 및 행정각부(行政各部)의 장
2. 헌법재판소 재판관, 법관 및 중앙선거관리위원회 위원
3. 감사원장 및 감사위원
4. 그 밖에 법률에서 정한 공무원
[전문개정 2011.4.5.]

제49조(소추위원) ① 탄핵심판에서는 국회 법제사법위원회의 위원장이 소추위원이 된다.
② 소추위원은 헌법재판소에 소추의결서의 정본을 제출하여 탄핵심판을 청구하며, 심판의 변론에서 피청구인을 신문할 수 있다.
[전문개정 2011.4.5.]

제50조(권한 행사의 정지) 탄핵소추의 의결을 받은 사람은 헌법재판소의 심판이 있을 때까지 그 권한 행사가 정지된다.
[전문개정 2011.4.5.]

제51조(심판절차의 정지) 피청구인에 대한 탄핵심판 청구와 동일한 사유로 형사소송이 진행되고 있는 경우에는 재판부는 심판절차를 정지할 수 있다.
[전문개정 2011.4.5.]

제52조(당사자의 불출석) ① 당사자가 변론기일에 출석하지 아니하면 다시 기일을

정하여야 한다.
② 다시 정한 기일에도 당사자가 출석하지 아니하면 그의 출석 없이 심리할 수 있다.
[전문개정 2011.4.5.]

제53조(결정의 내용) ① 탄핵심판 청구가 이유 있는 경우에는 헌법재판소는 피청구인을 해당 공직에서 파면하는 결정을 선고한다.
② 피청구인이 결정 선고 전에 해당 공직에서 파면되었을 때에는 헌법재판소는 심판청구를 기각하여야 한다.
[전문개정 2011.4.5.]

제54조(결정의 효력) ① 탄핵결정은 피청구인의 민사상 또는 형사상의 책임을 면제하지 아니한다.
② 탄핵결정에 의하여 파면된 사람은 결정 선고가 있은 날부터 5년이 지나지 아니하면 공무원이 될 수 없다. [전문개정 2011.4.5.]

제3절 정당해산심판

제55조(정당해산심판의 청구) 정당의 목적이나 활동이 민주적 기본질서에 위배될 때에는 정부는 국무회의의 심의를 거쳐 헌법재판소에 정당해산심판을 청구할 수 있다.
[전문개정 2011.4.5.]

제56조(청구서의 기재사항) 정당해산심판의 청구서에는 다음 각 호의 사항을 적어야 한다.
1. 해산을 요구하는 정당의 표시
2. 청구 이유
[전문개정 2011.4.5.]

제57조(가처분) 헌법재판소는 정당해산심판의 청구를 받은 때에는 직권 또는 청구인의 신청에 의하여 종국결정의 선고 시까지 피청구인의 활동을 정지하는 결정을 할 수 있다. [전문개정 2011.4.5.]

'공권력의 행사 또는 불행사'를 정지시키기 위한 가처분 가능한지

(대한법률구조공단 자료)

질문

「헌법재판소법」 제68조 제1항에 의하여 헌법소원을 제기하면서, '공권력의 행사 또는 불행사'의 현상을 그대로 유지시킴으로 인하여 생길 회복하기 어려운 손해를 예방할 필요가 있을 경우, 그 '공권력의 행사 또는 불행사'를 정지시키기 위하여 가처분을 신청할 수 있는지요?

답변

「헌법재판소법 」 제68조 제1항은 헌법소원심판의 청구사유에 관하여 "공권력의 행사 또는 불행사로 인하여 헌법상 보장된 기본권을 침해받은 자는 법원의 재판을 제외하고는 헌법재판소에 헌법소원심판을 청구할 수 있다. 다만, 다른 법률에 구제절차가 있는 경우에는 그 절차를 모두 거친 후가 아니면 청구할 수 없다."라고 규정하고 있습니다.

그런데 같은 법 제57조는 정당해산심판과 관련하여 "헌법재판소는 정당해산심판의 청구를 받은 때에는 청구인의 신청 또는 직권으로 종국결정의 선고시까지 피청구인의 활동을 정지하는 결정을 할 수 있다."라고 규정하고 있고, 같은 법 제65조는 권한쟁의심판과 관련하여 "헌법재판소가 권한쟁의심판의 청구를 받은 때에는 직권 또는 청구인의 신청에 의하여 종국결정의 선고시까지 심판대상이 된 피청구기관의 처분의 효력을 정지하는 결정을 할 수 있다."라고 규정하고 있으나, 다른 헌법재판절차에 있어서도 가처분이 허용되는가에 관하여는 명문의 규정을 두고 있지 않으므로 같은 법 제68조 제1항에 의한 헌법소원을 청구할 경우 '공권력의 행사 또는 불행사'를 정지시키기 위하여 가처분이 가능할 것인지 문제됩니다.

「헌법재판소법 」 제68조 제1항 헌법소원심판에서 가처분이 허용되는지에 관하여 판례는 "헌법재판소법은 명문의 규정을 두고 있지는 않으나, 헌법재판소법 제68조 제1항 헌법소원심판절차에서도 가처분의 필요성이 있을 수 있고, 또 이를 허용하지 아니할 상당한 이유를 찾아볼 수 없으므로 가처분이 허용되며, 그 가처분의 요건은 헌법소원심판에서 다투어지는 '공권력의 행사 또는 불행사'의 현상을 그대로 유지시킴으로 인하여 생길 회복하기 어려운 손해를 예방할 필요가 있어야 한다는 것과 그 효력을 정지시켜야 할 긴급한 필요가 있어야 한다는 것 등이 되고, 따라서 본안심판이 부적법하거나 이유 없음이 명백하지 않는 한, 위와 같은 가처분의 요건을 갖춘 것으로 인정되면 가처분을 인용한 뒤 종국결정에서 청구가 기각되었을 때 발생하게 될 불이익과 가처분을 기각한 뒤 청구가 인용되었을 때 발생하게 될 불이익을 비교·형량하여 후자가 전자보다 큰 경우에, 가처분을 인용할 수 있다."라고 하였습니다 (헌법재판소 2000. 12. 8. 선고 2000헌사471 결정, 2006. 2. 23. 선고 2005헌사754 결정).

그러므로 「헌법재판소법 」 제68조 제1항에 의한 헌법소원심판과 관련하여 '공권력의 행사 또는 불행사'를 정지시키는 가처분이 전혀 불가능한 것은 아닙니다. 다만, 그러한 가처분결정은 '공권력의 행사 또는 불행사'의 현상을 그대로 유지시킴으로 인하여 생길 회복하기 어려운 손해를 예방할 필요가 있어야 하고, 그 효력을 정지시켜야 할 긴급한 필요가 있을 경우에 가능할 것입니다.

> "본 사례는 개인의 법률문제 해결에 도움을 주고자 게재되었으나, 이용자 여러분의 생활에서 발생하는 구체적 사안은 동일하지는 않을 것이므로 참고자료로 활용하시기 바랍니다."

제58조(청구 등의 통지) ① 헌법재판소장은 정당해산심판의 청구가 있는 때, 가처분결정을 한 때 및 그 심판이 종료한 때에는 그 사실을 국회와 중앙선거관리위원회에 통지하여야 한다.
② 정당해산을 명하는 결정서는 피청구인 외에 국회, 정부 및 중앙선거관리위원회에도 송달하여야 한다.
[전문개정 2011.4.5.]

제59조(결정의 효력) 정당의 해산을 명하는 결정이 선고된 때에는 그 정당은 해산된다.
[전문개정 2011.4.5.]

제60조(결정의 집행) 정당의 해산을 명하는 헌법재판소의 결정은 중앙선거관리위원회가 「정당법」에 따라 집행한다.
[전문개정 2011.4.5.]

제4절 권한쟁의심판

제61조(청구 사유) ① 국가기관 상호간, 국가기관과 지방자치단체 간 및 지방자치

단체 상호간에 권한의 유무 또는 범위에 관하여 다툼이 있을 때에는 해당 국가
기관 또는 지방자치단체는 헌법재판소에 권한쟁의심판을 청구할 수 있다.
② 제1항의 심판청구는 피청구인의 처분 또는 부작위(不作爲)가 헌법 또는 법률
에 의하여 부여받은 청구인의 권한을 침해하였거나 침해할 현저한 위험이 있는
경우에만 할 수 있다.
[전문개정 2011.4.5.]

제62조(권한쟁의심판의 종류) ① 권한쟁의심판의 종류는 다음 각 호와 같다.
 1. 국가기관 상호간의 권한쟁의심판
  국회, 정부, 법원 및 중앙선거관리위원회 상호간의 권한쟁의심판
 2. 국가기관과 지방자치단체 간의 권한쟁의심판
  가. 정부와 특별시·광역시·도 또는 특별자치도 간의 권한쟁의심판
  나. 정부와 시·군 또는 지방자치단체인 구(이하 "자치구"라 한다) 간의 권한쟁의심판
 3. 지방자치단체 상호간의 권한쟁의심판
  가. 특별시·광역시·도 또는 특별자치도 상호간의 권한쟁의심판
  나. 시·군 또는 자치구 상호간의 권한쟁의심판
  다. 특별시·광역시·도 또는 특별자치도와 시·군 또는 자치구 간의 권한쟁의심판
 ② 권한쟁의가 「지방교육자치에 관한 법률」 제2조에 따른 교육·학예에 관한
  지방자치단체의 사무에 관한 것인 경우에는 교육감이 제1항제2호 및 제3호의
  당사자가 된다.
[전문개정 2011.4.5.]

제63조(청구기간) ① 권한쟁의의 심판은 그 사유가 있음을 안 날부터 60일 이내
에, 그 사유가 있은 날부터 180일 이내에 청구하여야 한다.
 ② 제1항의 기간은 불변기간으로 한다.
[전문개정 2011.4.5.]

제64조(청구서의 기재사항) 권한쟁의심판의 청구서에는 다음 각 호의 사항을 적어
 야 한다.
 1. 청구인 또는 청구인이 속한 기관 및 심판수행자 또는 대리인의 표시
 2. 피청구인의 표시
 3. 심판 대상이 되는 피청구인의 처분 또는 부작위
 4. 청구 이유
 5. 그 밖에 필요한 사항
[전문개정 2011.4.5.]

제65조(가처분) 헌법재판소가 권한쟁의심판의 청구를 받았을 때에는 직권 또는 청
 구인의 신청에 의하여 종국결정의 선고 시까지 심판 대상이 된 피청구인의 처분
 의 효력을 정지하는 결정을 할 수 있다.
[전문개정 2011.4.5.]

제66조(결정의 내용) ① 헌법재판소는 심판의 대상이 된 국가기관 또는 지방자치단체의 권한의 유무 또는 범위에 관하여 판단한다.
② 제1항의 경우에 헌법재판소는 권한침해의 원인이 된 피청구인의 처분을 취소하거나 그 무효를 확인할 수 있고, 헌법재판소가 부작위에 대한 심판청구를 인용하는 결정을 한 때에는 피청구인은 결정 취지에 따른 처분을 하여야 한다.
[전문개정 2011.4.5.]

제67조(결정의 효력) ① 헌법재판소의 권한쟁의심판의 결정은 모든 국가기관과 지방자치단체를 기속한다.
② 국가기관 또는 지방자치단체의 처분을 취소하는 결정은 그 처분의 상대방에 대하여 이미 생긴 효력에 영향을 미치지 아니한다.
[전문개정 2011.4.5.]

제5절 헌법소원심판

제68조(청구 사유) ① 공권력의 행사 또는 불행사(不行使)로 인하여 헌법상 보장된 기본권을 침해받은 자는 법원의 재판을 제외하고는 헌법재판소에 헌법소원심판을 청구할 수 있다. 다만, 다른 법률에 구제절차가 있는 경우에는 그 절차를 모두 거친 후에 청구할 수 있다.
② 제41조제1항에 따른 법률의 위헌 여부 심판의 제청신청이 기각된 때에는 그 신청을 한 당사자는 헌법재판소에 헌법소원심판을 청구할 수 있다. 이 경우 그 당사자는 당해 사건의 소송절차에서 동일한 사유를 이유로 다시 위헌 여부 심판의 제청을 신청할 수 없다.
[전문개정 2011.4.5.]
[한정위헌, 96헌마172,173(병합) 1997.12.24. 헌법재판소법 제68조제1항 본문의 '법원의 재판'에 헌법재판소가 위헌으로 결정한 법령을 적용함으로써 국민의 기본권을 침해한 재판도 포함되는 것으로 해석하는 한도내에서, 헌법재판소법 제68조제1항은 헌법에 위반된다.]

판례-위헌법률심판제청
[대법원 2013.10.17, 자, 2011아102, 결정]

【판시사항】
법률의 위헌 여부 심판 제청신청이 기각된 후 당해 사건의 소송절차에서 동일한 사유로 다시 위헌 여부 심판 제청신청을 할 수 없다고 규정한 헌법재판소법 제68조 제2항의 '당해 사건의 소송절차'에 상고심에서의 소송절차가 포함되는지 여부(적극)

【이 유】
신청이유를 판단한다.
헌법재판소법 제41조 제1항은 법률이 헌법에 위반되는 여부가 재판의 전제가 된 때에는 당해 사건을 담당하는 법원은 직권 또는 당사자의 신청에 의한 결정으로 헌법재판소에 위헌 여부의 심판을 제청한다고 규정하고 있고, 제68조 제2항은 제41조 제1항의 규정에 의한 법률의 위헌 여부 심판의 제청신청이 기각된 때에는 그 신청을 한 당사자는 헌법재판소에 헌법소원심판을 청구할 수 있고 이 경우 그 당사자는 당해 사건의 소송절차에서 동일한 사유를 이유로 다시 위헌 여부 심판의 제청을 신청할 수 없다고 규정하고 있으며, 제69조 제2항은 제68조 제2항의 규정에 의한 헌법소원심판은 위헌법률심판의 제청신청이 기각된 날로부터 14일 이내에 청구하여야 한다고 규정하고 있는바, 위 규정들에 의하면 당사자가 법률의 위헌 여부가 재판의 전제가 된다는 이유로 법원에 위헌 여부 심판의 제청신청을 하였다가 그 신청이 기각되면 14일 이내에 헌법소원심판을 제기하여야 하고 당해 사건의 소송절차에서 동일한 사유로 다시 위헌 여부 심판의 제청신청을 할 수 없고, 여기서 당해 사건의 소송절차란 상소심에서의 소송절차를 포함하는 것이다(대법원 2000. 4. 11.자 98카기137 결정 참조).

기록에 의하면, 신청인은 서울행정법원 2009구단17137호 사건의 진행 중에 재판의 전제가 되는 구 소득세법(2007. 12. 31. 법률 제8825호로 개정되기 전의 것) 제95조 제2항, 구 소득세법(2009. 12. 31. 법률 제9897호로 개정되기 전의 것) 제104조 제1항 제2호의3, 소득세법 중 개정법률(2003. 12. 30. 법률 제7006호) 부칙 제16조는 합리적 이유 없이 1세대 3주택 이상 소유자를 차별하고 위 소득세법이 개정되기 이전에 취득한 양도소득까지 과세대상에 포함시킴으로써 조세평등주의와 조세법률주의(소급과세금지의 원칙, 신뢰보호의 원칙, 실질과세의 원칙) 및 재산권보장 등에 관한 헌법규정에 위배된다고 주장하면서, 2008. 12. 8. 위 법원에 위헌 여부 심판의 제청신청을 하였다가 2009. 3. 31. 기각되었는데, 다시 그 상고심 소송절차에서 대법원에 같은 이유로 위 법 조항이 위헌이라고 주장하면서 다만 그 근거를 추가하여 이 사건 위헌제청신청을 하였음이 기록상 명백한바, 비록 이 사건 위헌제청신청이 그 이유에서 위 법 조항이 위헌이라는 주장에 대한 근거를 추가·보강하였다고 하더라도 위헌이라고 주장한 법조문과 위헌 여부가 문제된 기본적인 사실관계, 침해되었다고 주장한 내용이 이전 위헌제청신청 시와 다를 바 없어 동일한 사유로 위헌제청신청을 한 것이라고 보아야 할 것이므로 결국 이 사건 위헌제청신청은 같은 사건의 소송절차에서 동일한 사유로 다시 한 것으로 부적법하다.

그러므로 신청인의 이 사건 위헌제청신청을 각하하기로 하여 관여 대법관의 일치된 의견으로 주문과 같이 결정한다.

헌법소원심판청구의 보충성원칙에 대한 예외가 인정되는 경우

(대한법률구조공단 자료)

질문

저는 교도소에 수감 중이었는데, 교도소장 甲은 제가 친구 乙에게 보내는 편지의 발송을 거부하였습니다. 또한, 제처 丙의 말에 따르면 丙이 저에게 보내는 편지들은 한 달이 넘어서야 제게 교부되고 있습니다. 제가 甲의 이와 같은 서신발송거부 및 지연교부 행위에 대하여 헌법소원심판을 청구할 수 있는지요?

답변

교도소장의 위와 같은 각 행위가 「헌법재판소법」 제68조 제1항 소정의 '공권력의 행사'에 해당하는 점에는 별다른 의문이 없을 것입니다. 다만, 같은 규정 단서는 "다른 법률구제절차가 있는 경우에는 그 절차를 모두 거친 후가 아니면 청구할 수 없다."라고 규정하여 이른바 '보충성의 원칙'을 요구하고 있기 때문에 甲의 위와 같은 각 행위를 다툴 수 있는 다른 방법이 있는지를 먼저 살펴보아야 하겠습니다.

먼저 甲의 서신발송거부처분에 관하여 살펴보면, 이는 행정권의 작용에 해당하는 것으로서 행정권의 작용에 대해서는 일반적으로 행정심판과 행정소송이라는 절차가 마련되어 있기 때문에 귀하는 먼저 이 절차를 경유하여야 할 것입니다. 판례도 "교도소장의 발송거부행위에 대하여는 행정소송법 및 행정심판법에 의하여 행정소송이나 행정심판이 가능할 것이므로, 이러한 절차를 거치지 아니한 채 이 사건 심판청구부분은 부적법하다."라고 하였습니다(헌법재판소 1995. 7. 21. 선고 92헌마144 결정, 1998. 8. 27. 선고 96헌마398 결정).

다음으로 甲의 서신지연교부행위에 관하여 보면, 이 역시 행정권의 작용에 해당하나 이는 강학상 '행정행위'에 해당하는 거부처분과는 달리 '권력적 사실행위'에 불과한 것으로서 행정심판 및 행정소송의 대상이 될 수 있는가에 의문이 있습니다. 이에 관하여 위 판례는 "서신검열과 서신의 지연발송 및 지연교부행위는 이른바 권력적 사실행위로서 행정심판이나 행정소송의 대상이 된다고 단정하기도 어려울 뿐 아니라, 설사 그 대상이 된다고 하더라도 이미 종료된 행위로서 소의 이익이 부정될 가능성이 많아 헌법소원심판을 청구하는 외에 달리 효과적인 구제방법이 있다고 보기 어려우므로 보충성의 원칙에 대한 예외에 해당한다."라고 하였습니다.

결국 귀하의 헌법소원심판청구 중 서신발송거부처분에 대한 부분은 부적법하지만 서신지연교부행위부분은 적법하다고 하겠습니다.

보다 일반적으로 말하면, 헌법소원심판청구인이 그의 불이익으로 돌릴 수 없는 정당한 이유 있는 착오로 전심절차를 밟지 않은 경우, 전심절차로 권리가 구제될 가능성이 거의 없거나 권리구제절차가 허용되는지 여부가 객관적으로 불확실하거나 우회적 절차를 요구하는 것밖에 되지 않아 전심절차이행의 기대가능성이 없을 때에는 보충성의 예외로 바로 헌법소원을 제기할 수 있는 것입니다(헌법재판소 1997. 11. 27. 선고 94헌마60 결정, 1999. 5. 27. 선고 97헌마137 결정)

> "본 사례는 개인의 법률문제 해결에 도움을 주고자 게재되었으나, 이용자 여러분의 생활에서 발생하는 구체적 사안은 동일하지는 않을 것이므로 참고자료로 활용하시기 바랍니다."

제69조(청구기간) ① 제68조제1항에 따른 헌법소원의 심판은 그 사유가 있음을 안 날부터 90일 이내에, 그 사유가 있는 날부터 1년 이내에 청구하여야 한다. 다만, 다른 법률에 따른 구제절차를 거친 헌법소원의 심판은 그 최종결정을 통지받은 날부터 30일 이내에 청구하여야 한다.
② 제68조제2항에 따른 헌법소원심판은 위헌 여부 심판의 제청신청을 기각하는 결정을 통지받은 날부터 30일 이내에 청구하여야 한다.
[전문개정 2011.4.5.]

사전구제절차를 경유하여야 하는 경우 헌법소원심판청구기간
(대한법률구조공단 자료)

질문

저는 얼마 전 세무서장 甲으로부터 소득세부과처분을 받았습니다. 저는 이에 불복하여 행정법원에 행정소송을 제기하였으나 제소기간이 경과되었다는 이유로 각하판결을 받아 확정되었습니다. 이에 저는 가능한 사전절차를 경유하였으니 헌법소원심판을 청구하고자 하는데, 헌법소원심판에도 제소기간이 있는지요?

답변

「헌법재판소법」 제69조 제1항은 "제68조 제1항의 규정에 의한 헌법소원의 심판은 그 사유가 있음을 안 날로부터 90일 이내에, 그 사유가 있은 날로부터 1년 이내에 청구하여야 한다. 다만, 다른 법률에 의한 구제절차를 거친 헌법소원의 심판은 그 최종결정을 통지 받은 날로부터 30일 이내에 청구하여야 한다."라고 규정하여 헌법소원심판청구기간을 정하고 있습니다.

그리고 여기서 '그 사유가 있음을 안 날'의 의미에 관하여 판례를 보면 "적어도 공권력의 행사에 의한 기본권침해의 사실관계를 특정할 수 있을 정도로 현실적으로 인식하여 심판청구가 가능한 경우를 뜻한다(헌법재판소 1993. 7. 29. 선고 89헌마31 결정).

행정처분 등을 다투는 경우에 있어서는 헌법소원심판을 청구하기 이전에 행정쟁송절차를 거쳐야 하고 그 최종결정을 통지 받은 날로부터 30일 이내에 헌법소원심판을 청구하면 됩니다.

그런데 귀하의 경우에는 행정소송의 제소기간이 도과하였다는 이유로 각하되었다는 것입니다. 헌법재판소는 '다른 법률에 의한 구제절차'는 '적법한 구제절차'를 의미한다고 하고 있으며(헌법재판소 1993. 7. 29. 선고 91헌마47 결정), "구제절차의 하나라고 할 수 있는 행정소송을 제기하였으나 행정소송사항이 아니라는 이유로 소각하판결을 받은 경우는 물론, 행정소송사항에 해당하더라도 제소기간 등의 제척기간을 도과하였다는 이유로 소각하 판결을 받은 경우에도, 기본권침해 사유가 발생하였음을 안 날이 부적법한 구제절차의 결과를 안 날로 되는 것은 아닌바, 그 각하판결을 기준으로 하여 헌법재판소법 제69조 제1항 단서에 정한 30일의 청구기간을 적용하여서는 아니 될 것이다."라고 하였습니다(헌법재판소 1995. 2. 24. 선고 95헌마54 결정).

따라서 귀하의 경우에는 귀하가 위법한 부과처분을 받았음을 안 날로부터 90일, 부과처분이 있은 날로부터 1년 이내에 헌법소원심판 청구를 하여야 할 것으로 보입니다.

> "본 사례는 개인의 법률문제 해결에 도움을 주고자 게재되었으나, 이용자 여러분의 생활에서 발생하는 구체적 사안은 동일하지는 않을 것이므로 참고자료로 활용하시기 바랍니다."

제70조(국선대리인) ① 헌법소원심판을 청구하려는 자가 변호사를 대리인으로 선임할 자력(資力)이 없는 경우에는 헌법재판소에 국선대리인을 선임하여 줄 것을 신청할 수 있다. 이 경우 제69조에 따른 청구기간은 국선대리인의 선임신청이 있는 날을 기준으로 정한다.

② 제1항에도 불구하고 헌법재판소가 공익상 필요하다고 인정할 때에는 국선대리인을 선임할 수 있다.

③ 헌법재판소는 제1항의 신청이 있는 경우 또는 제2항의 경우에는 헌법재판소규칙으로 정하는 바에 따라 변호사 중에서 국선대리인을 선정한다. 다만, 그 심판청구가 명백히 부적법하거나 이유 없는 경우 또는 권리의 남용이라고 인정되는 경우에는 국선대리인을 선정하지 아니할 수 있다.

④ 헌법재판소가 국선대리인을 선정하지 아니한다는 결정을 한 때에는 지체 없이 그 사실을 신청인에게 통지하여야 한다. 이 경우 신청인이 선임신청을 한 날부터 그 통지를 받은 날까지의 기간은 제69조의 청구기간에 산입하지 아니한다.

⑤ 제3항에 따라 선정된 국선대리인은 선정된 날부터 60일 이내에 제71조에 규정된 사항을 적은 심판청구서를 헌법재판소에 제출하여야 한다.

⑥ 제3항에 따라 선정한 국선대리인에게는 헌법재판소규칙으로 정하는 바에 따라 국고에서 그 보수를 지급한다.

[전문개정 2011.4.5.]

변호사선임비용이 없는 경우 헌법소원심판청구 방법

(대한법률구조공단 자료)

질문

저는 국가기관의 공권력행사로 기본권이 침해되었다는 이유로 헌법재판소에 헌법소원심판을 청구하려고 합니다. 그런데 헌법소원심판의 청구와 수행에는 변호사강제주의가 적용되어 변호사를 대리인으로 선임하지 않고 헌법소원을 청구하는 것이 불가능하다고 합니다. 저와 같이 변호사를 선임할 만한 경제적 능력이 없는 사람은 결국 기본권의 침해에 대하여 구제 받을 방법이 없는지요?

답변

「헌법재판소법」 제70조에 의하면 국선대리인제도를 두어 헌법소원심판청구에서 변호사를 대리인으로 선임할 자력이 없는 경우에는 당사자의 신청에 의하여 국고에서 그 보수를 지급하는 국선대리인을 선정해 주도록 하고 있습니다.

따라서 귀하가 국선대리인의 선임을 원한다면 헌법소원심판청구서와 함께 국선대리인선임신청서를 제출하여 국가에서 지정하는 변호사를 통하여 헌법소원심판을 청구할 수 있습니다. 이 때 변호사를 대리인으로 선임할 자력이 없음을 소명하는 자료를 첨부하여야 하며, 당사자의 무자력에 대한 소명이 부족한 경우이거나 헌법소원심판청구 자체가 청구기간의 도과 등으로 부적법한 경우에는 국선대리인 선임신청이 기각될 수 있습니다.

한편, 「헌법재판소국선대리인의 선임 및 보수에 관한 규칙」 제4조 제1항은 「헌법재판소법」 제70조 제1항에서 규정한 변호사를 대리인으로 선임할 자력이 없는 자의 기준을 다음과 같이 예시하고 있습니다.

①월평균수입이 230만원 미만인 자
②「국민기초생활보장법」에 의한 수급자
③「국가유공자 등 예우 및 지원에 관한 법률」에 의한 국가유공자와 그 유족 또는 가족

④ 위 각호에는 해당하지 아니하나, 청구인이 시각·청각·언어·정신 등 신체적·정신적 장애가 있는지 여부 또는 청구인이나 그 가족의 경제능력 등 제반사정에 비추어 보아 변호사를 대리인으로 선임하는 것을 기대하기 어려운 경우

따라서 귀하의 경우에도 무자력 소명에 필요한 서류를 갖추어 헌법소원심판청구와 동시에 국선대리인 선임신청서를 제출하면 헌법소원심판절차를 거쳐 적절한 구제를 받을 수 있을 것입니다.

"본 사례는 개인의 법률문제 해결에 도움을 주고자 게재되었으나, 이용자 여러분의 생활에서 발생하는 구체적 사안은 동일하지는 않을 것이므로 참고자료로 활용하시기 바랍니다."

제71조(청구서의 기재사항) ① 제68조제1항에 따른 헌법소원의 심판청구서에는 다음 각 호의 사항을 적어야 한다.
1. 청구인 및 대리인의 표시
2. 침해된 권리
3. 침해의 원인이 되는 공권력의 행사 또는 불행사
4. 청구 이유
5. 그 밖에 필요한 사항
② 제68조제2항에 따른 헌법소원의 심판청구서의 기재사항에 관하여는 제43조를 준용한다. 이 경우 제43조제1호 중 "제청법원의 표시"는 "청구인 및 대리인의 표시"로 본다.
③ 헌법소원의 심판청구서에는 대리인의 선임을 증명하는 서류 또는 국선대리인 선임통지서를 첨부하여야 한다.
[전문개정 2011.4.5.]

제72조(사전심사) ① 헌법재판소장은 헌법재판소에 재판관 3명으로 구성되는 지정재판부를 두어 헌법소원심판의 사전심사를 담당하게 할 수 있다. <개정 2011.4.5.>
② 삭제 <1991.11.30.>
③ 지정재판부는 다음 각 호의 어느 하나에 해당되는 경우에는 지정재판부 재판관 전원의 일치된 의견에 의한 결정으로 헌법소원의 심판청구를 각하한다. <개정 2011.4.5.>
1. 다른 법률에 따른 구제절차가 있는 경우 그 절차를 모두 거치지 아니하거나 또는 법원의 재판에 대하여 헌법소원의 심판이 청구된 경우
2. 제69조의 청구기간이 지난 후 헌법소원심판이 청구된 경우
3. 제25조에 따른 대리인의 선임 없이 청구된 경우
4. 그 밖에 헌법소원심판의 청구가 부적법하고 그 흠결을 보정할 수 없는 경우
④ 지정재판부는 전원의 일치된 의견으로 제3항의 각하결정을 하지 아니하는 경우에는 결정으로 헌법소원을 재판부의 심판에 회부하여야 한다. 헌법소원심판의 청구 후 30일이 지날 때까지 각하결정이 없는 때에는 심판에 회부하는 결정(이하 "심판회부결정"이라 한다)이 있는 것으로 본다. <개정 2011.4.5.>
⑤ 지정재판부의 심리에 관하여는 제28조, 제31조, 제32조 및 제35조를 준용한다. <개정 2011.4.5.>
⑥ 지정재판부의 구성과 운영에 필요한 사항은 헌법재판소규칙으로 정한다. <개정 2011.4.5.>
[제목개정 2011.4.5.]

제73조(각하 및 심판회부 결정의 통지) ① 지정재판부는 헌법소원을 각하하거나 심판회부결정을 한 때에는 그 결정일부터 14일 이내에 청구인 또는 그 대리인 및 피청구인에게 그 사실을 통지하여야 한다. 제72조제4항 후단의 경우에도 또한 같다.
② 헌법재판소장은 헌법소원이 제72조제4항에 따라 재판부의 심판에 회부된 때에는 다음 각 호의 자에게 지체 없이 그 사실을 통지하여야 한다.
1. 법무부장관
2. 제68조제2항에 따른 헌법소원심판에서는 청구인이 아닌 당해 사건의 당사자
[전문개정 2011.4.5.]

제74조(이해관계기관 등의 의견 제출) ① 헌법소원의 심판에 이해관계가 있는 국가기관 또는 공공단체와 법무부장관은 헌법재판소에 그 심판에 관한 의견서를 제출할 수 있다.
② 제68조제2항에 따른 헌법소원이 재판부에 심판 회부된 경우에는 제27조제2항 및 제44조를 준용한다.
[전문개정 2011.4.5.]

제75조(인용결정) ① 헌법소원의 인용결정은 모든 국가기관과 지방자치단체를 기속한다.
② 제68조제1항에 따른 헌법소원을 인용할 때에는 인용결정서의 주문에 침해된 기본권과 침해의 원인이 된 공권력의 행사 또는 불행사를 특정하여야 한다.
③ 제2항의 경우에 헌법재판소는 기본권 침해의 원인이 된 공권력의 행사를 취소하거나 그 불행사가 위헌임을 확인할 수 있다.
④ 헌법재판소가 공권력의 불행사에 대한 헌법소원을 인용하는 결정을 한 때에는 피청구인은 결정 취지에 따라 새로운 처분을 하여야 한다.
⑤ 제2항의 경우에 헌법재판소는 공권력의 행사 또는 불행사가 위헌인 법률 또는 법률의 조항에 기인한 것이라고 인정될 때에는 인용결정에서 해당 법률 또는 법률의 조항이 위헌임을 선고할 수 있다.
⑥ 제5항의 경우 및 제68조제2항에 따른 헌법소원을 인용하는 경우에는 제45조 및 제47조를 준용한다.
⑦ 제68조제2항에 따른 헌법소원이 인용된 경우에 해당 헌법소원과 관련된 소송사건이 이미 확정된 때에는 당사자는 재심을 청구할 수 있다.
⑧ 제7항에 따른 재심에서 형사사건에 대하여는 「형사소송법」을 준용하고, 그 외의 사건에 대하여는 「민사소송법」을 준용한다.
[전문개정 2011.4.5.]

판례-임금등
[대법원 2006.3.9, 선고, 2003재다262, 판결]

【판시사항】
[1] 헌법소원을 통하여 법률조항에 대한 헌법불합치결정이 선고된 경우, 그 결정의 계기가 되었던 당해 사건의 확정 판결에는 헌법재판소법 제75조 제7항에서 정한 재심사유가 있으며 그 헌법불합치결정에 따른 개선 입법의 소급효가 당연히 당해 사건에 미침을 이유로, 재심대상 판결 중 위헌으로 선언된 구 사립학교법 제53조의2 제3항이 적용된 부분에 헌법불합치결정에 따른 개선 입법인 사립학교법의 개정 법률 조항들이 소급 적용되어야 한다고 한 사례

[2] 기간제로 임용된 사립대학 교원이 임용기간 만료로 대학교원 신분을 상실하는지 여부(한정 적극)

[3] 현행 사립학교법이 정한 재임용 심사 기준에 따라 적법한 재임용 심사를 받았다면 재임용을 받을 수 있었던 사립대학 교원이 위법하게 재임용을 거부당한 경우, 그 거부결정이 불법행위에 해당함을 이유로 임금 상당의 손해배상을 구할 수 있다고 한 사례

【판결요지】

[1] 헌법소원을 통하여 법률조항에 대한 헌법불합치결정이 선고된 경우, 그 결정의 계기가 되었던 당해 사건의 확정 판결에는 헌법재판소법 제75조 제7항에서 정한 재심사유가 있으며 그 헌법불합치결정에 따른 개선 입법의 소급효가 당연히 당해 사건에 미침을 이유로, 재심대상 판결 중 위헌으로 선언된 구 사립학교법(1997. 1. 13. 법률 제5274호로 개정되기 전의 것) 제53조의2 제3항이 적용된 부분에 헌법불합치결정에 따른 개선 입법인 사립학교법의 개정 법률 조항들이 소급 적용되어야 한다고 한 사례.

[2] 정관이나 인사규정 또는 임용계약에 재임용 강제조항이 있거나 그 외 임용계약이 반복 갱신되는 등 특별한 사정이 없는 이상 임용기간이 만료된 사립학교 교원은 임용기간 만료로 대학교원 신분을 상실한다.

[3] 개정된 사립학교법의 규정 내용에 비추어 볼 때, 기간제로 임용되어 임용기간이 만료된 사립학교 교원으로서는 교원으로서의 능력과 자질에 관하여 위 법률이 정하는 바에 따라 합리적인 기준에 의한 공정한 심사를 받아 그 기준에 부합되면 특별한 사정이 없는 한 재임용되리라는 기대를 가지고 재임용 여부에 관하여 합리적인 기준에 의한 공정한 심사를 요구할 권리를 가진다 할 것이므로, 현행 사립학교법이 정한 재임용 심사 기준에 따라 적법한 재임용 심사를 받았더라면 재임용을 받을 수 있었던 사립학교 교원이 위법하게 재임용을 거부당하였다면, 그러한 재임용 거부결정이 불법행위에 해당함을 이유로 임금 상당의 손해배상을 구할 수 있다고 한 사례.

헌법소원심판청구 시 국가배상청구도 가능한지
(대한법률구조공단 자료)

질문

헌법소원심판을 청구하면서 국가를 상대로 한 손해배상청구도 할 수 있는지요?

답변

헌법소원심판청구에 대한 인용결정에 관하여 「헌법재판소법」 제75조 제1항은 "헌법소원의 인용결정은 모든 국가기관과 지방자치단체를 기속한다."라고 규정하고 있고, 같은 법 제75조 제2항은 "제68조 제1항의 규정에 의한 헌법소원을 인용할 때에는 인용결정서의 주문에서 침해된 기본권과 침해의 원인이 된 공권력의 행사 또는 불행사를 특정하여야 한다."라고 규정하고 있으며, 같은 법 제75조 제3항은 "제2항의 경우에 헌법재판소는 기본권침해의 원인이 된 공권력의 행사를 취소하거나 그 불행사가 위헌임을 확인할 수 있다."라고 규정하고 있습니다.

그런데 헌법소원심판청구로서 국가배상청구를 구하는 것이 적법한지에 관하여 판례는 "헌법소원은 공권력의 행사 또는 불행사로 인하여 헌법상 보장된 기본권을 침해받은 자에게 부여한 특별구제수단이므로, 헌법재판소는 객관적인 헌법질서의 보장뿐만 아니라 주관적인 권리구제의 보장에도 충분한 배려를 하여야 한다. 그렇다고 하여 헌법재판소가 일반법원의 기능과 절차를 보충하는 역할까지 담당할 수는 없다. 그래서 헌법재판소법 제75조 제3항은 헌법재판소가 헌법소원을 인용하는 경우 '기본권 침해의 원인이 된 공권력의 행사를 취소하거나, 그 불행사가 위헌임을 확인할 수 있다.'라고 규정하였고, 헌법재판소법 제75조 제1항은 '헌법소원의 인용결정은 모든 국가기관과 지방자치단체를 기속한다.'라고 규정하여 일반적 효력을 인정하고 있다. 위와 같은 헌법소원의 본질적 한계와 법률조항의 취지로 미루어 보면, 헌법소원의 심판청구로서 피청구인에 대한 손해배상을 구하는 것과 같은 이행청구는 불가능하다고 보아야 한다. 따라서 청구인들의 이 부분에 대한 심판청구는 부적법한 청구라고 볼 수밖에 없다."라고 하였습니다(헌법재판소 1992. 10. 1. 선고 90헌마5 결정).

따라서 헌법소원심판청구로써 손해배상을 청구하는 것과 같은 이행청구는 불가능하다고 보아야 할 것입니다.

제5장 전자정보처리조직을 통한 심판절차의 수행

제76조(전자문서의 접수) ① 각종 심판절차의 당사자나 관계인은 청구서 또는 이 법에 따라 제출할 그 밖의 서면을 전자문서(컴퓨터 등 정보처리능력을 갖춘 장치에 의하여 전자적인 형태로 작성되어 송수신되거나 저장된 정보를 말한다. 이하 같다)화하고 이를 정보통신망을 이용하여 헌법재판소에서 지정·운영하는 전자정보처리조직(심판절차에 필요한 전자문서를 작성·제출·송달하는 데에 필요한 정보처리능력을 갖춘 전자적 장치를 말한다. 이하 같다)을 통하여 제출할 수 있다.
② 제1항에 따라 제출된 전자문서는 이 법에 따라 제출된 서면과 같은 효력을 가진다.
③ 전자정보처리조직을 이용하여 제출된 전자문서는 전자정보처리조직에 전자적으로 기록된 때에 접수된 것으로 본다.
④ 제3항에 따라 전자문서가 접수된 경우에 헌법재판소는 헌법재판소규칙으로 정하는 바에 따라 당사자나 관계인에게 전자적 방식으로 그 접수 사실을 즉시 알려야 한다.
[전문개정 2011.4.5.]

제77조(전자서명 등) ① 당사자나 관계인은 헌법재판소에 제출하는 전자문서에 헌법재판소규칙으로 정하는 바에 따라 본인임을 확인할 수 있는 전자서명을 하여야 한다.
② 재판관이나 서기는 심판사건에 관한 서류를 전자문서로 작성하는 경우에 「전자정부법」 제2조제6호에 따른 행정전자서명(이하 "행정전자서명"이라 한다)을 하여야 한다.
③ 제1항의 전자서명과 제2항의 행정전자서명은 헌법재판소의 심판절차에 관한 법령에서 정하는 서명·서명날인 또는 기명날인으로 본다.
[본조신설 2009.12.29.]

제78조(전자적 송달 등) ① 헌법재판소는 당사자나 관계인에게 전자정보처리조직과 그와 연계된 정보통신망을 이용하여 결정서나 이 법에 따른 각종 서류를 송달할 수 있다. 다만, 당사자나 관계인이 동의하지 아니하는 경우에는 그러하지 아니하다.
② 헌법재판소는 당사자나 관계인에게 송달하여야 할 결정서 등의 서류를 전자정보처리조직에 입력하여 등재한 다음 그 등재 사실을 헌법재판소규칙으로 정하는 바에 따라 전자적 방식으로 알려야 한다.
③ 제1항에 따른 전자정보처리조직을 이용한 서류 송달은 서면으로 한 것과 같은 효력을 가진다.
④ 제2항의 경우 송달받을 자가 등재된 전자문서를 헌법재판소규칙으로 정하는 바에 따라 확인한 때에 송달된 것으로 본다. 다만, 그 등재 사실을 통지한 날부터 2주 이내에 확인하지 아니하였을 때에는 등재 사실을 통지한 날부터 2주가 지난 날에 송달된 것으로 본다.

⑤ 제1항에도 불구하고 전자정보처리조직의 장애로 인하여 전자적 송달이 불가능하거나 그 밖에 헌법재판소규칙으로 정하는 사유가 있는 경우에는 「민사소송법」에 따라 송달할 수 있다.
[전문개정 2011.4.5.]

제6장 벌칙

제79조(벌칙) 다음 각 호의 어느 하나에 해당하는 자는 1년 이하의 징역 또는 100만원 이하의 벌금에 처한다.
1. 헌법재판소로부터 증인, 감정인, 통역인 또는 번역인으로서 소환 또는 위촉을 받고 정당한 사유 없이 출석하지 아니한 자
2. 헌법재판소로부터 증거물의 제출요구 또는 제출명령을 받고 정당한 사유 없이 이를 제출하지 아니한 자
3. 헌법재판소의 조사 또는 검사를 정당한 사유 없이 거부·방해 또는 기피한 자
[전문개정 2011.4.5.]

부칙
<제4017호, 1988.8.5.>

제1조 (시행일) 이 법은 1988년 9월 1일부터 시행한다. 다만, 이 법에 의한 헌법재판소장·상임재판관 및 재판관의 임명 기타 이 법 시행에 관한 준비는 이 법 시행전에 할 수 있다.

제2조 (폐지법률) 법률 제2530호 헌법위원회법은 이를 폐지한다.

제3조 (계속사건에 대한 경과조치) 이 법 시행당시 헌법위원회에 계속중인 사건은 헌법재판소에 이관한다. 이 경우 이미 행하여진 심판행위의 효력에 대하여는 영향을 미치지 아니한다.

제4조 (종전의 사항에 관한 경과조치) 이 법은 이 법 시행전에 생긴 사항에 관하여도 적용한다. 다만, 이 법 시행전에 헌법위원회법에 의하여 이미 생긴 효력에는 영향을 미치지 아니한다.

제5조 (종전 직원에 관한 경과조치) 이 법 시행당시 헌법위원회 사무국공무원은 헌법재판소사무처소속공무원으로 임용된 것으로 본다.

제6조 (예산에 관한 경과조치) 이 법 시행당시 헌법위원회의 소관예산은 헌법재판소의 소관예산으로 본다.

제7조 (권리의무의 승계) 이 법 시행당시 헌법위원회가 가지는 권리 및 의무는 헌법재판소가 이를 승계한다.

제8조 (다른 법률의 개정) ①법원조직법중 다음과 같이 개정한다.

제7조제1항제4호를 삭제한다.

②행정소송법중 다음과 같이 개정한다.

제3조제4호에 단서를 다음과 같이 신설한다.

　다만, 헌법재판소법 제2조의 규정에 의하여 헌법재판소의 관장사항으로 되는 소송은 제외한다.

③국가공무원법중 다음과 같이 개정한다.

제2조제3항제1호나목중 "헌법위원회의 상임위원"을 "헌법재판소의 상임재판관 및 사무처장"으로 한다.

④정당법중 다음과 같이 개정한다.

제40조, 제41조제3항, 제42조 및 제43조제2항중 "헌법위원회"를 각각 "헌법재판소"로 한다.

⑤행정심판법중 다음과 같이 개정한다.

제5조제2항제2호중 "헌법위원회"를 "헌법재판소"로 한다.

⑥예산회계법중 다음과 같이 개정한다.

제22조중 "헌법위원회"를 "헌법재판소"로 한다.

⑦공무원연금법중 다음과 같이 개정한다.

제77조중 "헌법위원회"를 "헌법재판소"로 한다.

⑧집회및시위에관한법률중 다음과 같이 개정한다.

제3조제1항제1호중 "헌법위원회"를 "헌법재판소"로 한다.

⑨민방위기본법중 다음과 같이 개정한다.

제2조제2호중 "헌법위원회 사무국장"을 "헌법재판소 사무처장"으로 한다.

⑩상훈법중 다음과 같이 개정한다.

제5조제1항중 "법원행정처장"을 "법원행정처장·헌법재판소사무처장"으로 한다.

⑪공직자윤리법중 다음과 같이 개정한다.

제5조제1항제4호중 "제3호외의"를 "제4호외의"로 하여 이를 동조동항제5호로 하고, 동조동항제4호를 다음과 같이 신설한다.

　4. 헌법재판소장·상임재판관 및 헌법재판소소속공무원은 헌법재판소사무처

부칙

<제4408호, 1991.11.30.>

제1조 (시행일) 이 법은 공포한 날부터 시행한다.

제2조 (경과조치) 이 법 시행 당시 상임재판관 및 상임재판관이 아닌 재판관은 이 법에 의하여 재판관으로 임명된 것으로 보며, 그 임기는 이 법 시행전의 상임재판관 또는 재판관으로 임명된 때부터 기산한다.

제3조 (다른 법률의 개정) ①행정심판법중 다음과 같이 개정한다.

제5조제2항제2호중 "헌법재판소"를 "헌법재판소사무처장"으로 한다.

제6조제3항 단서중 "대법원규칙으로" 다음에 ",헌법재판소사무처장의 경우에는 헌법재판소규칙으로"를 삽입한다.

②국가공무원법중 다음과 같이 개정한다.

제2조제3항제1호 나목중 "헌법재판소의 상임재판관 및 사무처장"을 "헌법재판소의 재판관 및 사무처장"으로 한다.

③공직자윤리법중 다음과 같이 개정한다.

제5조제1항제4호중 "상임재판관"을 "헌법재판소재판관"으로 한다.

제9조제1항 본문중 "대법원"다음에 " · 헌법재판소"를 삽입하고, 동조제2항제3호중 "제1호 및 제2호"를 "제1호 내지 제3호"로 하여 이를 동항제4호로 하며, 동항에 제3호를 다음과 같이 신설하고, 동조제3항중 "대법원규칙"다음에 " · 헌법재판소규칙"을 삽입한다.

  3. 헌법재판소공직자논리위원회는 헌법재판소재판관 기타 헌법재판소소속공무원과 그 퇴직공직자에 관한 사항

제17조제2항중 "대법원규칙" 다음에 " · 헌법재판소규칙"을 삽입한다.

제18조중 "대법원규칙" 다음에 " · 헌법재판소규칙"을 삽입한다.

제19조제1항중 "법원행정처장" 다음에 ",헌법재판소에 있어서는 헌법재판소사무처장"을 삽입한다.

제21조중 "대법원규칙" 다음에 " · 헌법재판소규칙"을 삽입한다.

④민사소송법중 다음과 같이 개정한다.

제275조제2항중 "국회의 의장과 대법원장"을 "국회의장 · 대법원장 및 헌법재판소장"으로 한다.

⑤집회및시위에관한법률중 다음과 같이 개정한다.

제11조제1호중 "각급법원" 다음에 ",헌법재판소"를 삽입하고, 동조제2호중 "대법원장공관" 다음에 ",헌법재판소장공관"을 삽입한다.

⑥예산회계법중 다음과 같이 개정한다.

제14조제2항 전단중 "국회의장과 대법원장"을 "국회의장 · 대법원장 및 헌법재판소장"으로, "국회의 사무총장과 대법원의 법원행정처장"을 "국회의 사무총장 · 대법원의 법원행정처장 및 헌법재판소의 사무처장"으로 하고, 동항 후단중 "국회의 사무총장과 대법원의 법원행정처장"을 "국회의 사무총장 · 대법원의 법원행정처장 및 헌법재판소의 사무처장"으로 하며, 동조제3항중 "국회의장과 대법원장"을 "국회의장 · 대법원장 및 헌법재판소장"으로 한다.

⑦물품관리법중 다음과 같이 개정한다.

제16조제1항 단서중 "국회와 대법원"을 "국회 · 대법원 및 헌법재판소"로 한다.

⑧국가채권관리법중 다음과 같이 개정한다.

제2조제2항중 "대법원장" 다음에 ", 헌법재판소장"을 삽입한다.

부칙
<제4815호, 1994.12.22.>

이 법은 공포한 날부터 시행한다.

부칙
<제4963호, 1995.8.4.>

이 법은 공포한 날부터 시행한다.

부칙
<제5454호, 1997.12.13.>
(정부부처명칭등의변경에따른건축법등의정비에관한법률)

이 법은 1998년 1월 1일부터 시행한다. <단서 생략>

부칙
<제6622호, 2002.1.19.>
(국가공무원법)

제1조 (시행일) 이 법은 공포한 날부터 시행한다. <단서 생략>

제2조 생략

제3조 (다른 법률의 개정) ①및 ②생략
　③헌법재판소법중 다음과 같이 개정한다.
　제15조제1항중 "대법원장의 예에, 재판관의 대우와 보수"를 "대법원장의 예에 의하며, 재판관은 정무직으로 하고 그 대우와 보수"로 한다.
　④내지 ⑥생략

부칙
<제6626호, 2002.1.26.>
(민사소송법)

제1조 (시행일) 이 법은 2002년 7월 1일부터 시행한다.

제2조 내지 제5조 생략

제6조 (다른 법률의 개정) ①내지 <25>생략
　<26>헌법재판소법중 다음과 같이 개정한다.
　제24조제6항중 "민사소송법 제40조, 제41조, 제42조제1항·제2항 및 제44조"를 "민사소송법 제44조, 제45조, 제46조제1항·제2항 및 제48조"로 한다.
　제41조제3항중 "민사소송법 제231조"를 "민사소송법 제254조"로 한다.
　제42조제2항중 "민사소송법 제184조"를 "민사소송법 제199조"로 한다.
　<27>내지 <29>생략

제7조 생략

부칙
<제6861호, 2003.3.12.>

①(시행일) 이 법은 공포후 3월이 경과한 날부터 시행한다.
②(경과조치) 이 법 시행 당시 일반직국가공무원 또는 별정직국가공무원인 헌법

연구관 및 헌법연구관보는 이 법에 의하여 각각 특정직국가공무원인 헌법연구관과 별정직국가공무원인 헌법연구관보로 임용된 것으로 본다. 다만, 이 법 시행전에 헌법연구관 및 헌법연구관보로 근무한 기간은 이 법 및 다른 법령에 규정된 헌법연구관 및 헌법연구관보의 재직기간에 산입하고, 국가기관에서 4급공무원으로 근무한 기간은 호봉획정시 헌법연구관보로 근무한 기간으로 본다.

③(다른 법률의 개정) 공직자윤리법중 다음과 같이 개정한다.

제3조제1항에 제5호의2를 다음과 같이 신설한다.

5의2. 헌법재판소 헌법연구관

부칙

<제7427호, 2005.3.31.>

(민법)

제1조 (시행일) 이 법은 공포한 날부터 시행한다. 다만, …생략… 부칙 제7조(제2항 및 제29항을 제외한다)의 규정은 2008년 1월 1일부터 시행한다.

제2조 내지 제6조 생략

제7조 (다른 법률의 개정) ①내지 <25>생략

<26>헌법재판소법 일부를 다음과 같이 개정한다.

제24조제1항제2호중 "친족·호주·가족"을 "친족"으로 한다.

<27>내지 <29>생략

부칙

<제7622호, 2005.7.29.>

이 법은 공포한 날부터 시행한다.

부칙

<제8729호, 2007.12.21.>

이 법은 2008년 1월 1일부터 시행한다.

부칙

<제8893호, 2008.3.14.>

이 법은 공포 후 3개월이 경과한 날부터 시행한다.

부칙

<제9839호, 2009.12.29.>

이 법은 2010년 3월 1일부터 시행한다. 다만, 제28조제5항의 개정규정은 공포한 날

부터 시행한다.

부칙
<제10278호, 2010.5.4.>

이 법은 공포한 날부터 시행한다. 다만, 제19조의4의 개정규정은 공포 후 6개월이 경과한 날부터 시행한다.

부칙
<제10546호, 2011.4.5.>

이 법은 공포한 날부터 시행한다.

부칙
<제11530호, 2012.12.11.>
(국가공무원법)

제1조(시행일) 이 법은 공포 후 1년이 경과한 날부터 시행한다. <단서 생략>

제2조부터 **제5조**까지 생략

제6조(다른 법률의 개정) ①부터 <26>까지 생략
<27> 헌법재판소법 일부를 다음과 같이 개정한다.
제19조의3제3항 중 "계약직공무원"을 「국가공무원법」 제26조의5에 따른 임기제공무원"으로 한다.
제19조의4제3항을 삭제한다.

제7조 생략

부칙
<제12597호, 2014.5.20.>

이 법은 공포한 날부터 시행한다.

부칙
<제12897호, 2014.12.30.>

이 법은 공포 후 6개월이 경과한 날부터 시행한다. 다만, 제7조제2항의 개정규정은 공포한 날부터 시행한다.

憲 法

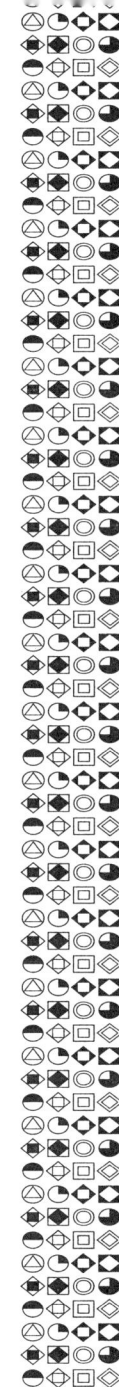

憲 法 槪 要

憲法이라는 用語는 여러 가지 의미로 사용되는데, 大別하여 보면 다음의 세 가지 개념을 가지고 있다. 즉 (1) 넓게는 하나의 공동체의 기본법질서를 의미하고, (2) 좁게는 근대시민사회에 있어서 국가의 기본법만을 가리키며, (3) 형식적으로는 헌법법전만을 지칭한다. 기본법이라 함은 국가의 조직 및 작용에 관한 기본적 사항을 규정하는 법을 지칭하는 것이다. 따라서 (1)의 의미에서는 헌법을 가지고 있지 않은 국가는 존재할 수 없으며, 하나의 국가는 동시에 복수의 헌법을 가질 수 없다. 오늘날 헌법이라고 말하는 경우에는 상기 (2)의 의미로 사용되는 것이 보통이며, 일반적으로 그 내용은 기본적 인권의 보장, 대표제, 삼권분리제 등을 정하고 있다.

국가가 존재하는 이상, 반드시 헌법을 갖게 되지만, 반드시 헌법전을 갖는다고는 할 수 없다. 실질적으로 국가의 조직이나 활동의 기본적 사항을 정하는 법을 실질적 헌법이라 부르며, 헌법 또는 기본법 등의 명칭을 갖는 법전을 형식적 헌법이라 한다. 이러한 의미에서 영국은 실질적 헌법을 가질 뿐이다. 오늘날의 헌법은 보통 통치기구(형식)와 인권선언(보장)의 2부분으로부터 성립한다. 이전에는 헌법이 인권선언을 포함하지 않고, 군주의 상속, 종교 등의 규정이 이에 대신하고 있었다. 헌법전에 인권선언을 포함한 것은 버지니아헌법(1776년)을 시초로 하는 美國諸州의 헌법이었다. 그러나 미국과 같이 인권선언에 상당하는 독립선언(1776년)을 이미 가지고 있던 경우, 연방헌법(1787년)은 통치기구만을 내용으로 하고 인권선언을 포함할 필요가 없었다. 이것은 근대적 헌법으로서의 예외라고 할 수 있는데, 오늘날에는 이 미국연방헌법도 수정헌법에 의하여 인권의 보장을 첨가하고 있다. 프랑스 제3공화제의 헌법적 법률도 인권선언을 포함하지 않은 것인데, 대통령의 인권선언이 그대로 적용된 것으로 보아도 좋을 것이다.

헌법을 연구하는 과학을 헌법학이라고 하는데, 이 경우의 헌법은 헌법전과 같은 일정의 문서만을 지칭하는 것은 아니다. 헌법전을 중심으로 하는 사회현상, 예컨대 헌법현상이라고 할 수 있는 현상을 정확히 인식하고 이것을 해석하는 과학이다. 그 방법의 차이에 따라 주로 헌법전을 문리적으로 해석하는 憲法解釋學(헌법해석학), 헌법현상을 역사적으로 해석하는 憲法史學(헌법사학), 일정한 헌법현상을 비교·고찰하는 比較憲法學(비교헌법학) 및 종합적인 방법에 의존하는 一般憲法學 等으로 분류할 수 있다.

憲　　法

헌법(憲法)
영 ; constitution
독 ; Verfa ssung

　국가의 통치체제를 규정한, 즉 정치체제의 조직과 운용을 정한 기본법을 말한다. 사회에 존재하는 모든 단체(예컨대 학교·회사·조합·시·읍·면·국가 등)는 각각 그 조직과 운용을 위한 규칙을 가지게 마련이다. 이 중에서도 국가의 규칙을 지칭하여 특히 「法」이라고 한다. 국가에는 다수의 법(법률·명령·규칙·조례·조약 등)이 있으나, 이러한 법들의 내용·형식은 헌법에 위반해서는 아니된다. 즉, 헌법은 根本法(근본법)·基本法(기본법)인 것이다. 근본법을 헌법이라는 명칭으로 부르게 된 것은 미국연방헌법(1787년)이 스스로 「憲法」이라고 칭하여 제정된 것이 시초이다. 18세기말에서 19세기초에 유럽에서는 점차적으로 전제적 군주국가가 붕괴되어 자유주의적 근대국가가 건설되었다. 이러한 자유주의국가에서는 권력분립제와 국민의 권리보장이 가장 중요한 정치원리가 되었다. 프랑스의 인간과 시민의 권리선언 제16조(1789년)는 「권리의 보장이 확보되지 아니 할 수 없다」고 선언하고 있다. 그래서 이 두 개의 원리를 갖는 헌법을 특히 近代憲法(근대헌법)이라 하여, 근본적·조직법으로서의 헌법과 구별한다. 그러나 근대헌법을 단순히 「憲法」이라고 하는 일이 많다. 또한 오늘날에는 영국 등 몇몇 나라를 제외하고 대다수의 나라에서는 헌법이 법전화되어 있으므로 이 헌법전을 헌법이라고 하기도 한다.

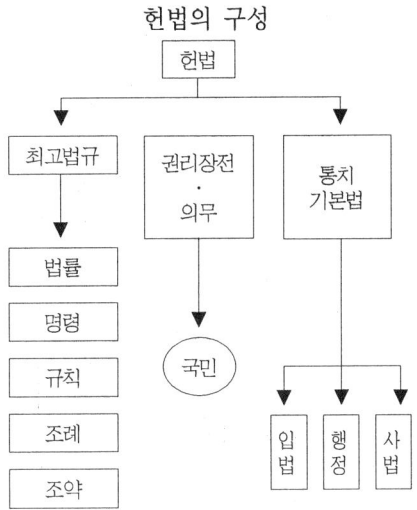

헌법의 구성

역사적 발전에 따른 헌법개념

1. 고유의미의 헌법	국가최고기관의 조직, 구성과 권한행사방법, 권력기관 상호관계를 규정한 국가의 근본조직법
2. 근대입헌주의적 의미의 헌법	개인의 자유와 권리의 보장, 그리고 권력분립에 의하여 국가권력의 남용을 억제하는 것을 내용으로 하는 헌법

3. 현대사회국가적 헌법	모든 국민의 인간다운 생활을 보장하는 것이 국가의 책무인 동시에 그에 대한 요구가 국민의 권리로서 인정되는 복지국가의 이념을 바탕으로 하는 헌법

법률(法律)

법률은 형식적 의미의 법률과 실질적 의미의 법률로 나누어진다. (1) 형식적 의미의 법률(영, statute 독, Gesetz 불, loi) : 국민의 대의기관인 국회의 의결을 거쳐 대통령이 서명·공포함으로써 성립하는 국법으로서의 법률을 말한다. 이 점이 행정부의 명령이나 입법부 또는 사법부의 규칙 등과 구별된다. 법률은 헌법 다음의 국법이며, 명령·규칙 등이 법률에 위반되면 당연히 법원에서 그 적용이 거부되며, 법률이 헌법에 위반되면 법원은 이의 적용을 거부한다. (2) 실질적 의미의 법률(영, law 독, Recht 불, droit) : 법일반을 말하는 바, 이는 형식적 의미의 「법률」과 구분하여 「법」이라고 부르는 것이 타당하다. 용례로는 법해석·법철학 등으로 쓰인다.

고유의 의미의 헌법
(固有의 意味의 憲法)

고유의 의미의 헌법이라 함은 국가의 통치체제에 관한 기본사항을 정한 국가의 기본법, 다시말하면 국가최고기관의 조직과 권한, 국가최고기관 상호간의 관계, 국가와 국민의 관계에 관한 기본원칙을 정한 국가의 기본법을 말한다. 이러한 의미의 헌법은 동서양을 막론하고 국가가 존재하는 곳이면, 성문의 형식이건 불문의 형식이건 반드시 존재하는 헌법이다.

고유의 의미의 헌법

개 념	국가조직과 작용에 관한 기본법
특 색	모든 국가에 존재(국가가 있으면 반드시 존재) 예) 영국에 헌법이 있다 - Alexis de Tocqueville - 기본권규정과 무관

실질적 의미의 헌법
(實質的 意味의 憲法)
독, Verfassung im materiellen Sinne

국가의 조직·작용의 기본원칙을 정하는 국가의 기본법의 전부를 말한다. 이 의미에서 헌법은 국가의 최고기관의 형성·조직·권한·이들 기관 상호간의 관계, 국가와 그 구성원인 국민과의 관계 등에 관한 규칙의 총칭이다. 이는 법에 규정된 내용에 착안하여 일정한 사항에 관한 법규는 그 형식에 불구하고 모두 헌법이라고 본다. 따라서 헌법전은 물론, 법률·명령·규칙 및 관습이나 조리까지도 모두 헌법개념에 포섭된다. 실질적 의미의 헌법은 법형식에도 불구하고 국가통치의 기본권의 전부를 포함하는 것이므로, 이들이 일정한 역사상의 이념이나 어떤 특정한 원리에 지배될 필요는 없다. 따라서 고대국가나 중세국가에도 헌법은 존재하였고, 사회주의국가의 헌법도 이에 포함되며, 성문헌법이 없는 영국 등의 불문헌법국가도 실질적 의미의 헌법은 가지고 있다고 하겠다.

입헌주의적 의미의 헌법
(立憲主義的 意味의 憲法)
독 ; Verfassung in konstitutionelle Sinne

국가권력조직에 관한 근본적 규범과 함께 국민의 국가권력에 대한 지위의 보장에 관한 근본적 규범을 갖추고 있으면서 국민주권의 원칙과 개인의 자유를 본질적 요소로 하고 있는 헌법을 말한다. 그러나 立憲主義(입헌주의)라는 말의 뜻은 시대에 따라서 각각 그 내용이 다르게 변천되어 왔다. 19세기에 있어서는 자유주의와 군주주의와의 결합에 의한 입헌군주제라는 의미로 오해되었고 군주의 실권이 소멸된 오늘의 민주국가에 있어서는 입헌주의라는 용어는 대체로 자유민주주의라는 의미로 사용되고 있다. 立憲主義憲法(입헌주의헌법)은 대체로 다음과 같이 세 가지 요소로 구성된다. (1) 基本權 保障 : 국민의 기본권을 보장하는 규정은 모든 입헌주의 헌법에서 가장 본질적인 요소로서 규정되어 있으며, 따라서 똑같은 헌법에 규정되어 있으면서도 기본권에 관한 규정은 권력구조에 관한 규정에 상위하는 규정으로 간주되고 있다. (2) 權力의 分立 : 개인의 자유를 보장하기 위해서는 국가의 권력구조는 「견제와 균형」의 원리에 기초하여 입법·행정·사법이 엄격하게 분립될 것을 요구하고 있다. (3) 成文憲法 : 입헌주의적 헌법에 있어서는 기본권의 보장이 헌법의 목적이기 때문에 그 기본권을 보장하기 위해서는 헌법을 성문화 할 필요가 있다(成文憲法主義). 뿐만 아니라 헌법을 성문으로 하는 까닭과 같은 맥락에서 그 개정을 보통 법률의 그것보다 어렵게 해야 한다(硬性憲法主義). 입헌주의적 헌법은 이러한 성문성과 개정곤란성을 그 특색으로 하는 형식적 헌법이다. 이러한 헌법의 형식을 구비한 것이 바로 헌법전이다. 그러한 의미에서 입헌주의적 헌법은 형식적 헌법(성문헌법)인 憲法典으로 표현할 수 있다. 입헌주의적 헌법을 가지고 있는 국가를 입헌국가라고 하며, 오늘날 입헌국가는 보통 자유민주주의국가를 뜻한다.

현대 복지국가적 의미의 헌법
(現代 福祉國家적 意味의 憲法)

福祉國家(Wohlfahrtsstaat) 내지 社會國家(Sozialstaat)라 함은 모든 국민에게 생활의 기본적 수요를 충족시킴으로써 건강하고 문화적인 생활을 보장하는 것이 국가의 책무인 동시에 그에 대한 요구가 국민의 권리로서 인정되는 국가를 말한다. 現代福祉國家的(社會國家的) 의미의 헌법이라 함은 이러한 복지국가의 이념을 바탕으로 하는 헌법을 말한다. 현대복지국가적 의미의 헌법은 근대 입헌주의적 의미의 헌법의 기반위에 실질적 민주화와 사회화 등을 그 내용적 특징으로 하는 헌법이다.

양차대전기간중 근대시민의 확고한 신념이었던 법치국가의 원리와 권력분립의 원리는 空洞化되고, 의회주의에 대한 불신은 증폭되었으며, 자본주의 사회의 구조적 모순은 날로 심화되어 갔다. 대전이후 이러한 시민국가적 체제에 대한 불신과 부조리를 극복하기 위하여 국가의 성격은 소극적인 夜警國家(야경국가)에서 적극적인 福祉國家로 전환되어 갔다. 여기에 근대의 입헌주의적 헌법원리를 계승하면서 실질적인 경제의 민주화 등의 요구를 수용한 진보적인 헌법이 나타났다. 이것이 현대복지국가적 의미의 헌법이며 1919년 바이마르헌법이 최초이다. 현대복지국가적 의미의 헌법은 (1) 18, 19세기의 형식적 법치주의에 대한 반성으로서 실질적 법치주의를 채택하고 (2) 일련의 사회적 기본권을 규정하고 있으며, (3) 양적, 질적으로 증대하고 있는 국가기능을 능률적으로 수행하기 위하여 行政國家의 경향을 보이고 있다. (4) 그리고, 헌법규범의 위기를 교훈삼아 헌법재판제도 등 헌법수호제도를 확대·강화하고, (5) 자유민주적인 正黨制度를 수용하였으며, (6) 양차대전등 전쟁의 참회를 방지하기 위하여 국제평화주의를 선언하고 있다.

근대입헌주의적 의미의 헌법과 현대복지국가적 의미의 헌법

	근대입헌주의적 의미의 헌법	현대복지국가적 의미의 헌법
개념	근대자유주의 이념이 구현된 헌법만, 내용 권력분립주의 기본권보장 1789. 프랑스인권선언 제16조	현대복지주의 이념이 구현된 헌법만, 내용 대내적-사회권적기본권 대외적-국제평화주의 1919. 바이마르헌법
현대복지국가적 의미의 헌법 특색	1. 국민주권주의	실질화→① 보통평등선거원칙 ② 복수정당제도 ③ 지방자치제도 ④ 표현의 자유보장
	2. 기본권보장	실질적보장→① 기본권상대화 ② 사회적기본권의 보장 ③ 사유재산제도보장

	근대입헌주의적 의미의 헌법	현대복지국가적 의미의 헌법
현대복지국가적 의미의 헌법 특색	3. 권력 분립주의	수정→① 권력분립의 완화 ② 국가권력의 적극화 ③ 권력간의 융화와 공동 ④ 사법권의 독립을 강화
	4. 의회주의	국가가 의회를 중심으로 운영되던 의회주의의 전성기와 비교해 보면 20세기에 들어와서는 국가운영에서의 의회의 기능과 비중이 상대적으로 약화
	5. 법치주의	실질화→① 실질적 법치주의 ② 포괄적 위임입법금지 ③ 행정의 합법성 심사 (개괄주의채택)
	6. 성문헌법주의→ 경성헌법 (예외:영국-불문헌법)	헌법의 경성은 성문헌법의 본질적 요소에 속하는 것이 아니나, 오늘날 성문헌법의 대부분은 경성헌법임
	7. 그 외 특징	국제평화주의 복지국가주의 →① 인간다운생활보장 ② 경제에관한규제조정 →20C경제헌법 (사회적 시장경제)

규범적 헌법(規範的 憲法)
영. normative constitution

뢰벤스타인의 분류로 영국·미국·독일·스위스 등과 같이 국가의 체제에 알맞게 헌법을 제정하여 헌법규정과 권력행사의 현실이 일치하는 헌법을 말한다. 이에 상대되는 헌법이 명목적 헌법이다.

뢰벤슈타인의 헌법 분류

독창적 헌법과 모방적 헌법	대부분의 헌법은 모방적 헌법이지만 1787년 미연방헌법의 대통령제, 1793년 프랑스 헌법의 국민공회정부제, 1918년 레닌헌법의 평의회제, 1931년 중국국민당 헌법의 오권분립제, 1972년 한국의 유신헌법 등은 독창적 헌법으로 볼 수 있다.
규범적 헌법·명목적 헌법·장식적 헌법	헌법 규범과 헌법 현실이 일치하는 헌법을 규범적 헌법(예:서구의 헌법), 헌법은 이상적으로 만들어 졌으나 사회여건이 헌법의 이상을 따를 수 없는 헌법을 명목적 헌법(예:아시아·아프리카의 헌법), 헌법이 대외적으로 과시용으로 제정되었기 때문에 헌법현실에 적응할 수 없는 헌법을 장식적 헌법(예:독재국가의 헌법)이라고 한다.
이념적 헌법과 실용적 헌법	Weimar헌법, 멕시포헌법, 포르투갈헌법 등을 이념적 헌법으로 볼 수 있고, 비스마르크 헌법은 통일을 위한 실용적 헌법으로 볼 수 있다.

명목적 헌법(名目的 憲法)

규범적 헌법에 상대되는 개념으로, 실제의 권력과정과 헌법규정이 서로 부합되지 않는 헌법을 말한다. 명목적 헌법은 아직까지 현실을 규율하지 못하고 교육적인 효과만을 가진 것을 말한다.

즉 헌법은 이상적으로 만들었으나, 사회여건이 헌법의 이상을 따를 수 없는 것으로서, 멕시코 헌법 등 남미의 헌법들, 그리고 아시아의 여러 헌법들이 이에 속한다.

성문헌법(成文憲法)
영 ; written constitution
독 ; geschriebene Verfassung

헌법이라는 형식을 갖추고 성문화되어 있는 헌법으로서 형식적 의미의 헌법과 같다. 불문헌법에 상대되는 개념이다. 헌법이 성문화하기 시작한 것은 18세기 말의 일로 오늘날은 영국, 이스라엘 등을 예외로 하고 모든 국가들이 성문헌법을 가지고 있다. 단일 법전을 형성하여 보통 법률보다 강한 형식적 효력이 인정되며 그 개정에 관하여 특별한 절차를 규정하는 것이 보통이다. 成文憲法은 비교적 권리선언적인 내용을 많이 포함한다.

불문헌법(不文憲法)
영 ; unwritten constitution
독 ; ungeschriebene Verfassung

成文化된 형식적 의미의 헌법을 가지고 있지 않은 국가의 헌법을 말한다. 慣習憲法(관습헌법)이라고도 한다. 그러나 대부분의 나라는 18세기말부터 헌법을 성문화하였고, 오늘날은 영국, 이스라엘 등 유일하게 不文憲法을 취하고 있다. 불문헌법은 또한 軟性憲法(연성헌법)인 것이 특징이지만 이것은 민주주의적 요소와는 무관하다.

관습헌법(慣習憲法)

관습헌법이란 반복하여 행해진 기본적 헌법사항에 해당하는 관행이 헌법으로서의 규범력에 대한 사회구성원들의 법적 확신을 통하여, 국가 내의 최고법으로서의 규범성을 획득하여, 헌법과 동일한 효력을 가지게 된 것을 의미한다. 우리나라의 경우 현행 헌법이 성문헌법주의를 채택하고 있음에도 관습헌법이 인정될 수 있는지 여부에 관하여 관습의 불분명함을 이유로 관습헌법을 부인하는 견해도 있으나, 성문헌법 속에 헌법사항을 구체적으로 모두 규정하는 것은 불가능하고, 성문헌법에서 헌법적 가치를 갖는 사항을 흠결할 수도 있으므로 관습헌법의 필요성과 그 규범력을 인정하는 것이 타당하다고 본다. 헌법재판소도 관습헌법의 필요성을 인정하고 있다.

우리나라는 성문헌법을 가진 나라로서 기본적으로 우리 헌법전(憲法典)이 헌법의 법원(法源)이 된다. 그러나 성문헌법이라고 하여도 그 속에 모든 헌법사항을 빠짐없이 완전히 규율하는 것은 불가능하고 또한 헌법은 국가의 기본법으로서 간결성과 함축성을 추구하기 때문에 형식적 헌법전에는 기재되지 아니한 사항이라도 이를 불문헌법(不文憲法) 내지 관습헌법으로 인정할 소지가 있다. 특히 헌법제정 당시 자명(自明)하거나 전제(前提)된 사항 및 보편적 헌법원리와 같은 것은 반드시 명문의 규정을 두지 아니하는 경우도 있다. 그렇다고 해서 헌법사항에 관하여 형성되는 관행 내지 관례가 전부 관습헌법이 되는 것은 아니고 강제력이 있는 헌법규범으로서 인정되려면 엄격한 요건들이 충족되어야만 하며, 이러한 요건이 충족된 관습만이 관습헌법으로서 성문의 헌법과 동일한 법적 효력을 가진다(헌재 2004.10.21, 2004헌마554).

경성헌법(硬性憲法)
영 ; rigid constitution
독 ; starre Verfassung

硬性憲法이란 그 개정의 방법이 일반법률의 개정방법보다 신중한 조건을 충족하도록 규정되어 있는 헌법이다. 일반적으로 성문헌법은 개정에 관한 절차를 헌법 속에 규정하고 있는 것이 원칙인데 그 절차가 일반법률의 개정 절차보다 까다롭다. 이것은 국가의 기본법인 헌법의 개정을 될 수 있는 대로 방지하려는 데 목적이 있다. 연성헌법에 대응하는 개념이다. 근대 여러 나라의 성문헌법은 대부분 이에 속하며, 우리 나라 헌법도 경성헌법에 포함된다(§ 128 이하 참조).

연성헌법(軟性憲法)
영 ; flexible constitution
독 ; biegsame Verfassung

연성헌법이란 그 개정의 절차에 특별한 개정절차를 필요로 하지 아니하고 일반법률의 개정방식으로 개정할 수 있는 헌법을 말한다. 경성헌법에 대응하는 개념이다. 1848년의 사르디니아 왕국헌법·1876년의 스페인헌법이 그 예이다. 또 영국의 경우 성문헌법이 없고 헌법사항이 일반법률의 형식으로 제정되어 이것의 개정에는 일반법률의 개정방식에 의하는데 이것이 전형적인 연성헌법의 예이다.

민정헌법(民定憲法)

民定憲法이란 국민주권사상에 입각하여 국민전체의 의사에 의해서 국민이 단독으로 제정한 헌법이다. 국민이 직접 제정하거나 그 대표기관이 제정한다. 보통 국민으로부터 선거된 의회에서 제정되는 헌법을 의미한다. 민정헌법은 民約憲法(민약헌법) 또는 共和制憲法(공화제헌법)이라고도 한다.

최고법규성(最高法規性)

헌법은 모든 국법의 근원이며 이에 반하는 법령은 효력이 없다고 하는 헌법이 지니는 성격을 말한다. 이 성격은 헌법개정에 대하여 법률제정보다도 엄격한 절차가 필요하며(헌§ 130②), 違憲法律審查權(위헌법률심사권)(§ 107①)에 있어서 법원의 제청에 의하여 헌법재판소가 결정한 바에 따라 재판하도록 하고 있는 것으로 보아도 알 수 있다. 이러한 헌법은 그 형식적 효력에서의 최고성 이외에 기본적 인권(§ 10)과 대통령의 헌법수호책무(§ 66②)를 규정하고 있다. 이것은 헌법이 형식적으로 최고법규라고 하는 것의 실질적 이유와 최고법규라고 하는 것에서 생기는 일종의 효과를 정하고 있는 것이라고 해석할 수 있다. 실질적 이유라 함은, 「인류의 오랜 세월에 걸친 자유획득의 노력의 효과」인 기본적 인권을 「이 헌법이 대한민국국민에게 보장」한다고 하는 것을 말한다. 이와 같은 보장규정을 中核(중핵)으로 하는 까닭에 헌법은 최고법규로서의 가치를 가지는 것이다. 또한 기본적 인권을 위협할 우려가 있는 국가권력의 담당자인 대통령에게 헌법수호책무를 부과하는 것도 헌법의 최고법규성에 생기는 필연적인 효과라고 보아야 할 것이다. 이와 같이 헌법의 최고법

규성을 고찰함에 있어서는 형식적인 최고법규성뿐 아니라 실질적 측면이 있다는 것을 유의해야 한다.

헌법쟁의(憲法爭議)
독 ; Verfassungsstreitigkeit

헌법의 해석에 관한 쟁의를 의미한다. 헌법재판이 인정되어 있는 국가에서는 법원의 法律審查權에 의하여 해결되는 경우 외에는 정부 또는 의회 그 밖의 관계기관 상호간의 실제적 타협에 의하여 해결할 수밖에 없다

프로이센헌법(프로이센憲法)

1848년에 제정되고, 1850년 개정된 프로이센의 헌법을 말한다. 이 프로이센헌법의 본질적인 특색은 北獨逸聯邦憲法(북독일연방헌법)(1867년)이나 南獨逸諸國을 합한 獨逸帝國憲法(독일제국헌법), 즉 비스마르크憲法(1871년)에도 계승되어 제1차대전 후의 바이마르憲法(1919년 8월 11일)이 제정될 때까지 그 근간을 유지해 왔다는 데서 주목할 만한 가치가 있다. 이 프로이센헌법 제정사업은 프로이센왕 프리드리히 빌헬름3세에 의하여 착수되었는데, 1848년 프로이센의 欽定憲法(欽定憲法) 발포는 빌헬름 4세에 의하여 이루어졌다. 이미 1789년에 일어난 프랑스혁명은 이웃나라 오스트리아와 독일에도 전파되어 3월 혁명을 각지에서 일으키게 하였는데, 보수적인 군주절대주의를 고수해 왔던 프로이센국왕도 이러한 민중의 혁명적 요구에 물러서지 않을 수 없었던 것이다. 또한 프로이센의 독일연방국가를 구

성하는 연방국들 중에서 지도적 지위를 확립하기 위하여서도 헌법제정이 불가피하였다. 1850년의 改正憲法은 1848년의 制定憲法과 마찬가지로 1831년 벨기에헌법을 모방한 것이었지만, 독일·프로이센적인 反動的君主主權主義가 강하게 작용하고 있어서 국민주권과 의회권한이 강조된 벨기에 헌법과는 상당한 거리가 있다. 예를 들어보면, 이 법권은 국왕과 兩院이 공동으로 행사하고, 행정권은 국왕에 속하며, 사법권은 법원이 군주의 이름으로 행사하는 등 3권분립의 규정이 있으며, 국민의 권리도 어느 정도 보장되어 있지만, 특히 권리보장의 측면에서는 이른바 「법률의 유보」 사항이 벨기에헌법에서는 예시적으로 규정된 데 반하여 프로이센헌법에서는 제한적 例擧(예거)로 해석되고 있다. 거기에다 국왕의 독립명령권이 광범하게 인정된다고 해석되는 등이 중요한 차이점이다. 이점에 관해 주목할만한 사건은 1862년부터 1866년에 걸친 유명한 헌법분쟁을 들 수 있다. 그것은 비스마르크 재상의 강력한 주장에 의하여 군비확장에 반대한 연방회의 의결을 거치지 않고 예산을 집행한 사건에서 그 절정에 달하였는데, 사실문제로서는 1866년 7월 오스트리아에게 승리함으로써, 비스마르크의 사실승인의 제안에 의하여 종결되게 되었다.

영국헌법(英國憲法)

영국은 오늘날 議院內閣制(의원내각제)를 내용으로 하는 근대의회제민주국가의 표본이 되고 있다. 여기서 근대적 헌법원리가 세계최초로 성립하였다. 그럼에도 불구하고 영국에는 헌법이 없다는 말을 하고 있다. 이는 영국에 성문헌법전이 없다는 뜻으로서 오늘날 文明諸國 가운데서 성문헌법을 가지고 있지 않은 유일한 나라가 바로 영국이다. 그러므로 보통 영국헌법이라고 말할 때에는 실질적으로 헌법적인 내용을 규정한 통상법률, 관습과 병행하는 헌법적 관습율(conventions of the constiution)에 의하여 성립한 것들을 총칭함에 불과하다. 이런 의미의 헌법을 실질적 의미의 헌법이라고 한다. 이중에는 약간의 성문법이 있는데 大憲章(Magna Carta, 1215), 權利請願(petition of Right, 1628), 權利章典(Bill of Rights, 1689) 등이다. 이는 영국헌법의 성전으로 불려지는데 성문헌법국가에 있어서의 인권보장의 고전적 규정들이 이 가운데서 발견되고 있다. 그리고 왕위계승법(Act of Settlement, 1701)과 의회법(Parliament Act, 1891)도 중요하다. 전자는 군주제국가의 구성에 있어서 불가결한 왕위승계 외에 사법권 독립에 관해서도 규정하고 있으며, 후자는 영국헌정역사상 가장 중요한 역할을 하는 의회에 관한 법률이다. 영국헌법의 기본원리로서의 특징은 소위 의회주권(sovereignty of parliament)이 있는데 그것은 국왕과 상원(귀족원 : house of Lords) 및 하원(서민원 : House of Commons)을 합한 Parliament가 영국의 국민의 대표로서 주권을 행사한다는 것이다.

그러나 20세기에 와서 영국헌정상에는 새로운 경향 내지 특색이 나타나게 되었다. 그 하나는 하원의 우월성이다. 상원은 재정법안에 대해서 거부권이 없으며 공법률안에 있어서도 계속 2회기에 걸쳐 하원에서 재의결이 되면 상원의 의사를 무시하고 법률로 확정된다. 또 하나는 군주제의 민주화이다. 「국왕이란 이름이 지상에서 영원히 소멸되는 한이 있어도 최후까지 남는 왕은 5인이 있다. 그것은 트럼프에 있는 네 개의 왕과 영국의 왕이다」고 할 정도로 군주는 영국의 상징이었으나, 오늘날의 영국은 「왕관을 쓴 공화제(crowned repu-blic)」라고 부를 정도로 각지방에서 민주화가 철저히 이루어졌다. 즉 제한군주제라고 하여도 그것은 민주주의가 보다 발전된 의회주의적 군주제의 전형을 나타내고 있다. 그리고 세번째는 1931년의 웨스트민스터헌장(Statute of Westminster)에 의하여 영본국과 자치령과의 각종 규정이 설정되고 영연방의 헌법적 구성에 관한 규제가 이루어진 것인데, 제2차대전후 인도의 독립을 비롯한 여러 식민지의 독립에 따라 그 구성내용의 규제가 완화되기도 하고 또는 정치적으로 離脫(난탈)하는 등 많은 변동이 나타나게 된 것이다.

미국헌법(美國憲法)

미국헌법은 역사적으로 볼 때 영국식민지의 지배하에 독립혁명으로써 쟁취된 산물이다. 오늘날의 미합중국은 1787년 영영식민지 13주로 이루어진 연방으로부터 출발한 것이다. 이에 앞서 독립선언을 발포한 1776년부터 1780년에 걸쳐서 버지니아주를 위시한 여러 주에서는 천부적 기본권 및 사회계약론을 사상적 기반으로 한 주헌법이 제정되었다. 미연방헌법은 이들 여러 주가 통합된 안정정치를 수립하고자 하는 취지에서 제정된 것이다. 그런 의미에서 보면 1777년의 연합규약(Articles of Confede-ration)은 이에 이르는 과도적 橋梁(교량)이 되는 것이다. 1787년에 제정된 미연방헌법은 초대대통령에 조지 워싱턴을 선출하고 이후 연방헌법의 정비 내지 수정에 노력하였다. 최초의 수정헌법 10개조는 1892년에 증보된 것으로서 그 내용이 바로 권리선언이다. 그 뒤 수정조문으로서 특히 중요한 것은 남북전쟁 후에 增補(증보)된 노예제도의 폐지를 중심으로 한 수정 13조 내지 15조이다. 이에 의해서 흑인의 인권을 포함한 지금 헌법의 기본적 체계가 대개 확립되게 되었다. 미국헌법의 특색으로서는 50여개주로 형성되는 연방제와 권력분립주의 그리고 위헌심사제에 있어서의 사법권우위 등을 들 수 있다. 그 가운데 연방제에 관해서는 전술한 바와 같이 건국 당초의 사정에도 밝혀진 것처럼 합중국과 각주의 권한분배가 헌법에 의해서 명시되고 있다. 그 때문에 연방법과 주법이라는 2원성이 미국법체계의 특색이 되고 있다. 이에 따라서 사법제도 역시 연방법원과 주법원으로 양분되어 있다. 또 미국의 權力分立(권력분립)제도는 대통령과 연방의회 및 연방법원의 3기관으로 엄격한 분립체제를 취하고 있는데 대통령은 4년의 임기를 가지고 국민으로부터 선출되며, 국회와는 전혀 무관하게 독자적으로 활동한다.

행정부와 입법부 사이는 영국의 의원내각제처럼 밀접한 협동관계가 없으며, 엄격한 권한과 기능의 분립이 이루어져 있다. 또한 의회를 구성하는 상원과 하원 중 하원은 인구에 비례하여 각주에서 선출된 의원으로 이루어지며, 상원은 각 주에서 주대표로 2명씩 선출된 임기 6년의 의원으로 구성되는데, 이것이 연방제의 제1특색임은 말할 것도 없다. 미국헌법의 또다른 특색인 사법권우위는 성문헌법의 명문에서 오는 것은 아니고 1803년 마아베리 대 매디슨사건(Marbury vs. Madison)에 관한 연방최고법원 마샬사건의 판결로써 확립된 판례법상의 원칙이다. 즉 법률이 헌법규정에 비추어 위헌이냐 합헌이냐 하는 심사권한은 법의 해석을 임무로 하는 법원이 전담할 성질의 것이라는 것이다. 다만 이 때의 違憲審査制度(위헌심사제도)는 구체적 사건의 심사과정에서 내리는 판단이므로 독일에 있어서 추상적 위헌심사를 내용으로 하는 헌법재판소의 기능은 가지지 않는다는 점에서 차이가 있다. 미국의 경우를 具體的 規範統制, 독일의 경우를 抽象的 規範統制라고 한다. 우리 헌법 제111조 1항은 구체적 규범통제형식으로 독립된 헌법재판소에 위헌법률심사권을 규정하고 있다.

사회주의국가의 헌법
(社會主義國家의 憲法)

사회주의국가에서 제정되어 시행되고 있는 헌법을 말한다. 전통적인 헌법학에서는 헌법의 형식면을 기준으로 헌법을 분류하는 방식을 취하고 있지만, 관점을 바꾸어서 국가의 사회경제체제의 측면에서 분류한다면, 資本主義國家憲法과 社會主義國家憲法으로 나누어 볼 수 있다. 그러나 일률적으로 사회주의국가헌법이라고 해도 오늘날에 있어서는 인민

민주주의국가라고 불리는 것이 있는데, 그것은 그 성립과정이나 제도적 배경에 따라서 특이한 성격을 가진다는 데 유의할 필요가 있다. 여하간 광의의 사회주의국가헌법이라고 부를 수 있는 것은 자본주의에서 사회주의로 이행하는 과도기적 단계에서의 사회·경제의 체제를 반영하는 헌법이다. 이와 같은 헌법은 1917년 사회주의혁명으로 인한 사회주의 국가의 탄생과 궤도를 같이하는 것이었다. 일반적으로 사회주의 국가헌법에 공통적인 특색은 그 기본원칙으로 사회주의 이념을 천명하고 있다는 것이다. 또한 쁘띠부르주아나 지주들의 참정권을 어느 정도 인정하고 있지만, 사회·정치·경제의 諸分野에 걸친 실질적 지도권은 노동자계급 또는 그 전위당이 장악하고 있다는 점이다. 그러므로 특히 자본주의국가의 헌법에서는 민주주의의 본질적 요소인 자유평등을 근간으로 하는데 반하여, 사회주의국가헌법에서는 근로대중을 최상으로 옹호한다는 美名(미명)아래 보다 격심한 계급독재를 합법화하는 명목상의 것으로 위장하고 있다는 점에서 대조적이라고 할 수 있다. 사회주의국가헌법의 창설은 레닌이 이끌었던 1917년의 러시아 10월 혁명에서 비롯된 역사적 사실이었으며, 제2차 세계대전이 종결되기까지 소련의 사회주의헌법이 세계 여러 나라 헌법 중에서도 확실히 독특한 존재였음은 부인할 수가 없다.

그러나 전후 20년동안 사회주의가 보급됨에 따라서 사회주의헌법을 채택하는 나라들이 생겨나게 되었는데, 유럽에 있어서의 소련 위성국가들과 아시아아

랍제국이 그 예이다. 다시 지역적으로 소상히 살펴보면 불가리아·헝가리·알바니아·폴란드·루마니아·유고슬라비아 등 동구인 민주주의라고 칭하는 諸國의 헌법들인데, 그 특색은 사법 소유권제도를 인정하고 정치참여를 허용하는 비교적 온건한 태도를 취하는 점이다. 이 점이 1918년 러시아혁명헌법과 차이가 있다. 다음에 중국·몽고·베트남 등의 헌법을 들 수 있는데, 이것들은 각각 그 나라의 특수사정에 따라서 전자보다 많이 변질되어 정통적인 민주주의를 지향하고 있는 이른바 자본주의국가 헌법과는 달리 고유한 입법주의를 포기한 명목뿐인 헌법적 요소가 많은 실정이다.

절대적 의미의 헌법
(絶對的 意味의 憲法)
독 ; Verfassung in absoluten Sinne

같은 헌법전에 규정되어 있는 조항들이라 하더라도 그것들이 평균적으로 동위에 있는 것이 아니라 입체적·단계적 구조를 가지고 있는바, 그 중에서도 그 성질상 상위의 차원의 조항을 절대적 의미에 헌법 또는「헌법의 헌법」이라고도 한다. 이것은 칼·슈미트(C·Schmitt)가 주장한 것이며, 이러한 조항의 변경은 곧 헌법의 파괴를 의미하는 것이다. 따라서 절대적 의미의 헌법은 헌법개정의 한계를 규정짓는 기준이 되며 이에 대응하는 것이 상대적 의미의 헌법이다.

이념적 헌법(理念的 憲法)
영 ; ideological constitution
독 ; ideologische Verfassung

헌법상 이념을 표명하고 있는 헌법을 말한다(예컨대 자유주의적 헌법 또는 사회주의적 헌법). 실용적 헌법에 대하는 개념이다. 사회질서의 개혁을 강력히 지향하는 헌법은 이념을 명백히 표명함으로써 이념적 헌법의 형태를 채택한다. 1917년의 바이마르헌법, 1936년의 구소련헌법 등이 이에 속한다. 헌법의 이념이 달성된 후에 주로 국가권력구조면에 관한 규정을 중심으로 하는 헌법을 실용적 헌법이라고 하는데, 이는 이념적으로 중립이거나 순수하게 실용적인 헌법일 것을 목표로 한다(예컨대 1871년 비스마르크헌법, 1875년 프랑스 제3공화국헌법 등).

헌법제정권력(憲法制定權力)
독 ; Verfassungsgebende Gewalt
불 ; pouvoir constituant

헌법제정권력이란 헌법 자체를 만들고 헌법상의 국가기관에 권한을 부여하는 근원적인 권한 내지 권력을 말한다. 주권이라고 규정하기도 하며, 헌법에 기초하여 헌법이 부여한 권한만을 행사하는 입법권·행정권·사법권과 구별하여야 한다. 주권이 국민에게 있음은 헌법제정권이 국민에게 있음을 의미하며, 군주주권은 헌법제정권이 군주에 있음을 의미한다. 우리 현행헌법은 주권주민의 원칙을 제1조 2항에서 규정하여 헌법제정권이 국민에게 있음을 선언하였을 뿐만 아니라, 제130조 2항에서 헌법의 개정도 국민투표에 의하여 최종적으로 확정됨을 규정하고 있다. 헌법제정권력은 프랑스혁명 당시 국민주권의 기초를 세우기 위하여「시에예스」에 의하여 주장되었고, 최근에는 「슈미트」에 의하여 전개되었다. 이 권력의 소재가 군주냐 국민이냐의 구별에 의하여 국가형태(Staatsform)를 분류하는 것은 곧 헌법의 파괴가 되므로 헌법상의 개정 절차로는 변경할 수 없다. 또한 헌법제정권력은 헌법개정권력과도 엄밀히 구별되어야 하는 것이다.

대표적인 법 사상가

라살레(ferdinand Lassalle 1825~1864)

독일의 사회주의자, 노동운동의 지도자. 1848년의 2월혁명을 지도했으며 1863년에는 전 도이치 노동자협회를 창립하였다. 처음에는 마르크스와 가까운 사이였으나 뒤에 국가주의로 전향하여 사이가 벌어졌다. 저서 : (勞動者綱領)(旣得權의 體系)

칼슈미트(Carl Schmitt 1888~1985)

독일의 법학자·정치학자. 베를린대학 교수. 전체주의적 국가·정치관을 주장하여 나치스에 중요한 이론적 기초를 부여했다. 또 聯邦知事法, 地方自治體組織法의 제정에 盡力(진력)했다.

게오르그옐리네크(Jellinek Georg 1851~1911)

독일의 공법학자. 19세기의 독일국가학을 집대성하고 현대공법학의 기초를 마련하였다. 존재와 당위를 구별하는 신칸트주의의 방법이원론에 입각하여 국가학을 국가의 사회학과 국법학으로 나누고 체계를 전개하였다. 사회학적인 국가개념과 법학적인 국가개념을 구별하는 國家兩面說 및 법의 효력의 근거를 사회심리학적으로 설명하는 사실의 규범 그리고 법과 국가의 관계에 기초를 마련하는 국가의 자유구소설 등은 특히 유명하다. 저서 : Allgemeine staatslehre(일반국가학, 1900.) System der subjektiven öffentlichen Rechte (공권론).

한스켈젠(Kelsen Hans 1881~1957)

오스트리아의 법학자. 빈대학에서 교직을 맡고 있었는데 나치스의 박해를 피하여 국외로 탈출. 미국의 켈리포니아 대학교수. 신칸트주의의 방법이원론이나 훗썰의 논리주의 흐름을 흡수하고 순수법학을 수립하여 법질서의 규범론리적인 구조를 명확히 하고 법단계설을 제창하였다. 민주주의론·국제법이론·이데오르기비판 등에서도 예리한 분석능력을 발휘하고 세계의 학계에 상당한 영향을 끼쳤다.

저서 : Allgemeine Staatslehre(일반국가학, 1925. Reine Rechtslehre(순수법학), Vom Wesen und Wert der Demokratie(데모그라시의 본질과 가치).

사비니(Savigny Friedrich Karl von 1779~1861)

독일의 법학자. 법전논쟁을 계기로 역사법학을 창설한 것으로써 유명하다. 합리적인 근대자연법론에 입각한 법전편찬 움직임에 항거하고 민족정신의 소산인 법의 역사성을 강조하고 로마법의 역사적·체계적인 연구를 통하여 현대독일법학의 기초를 확립했다.

저서 : VomBeruf unseror zeit Für Gesetzgebungund Rechtswissenschaft(입법 및 법학에 대한 현대의 임무) System des heutigen römischen Rechts(현대로마법체계)

마키아벨리(Niccolo B. Machiavelli 1469~1627)

이태리의 정치학자. 1513년 정계를 물러나고 사색과 저술생활로 들어갔다. 마키아벨리즘으로 이름이 알려져 있는데, 본래는 열렬한 공화주의자였다. 즉 15세기 말엽의 이태리의 소국분립권력투쟁등과 외적들의 침입은 그로 하여금 결국 反공화주의자가 되게 하였던 것이다. 그는 르네상스의 정치사상을 대변하였고, 또는 정치학을 신학적 형이상학에서 해방하였다. 저서 : (로마사론) (군주론 : 1513)

보딩(Bodin Jean 1530~1596)

프랑스의 법학자이며 정치학자. 불란서의 절대왕제의 확립에는 국내의 봉건제후의 세력을 압제하고 국외의 로마교회 및 신성로마제국의 지배를 거절할 것이 필요하였지만 보딩은 대내적으로는 유일한 존재이고 대외적으로는 독립의 권력인 주권의 개념을 형성하고 절대주의의 이론적인 기초를 마련하였다. 저서 : Los six liver s de la république(국가론 육편 : 1576)

알투지우스(Althusius Jahannes 1557~1638)

독일의 법학자. 사회계약론의 선구자로서 유명하다. 국민주권과 저항권 등도 주장하였고 킬케에 의해서 높이 평가되었다. 저서 : Politica methodice digesta atque exemplis sacris et protanis illu strata(조직정치학 : 1603)

홉스(Hobbes Thomas 1588~1679)

영국의 경험론의 철학자이며 근대자연론의 대표자 가운데 한 사람이다. 인간은 자연상태에서 무제한의 자유인 자연권을 향유하지만 거기서 출현하는 투쟁상태로부터의 脫却(탈각)을 지시하는 이성의 명령(자연법)에 따라서 사회계약을 체결함과 동시에 자연권을 포기하여 주권을 설정하고 거기에 전능의 국가가 탄생한다고 주장한다. 법의 권위를 중시하는 홉스는 저항권을 적극적으로 인정하려 하지 않고 그의 이론은 절대주의의 이데올로기로서의 기능을 이룩하고 있었는데 국가나 법에 관한 그의 합리적인 설명은 극히 근대적인 성격을 표시하는 것으로써 높이 평가된다. 저서 : leviathan(리바이아던 : 1651) de cive(시민론)

루소(Rousseau Jean Jacques 1712~1778)

제네바태생의 프랑스의 사상가. 각 방면에서 다채로운 사상을 전개했지만 法思想史上은 사회계약론의 주창자로서 이름높다. 특히 자유와 구속이라는 모순을 사실의 문제로서가 아니라 권리의 문제로써 捕提(포제)하고 자율적인 사회계약의 관념을 그 해답으로써 정한다는 것은 近代自然法論의 중심적인 관념을 방법론적으로 순화한 점에서 중요하다. 이리하여 그는 국민주의에 입각한 새로운 정당성의 원리를 확립하고 근대사회의 형성에 커다란 영향을 미쳤지만 그의 일반의지의 이론은 해석여하에 따라서 민주주의에도 전체주의에도 결부되는 것으로써 문제가 되고 있었다. 칸트가 루소의 사상에 감동하였다는 것은 유명하다 저서 : Discours sur l'origine et les fondements de i'i négalité parmi des hommes(인간불평등 기원론) Du contrat social(사회계약론 Emile(에밀)

그로티우스(Grotius Hugo 1583~1645)

네델란드의 법사상가, 젊었을 때부터 명성을 떨치고 실무와 연구분야에서 다채로운 활약을 하였다. 생리적·사회적인 인간본성에 입각한 자연법론을 제창하고 국제법의 기초를 확립하였다. 자연법의 아버지, 국제법의 아버지로서 높이 평가되고 있다. 저서 : De Jure belli ac pacis(전쟁과 평화의 법 : 1625) mare liber um(자연해법)

로크(Locke John 1632~1704)

영국경험론의 대표적인 철학자이다. 그는 근대자연법론자로서도 法思想史上 중요한 지위를 차지하고 있다. 인간은 자연상태에서 향유하고 있던 자연법상의 권리를 확보하기 위하여 사회계약을 체결하지만 거기서 성립하는 권력은 사회형성의 목적에 의해서 제약된 신탁적 권력이며 시민에게는 권력의 남용에 대한 저항권이 유보되고 있다고 주장한다. 재산권을 자연법상의 권리라고 하는 로크의 사상은 명예혁명에 의해서 성립한 영국의 시민사회를 정당화하는 것이었지만 또한 그의 저항권이나 입법권우위의 이론은 제국의 민주주의의 발전을 지도해왔던 것이다. 저서 : Two Treatises of civil Government(시민정부론 : 1690 Essay Concerning Human Unders-tanding(인간오성론)

몽테스키외(Montesquieu Charles Louis de Secondat 1689~1755)

프랑스의 사상가. 자연법론이 지배적이던 계몽기에 있어서의 약간 특이한

존재였으니, 인간의 본성론적 고찰이나 사회의 계약론적 설명외에도 구체적 존재로서의 인간과 역사적 실재로서의 사회의 경험과학적 인식을 중시하여, 오늘날 法史學법사회학비교법학의 선구가 되고 있다. 정치적 자유의 확보를 목적으로 한 그의 삼권분립론은 유명하며 근대입헌주의헌법의 기본원리의 하나로 빛나고 있다. 저서 : De I'esprit des lois(법의 정신 : 1748) lettres persanes(페르시아인의 편지)

디이시(Dicey Albert Benn 1835~1922)

영국의 헌법학자. 자유주의적이며 개인주의적인 헌법학을 수립하고 의회주권과 법의 지배와 헌법관행의 존중이 영국헌법의 특질이라고 하였다. 현대에서는 그의 19세기적인 한계가 문제되는 경우도 있겠지만 그의 헌법학은 영국헌법학의 전통이라고 할 만큼 권위를 갖추었다. 법과 세론의 사회학적인 연구나 국제사법에 관한 우수한 論稿(논고)도 있다. 저서 : inttrodu-ction to the study of the La w of the Constitution(헌법론서설 : 188 5) lectures on the Relation between La w and public Opinion in England durling the Nineteenth Century(법과 세론). A Digest of the Law of England with Reterence to the Conflict of Laws(법의 저촉에 관한 영국법적요)

라스키(Harold Joseph Laski 1893~1950)

영국의 정치학자·문명비평가. 런던대학 정치학교수. 노동당의 최고간부의 1인. 그는 개인의 자유를 정치의 궁극의 목적으로 하고 이 자유가 자본주의 사회

에 있어서의 억압될 염려가 있다고 생각하고 사회주의적인 입장에서 연구하였으며 반파시즘·반국가주의 및 세계평화의 달성을 위하여 노력하였다. 저서 : (근대국가에 있어서의 권위) (위기에 있는 민주정치)

홈즈(Holmes Oliver Wendell 1841~1935)
미국의 법률가. 연방대법원의 판사로서 활약하고 때때로 진보적인 소수의견을 내세워 「위대한 반대론자」라고 불렸었다. 미국에 있어서의 기본적 인권과 사회정책의 발전을 이룩하게 한 역할은 크다. 실증주의적인 법예언설을 제창한 것으로도 유명하고 리얼리즘법학에 영향을 주었다. 저서 : The Common Law(보통법 ; 188 1)

르웰린(Llewellyn Karl Nickerson 1892~1962)
미국의 법학자. 현대의 미국법학을 대표하는 리얼리즘법학의 제창자로서 유명하다. 미국통일상사법전의 기초를 위하여 크게 공헌하였다. 저서 : Jurisprudence(법리학 : 1962)

레옹뒤기(Duguit Léon 1859~1928)
불란서의 공법학자이며 법철학자. 사회적 연대라는 사회학적 근원적인 사실에 착안하여 전통적인 공법이론을 비판하고 독창적인 이론을 전개하였다. 주권 및 권리 등의 개념은 실증주의의 이름으로 부정되고 통치자는 전국가적으로 존재하는 법규범에 입각하여 공역무를 조작·통제하는 의무만을 부담한다고 하였다. 저서 : Les transformation du droit public (공법변천론) Traité de droit constitutionnel

(헌법개론 : 1921~25)

모리스오류(Hauriou Maurice 1856~1929)
불란서의 철학자이며 공법학자. 듀기와 함께 프랑스의 공법학계를 지배하고 프랑스행정법학의 체계화를 위하여 크게 공헌하였지만 법 또는 제도를 집단의 기초에 근거를 둔 이념의 발로로써 포제하는 제도이론의 창시자로서도 유명하다. 저서 : principes de droit public(공법원리)

파울라반트(Laband Paul 1838~1918)
독일의 공법학자. 법학적인 방법을 채용하고 독일공법학·국가학의 단서를 마련한 켈버의 사상을 승계하고 정치적·도덕적 판단을 배제한 純法律的인 개념구성에 의하여 국법학의 체계를 확립하였다. 그의 학설은 비스마르크체제하의 독일을 지배하였다.
저서 : Das Staatsrecht des deutsc-en Reiches(독일제국헌법 : 1876)

한스니퍼다이(Nipperdey Hans Carl 1895~1968)
독일의 민법학자이며 노동법학자이다. 현대 독일의 지도적인 법학자이며 민법교과서의 표준인 엔네크첼스의 lehrbuch des bürgenlichen Rechts(민법교과서)의 개정자로서 유명하다. 휴크와의 공저인 lehrbach des Arbeitsrechts(노동법교과서 : 1959)도 높이 평가되고 있다.

시에예스(Emmanuel Sieyes 1748~1836)
불란서의 정치가. 승려출신. 불란서혁명 전야에 있어 「제3신분이란 무엇이냐」 라는 논문을 발표하여 일약 유명해졌다. 이후 혁명 정치가의 중심인물로 활약했다.

헌법개정(憲法改正)

영 ; amendment of constitution
독 ; Verfassungsänderung, Verfassungsrevision
불 ; revision de la constitution

헌법의 개정이란 성문헌법에 규정된 개정절차에 의하여 헌법의 일부 조항을 변경하는 것, 즉 수정하거나 삭제하거나 증보하는 것을 말한다. 헌법의 개정은 성문헌법전의 조항을 변경하는 것이므로 일반법률의 개정절차에 따르는 불문헌법의 경우는 문제될 것이 없다. 그리고 이러한 헌법의 개정은 헌법조항의 일부를 변경하는 부분적 개정이 보통이다. 그러나 현재의 憲法典(헌법전)을 전부 고치는 전면개정도 있으며 증보(amendment)의 형식을 취하는 경우(미국)도 있다. 헌법개정의 방법에는 다음과 같은 것을 예로 들 수 있다. (1) 헌법개정을 통상의 의회에서 하되 그 절차를 보통의 입법절차보다는 엄격하게 하는 방법. 대개의 국가들(오스트리아·독일·한국의 건국헌법 등)이 취하고 있는 방법이다. (2) 국민투표를 필수적으로 요구하는 방법. 이것은 國民主權思想(국민주권사상)에 유래하는 것으로 국민이 헌법제정권자라는 것을 전제로 하고 있다. (3) 연방을 구성하는 지방의 동의를 개정요건으로 하는 방법. 이것은 연방헌법(미국·멕시코헌법)에 특유한 것으로 연방의회의 의결 외에 각주의 승인을 필요로 한다. (4) 헌법개정을 위한 特別憲法會議를 필요로 하는 방법. 헌법개정만을 위하여 특별히 소집된 특별의회에 의하여 헌법을 개정하는 방법이다(스위스·벨기에·노르웨이헌법). 우리나라 헌법의 헌법개정절차를 보면, 헌법개정은 국회재적의원 과반수 또는 대통령의 發議(발의)로 제안되며(헌§ 128①), 대통령의 임기연장이나 또는 重任變更(중임변경)을 위한 개정은 헌법개정제안 당시의 대통령에 대하여는 효력이 없다(§ 128②). 제안된 헌법개정안은 대통령이 20일 이상의 기간 이를 공고하도록 되어 있다(§ 129). 국회는 헌법개정안이 공고된 날로부터 60일 이내에 의결하여야 하며, 국회의 의결은 재적의원 3분의 2 이상의 찬성이 있어야 한다(§ 130①). 국회의 의결을 거친 헌법개정안은 국회가 의결한 후 30일 이내에 국민투표에 붙여지고, 국회의원 선거권자 과반수의 투표와 투표자 과반수의 찬성을 얻어야 하고, 위의 찬성을 얻은 때에 헌법개정안은 확정되며, 대통령은 즉시 이를 공포하여야 한다(§ 130③).

헌법개정의 한계
(憲法改正의 限界)

헌법개정의 한계란 헌법개정의 방법으로써 모든 헌법규정을 개정할 수 있는지 여부의 문제이다. 이에 관하여는 견해가 대립하고 있다. 無限界說(限界否定論)은 헌법의 개정절차에 따르기만 하면 어떤 조항이라도 개정할 수 있다고 본다. 이에 반하여 限界說(限界肯定論)은 헌법개정의 한계에 관한 명문규정의 존재여부에 관계없이 헌법개정에는 일정한 한계가 있다고 본다. 따라서 헌법개정절차에 따라 개정하더라도 개정할 수 없는 조항이 있다는 것이다. 근래에는 대체로 후자의 견해가 일반적으로 받아들여지고 있다.

헌법변천

헌법변천이란 특정의 헌법조항이 헌법에 규정된 개정절차에 따라 의식적으로 수정, 변경되는 것이 아니라, 당해 조문은 존속하면서 그 의미와 내용만이 실질적으로 변화하는 경우를 의미한다. 헌법변천은 명시적이지 않은 변화로서, 명시적인 의사의 표시와 헌법에 정한 절차에 따라 헌법을 변경하는 헌법개정과 구별된다. 또한 헌법변천은 기존 규정의 규범력이 없다는 판단을 내림과 동시에 새로운 내용의 규범적 효력을 인정한다는 점에서 헌법규정의 문언상 의미와 한계 내에서 이루어지는 헌법해석과도 구별된다. 이러한 헌법변천은 헌법규범과 헌법현실 사이의 간극을 좁혀서 헌법의 규범적 기능을 높이는 역할을 한다. 이러한 헌법변천을 인정할 수 있을지에 대하여 긍정설과 부정설, 그리고 원칙적으로 인정되지 않지만, 헌법의 기본이념에 충실하거나 흠결보완의 의미를 가지는 경우에는 예외적으로 헌법변천을 인정할 수 있다는 예외적 긍정설(다수설)이 주장되고 있다.

저항권(抵抗權)
영 ; right of resistance
독 ; widerstandsrecht
불 ; droit de résistence a l'oppression

기본적 인권을 침해하는 국가권력에 대하여 저항할 수 있는 국민으로서의 권리를 말한다. 이것은 실정법상으로 승인된 국민의 권리는 아니다. 초기의 권리조항에서 권리조항의 보장을 위한 담보로 삽입된 바가 있었다. 예를 들면 미국의 독립선언, 프랑스의 인권선언, 1793년의 프랑스 헌법 등이 그것이다. 그러나 이러한 저항권은 그 후의 권리조항에서는 점차 사라져 버렸을 파시즘 나찌즘의 비극을 거친 제2차대전 후의 권리조항에서 저항권에 관한 규정이 다시 출현하게 되었다(예 : Hessen헌법§147). 이것은 합법적인 독재로부터 인권을 수호하기 위한 필요에서였다. 우리 헌법상 최종적인 「憲法守護者」는 대통령(§ 66②)과 헌법재판소(§ 111)가 있을 뿐이므로 국민의 저항권은 헌법 밖의 문제로 생각할 수밖에 없다. 한때 9차개헌 때 국민의 저항권을 헌법의 前文에 규정해야 한다는 견해가 있었다.

저항권의 인정여부

학설	긍정설	헌법 제10조와 제37조 제1항에서 저항권을 간접적으로 인정하고 있고, 헌법전문은 저항권의 표현이라고 할 수 있는 3·1운동과 4·19민주이념의 계승에 대하여 규정하고 있음을 논거로 긍정하는 견해이다.
학설	부정설	헌법이 저항권을 인정하는 명문의 규정을 두고 있지 않고, 이러한 개념은 법적 안정성을 파괴할 위험이 있음을 이유로 부정하는 견해이다.
판례	대법원 (부정설)	대법원 1980. 5. 20. 선고 80도306 판결
	헌법재판소 (긍정설)	헌재1997. 9. 25. 97헌가4

현대 입헌 자유민주주의 국가의 헌법이론상 자연법에서 우러나온 자연권은 로서의 소위 저항권이 헌법 기타 실정법에 규정되어 있는 없든 간에 엄존하는 권리로 인정되어야 한다는 논지가 시인된다 하더라도 그 저항권이 실정법에 근거를 두지 못하고 오직 자연법에만 근거하고 있는 한 법관은 이를 재판규범으로 원용할 수 없다고 할 것인바, 헌법 및 법률에 저항권에 관하여 아무런 규정없는 우리나라의 현 단계에서는 저항권이론을 재판의 근거규범으로 채용, 적용할 수 없다(대법원 1980. 5. 20. 선고 80도306 판결).

저항권은 국가권력에 의하여 헌법의 기본원리에 대한 중대한 침해가 행하여지고 그 침해가 헌법의 존재 자체를 부인하는 것으로서 다른 합법적인 구제수단으로는 목적을 달성할 수 없을 때에 국민이 자기의 권리·자유를 지키기 위하여 실력으로 저항하는 권리이므로, 국회법 소정의 협의 없는 개의시간의 변경과 회의일시를 통지하지 아니한 입법과정의 하자는 저항권 행사의 대상이 되지 아니한다(헌법재판소 1997. 9. 25. 97헌가4 全員裁判部).

대한민국헌법(大韓民國憲法)

大韓民國憲法이라 함은 1948년 7월 17일 제정·공포, 공포한 날로부터 시행되어 그 후 제9차의 개정을 거쳐서 오늘에 이르고 있는 성문헌법을 말한다.

조국이 일제에서 해방된지 약 3년만인 1948년 5월 10일에 制憲國會(제헌국회)가 구성되어 大統領制, 單院制를 골자로 하는 건국헌법이 1948년 7월 17일에 제정·공포되었다.

그 후, 건국헌법의 두 차례에 걸친 개정이 있었고(1952년 7월 7일의 「拔萃改憲」과 1954년 11월 29일에 항거하는 학생데모에 의하여 이승만 정부가 무너지고 의원내각제를 중심으로 하는 1960년 헌법이 1960년 6월 15일에 공포된 바 있다. 이 헌법은 「3·15 부정선거」의 주모자를 처벌하기 위한 헌법상의 근거를 만들기 위하여 刑罰不遡及(형벌불소급)의 원칙에 대한 예외규정을 둠을 골자로하여 1960년 11월 29일에 개정되었다(제4차 개정).

「4·19」 이후의 국가적 혼란과 집권당인 민주당의 무능력으로 말미암아 「5·16군사쿠데타」에 의하여 제2공화국은 단명으로 끝나고 제3공화국이 탄생되었다. 1962년 12월 26일에 대통령제와 단원제로의 환원을 골자로 하는 1962년 헌법이 공포되었는데 이것은 그 성질상 전면개헌이었다(제5차 개정). 1962년 헌법은 1969년 10월 21일에 개정되었고(三選改憲), 그 후 1972년 12월 27일에 다시 개정되어 「維新憲法」의 탄생을 보게 되었다(제7차 개정).

1979년 10월 26일에 朴正熙大統領이 급서하자 극도의 정치적 혼란기를 거쳐, 1980년 9월 9일에 정부측의 改憲試案이 확정되고 동년 10월 22일 국민투표에서 압도적인 찬성을 얻어 제8차 개정이 확정되고 1980년 10월 27일부터 시행되었으며, 이것이 1980년헌법이다.

현행헌법의 (9차)개정에 관하여는 숱한 곡절 끝에 여당 민정당과 야당인 신민·국민당에 의하여 1986년 8월 18일에 改憲案이 나오게 되고 1987년 10월 27일에 국민투표에 의하여 확정, 1987년

10월 29일에 공포되었다. 1987년 현행 헌법과 특이한 것은 상해임시정부의 法統과 4·19민주이념의 계승(前文), 편제상 국회를 정부의 章앞에 두었고, 대통령 직선제, 구속의 適否審査(적부심사)를 전면 실시, 헌법위원회의 폐지와 헌법재판소 신설 등이다.

대한민국헌법연혁

	주요내용	비 고
제헌헌법	대통령중심제 대통령 국회간선 4년 중임 국회단원제 4년	내각책임제 개헌안이 李承晩대통령의 반대로 직선제로 바뀜
제1차개정	대통령 직선제 국회양원제(민의원 4년 참의원 6년)	발췌개헌 계엄령 선포 국회의원감금(정치파동)
제2차개정	대통령연임제한철폐	11월 27일부결 발표 후 11월 29일 수정발표(四拾五入 개헌)
제3차개정	의원내각제 대통령국회선출 5년 중임	民主黨 정권출범
제4차개정	반민주행위자처벌 부정축재자처벌	소급입법
제5차개정	대통령중심제 비례대표제 국회단원제 4년	共和黨 정권수립 소급입법(정치활동정화법)
제6차개정	대통령3선허용	제3별관 변칙처리 3선개헌
제7차개정	領導的대통령제 統代간선 6년 維政會의원 대통령지명(지역구의원 6년, 維政會 3년) 긴급조치권	비상계엄
제8차개정	대통령 7년 단임 선거인단간선 비례대표 제4년	5·17濟州를 제외한 비상계엄 12·12사태
제9차개정	대통령직선제 대통령 5년 단임 국정감사권 부활	최초의 여야 합의개헌 15년만에 대통령직선제로 환원

건국헌법

[1948년7월12일제정 1948년7월17일공포]

前 文

悠久(유구)한 역사와 전통에 빛나는 우리들 대한민국은 己未 3·1운동으로 대한민국을 건립하여 세계에 선포한 위대한 독립정신을 승계하여 이제 민주독립국가를 재건함에 있어서 정의 인도와 同胞愛로써 민족의 단결을 鞏固(공고)히 하며 모든 사회적 弊習(폐습)을 타파하고 民主主義諸制度를 수립하여 정치, 경제 사회, 문화의 모든 영역에 있어서 各人의 기회를 균등히 하고 능력을 최고도로 발휘케하며 各人의 책임과 의무를 완수케하여 안으로는 국민생활의 균등한 향상을 期하고 밖으로는 恒久的(항구적)인 국제평화의 유지에 노력하여 우리들과 우리들의 자손의 안전과 자유와 행복을 영원히 확보할 것을 결의하고 우리들의 정당 또 자유로이 선거된 대표로서 구성된 국회에서 檀紀 4281년 7월 12일 이 헌법을 제정한다.

檀紀 4281년 7월 12일
大韓民國國會議長 李承晩

국가(國家)

영 ; state nation 獨 ; Staat 佛 ; Etat

일정한 영토에 定住(정주)하는 다수인으로 구성된 인적 집단으로서 政治組織(정치조직)을 갖추고 있는 단체를 말한다. 국가는 주권·영토·국민의 세 요소에 의하여 성립한다(통설). 국가의 起源에 대한 학설로는 神意說家族說契約說 등이 있으며, 그 권능 또는 목적으로는 自己保存·治安維持·文化發展 등을 들 수 있다(질서·복지). 자유주의적 국가관에 있어서는 국가를 필요악이라고 규정하고, 사회복지적 국가관에 있어서는 각 국민의 생활을 보장하는 것이 국가의 임무라고 한다. 국가는 여러 가지 표준에 따라 君主制와 共和制, 民主制와 絶對制 등으로 분류된다. 국가를 연구대상으로 하는 학문을 가리켜 널리 國家學 또는 國家論이라고 한다.

영역(領域)

영, territory
독, Staatsgebiet 불, territoire

한 국가의 배타적 지배가 미칠 수 있는 장소적 공간을 말한다. 주권은 국제법의 제한 내에서 자유로이 통치할 수 있는 권능이며, 영역은 국가가 국제법의 제한 내에서 자유로이 통치할 수 있는 지역이다. 영역은 일정한 토지를 중심으로 하여 그 주변의 일정한 범위의 해역과 그 상방의 공간으로 성립하는데 그 토지가 영토, 해역이 영해, 공간이 영공이다. 보통 영역이라 할 때에는 흔히 영토만을 가리키기도 한다. 영해와 영공은 불가분적으로 영토와 결합되고 있다. 우리 헌법은 제3조에서 '대한민국의 영토는 한반도와 그 부속도서로 한다' 고 규정하고 있을 뿐 영해와 영공에 대해서는 규정하지 않고 있다. 그러나 영해와 영공은 영토에 종속적인 것이기 때문에 이를 규정하지 않은 것이라고 할 것이다.

계약설(契約說)

영 ; contract theory of the state
독 ; Vertragstheorie
불 ; théorie du contrat social

국가는 개인의 합의에 의하여 성립된다는 설이다. 이러한 합의에 따른 原始契約은 社會契約(contract of society:Gesellschaftsve-rtrag:pacte d'association)과 統治契約(contract of government : Herrshafts vertrag : pacte de gouvernement)이라는 두가지 관념에 의하여 성립한다. 정부의 의미로서의 국가가 지배자와 피지배자와의 계약에 근거한다는 지배계약의 관념은 사회계약의 성립을 전제로 한다. 국가계약이론을 처음으로 제시한 것은 「알투지우스」이다. 이에 대하여 홉스,로크, 루소는 여기서의 계약은 사회계약을 의미한다고 하였다. 통치계약은 주권(Potestas)을 만들뿐이지만 사회계약은 사회(societas) 그 자체를 만든다. 인간은 국가성립 이전의 자연상태 하에서는 완전히 자유이고 자연법에 의하여서만 지배되었지만 생활의 안정과 질서라는 요청에 따라 개인간의 합의에 의하여 국가를 만들었다고 하는 것이 계약설의 기초를 이루는 國家目的論이다. 따라서 정부는 국민의 자유와 권리를 보호하기 위하여서만 그 권력을 행사하는 것이 허용된다고 함으로써 계약설은 근대자유주의 국가관의 사상적 기초가 되었다. 처음에는 이와 같은 국가계약을 역사상의 사실로서 설명하는 경향이었지만, 루소 및 칸트에 이르러서는 본래 자유스러운 인간이 국가권력의 구속 하에 놓이는 것을 인정하기 위하여서는 이론적으로 국가 그 자체의 존립의 기초를 국민의 자발적인 합의에

구할 필요가 있다는 사고로 바뀌어서 국가계약은 사실의 문제가 아니고 권리의 문제로 연구하게 되었다.

다원적 국가론(多元的 國家論)
영 ; pluralistic theory of state

국가와 정치를 동일시하던 종래의 전통적인 정치이론을 부정하고, 국가는 다른 사회에 우선하여 정치를 독점하는 초월적 권력주의가 아니라 단순한 부분사회(association)의 일종에 불과하다는 이론이다. 즉, 이 학설에 따르면 국가주권의 유일성이 부정되고 각 부분사회가 複數主義를 가진다고 한다. 따라서 국가는 교회·직업단체·지방단체등과 본질적인 차이가 없게 되는 것이다. 多元的 國家論은 20C초 콜(Cole), 라스키(Laski) 등의 영미학자에 의하여 주창되어 정치학상에 획기적인 영향을 끼쳤다. 논자에 따라 그 견해에는 약간의 차이가 있으나, 국가의 특수한 사회적 기능을 인정하면서도 국가를 다른 부분사회의 상위에 있는 유일한 지배적 전체사회로 하지 않고, 동일하게 정치적 기능을 분담하는 그 밖의 부분사회와 질적으로 같은 서열에 놓고 고찰하려는 입장에 입각하고 있다. 주로 대륙법계 특히 독일에서 발전한 관념적인 국가절대주의의 경향에 대하여 다원적 국가론은 영미의 자유주의와 경험주의의 흐름을 이어받은 정치학설이라고 할 수 있다.

전제군주제(專制君主制)
영 ; despotic monarchy
독 ; despotische Monarchie
불 ; monarchie despotique

군주가 국가의 통치권을 장악하여 단독행사하고 국가기관은 오로지 군주의 권력을 집행하는 기관에 불과한 제도를 뜻한다. 이러한 專制君主制는 17·18세기의 유럽제국과 오랫동안의 동양제국에서 볼 수 있었다. 전제군주제는 다시 군주의 독재적 기능이 신으로부터 부여되었다고 보는 神政的(theokratisch) 君主制, 하나의 가족인 국민의 가장인 지위에서 유래된다고하는 가부장적(partriachalisch) 군주제와 영토 및 국민을 군주의 世襲財産(세습재산)으로 간주하는 家産的(patrimonial)군주제로 분류할 수 있다. 유럽대륙에 있어서 전제군주제는 等族(Ständisch)군주제의 극복과 더불어 탄생되었다. 啓蒙專制君主制(계몽전제군주제)도 근본적으로는 전제군주제의 한 형태이다.

제한군주제(制限君主制)
영 ; limited monarchy

군주의 권력행사에 대하여 여러 법적인 제한이 가해지는 군주제이다. 절대적 군주제에 대응되는 개념이다. 이것이 근대적 자유주의에 바탕을 둘 때에는 立憲君主制(입헌군주제)라고 불리고, 議院內閣制(의원내각제)를 수반할 때에는 議會君主制(의회군주제)라 하는 것이다.

입헌군주제(立憲君主制)
영 ; constitutional Monarchy
독 ; Konstitutionel le Monarchie

군주국가 가운데 국가권력을 행사하는 방법에서 군주가 입헌적 제약을 받는 政體를 말한다. 즉, 국민의 선거에 의하여 구성된 의회가 독립적 국가기관으로 존재하며 그 의결이 없이는 군주의 專

斷的인 헌법개정·법률제정 기타 중요한 국무처리를 할 수 없도록 하는 정체이다. 制限君主政體(제한군주정체)의 일종으로, 오늘날 立憲君主制(입헌군주제)를 따르는 국가들은 대개 국민주권의 원칙(議會主義)을 채택하고 있다.

짐은 국가다(朕은 國家다)
불 ; L. Etat, s'est moi

프랑스의 루이14세가 절대왕권의 표현으로서 사용한 말이다. 즉 국가권력은 군주에 의하여 생겨난다는 절대왕권주의의 권력구조를 확립함으로써 군주와 국가를 동일시하는 사상의 표현이다. 「짐은 제1의 公僕이다」라는 프로이센의 프리드리히 대왕의 말과 좋은 대조를 이루고 있다.

입헌제(入憲制)
영 ; constitutional government
독 ; konstitutionelle Regierung
불 ; régime constitutionnel

헌법을 제정하여 통치권을 행사하는데 있어 입법·사법·행정의 3권을 분리시켜 국민으로 하여금 국정 특히 입법에 참여하도록 하는 정치제도를 뜻한다. 국민주권사상과 자유평등주의를 근간으로 하는 정치제도로서 立憲政體(입헌정체)라고도 하는 것이다. 입헌제의 개념에 관하여는 이와 같은 의미 이외에, 오늘날에는 일반적으로 근대민주적·자유주의적 정치형태를 가리키는 것으로 보고 입헌제의 개념과 立憲民主制(입헌민주제) 내지 自由民主制(자유민주제)의 개념을 동일시하고 있다. 따라서 이러한 의미에서의 입헌제는 「국민의, 국민에 의한, 국민을 위한」 정치체제를 의미한다. 그 결과, 입헌제는 國民主權主義(국민주권주의)·國民參政制度(국민참정제도)·人權尊重主義(인권존중주의)를 그 본질적 요소로 하고, 국민자치와 자유평등을 그의 중심사상으로 한다. 그리고 국민주권 내지 국민자치를 위하여 인정되는 제도가 의회제도를 비롯한 국민의 참정제도이고, 그를 위한 국민의 권리가 곧 참정권이다. 또 국민의 자유와 권리를 보장하기 위하여 權力分立主義(三權分立主義)·法治主義 및 모든 국민의 법 앞의 평등의 원칙을 선언하고 있다.

공화제(共和制)
영 ; republic

주권이 한 사람의 의사에서가 아니고 합의체의 기관에서 나오는 정치제도를 말한다. 寡頭政治·貴族政治도 이에 포함되지만 근세에 와서는 오직 민주정치만을 의미한다. 옛날에는 군제가 절대다수였기 때문에 共和政이라고 하면 무조건 민주적인 것이라 여겨졌으나, 오늘날 절대군주제가 없어지고 군주제도 민주화함에 따라서(예컨대 영국일본 등의 상징군주제) 君主制와 共和制를 구별하는 실익은 적어졌다.

민주공화국(民主共和國)
영 ; democratic republic
독 ; demofratische Republik
불 ; république démocratique

國體가 民主國體(민주국체)이고 政體가 共和政體(공화정체)인 국가를 뜻한다. 즉 주권이 국민에게 있고 주권의 운용이 국민의 의사에 따라 이루어지는 국가이다. 군주가 없는 공화국 중에서 귀족공화국이나 독재공화국이 아닌 민주주의적 공화국을 말하는 것이다. 우리나라 현행헌법은 主權在民(주권재민)의 원칙에 입각하여 민주공화국임을 總綱(총강)에서 천명하고 있다(헌§ 1①).

단일국가(單一國家)
영 ; unitary state 獨 ; Einheitstaat
불 ; etat unitaire

複合國에 대응하는 개념으로서의 국가이다. 단독국가라고도 한다. 복합국가와 같이 2개 이상의 국가에 의하여 성립되지 않고 단일한 국가로 성립·존재하는 국가이다.

전체국가(全體國家)
영 ; totalitarian state 독 ; Einheitstaat
불 ; etat unitaire

전체주의를 통치의 기초로 삼고 있는 국가를 말한다. 개인의 인격과 가치의 존엄성을 무시하고 국가의 목적 내지 정치이념을 모든 가치 위에 두는 국가이다. 과거 나찌스와 파시스트를 전형적인 예로 들 수 있고, 舊소비에트 연방의 경우도 反自由主義的 體制였다는 점에서 같다.

국체(國體)
독 ; Staatsform

政體와 함께 헌법학상 사용되는 개념으로서 주권의 담당자(귀속주체)가 누구인가에 따라서 분류하는 국가형태를 국체라고 한다. 즉 주권이 군주에 속하고 있는 국가를 君主國(體)이라고 말하고, 국민에게 속하고 있는 국가를 共和國(體)이라고 말하는 것과 같이, 국체는 국가를 분류하는 경우에 주권의 소재를 기준으로 한 경우의 개념이다. 이에 대응하여 專制君主制入憲君主制議會制的君主制의 구별, 또한 대통령제·의원내각제의 구별 등 주권의 소재가 아니고, 주권의 행사의 형식의 相違를 기준으로 하는 정체와 구별하여 사용된다. 주권의 소재라는 측면에서 보면 군주국(체)이지만 주권의 행사의 형식이라는 관점에서 보면 立憲政體의 국가가 있는 반면에 공화국(체)이면서도 專制政體의 국가도 있는 것이다. 우리 헌법은 제1조에서 대한민국의 주권은 국민에게 있음을 규정하여 공화국(체)임을 분명히 하고 있다. 또한, 국가형태로서의 공화국은 민주적인 공화국이어야 함을 규정하여 주권이 국민에게 있는 민주적 정체임을 정하고 있다.

정체(政體)
독 ; Regierunsform

통치권의 담당자 또는 발동형식, 즉 국가의 통치조직에 따라 분류되는 국가형태를 말한다. 주권의 소재를 표준으로 분류하는 국체에 대응하는 개념이다. 정체는 여러 가지 표준에 의하여 구분되는데, 그 주요한 것으로서는 民主政體와 獨裁政體, 直接政體와 間接政體, 單一制와 聯邦制, 立憲制와 非入憲制를 들 수 있다. 오늘날 가장 중요한 것은 입헌제와 비입헌제, 특히 서구적 민주제와 「소비에트」제의 구분이다. 우리 헌법은 민주정채간접정채입헌정제를 채택하고 있다.

국체와 정체(國體와 政體)

종래 정부형태를 분류하는 기준으로서, 국체는 궁극적으로 주권자가 누구냐에 의한 분류이며, 정체는 주권을 어떻게 행사하느냐에 의한 분류를 말한다. 우리 헌법 제1조 제1항은 「대한민국은 민주 공화국이다」 라고 규정하여 대한민국의 국가형태가 민주공화국임을, 제2항에서 는 「주권은 국민에게 있고」 라고 규정 하여 국민주권주의를 선언하고 있다. 이 들 규정들에 대해서는 종래 국체·정체의 분류이론에 따라 학설의 대립이 있다. 즉 제1항의 '민주공화국' 이란 말에서 '민주' 는 정체, '공화국' 은 국체를 규정한 것이고, 제2항의 '국민주권원리' 는 제1항 을 구체적으로 부연한 것이라는 견해 (유진오)에 대해, 제1항의 '민주공화국' 이란 말에서 '민주' 는 민주정체를, '공화 국' 은 공화정체를 의미하며, 따라서 민 주공화국은 우리나라의 정체에 관한 말 이고, 제2항의 '주권재민·권력유민' 에 관 한 규정은 우리나라 국체를 민주국체로 선언한 것이라 보는 견해(박일경)가 대 립되고 있다. 그러나 이러한 국체·정체 에 의한 분류에 대해서는 현실성이 결 여되었다는 비판을 받고 있다. 그래서 Loewenstein은 국가권력의 행사가 통합 되어 행사되는 국가를 전제정체라고 하 고, 국가권력이 분산되어 행사되는 국가 를 입헌정체라고 구분하고 있다. 이처럼 국체와 정체를 엄격히 구분할 실익이 없다고 보아 민주공화국이란 규정 그 자체를 우리나 라의 국가형태로 파악하는 견해가 유력하다 (김철수·구병삭·권영성).

권위국가(權威國家)

국가 원수의 권위를 중심으로하여 조 직된 독재국가의 하나이다. 정부와 국민 의 관계설정이 「지도자 대 복종자」 라 는 관계에서 고려되고, 정부는 지도자의 권위에 대한 맹종을 기초로하여 구성된 다. 따라서 입헌국가에서 정부의 전횡을 방지하기 위하여 설정된 여러 가지 제 도가 모두 무시되고 국가가 국민에 대 하여 완전한 통치행위상의 자유를 갖는 다는 점에 그 특징이 있다.

자유국가(自由國家)

자유주의를 그 이념적 기초로 하는 국 가이다. 18세기 입헌주의국가는 국민의 자유에 대한 침해의 배제, 즉 치안유지 만을 목적으로 하였고 국가의 권력은 가능한 한 제한·축소함으로써 국가의 목 적을 달성할 수 있다고 보았다. 그 결 과, 국가는 필요악이며 따라서 최소한의 정부가 최고의 정부라고 여겨졌다. 그러 나 오늘날에는 공산국가에 대하여 자유 민주주의국가를 의미할 때 쓰인다.

입헌국가(立憲國家)

국가의 3권, 즉 입법권·행정권·사법권을 담당하는 국회·행정부·법원 가운데 다른 권력에 비하여 국회에 우월한 지위가 인정되는 국가를 말한다. 「슈미트」 (Carl Schmitt)에 의하여 19세기에 그 전성기를 보였던 서구에 있어서의 시민 적 법치국가는 그 국가권력의 중심이 입법부(국회)로 기울어졌다는 의미에서 그것은 입법국가라고도 한다. 현재의 영국은 의회가 절대적 우월성을 가지므로 立法國家라 할 수 있다. 行政國家·司法國家에 대한 개념이다.

계급국가(階級國家)

지배계급이 피지배계급을 경제적으로 착취하기 위하여 필요한 억압기관으로서의 역할을 하는 국가이다. 막시즘 또는 사회주의적 국가관에 유래하는 국가개념이다. 이 개념에 의하면, 고대국가는 노예소유자가 노예를, 중세국가는 귀족이 농노를, 그리고 근대국가는 자본가가 노동자를 경제적으로 착취하는 억압기관으로서의 구조를 가진다고 한다.

경찰국가(警察國家)
독 ; Polizeistaat

근대 법치국가 성립 이전인 17·18세기 유럽에서의 絶對君主制國家를 말한다. 이 경찰국가의 군주의 포괄적인 내정권한을 경찰권이라 불렀으며 국민에 대한 경찰권의 발동에는 아무런 법적 제약도 없었다. 따라서 부당한 경찰권의 발동이 있는 때에도 그에 대한 구제수단을 취할 수 없었다. 그러다가 司法機關이 독립하고 자연적인 시민적 자유주의와 국민참정의 요구에 의하여 권력분립이 인정됨으로써 국민이 참정하는 입법기관, 즉 의회를 인정하는 법률의 제정에 따라 근래의 사법행정에 의한 법치국가로 발전하게 되었다.

복지국가(福祉國家)
영 : welfare state
독 : Wohlfahrtsstaat

극단적인 개인주의나 자유방임주의를 지양하고 국민의 공동복리를 주요한 기능으로 하는 국가를 말하며, 야경국가와 상대되는 개념이다. 신헌법은 기본권보장에 있어서 자유권적 기본권의 보장에만 그치는 것이 아니라 생존권적 기본권보장에도 중점을 두어 복지국가의 건설을 꾀하고 있다. 복지국가란 기본적으로 개인의 경제적·정치적·사회적 활동의 자유를 허용하는 자유주의에 입각하면서 경제적 자유경쟁의 모순을 국가권력에 의해 조절하는 것을 목적으로 한다. 즉 사회적·경제적 원인에 의한 빈곤 등을 제거하고 생활환경의 파괴에서 인간을 보호하는 것이 복지국가의 목적가운데 하나로 추가되었다. 우리헌법은 전문에서 '국민생활의 균등한 향상'을 선언하고 있으며, 기본권조항에서 '모든 국민의 인간다운 생활'을 보장하고(헌법 제34조 1항), '사회보장·사회복지에 관한 국가의무'를 규정하며(헌법 제34조 2항), '건강하고 쾌적한 환경에서 생활할 권리'를 보장하여(헌법 제35조 1항) 복지국가건설을 그 목적으로 하고 있음을 천명하고 있으며, 나아가서 '근로자의 고용의 증진과 적정임금을 보장하고 최저임금제를 시행하며'(헌법 제32조 1항), 근로조건의 기준을 '인간의 존엄성을 보장하도록 법률로 정할 것'을 규정하고 있고(헌법 제32조 3항), 여자·노인·청소년 및 신체장애자의 복지를 규정하고 있으며(헌법 제32조 2항, 34조 3·4·5항), 상이군경과 전몰군경 및 국가유공자의 유가족에 대한 우선취업권을 부여하고(헌법 제32조 6항), 혼인과 가족생활이 '개인의 존엄성과 양성의 평등'에 기초하도록 하여(헌법 제36조 1항) 복지국가주의를 실질화하고 있다. 이러한 복지국가의 달성을 위하여 경제조항을 두어 사회적 시장경제주의의 원칙을 선언하고 있다.

조세국가(租稅國家)
독 ; Steuerstaat

국가의 경비로 충당할 수입을 사경제로부터 징수하는 조세로 조달하려고 하는 국가형태이다. 봉건국가에 있어서는 영주 또는 국왕의 가계와 국가재정이 분화되지 않은 상태에 있었고 재정수입도 가산이나 특권수입으로써 이루어져 있었다. 그러나 근대 국가의 형성과 함께 국가권력이 확립되고 그 국가권력의 발동에 의하여 조세가 징수되어 국가지출을 충당할 수 있게 되었다. 그러므로 자본주의 국가에서는 조세는 국가를 전제로하고, 국가는 조세로써 유지는 것이다.

주권(主權)
영 ; sovereignty
독 ; Souveranität
불 ; souveraineté

주권이란 일반적으로 입법·행정·사법이라는 국가제권력의 기초가 되는 지배권력을 의미한다. 보딩(Bodin)에 의하여 창설된 이후 다음과 같은 여러 가지 의미로도 사용되어 왔다. (1) 국가의 최고의 의사. 국가정치의 형태를 최종적으로 결정하는 권력. 군주주의 또는 국민주권이라고 일컫는 경우의 주권은 이 뜻이다. (2) 국가권력이 최고의 독립성인 것. 주권국 또는 비주권국이라고 일컫는 경우의 주권을 말한다. (3) 통치권 또는

국권. 이 뜻의 주권은 여러 가지 권리의 총체라하고 혹은 단일한 원시적·고유·불가분의 권력이라고 한다. 현행 대한민국헌법 제1조 제2항은 「대한민국의 주권은 국민에게 있고 모든 권력은 국민으로부터 나온다」고 규정하고 있는 바, 주권이 국가의 최고의사이자 국가정치형태를 최종적으로 결정하는 권력임을 의미하는 것이다.

왕권신수설(王權神授說)
영 ; divine right theory of kings

절대군주제를 변호하기 위해서 주장된 것으로 국왕의 권력은 신의 의사에 근거를 둔다는 설이다. 특히 영국에서는 제임스 1세에 의하여 실제 정치적으로 주장되어 국회의 강력한 반대를 초래하였고, 양측 사이에 심한 논쟁의 결과 내란 및 명예혁명에 의하여 국회의 승리로 결말을 보았고, 후에 國民主權主義가 유력해지면서 이 설은 사라지게 되었다.

국민주권(國民主權)
영 ; popular sovereignty
독 ; Volkssouveränitat
불 ; souveraineténationale

주권이 국민에게 있는 헌법 제도를 말하며, 主權在民(주권재민)이라고도 한다. 君主主權(군주주권)과 반대되는 개념이다. 현행의 대한민국헌법은 「대한민국의 주권은 국민에게 있고, 모든 권력은 국민으로부터 나온다」고 규정하여 (헌§ 1②), 국민에게 주권이 있음을 천명하고 있다. 군주주권과 민주주의가 반드시 모순되는 것은 아니며, 민주주의정치가 반드시 국민주권에 근거해야 하는

것은 아니다(예 : 영국). 그러나 본래의 민주주의가 국민에 의한, 국민을 위한 정치인 이상, 국민이 정치의 원동력(국민주권)이라고 하는 것이 이상적이다. 우리 나라의 경우, 주권은 국민에게 있고 모든 권력은 국민으로부터 나온다고 규정하여, 민주주의의 실현을 도모하고 있는 것이다. 다만 주의해야 할 점은 국민주권이라 함은 정치의 최종적 결정권이 국민에게 있다고 하는 의미이며 반드시 국민 각자가 직접 정치를 한다는 의미는 아니다. 국민은 선거에 의하여 국회의원을 선출하여 국가의 정치를 대행시키고 헌법개정시의 국민투표 등에 의하여 정치에 참가하는 것이다. 이러한 의미에서 순수한 間接民主制國家(간접민주제국가)에서 國民主權(국민주권)을 부인하게 되는 결과가 된다는 주장도 있다(다이시).

일반의지(一般意志)
불 ; violenté génébale

루소가 주창한 國家契約에 의하여 생기는 주권자의 의지를 말한다. 일체의 현실적인 의지결정에서 근거가 되는 법의이념 또는 이에 따른 올바른 입법의 意志理念(의사이념)을 뜻한다.

국가주권설(國家主權說)

國家主權說이란 국가권력 즉 주권이 군주나 국민에게 속하는 것이 아니라 사회적 단일체이며 법률상의 인격체인 국가 자체에 귀속한다는 학설을 말한다. 이 학설은 國家法人說(국가법인설)과 밀접한 관계를 가지고 있으며, 19세기 후반 절대적 君主政(군주정)과 극단적 民主政(민주정)과의 타협의 결과로 독일에서 생겨난 입헌군주정의 전위적 학설이었다. 이 학설의 대표적 주장자는 「엘리네크(G. Jelin-ek)」이다.

주권국(主權國)
영 ; sovereign state 獨 ; souveraner Staat
불 ; Etat souveratin

주권을 가진 국가를 말한다 주권이란 종래 여러 가지 의미로 사용되는 개념으로서 많은 논란을 낳았는데, 국제법상으로는 특히 다른 어떠한 국가의 권력에도 복종하지 않는 것을 말한다.

의회주권(議會主權)
영 ; sovereignty of parliament

의회가 국가의 최고기관으로서 주권을 가지는 헌법제도를 의미한다. 영국의회가 역사적으로 가지고 있는 절대적인 권능에 유래하여 생긴 용어이다. 국민주권은 요컨대 議會主義에 불과하다는 說도 있으나, 의회가 언제나 직접 또는 공정하게 국민을 대표한다고는 할 수 없다. 영국에서는 통치권의 소재를 표시하는 전통적 내명으로서 King in parliament라는 용어가 사용되는데, 국왕은 단독으로 주권을 행사할 수 없고, 의회의 일원으로서만 권력의 주체가 될 수 있다는 의미이다. 또한 議會通過法律案(의회통과법률안)이 국왕에 의해 거부된 예가 없으므로 여기에서도 의회주권을 찾아볼 수 있다.

국민(國民)
영 ; nation people 獨 ; Nation peuple

국가의 소속원으로서 國籍을 가진 자이다. 국권에 복종하는 국민으로서의 지위를 신민(subject)이라 하고 국정에 참여할 국민으로서의 지위를 공민(citizen)이라 한다. 대한민국의 국민이 되는 요건은 法律(國籍法)로 정하도록 되어 있고(헌§ 2①), 국민은 포괄적인 통치권의 지배를 받는다. 그리고 국민은 위와 같이 개개의 國家所屬員만을 뜻하지 않고 국가기관으로서의 국민이라는 이념적 통일체를 의미하기도 한다. 이러한 의미에서의 국민을 選擧人團(선거인단)이라고 한다.

외국인(外國人)
영, alien, foreigner
독, Ausländer
불, étranger

대한민국의 국적을 가지지 않는 자를 말한다. 이중국적자는 자국민으로 취급하나, 무국적자는 보통 외국인에 포함시킨다. 외국인의 법률상 지위는 원칙적으로 대한민국 국민과 같고, 대한민국의 통치권이 대상이 되어 원칙적으로 그 법령에 복종해야 한다. 일반적으로 기본권 중 인간의 권리라고 볼 수 있는 것은 외국인에게도 인정되나, 외국법인에게는 인정되지 않는다. 자유권과 같은 초국가적 자연권은 당연히 외국인에게도 인정되나, 외국법인에게는 인정되지 않는다. 참정권과 같이 실정권으로서 국가내적 권리는 외국인에게 인정되지 않는다. 실정권으로서 청구권은 국제법과 조약에 정한 바에 의하여 호혜평등하게 인정된다(헌법 제6조제2항). 또 납세의 무는 동등하게 인정되며, 출입국은 일정한 제한을 받으며, 외교사절을 제외하고는 재판권의 행사에 따라야 한다. 또 외국인에게는 거주이전의 자유와 토지소유권 등이 제한된다.

국적(國籍)
영 ; nationality
독 ; Staatsangehörgkeit
불 ; nationalité

국적이란 어느 개인이 법률상 국민으로서 어느 국가에 소속되는 관계, 즉 일정한 국가의 구성원이 되는 자격을 말한다. 일정한 국적을 가진 사람은 당해 국가의 영토 밖에서도 그 국가의 주권에 복종해야 하며, 본국에 의하여 보호를 받는다(헌§ 2②). 국적의 취득에는 출생 등의 선천적 취득과 영토의 변경·귀화 등의 후천적 취득이 있고, 국적의 상실에 있어서도 사망 등의 선천적 상실과 영토의 변경·국적의 離脫(이탈) 등의 후천적 상실이 있다. 근대 이전에 있어서는 각국의 법제는 국적강제주의를 채택하여 일정한 조건을 구비한 개인에 대하여 그 나라의 국적 취득을 강제하고 그 이탈을 허용하지 않는 것이 원칙이었다. 그러나 유럽인의 이민에 의하여 성립된 미합중국에서는 1868년 헌법의 개정에 의하여 귀화에 의한 국적과 함께 이주와 국적이탈의 자유를 인정하였다. 그 이후 각국은 개인의 자유의사에 의한 국적의 취득·상실을 인정하고 자유의사에 반하는 국적강요를 금지하게 되어, 세계인권선언 제13조에서도 이 자유를 인정하고 있다. 우리 나라에서도 국적법에서 국적이탈의 자유를 인정하고 있다(국적법§ 15).

> (1) 국민은 영토, 주권과 더불어 국가의 3대 구성요소 중의 하나다. 국적은 국민이 되는 자격·신분을 의미하므로 국민이 아닌 자는 외국인(외국국적자, 이중국적자, 무국적자 포함, 이하 같다)이라고 한다. 국민은 항구적 소속원이므로 어느 곳에 있던지 그가 속하는 국가의 통치권에 복종할 의무를 부담하고, 국외에 있을 때에는 예외적으로 거주국의 통치권에 복종하여야 한다.
> (2) 개인의 국적선택에 대하여는 나라마다 그들의 국내법에서 많은 제약을 두고 있는 것이 현실이므로 국적은 아직도 자유롭게 선택할 수 있는 권리에는 이르지 못하였다고 할 것이다(헌법재판소 2000. 8. 31. 97헌가12 전원재판부).

국적의 변경(國籍의 變更)

종래의 국적을 상실하고 새로운 국적을 취득하는 것을 말한다. 국적변경의 원인은 혼인·입양 및 인지 등의 친족법상의 원인으로 인한 경우, 귀화로 인한 경우, 영토할양, 국가병합 등의 국제법상의 원인으로 인한 경우 등이다.

국적의 상실(國籍의 喪失)

종래의 국적을 상실 또는 이탈하는 것을 말한다. 우리나라 국민의 국적상실 원인은 외국인과 혼인하여 그 배우자의 국적을 취득한 때, 외국인의 양자로서 그 국적을 취득한 때, 혼인으로 인하여 대한민국의 국적을 취득한 자가 혼인의 취소 또는 이혼으로 외국의 국적을 이탈하지 않은 자, 자진하여 외국의 국적을 취득한 때, 미성년자가 외국인의 인지로 인하여 외국의 국적을 취득한 때 등이다(국적법 14조, 15조).

국적의 취득(國籍의 取得)

특정 국가의 국민으로서의 자격인 국적을 얻는 것을 말한다. 국적법은 국적의 취득에 관하여 규정하고 있는데, 이에는 선천적인 취득과 후천적인 취득이 있다. 선천적 취득은 출생이란 사실로 국적을 취득하는 것을 말하며, 국적취득의 가장 보편적인 방법이다. 우리나라는 혈통주의(속인주의)를 원칙으로 하면서, 다만 부모가 다 분명하지 않을 때 또는 부모가 무국적일 때에 대한민국에서 출생한 자와 대한민국에서 발견된 기아에 한해서는 예외적으로 속지주의를 채택하고 있다(국적법 2조). 선천적 취득사유로는 친족법상의 원인에 기하는 국적취득이 많고, 귀화와 국적회복 등에 의해서도 가능하다. 외국여자가 대한민국의 국민과 혼인한 경우에는 우리나라의 국적을 취득하며, 또 대한민국의 국민인 부모가 미성년자를 인지하는 경우에는 우리나라의 국적을 취득한다(동법 3조). 귀화에 의해서도 국적을 취득할 수 있는 바, 귀화에는 보통귀화와 특별귀화가 있으며, 국적법에서 각 요건을 규정하고 있다. 귀화는 관보에 고시가 없으면 효력이 발생하지 아니한다(국적법 17조).

국적이탈(國籍離脫)

넓은 의미로는 국적의 상실과 같으나, 특히 자진하여 일정 국가의 국적을 떠나는 것을 말한다. 이중국적자로서 대한민국의 국적을 이탈하고자 하는 자는 국적이탈신고서를 법무부장관에게 제출하여 대한민국의 국적을 이탈할 수 있다(국적법 14조).

국적회복(國籍回復)

국적을 상실했던 자가 다시 국적을 취득하는 것을 말한다. 대한민국의 국적을 상실한 자라도 그가 대한민국에 주소를 가진 때에는 법무부장관의 허가를 얻어 대한민국의 국적을 회복할 수 있다(국적법9조1항). 국적의 회복에 관한 절차는 대통령령으로 정한다(국적법9조4항). 국적회복절차는 회복 후 당연히 대한민국의 국민으로서의 권리를 향유하고 의무를 부담하며, 이러한 효력은 본인에 대해서는 물론 그의 처와 자에 대해서도 발생한다.

전문(前文)
영 ; preamble
독 ; Präambel
불 ; Vorrede

법령의 조항 앞에 있는 문장을 말한다. 대부분 前文의 내용은 법령의 제정과정·목적 또는 기본원칙을 선언하는 것이 보통이다. 전문의 내용이 법의 목적 또는 기본원칙을 선언하고 있을 경우 이것은 法規範으로서의 효력을 갖는다. 우리 나라 법령의 전문으로서 가장 대표적인 것은 헌법의 전문이다. 헌법전문을 절대적 의미의 헌법에 속하는 자유민주주의원리와 이에 따른 여러 제도를 표명하는 실질적 헌법의 일부이다. 우리나라에서는 제4공화국 헌법의 전문에서 승계정신에 관하여 3·1운동의 숭고한 독립정신과 4·19민주이념 및 5·16혁명이념을 넣고 있었으나, 제5공화국 헌법의 전문에서는 3·1운동의 숭고한 독립정신만 남기고 4·19 민주이념 및 5·16 혁명이념을 삭제하였다. 제5공화국 헌법 전문에서는 (1) 정의·인도와 동포애로써 민족단결을 공고히 한다는 것, (2) 모든 사회적 폐습과 불의를 타파한다는 것, (3) 자유민주적 기본영역에서 各人의 기회를 균등히 한다는 것, (4) 능력을 최고도로 발휘하게 한다는 것, (5) 자유와 권리에 따르는 책임과 의무를 완수하게 한다는 것, (6) 안으로는 국민생활의 균등한 향상을 기하고 밖으로는 항구적인 세계평화와 人類共榮에 이바지함으로써 우리들과 우리들의 자손의 안전·자유·행복을 영원히 확보한다는 것 등을 다짐하였고, 제6공화국 헌법에서는 3·1운동으로 건립된 大韓民國臨時政府의 法統과 불의에 항거한 4·19 民主理念을 계승하고, 조국의 민주개혁과 평화적 통일의 사명과 자율 및 조화를 바탕으로 한다는 것 등을 추가하였다.

헌법전문의 법적 성격

학설	효력 부정설	헌법전문은 헌법의 유래, 헌법제정의 목적, 헌법제정에 관한 국민의 일반적인 의사를 단순히 선언한 것에 불과하므로 법적 효력이 없다.

학설	효력 긍정 설	헌법전문은 헌법제정권력의 소재를 밝히고, 국민의 이념적 합의 또는 근본적 결단의 본질적 부분을 내포하고 있으므로 법적 규범력을 가진다.
판례		효력긍정설(88헌가7)

헌법은 그 전문에 "정치, 경제, 사회, 문화의 모든 영역에 있어서 각인의 기회를 균등히 하고"라고 규정하고, 제11조 제1항에 "모든 국민은 법앞에 평등하다"고 규정하여 기회균등 또는 평등의 원칙을 선언하고 있는바, 평등의 원칙은 국민의 기본권 보장에 관한 우리 헌법의 최고원리로서 국가가 입법을 하거나 법을 해석 및 집행함에 있어 따라야할 기준인 동시에, 국가에 대하여 합리적 이유없이 불평등한 대우를 하지말 것과, 평등한 대우를 요구할 수 있는 모든 국민의 권리로서, 국민의 기본권 중의 기본권인 것이다(**헌법재판소 1989. 1. 25. 88헌가7 全員裁判部**).

총강(總綱)

성문헌법을 장으로 구분하는 경우에 제1장에 해당하며 총칙과 동일한 부분이다. 제6공화국 헌법 총강에서는 國號·政體·國民主權, 國民의 要件·在外國民, 領土, 統一政策, 侵略的 戰爭의 否認·國軍의 使命, 條約·國際法規의 效力·외국인의 법적 지위, 공무원의 지위·책임·신분·정치적 중립성, 政黨, 전통문화와 민족문화 등에 관하여 규정하고 있다(헌§ 1~9). 제5공화국 헌법의 총강과 다른점은 제4조에서 민주적 기본질서에 입각한 평화적 통일정책을 수립 추진할 것을 규정하고 제5조 2항에서 군의 정치적 중립성이 준수된다고 규정한 점 등이다.

자유주의(自由主義)
영 ; liberalism
독 ; Liberalismus
불 ; libéralisme

개인의 자유보장을 지상의 이념으로하는 주의를 말한다. 자유주의는 중세의 극복의 결과라 할 수 있다. 인간이 단지 춘프트, 길드, 승려계급, 귀족계급 등의 좁은 계급적 테두리 속에 구속되었던 것이 人文主義와 文藝復興을 통하여 자연권과 계몽운동을 통하여 인간은 현세의 생활과 창조의 주인공인 동시에 지와 생활형성의 자연적 요청자임을 깨닫고, 인간이 독자적으로 생각하고 책임있게 행동하며 예술을 창조하는 인격자로서 승인됨에 이르게 되었다. 자유주의는 개인주의사상의 기초가 되었으며 18세기말 프랑스혁명에 의하여 구체적으로 표현되었다. 자유주의는 「自律性을 保持하려는, 즉 자신의 인격을 타인의 명령에 의해서가 아니라 독자적으로 발전시키려는 인간본연의 정신의 발로 속에 뿌리박은 것이며, 오랜 역사적인 生成過程의 所産」인 것이다. 로크와 몽테스키외를 통해 칸트에 이르러서는 자유주의는 法治國家·權力分立의 사상을 형성하게 되었고 경제면으로는 自由放任主義(Laissez faire)를 가져왔다. 그러나 자유주의가 정치원리로 자리잡은 것은 단기간의 일이 아니었다. 이후 영국, 독일, 프랑스의 자연법학자들이 이 원리를 학문적으로 발전시켰고, 고전경제학들이 分業社會에 적용하였다.

야경국가(夜警國家)
독 ; Nachtwächterstaat

국가는 국민에 대한 외적의 침입으로부터의 방위, 치안의 유지 또는 개인의 자유에 대한 침해의 제거만을 목적으로 존재하며, 개인의 자유에 간섭하거나 국민의 사유재산에 대하여는 통제할 수 없는 국가 체제이다. 주로 19세기적 자유방임주의국가를 가리키는 말로 쓰인다.

문화국가(文化國家)
독 ; Kulturstaat

사회의 문화적인 발달을 적극적으로 도모하는 국가를 말한다. 소극적으로 개인의 자유를 보장하는데 그치는 법치국가에 있어서보다 일보 진전된 형태의 국가라고 할 수 있다.

민주적 기본질서
(民主的 基本秩序)
독. demokratische Grundordnung

자유민주주의 국가의 헌법의 기본질서를 말한다. 우리 헌법의 자유민주적 기본질서의 내용은 과거 서독 연방헌법법원이 서독기본법 제18조와 제21조 제2항의 내용에 관하여 판시한 것과 같은 내용으로 볼 수 있을 것이다. 즉 (1)폭력적 지배와 자의적인 지배의 부정, (2)자유와 평등의 보장, (3)다수결의 원리, (4)국민의 자율성, (5)법치주의 등을 그 개념적 요소로 한다고 볼 수 있다. 이러한 민주적 기본질서의 이념과 가치

는 민주주의의 이념과 가치에 직결된다. 민주정치의 이념에 대해서는 자유·평등·복지 등이 제시되고 있다. 자유민주적 기본질서의 내용이 되는 기본원칙으로서 인권의 존중, 특히 생명과 인격권의 존중, 국민주권, 권력분립, 정부의 책임성, 행정의 합법률성, 사법권의 독립, 복수정당제, 반대당의 합헌적 결성권과 그 활동의 자유 그리고 모든 정당에 대한 기회균등을 들 수 있다. 여기에 국제적 평화주의도 자유민주적 기본질서에 포함된다. 이러한 민주적 기본질서는 개정금지의 대상이며, 해석의 기준이 되고, 국가권력의 타당성의 척도이며, 기본권의 내재적 한계사유인 동시에, 개별적 헌법유보에 해당한다.

자유민주적(自由民主的) 기본질서(基本秩序)에 위해(危害)를 준다 함은 모든 폭력적(暴力的) 지배(支配)와 자의적(恣意的) 지배(支配) 즉 반국가단체(反國家團體)의 일인독재(一人獨裁)내지 일당독재(一黨獨裁)를 배제하고 다수(多數)의 의사(意思)에 의한 국민(國民)의 자치(自治), 자유(自由)·평등(平等)의 기본원칙(基本原則)에 의한 법치주의적(法治主義的) 통치질서(統治秩序)의 유지를 어렵게 만드는 것으로서 구체적으로는 기본적(基本的) 인권(人權)의 존중(尊重), 권력분립(權力分立), 의회제도(議會制度), 복수정당제도(複數政黨制度), 선거제도(選擧制度), 사유재산(私有財産)과 시장경제(市場經濟)를 골간으로 한 경제질서(經濟秩序) 및 사법권(司法權)의 독립(獨立) 등(等) 우리의 내부체제(內部體制)를 파괴·변혁시키려는 것이다(헌법재판소 전원재판부 1990. 4. 2. 89헌가113).

법치주의(法治主義)

국가는 법에 의하여 통치되어야 한다는 주의를 말한다. 여기서 법이라 함은 원칙적으로 의회에 의하여, 또는 의회의 참여에 의하여 제정된 법, 즉 법률이어야 한다는 것이 전통적인 法治主義의 요청이다. 이러한 의미에서의 법에 의하지 않고는 국가는 국민에게 어떠한 명령이나 금지도 할 수 없다. 따라서 법치주의를 실현하기 위하여는 (1) 법의 제정이 의회에 의하여 또는 의회의 참여에 의하여 행하여짐을 전제로 하고, (2) 사법은 독립된 법원에 의하여 행하여지며, (3) 행정은 법률에 의하여 행해질 것이 요구된다. 즉 權力分立主義가 법치주의의 기초를 이루고 있다. 그것은 구체적으로는 국민의 자유권을 보호하기 위한 자유주의적 원리이며, 법치주의에 의한 국가를 법치국가라고 일컫는다. 그러나 근대국가의 위기와 함께 이 원리는 입헌국가에서도 상대적으로 운용되었고, 잇따라 나타나는 독재국가에서는 아예 폐기됨에 이르렀다.

자유방임주의(自由放任主義)

18세기 중엽 이후에 일어난 경제정책상의 사상이다. 개인의 기업·기업형태·노동조건 등 모든 경제활동에 대해 국가 또는 정부는 가능한 한 간섭을 하지 않고 자연적 흐름에 맡겨 둔다는 주의를 말한다. 근대국가의 자본주의는 국가가 경제활동에 개입하지 않고 개인 능력에 일임하는 自由放任主義를 토대로 발전했다. 各人의 자유로운 경쟁만이 「神의 보이지 않는 손」에 의하여 조화적으로 사회의 복지를 증진시킨다는 것이 「아담·스미스」(Adam Smith)의 자유방임사상의 내용이다. 이러한 자유방임주의는 국가와 사회의 二元主義와 국가목적의 소극성을 초래하게 되었다. 즉, 사회는 국가가 발생하기 이전부터 있었던 기존의 질서를 가지고 있으므로 국가는 사회안에서 이루어지는 자유경쟁에 간섭하지 말고 오직 그 질서의 유지만을 담당해야 한다는 것이 이러한 二元主義와 國家目的制限說(국가목적제한설)의 내용이다. 자유방임의 결과, 국가의 목적에 치안유지에 국한된 경우를 야경국가라고 하여, 이에 대립하는 것이 오늘날의 福祉國家의 개념이다.

민주주의(民主主義)
영 ; democracy
독 ; Demokratie
불 ; démocratie

개인주의·자연주의·합리주의적인 세계관으로서 국민 전체가 정치에 참가하는 제도와 기본적 인권을 존중하는 사상을 말한다. 고대 그리스의 정치제도에는 군주 한 사람이 지배하는 군주제, 몇몇이 지배하는 寡頭制와 함께 시민 전체가 정치에 참여하는 민주제가 있었다. 그러나 오늘날 민주주의라고 할 때에는 단지 이러한 정치제도의 형식만을 뜻하는 것이 아니라 인권존중을 기본이념으로 하는 사상을 포함하기도 한다. 링컨은 민주주의를 「국민의, 국민에 의한, 국민을 위한 정치」라고 정의하였는바, 우리나라 현행법상도 그 전문에서 자유민주적 기본질서를 확고히 한다는 표현이 있음을 보더라도 대한민국의 정치가 민주주의에 기초를 두고 있음을 알 수 있다. 이와 같은 근대의 민주주의가 고대의 그것과 다른 점은 기본적 인권의 관념을 기초로 하고 있는 점에 있다. 근대국가는 기본적 인권의 존중과 옹호를 입헌제의 목적으로 하며, 또 이와 같은 사상을 배경으로 하는 제도로서, 근대에 있어서 민주제가 지지되고 있다. 따라서 민주주의란 제도임과 동시에 사상이다. 영국이 제도로서는 군주제이면서 민주주의국가라고 불리며, 나치스·독일이 공화제이면서 민주주의국가라고 할 수 없는 것은 이와 같은 까닭에서이다. 인간의 역사는 專制主義(전제주의)로부터 인간을 해방시킨 민주주의 실현의 역사라고도 할 수 있다. 따라서 근세의 시민혁명이나 파시즘을 몰락시킨 제2차 세계대전을 민주주의의 승리라고 하는 것이다. 현대는 예외 없이 代議制를 택하고 있으므로 통치의사와 국민의사의 일치는 실질적으로 불가능하다. 그러므로 민주주의의 기준은 국민의사가 절대적이 아니라 상대적으로 통치의사를 지배하는 것을 의미한다. 國民主權議會制度·국민투표 등의 제도는 모두 민주주의를 기초로 하는 것이다.

직접민주제(直接民主制)

영 ; direct democracy
독 ; unmittelbare Demokratie
불 ; démocratie directe

국민이 국가의사를 결정하는 데 직접 참여하는 정치제도를 말한다. 구체적으로는 국민투표제를 넓은 범위에서 인정하는 민주제로서 간접민주제에 반하는 개념이다. 직접 민주제의 기원은 고대

그리스의 아크로폴리스로 올라갈 수 있는데, 治者와 被治者의 동일성의 원리를 내포하고 있는 현대 민주정치에서도 그 이념은 존중되고 있다. 다만 모든 통치권의 행사에 국민이 직접 참여하여 결정한다는 것은 현대국가에서 거의 불가능하기 때문에 오늘날에는 간접민주제를 보충하는 범위 내에서만 채택되고 있다. 우리 현행헌법은 政黨國家的 議會制度(間接民主制)를 바탕으로 국민의 통치권을 실현하도록 하였으며, 특히 중요한 국사에 한하여 直接民主制를 병용하고 있다(헌§ 72, 130②).

간접민주제(間接民主制)

국민이 정치에 참여하는 경우를 의원 기타 공무원의 선거에 한정시켜 국민이 그의 대표자인 의원 기타의 被選機關(피선기관)을 통하여 통치권을 행사하는 민주제를 말한다. 代表民主制(대표민주제) 또는 代議制(대의제)라고도 하며 직접민주제에 반대되는 개념이다. 현재의 민주주의 국가들은 거의 직접민주제에 의하고 있다. 우리현행 헌법도 간접민주제를 원칙으로 하면서 외교·국방·통일 그밖에 國家安危 등의 중요정책과 헌법개정안에 대한 국민투표(헌§ 72, 130②)에 한하여 直接民主制(직접민주제)를 병용하고 있다.

대표민주제(代表民主制)

영 ; representative democracy
독 ; repräsentativ Demokratie
불 ; democratie representative

국민이 선거에 의하여 선출한 국민의 대표자인 의원 기타 피선기관을 통하여

국민의 의사를 국정에 반영시키고, 국민은 간접적으로만 정치에 참여하는 민주제를 가리킨다. 間接民主制(간접민주제) 또는 代議民主制(대의민주제)라고도 한다. 직접민주제에 대응하는 개념이다. 현재의 민주제는 대부분 대표민주제를 채택하고 있다.

정치적 민주주의
(政治的 民主主義)

경제적 민주주의에 대응하여 쓰이는 개념이다. 18세기로부터 19세기 초기의 민주정치의 특성을 가리킬 때가 많다. 個人主義自由主義를 중심으로 개인의 자유와 평등 및 창의를 존중하되, 소득분배의 經濟正義, 經濟的 弱者(無産大衆)의 생존보장에 소홀했던 점이 바이마르헌법에 의해 수정된 뒤, 소위 사회적 민주주의가 등장하게 된 것이다.

사회적 민주주의
(社會的 民主主義)

폭력혁명 및 프롤레타리아 독재를 부정하고, 의회정치에 의한 민주주의적 방법으로 사회주의를 실현하려는 것이다. 사회적 민주주의는 정치적 민주주의의 수정형태 내지 이념적으로 발전된 형태로서 나타난 것이다. 이 주의도 노동계급의 해방을 통한 사회적·경제적 평등의 실현을 목적으로 하는 점에서는 공산주의와 같지만, 그 방법에 있어서 프롤레타리아 독재를 부인하고 議會主義(의회주의)를 고수하고 있는 점에서 共産主義(공산주의)와 다르다. 제1차대전까지는 공산주의와 社會民主主義(사회민주주의) 사이에 명백한 구별이 없었기 때문에 사회민주주의라는 용어가 이 두 가지를 총괄하는 명칭으로 사용되었으나, 공산주의를 신봉하는 제3인터내셔널이 성립된 시기를 계기로 하여 사회적 민주주의와 공산주의를 엄격하게 구별하게 되었다.

경제적 민주주의
(經濟的 民主主義)

18·19C를 풍미하던 정치적 민주주의는 경제면에서는 자유방임적 자본주의를 취하였고, 특히 19C 후반 이래 급속히 발전해온 자본주의는 사회적·경제적 생활에 여러 문제점을 노정시켰고, 동시에 자유주의적·자본주의적 이데올로기 때문에 그 균형성을 상실하였다. 이에 따라 각국 헌법은 경제적 민주주의의 실현을 위해 모든 국민에게 인간다운 생활의 확보와 최저생활을 보장할 수 있도록 사유재산권의 제한과 의무화조항, 그리고 경제조항을 규정하였다. 우리 헌법도 대한민국의 경제질서는 개인의 경제상의 자유와 창의를 기본으로 하는 자유민주주의를 원칙으로 하는 동시에, 국가는 균형 있는 국민경제의 성장 및 안정과 적정한 소득의 분배를 유지하고, 시장의 지배와 경제력의 남용을 방지하며, 경제주체간의 조화를 통한 경제의 민주화를 위해 경제에 관한 규제와 조정을 할 수 있도록 규정하였다.

전체주의(全體主義)
영 ; totalitarianism

個人主義(개인주의)에 반대하고 개인

보다 단체에 우월한 가치기준을 두는 주의를 말한다. 정치적으로는 自由主義(자유주의)·민주주의에 대립하는 絶對主義(절대주의)·獨裁主義(독재주의)·國家主義(국가주의)·파시즘과 동일하다. 특히 독일의 나찌즘을 지칭하는 용어로 쓰였다. 舊소비에트를 중심으로 했던 공산국가의 정치원리도 反自由主義的이라는 의미에서 全體主義라고 할 수 있다.

개인주의(個人主義)
영 ; individualism
독 ; Individualismus

　정치·사회·경제·문화 등 모든 제도는 개인의 가치와 존엄사상을 기초로 해야 한다는 사상이다. 法哲學思想의 개인주의는 개인의 존재가치의 존중을 정치제도의 이상으로 하므로 단체주의 또는 전체주의를 배격한다. 근세 자연법론의 영향을 받은 민주주의, 개인 인격의 존엄성 및 天賦人權說(천부인권설)도 사상적으로 개인주의에서 나왔다. 근대민법의 3대원칙인 사소유권의 절대불가침, 계약자유의 원칙 및 과실책임의 원칙은 사법상에 있어서의 개인주의 법사상의 단적인 표현인데, 이것이 근대 자본주의가 급속도로 발전하는데 있어서 법적 뒷받침이 되었던 것이다. 오늘날의 자유주의나 민주주의도 물론 개인주의에 입각한 사상이다. 그러나 19세기 후반부터 경제적 불균형에서 비롯되는 사회적 문제로 인하여 종래의 개인주의법사상이 대폭적으로 수정되어 법의 사회화 경향이 현대법사상의 특징으로 되었다.

민주주의 · 개인주의 · 전체주의

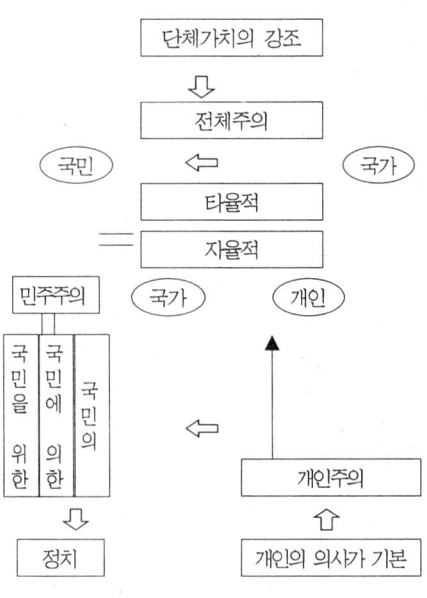

경제질서(經濟秩序)

　經濟秩序란 국가의 기본적인 경제적 구조를 말한다. 우리 나라의 경제질서는 개인과 기업의 경제상의 자유와 창의를 존중함을 기본으로 하되(헌§ 199①), 국가는 균형 있는 국민경제의 성장과 안정, 적정한 소득분배를 유지하고, 시민의 지배와 경제력의 남용을 방지하며, 경제의 민주화를 위하여 규제와 조정을 할 수 있다고 규정하고 있다(§ 119②). 즉, 우리 나라는 국민에게 경제상의 자유를 보장하여 그의 창의를 존중하고, 그를 최대한으로 발휘시킴으로써 국가경제의 발전과 국민생활의 자주성을 도모하면서도, 극단적인 自由放任主義(자유방임주의)가 초래한 폐단 가운데 하나인 독과점의 폐단을 적절히 규제·조정함으로써, 국가에 의한 경제에의 합리적인 관여가능성 및 국민 각자의 경제적 자유의 한계를 설정하여 부의 균등 분배를 도모하고자 하는 것이다. 獨占規制(독점규제)및公正去來(공정거래)에 관한법률 등이 그 예이다.

경제질서의 유형

자본주의적 자유시장경제질서	자유쥬의사상을 기초로 하고 있는 근대의 경제질서이다. 사유재산을 보장하고 개인의 경제활동의 자유를 보장하며 경제영역에 대한 국가의 간섭을 원칙적으로 금지한다.
사회주의적 계획경제질서	모든 생산수단을 국유화하고 경제영역에서의 모든 활동을 국가의 계획하에 행하며, 개인의 경제활동이 국가의 명령과 통제 하에 있는 경제질서이다.
사회적 시장경제질서	사유재산제의 보장과 자유경쟁을 기본원리로 하는 시장경제질서를 근간으로 하면서, 부분적으로 사회주의적 계획경제를 가미한 경제질서를 의미한다. 헌법차원에서는 1919년 Weimar 공화국 헌법에서 최초로 도입하였다.

우리나라 헌법상의 경제질서는 사유재산제를 바탕으로 하고 자유경쟁을 존중하는 자유시장경제질서를 기본으로 하면서도 이에 수반되는 갖가지 모순을 제거하고 사회복지·사회정의를 실현하기 위하여 국가적 규제와 조정을 용인하는 사회적 시장경제질서로서의 성격을 띠고 있다(헌법재판소 1996. 4. 25. 92헌바47 전원재판부).

경제조항(經濟條項)

경제조항이란 보통 헌법 중 경제에 관한 제규정을 말한다. 자유방임주의와 개인주의에 입각하여 사유재산권의 신성과 계약자유의 원칙을 강조하던 18·19세기 제국가의 헌법에 있어서는 경제에 관한 헌법의 규정으로서는 재산권의 神聖不可侵 및 契約自由의 원칙을 규정한 것 이외에는 이를 찾아 볼 수 없었다. 그러나 20세기에 들어와서 자본주의가 사회적·경제적인 모든 면에서 여러 문제를 발생시키고, 그밖에 자력으로 이를 극복할 自克性을 상실하게 되자 국민의 경제적·사회적 생활에 대하여 국가의 합리적인 관여 및 통제가 강력하게 요청되게 되었다. 이리하여 「바이마르헌법」을 비롯하여 제1차대전 후의 20세기 각국의 헌법은 경제에 관한 규정을 매우 중요시하게 되었는데, 우리 헌법도 이 진보적 경향에 따라 제9장 「經濟」에서 경제에 관한 기본원칙을 宣明하고 있다. 즉 제119조에서 경제질서의 기본과 경제의 민주화를 위한 규제와 조정을 할 수 있다고 규정하고, 제120조에서 중요한 자원과 자연력은 국가의 보호를 받는다는 것을 규정하고, 제121조에서 농지의 소작제도를 금지하고, 제122조는 생산 및 생활의 기반인 국토의 효율적 이용을 위하여 법률이 정하는 바에 의하여 그에 관한 필요한 제한과 의무를 과할 수 있게 하고, 제123조에서는 농어촌을 개발하여 지역경제의 발전을 기하고, 중소기업보호 육성을 규정하고, 제124조에서는 국가는 건전한 소비행위를 啓導하고 생산품 품질

향상을 촉구하기 위한 소비자보호 운동을 법률이 정하는 바에 의하여 보장하고, 제125조에서는 대외적 무역을 육성하며, 이를 규제·조정할 수 있게 하고, 제126조에서는 국방상 또는 국민경제상 緊切한 필요로 인하여 법률에 정한 경우를 제외하고는, 사영기업을 국유 또는 공유로 이전하거나 그 경영을 통제 또는 관리할 수 없게 하고, 제127조에서는 科學技術의 혁신과 정보 및 인력개발을 통하여 경제발전에 노력하여야 하며, 대통령은 이를 위하여 필요한 諮問機關(자문기관)을 둘 수 있다고 하고 있다.

국제평화주의(國際平和主義)

국제간의 친선을 도모하고 침략전쟁을 부인함으로써 인류를 전쟁의 참화로부터 지켜내려는 주의를 말한다. 이 주의는 UN의 정신이며, 우리 현행헌법 제5조 제1항과 헌법조문에서도 그 뜻이 명백히 규정되어 있다. 우리 현행헌법 제5조 제1항은 국제평화의 유지에 노력하고 침략적 전쟁을 부인한다고 규정하고 있는데, 국제연합헌장과 프랑스헌법 및 우리 현행헌법 전문에 그 취지가 선언되어 있다. 오늘날 각국의 헌법은 대부분 국제평화에 관한 규정을 두고 있다(예 : 이태리헌§ 11·일본헌§ 2 등).

자위권(自衛權)

영 ; right of selfdefence
독 ; Recht der Notwehr
불 ;pdroit de lëgitime défence

국가 또는 국민에 대한 급박한 침해에 대하여 실력으로써 방위할 수 있는 국가의 기본적 권리이다. 급박하고 부당한 침해에 대하여 방위하는 正當防衛(정당방위)와 단순히 급박한 危害(위해)를 피하기 위하여 행하는 緊急避難(긴급피난)이 있는데 보통자위권이라 하면 전자를 가리킨다. 어느 경우에나 다른 수단으로는 위해를 피할 수 없는 부득이한 경우가 아니면 안 된다. 자위권의 관념은 제1차대전 후 전쟁이 일반적으로 위법화됨에 따라 부정한 침해에 대한 방위를 위한 전쟁의 合法性(합법성)을 留保(유보)하기 위하여 특별히 일반화되었다. 1928년의 不戰條約(부전조약)에서도 자위권만은 합법적인 권리로서 인정되었고 國際聯合憲章(국제연합헌장)에서도 자위권의 발동을 인정하고 있다. 특히 헌장은 개별적 자위권과 동시에 집단적 자위권을 인정하고 있으며, 어느 경우에나 그 발동의 남용을 방지하기 위하여 안전보장이사회가 통제를 하도록 규정하고 있으며, 필요한 정도를 넘은 자위권의 행사는 過剩防禦(과잉방어)로서 違法行爲(위법행위)가 된다.

국군의 정치적 중립성 준수 (國軍의 政治的 中立性 遵守)

군의 기본적 사명이 외침으로부터의 국토방위이고, 그 기본적 기능이 정치가 아닌 군사적 전략전술임은 물론, 주권자인 국민이 그 안전을 위하여 그들의 납세로써 군을 조직하고 유지하고 있다는 점을 감안할 때, 국민의 의사에 반하여 군은 정치에 개입할 수 없다. 국가적 위기가 외침에 의한 것이 아니고 정치적·경제적·사회적 요인에 의한 것일 경우, 그것은 헌법에 규정된 통상적인 국가긴급권으로 대처해야 한다. 현행 헌법 제5조 제2항은 '국군은 국가의 안전보장과 국토방위의 신성한 의무를 수행함을 사명으로 하며, 그 정치적 중립성은 준수된다' 고 규정하고 있다.

국제법규(國際法規)

우리 헌법 제6조 제1항은 '헌법에 의하여 체결·공포된 조약과 일반적으로 승인된 국제법규는 국내법과 같은 효력을 가진다' 라고 규정하여 국제법을 국내법에 수용하고 이를 존중하는 입장을 명백히 하고 있다. 국제관습법이나 조약을 국내에서 실시함에 있어서 국내법적 형식을 부여해야 한다고 가정하면, 국제법과 국내법은 그 소관형식을 달리하기 때문에 양자 사이에 효력의 우열관계는 발생하지 않는다. 그러나 국제법이 그대로의 형식으로서 국내법상의 효력을 가진다고 하면, 조약도 또한 국제법이 성립하는 한 개의 법형식에 불과하므로 국제법과 헌법·법률·명령 등과의 우열문제가 생긴다. 이론적으로는 국내법우위론과 국제법우위론이 대립되고 있으며, 이에 관한 각국헌법의 규정은 상이하다. 우리 헌법은 국제법과 국내법의 효력관계에 있어서 동위설을 취하고 있다.

헌법우위설(憲法優位說)

헌법과 조약과의 효력관계에 있어서 헌법이 조약보다 우위에 있다는 학설을 말한다. 이에 대하여 그 반대의 경우를 조약우위설이라고 한다. 이 논의는 일단 국제법(조약)과 국내법(헌법)이 同一法體系에 속한다는 것(一元論)을 전제로 하여 성립한다. 따라서 헌법이 조약보다 우위에 있다는 논거는, (1) 성립절차에 국민투표를 필요치 않고 개정이 헌법보다도 용이한 조약이 만약 헌법보다 우위에 있다고 하면 국민투표의 절차를 필요로 하는 헌법을 변경하는 것이 가능하게 되어 국민주권주의의 입장에서 불합리하다는 것, (2) 헌법 제6조 1항도 헌법과 조약과의 우열을 정한 규정이 아니고 국제법규는 국내법(헌법 이외)과 동일한 효력을 가진다는 것. (3) 違憲法令審査(위헌법령심사)의 대상에서 조약을 제외하는 것은 조약자체의 특성에서 나오는 것이고, 그것이 조약우위를 의미하는 것은 아니라는 점 등을 든다.

헌법우위설과 조약우위설

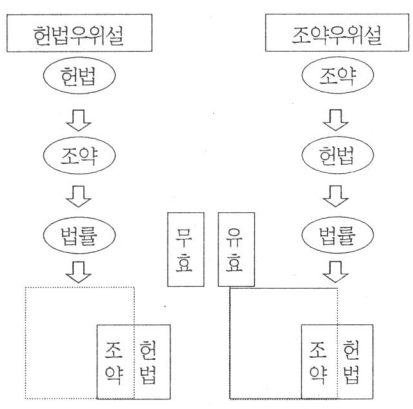

헌법 제111조 제1항 제1호 및 헌법재판소법 제41조 제1항은 위헌법률심판의 대상에 관하여, 헌법 제111조 제1항 제5호 및 헌법재판소법 제68조 제2항, 제41조 제1항은 헌법소원심판의 대상에 관하여 그것이 법률임을 명문으로 규정하고 있으며, 여기서 위헌심사의 대상이 되는 법률이 국회의 의결을 거친 이른바 형식적 의미의 법률을 의미하는 것에는 아무런 의문이 있을 수 없다. 따라서 형식적 의미의 법률과 동일한 효력을 갖는 조약 등은 포함된다고 볼 것이지만 헌법의 개별규정 자체는 그 대상이 아님이 명백하다(헌법재판소 1995. 12. 28. 95헌바3 全員裁判部).

정당(政黨)

영 ; political party
독 ; politische Partei
불 ; parti politique

정당이란 국민의 이익을 위하여 책임 있는 정치적 주장이나 정책을 추진하고 공직선거의 후보자를 추천 또는 지지함으로써 국민의 정치적 의사의 형성에 참여하는 것을 목적으로 하는 국민의 자발적 조직을 말한다(정당§ 2). 현대의 회정치는 정당이 출현함으로써, 대의살림적 의회제도로부터 정당국가로 발전·변모하게 되었다. 우리현행헌법은 「정당의 설립의 자유이며, 복수정당제는 보장된다. 정당은 그 조직과 활동이 민주적이어야 하며, 국민의 정치적 의사형성에 참여하는데 필요한 조직을 가져야 한다. 정당은 법률이 정하는 바에 의하여 국가의 보호를 받으며 국가는 법률이 정하는 바에 의하여 정당의 운영에 필요한 자금을 보조할 수 있다. 정당의 목적

이나 활동이 민주적 기본질서에 위배된 때에는 정부는 헌법재판소에 그 해산을 제소할 수 있고, 정당은 헌법재판소의 결정에 의하여 해산된다」고 규정하고 있다(헌§ 8).

정당은 정치적결사로서 국민의 정치적 의사를 적극적으로 형성하고 각계 각층의 이익을 대변하며, 정부를 비판하고 정책적 대안을 제시할 뿐만 아니라, 국민 일반이 정치나 국가작용에 영향력을 행사하는 매개체의 역할을 수행하는등 현대의 대의제민주주의에 없어서는 안 될 중요한 공적기능을 수행하고 있다 (헌법재판소 전원재판부 1996. 8. 29. 96헌마99).

복수정당제(複數政黨制)

독. System der Pluraiparteien

단일정당제의 강요나 정당설립의 제한을 인정하지 않는 정당제도를 말한다. 오늘날 다원주의는 자유법치국가적 민주정치의 구성요소로 되고 있다. 따라서 국가정당제도나 단일정당제도는 민주적 기본질서에 위배된다. 정당결성의 자유는 민주주의 국가에서는 정치적 기본질서의 하나에 속하기 때문에 2개 정당만을 인정하는 제도라기보다 단일정당제를 부인하는 제도라는 데 그 의의가 있다. 다수정당제만이 정치과정의 공개성과 의견의 다양성, 정권의 평화적 교체의 가능성을 보장하고 있다. 따라서 야당의 활동의 자유가 보장되는 복수정당제야말로 민주적 기본질서의 중요한 요소가 되고 있다. 우리 헌법은 제8조에서 복수정당제를 보장하고 정당활동의 자

유를 보장하고 있다.

정당국가(政黨國家)
영 ; Parteienstaat

의회정치의 운용에서 정당이 그 정치의 중심이 되어 있는 국가를 말한다. 오늘날 모든 국가는 代議政的 議會制度(대의정적 의회제도)가 쇠퇴하고 정당국가로 변모하고 있다. 따라서 민주정치=의회정치=정당정치라는 공식이 성립하게 된다. 민주국가에 있어서의 정당국가적 성격은 복수정당제 또는 다원적 정당국가임을 그 특성으로 한다. 다원적 정당국가에 있어서는 정당설립의 자유가 보장되어야 함과 동시에 복수정당간에 평화적인 정권교체의 간섭이 존재한다는 점에 특색이 있다. 정당국가에 있어서는 정당의 정책을 중심으로 그 정치가 운용되는 까닭에 선거의 성질은 대표자의 선출로서의 의미를 가지는 것이 아니라 정당의 정책에 관한 국민투표를 의미하게 한다.

정당의 해산(政黨의 解散)

정당의 해산이란 정당의 목적이나 활동이 민주적 기본질서에 위배된 때, 정부가 헌법재판소에 그 해산을 제소하고, 헌법재판소의 심판에 의하여 정당을 해산하는 것을 말한다(헌§ 8④ 참조). 즉, 우리 헌법의 가치기준이 되어 있는 민주적 기본질서 그 자체를 파괴하려는 정당의 존립을 인식하면서도, 그 해산은 정치적 중립기관인 헌법재판소의 신중한 심판절차를 거치게 함으로써 정부의 恣意的(자의적)인 처분에 의한 정당해

산과 이로 인한 야당탄압을 금지한 것이다. 헌법재판소에서 정당해산의 심판을 할 때에는 재판관 6인 이상의 찬성이 있어야 한다(§ 113①). 정부가 헌법재판소에 해산을 제소함에는 국무회의의 심의를 거쳐야 한다(§ 89ⅩⅣ). 정당해산을 위한 제소장에는 해산을 요구하는 정당을 표시하고 제소의 이유를 기재하여야 한다. 정당의 해산을 명하는 결정이 선고된 때에는 당해 정당은 해산하게 된다. 위헌정당강제해산시 그 소속원인 국회의원의 신분에 어떠한 영향을 미치는지에 대하여는 견해대립이 있다. 다만, 헌법재판소는 2014년 12월 19일 '통합진보당'에 대한 해산청구사건(2013헌다1)에서 헌법재판관 8명의 찬성으로 피청구인 통합진보당을 해산하고 그 소속 국회의원은 의원직을 상실한다는 결정을 선고하였다.

**위헌정당강제해산시 소속의원의 자격
상실여부에 대한 견해대립**

제1설 (다수설, 헌법재판 소 판례)	정당제민주주의원리와 방어적 민주주의 정신을 존중하고, 위헌정당강제해산결정의 실효성 확보를 이유로 지역구·비례대표 의원 모두 국회의원신분을 상실한다고 보는 견해
제2설	국회의원의 국민대표성을 중시하여 소속 정당이 해산되더라도 국회의원직은 상실되지 않고 무소속의원으로 남는다는 견해
제3설	지역구국회의원의 경우 국민대표성이 강하므로 국회의원직을 상실하지 않지만, 비례대표국회의원의 경우 정당대표성이 강하다는 이유로 의원직을 상실한다고 보는 견해

※ **통합진보당 해산 청구 사건 (2013헌 다1) 결정 요지**

피청구인이 북한식 사회주의를 실현한다 는 숨은 목적을 가지고 내란을 논의하는 회합을 개최하는 등 활동을 한 것은 헌법 상 민주적 기본질서에 위배되고, 이러한 피청구인의 실질적 해악을 끼치는 구체적 위험성을 제거하기 위해서는 정당해산 외 에 다른 대안이 없으며, 피청구인에 대한 해산결정은 비례의 원칙에도 어긋나지 않 고, 위헌정당의 해산을 명하는 비상상황 에서는 국회의원의 국민 대표성은 희생될 수밖에 없으므로 피청구인 소속 국회의원 의 의원직 상실은 위헌정당해산 제도의 본질로부터 인정되는 기본적 효력이다.

이에 대하여 정당해산의 요건은 엄격하 게 해석하고 적용하여야 하는데, 피청구 인에게 은폐된 목적이 있다는 점에 대한 증거가 없고, 피청구인의 강령 등에 나타 난 진보적 민주주의 등 피청구인의 목적 은 민주적 기본질서에 위배되지 않으며, 경기도당 주최 행사에서 나타난 내란 관 련 활동은 민주적 기본질서에 위배되지만 그 활동을 피청구인의 책임으로 귀속시킬 수 없고 그 밖의 피청구인의 활동은 민주 적 기본질서에 위배되지 않는다는 재판관 김이수의 반대의견이 있다.

공직선거법
(公職選擧法)

1994. 3. 16. 법률 제4739호로 '공직선거및 선거부정방지법'으로 제정된 이 법은 2005. 8. 4. 공직선거법'으로 명칭을 개정하였다. 대한민국헌법과 지방자치법에 의한 선거가 국민의 자유로운 의사와 민주적인 절차에 의 하여 행하여지도록 하고, 선거와 관련한 부 정을 방지함으로써 민주정치의 발전에 기여 함을 목적으로 한다. 이 법은 대통령선거국 회의원선거지방의회의원 및 지방자치단체의 장의 선거에 적용한다.

선거(選擧)
영 : election
독 : Wahl
불 : lection

다수의 선거인에 의한 공무원의 선임 행위를 말한다. 즉 선거인은 전체로써 선거인단을 구성하고, 이 합의체에 의하 여 공무원을 선임한다. 선거는 기술적인 문제인 것처럼 보이나 사실에 있어서는 민주정치의 실현에 결정적인 역할을 하 는 것으로 국가는 각기 직접군주제·권력 분립제·대표민주제에 적합한 선거제도를 채택한다. 따라서 선거는 오늘날 헌법의 요소로 되었다. 선거는 단순한 선임행위 이나 그 법적 성질에 관하여서는 학설 의 대립이 있다. 선거를 국민의 권리의 강제위임이라고 보는 설도 있으나, 오늘 날에는 대표위임이라고 보는 것이 유력 한 학설이다.

선거관리위원회(選擧管理委員會)

선거와 국민투표의 공정한 관리 및 정 당에 관한 사무를 처리하기 위하여 두 는 합의제 독립기관을 말한다(헌법 제 114조 1항). 우리 헌법은 제114조부터 제116조까지 선거관리에 관한 규정을 두고 있다. 즉 헌법 제114조 제2항에서 중앙선거관리위원회의 구성을, 동조 제3 항에서 위원의 임기를, 동조 제4항에서 위원의 정치적 중립성을, 동조 제5항에 서 위원의 신분보장을, 동조 제6항에서 규칙제정권을 규정하고, 그리고 동조 제 7항에서는 '각급선거관리위원회의 조직· 직무범위 기타 필요한 사항은 법률로 정한다'라고 하고 있는 바, 이에 관한 법률로서 선거관리위원회법이 있다. 선거관리위원회는 선거와 국민투표의 공정한 관리는 물론 정당한 사무를 처리하는 헌법상의 필수적 합의제독립기관(관청)이다. 선거관리위원회는 (1)헌법상의 필수기관으로서 헌법개정에 의하지 아니하고는 이를 폐지할 수 없고, (2)독립된 기관이므로 위원의 신분이 보장되고, 대통령도 그 직무에 간섭할 수 없으며, 위원들의 정당가입이나 정치관여가 금지되며, (3)합의제기관이므로 직무에 관한 합의에는 위원장과 위원들이 법적으로 동등한 지위에 선다.

공민권(公民權)

공민이 가지는 권리로서 참정권(선거권·피선거권)을 말한다.

선거권(選擧權)
영 : elective franchise, suffrage
독 : (aktives)Wahlrecht
불 : lectorat

참정권 중 선거인의 지위를 말한다. 선거권의 법적 성격에 대해서는 자연권설·기능설(공무설)· 권한설 · 이원설 등 학설이 대립된다. 선거권은 '국가기관으로서의 국민'인 선거기관의 기능이라고 보는 것이 가장 논리적이나 선거기관으로서의 국민은 합성기관이며 개별적 국민을 의미하지 않는다. 그렇다고 하더라도 개별적인 국민은 이 선거기관의 구성에 적극적으로 참여할 수 있는 능동적 기본권을 가진다. 이 기본권은 국가 이전의 자연권적 권리라고 볼 수는 없으나, 헌법이나 실정법에 의하여 인정되

는 것이므로 어디까지나 하나의 개인적 공권이라고 보아야 할 것이므로 이원론이 타당하다. 우리 헌법 제24조는 '모든 국민은 법률이 정하는 바에 의하여 선거권을 가진다'고 규정하고 있다. 공직선거법 제15조에서는 선거권을 가지기 위해서 만 19세가 되어야 한다고 규정하고 있다. 외국에서는 선거연령을 18세로 인하하고 있다. 국민의 선거권에는 국회의원 선거권, 대통령 선거권, 지방의회의원과 지방자치단체의 장의 선거권 등이 있다. 국회의원에 대한 선거권은 보통·평등하게 부여되어야 한다(헌법 제41조). 따라서 제한선거는 인정되지 않으며, 불평등선거도 인정되지 않는다. 만 19세에 달한 대한민국 국민은 결격사유가 없는 한 1인 1표를 가지며, 주거기간에 의한 선거권의 제한은 인정되지 않는다.

선거권의 제한(選擧權의 制限)

선거인의 지위를 인정하지 않는 것을 말한다. 선거권의 요건에는 적극적 요건과 소극적 요건이 있다. 적극적 요건은 국적·연령 등에 관한 것이고, 소극적 요건은 선거권이 인정되기 위해서 있어서는 안될 사유를 말한다. 선거권은 국가 내적 공권이기 때문에 외국인에게는 인정되지 않는다. 그러나 지방차원에서의 참정권을 '국민의 권리'가 아닌 '주민의 권리'로 파악하여 외국인에게도 지방에 한하여 참정권을 인정할 수 있지 않은지 문제되는데, 현행 공직선거법은 2005년 법개정을 통하여 영주의 체류자격 취득일 후 3년이 경과한 19세 이상의 외국인으로서 지방자치단체의 외국인등록대장에 등재된 자에 대하여는 지

방자치단체장과 지방의회의원 선거에서의 '선거권'을 인정하고 있다(동법 제15조 제2항). 선거권과 관련하여 공직선거법은 선거일 현재 (1)금치산선고를 받은 자, (2)금고이상의 형의 선고를 받고 그 집행이 종료되지 않거나 그 집행을 받지 않도록 확정되지 아니한 자, (3)선거범으로써, 100만원 이상의 벌금형의 선고를 받고 그 형이 확정된 후 5년 또는 형의 집행유예의 선고를 받고 그 형이 확정된 후 10년을 경과하지 아니하거나 징역형의 선고를 받고 그 집행을 받지 아니하기로 확정된 후 또는 그 형의 집행이 종료되거나 면제된 후 10년을 경과하지 아니한 자(형이 실효된 자도 포함한다), (4)법원의 판결에 의하여 선거권이 정지 또는 상실된 자에게는 선거권을 인정하지 아니하고 있다(동법 18조).

1. 공직선거법(2005. 8. 4. 법률 제7681호로 개정된 것) 제18조 제1항 제2호 중 '유기징역 또는 유기금고의 선고를 받고 그 집행유예기간 중인 자'에 관한 부분은 헌법에 위반된다.(헌법재판소 2014.1.18, 2012헌마409).
2. 공직선거법 제18조 제1항 제2호 중 '유기징역 또는 유기금고의 선고를 받고 그 집행이 종료되지 아니한 자'에 관한 부분은 헌법에 합치되지 아니한다. 위 법률조항 부분은 2015. 12. 31.을 시한으로 입법자가 개정할 때까지 계속 적용된다(헌법재판소 2014.1.18, 2012헌마409).

보통선거(普通選擧)

영 ; universal suffrage
독 ; allgemeines Wahlrecht
불 ; suffrage universal

普通選擧란 재산·납세 · 교육의 정도 또는 신앙 등에 의하여 선거권에 차등을 두지 않는 선거를 말한다. 제한선거에 대응하는 개념이다. 근대초기에는 대개 制限選擧制度를 택하고 있었으나 민주주의가 발달한 현대에 와서는 거의 예외없이 보통선거를 채택하고 있다. 우리 헌법에서도 국회의원과 대통령의 선거에 있어서 보통선거에 의할 것을 명문으로 규정하고 있다(헌§ 41①, § 67①).

제한선거(制限選擧)

영 ; restricted suffrage
독 ; beschränktes Wahlrecht
불 ; suffrage restreint

제한선거란 재산·납세·교육의 정도 또는 신앙의 여하에 따라서 선거권에 제한을 두는 제도이다. 보통선거에 대응하는 개념이다. 근대 초기 선거제도는 대개 제한선거제도이었으나, 현대에는 제한선거제를 채택하는 예는 거의 없으며, 보통선거가 원칙으로 되어 있다.

평등선거(平等選擧)

독 ; gleiches Wahlrecht
불 ; suffrage égal

평등선거란 각 선거인이 가지는 선거권의 효과가 동등한 선거제도를 말한다. 재산납세·교육 등에 의해서 선거권의 효과에 차등을 두는 제도인 불평등(차등)선거와 구별된다. 직접·비밀·보통선거와 아울러 평등선거는 입헌국가에서 선거제도상 가장 중요한 원리의 하나이다. 우리 헌법도 국회의원과 대통령선거에 있어서 평등선거를 선언하고 있다(헌 § 41①, § 67①).

직접선거(直接選擧)
영 ; direct election
독 ; direkte Wahl,unmittelbare Wahl
불 ; suffrage direct

직접선거란 선거인이 당선인을 직접지 명하는 선거제도를 말한다. 間接選擧(간 접선거)에 대응하는 개념이다. 오늘날 여러 국가의 선거법에서는 일반적으로 직접선거제도를 채택하고 있다. 우리 헌법도 국회의원과 대통령선거는 직접선 거에 의할 것을 명문으로 규정하고 있다(헌§ 41①, § 67①).

간접선거(間接選擧)
영 ; indirect election
독 ; indirekte Wahl mittelbare Wahl
불 ; suffrage deux degés

간접선거란 일반선거인은 소위원선거 인으로써 중간선거인을 선거하는 데 그치고, 그 중간선거인이 대통령이나 의원 등을 선거하는 제도를 말한다. 직접선거에 대응하는 개념이다. 일반선거인의 선거능력에 대한 불신에서 채택하는 경우와, 인구가 많고 지역이 광대하여 선거절차를 간편히 하려는 목적에서 채택하는 경우도 있으나, 간접선거제도의 근원은 전자에 유래한다. 중간선거인이 原選擧人의 의사대로 대통령이나 의원을 선출하면 무용의 절차이고, 반면 원선거인의 의사에 반하면 민의를 중간에서 沮止·歪曲하는 까닭에 그 한도 내

에서는 민주주의 정신에 위배된다고 할 수 있다. 현존의 제도로는 미국대통령선거가 대표적인 것이나, 정당정치의 발달로 실질적으로는 직접선거와 같다. 우리 나라에서는 제4·5공화국의 대통령선거가 간접선거에 의해 행해졌다.

자유선거(自由選擧)

자유선거란 강제선거에 대응하는 개념으로 선거인이 강제나 외부의 어떠한 간섭도 받지 않고 자기의 선거권을 자유롭게 행사할 수 있는 것을 의미한다. 자유건거의 원칙은 선거의 내용뿐만 아니라 선거의 가부까지도 선거인의 임의로운 결정에 맡길 것을 요구하는 것이다. 따라서 선거의무를 헌법적 차원이 아닌 법률로 규정하는 것은 허용될 수 없다. 헌법은 자유선거의 원칙을 명문으로 규정하지는 않지만, 민주국가의 선거제도에 내재하는 법원리로서 당연히 인정된다고 본다.

헌법 제41조 제1항 및 제67조 제1항은 각 국회의원선거 및 대통령선거와 관련하여 선거의 원칙을 규정하면서 자유선거원칙을 명시적으로 언급하고 있지 않으나, 선거가 국민의 정치적 의사를 제대로 반영하기 위해서는, 유권자가 자유롭고 개방적인 의사형성 과정에서 외부로부터의 부당한 영향력의 행사 없이 자신의 판단을 형성하고 결정을 내릴 수 있어야 한다. 따라서 자유선거원칙은 선출된 국가기관에 민주적 정당성을 부여하기 위한 기본적 전제조건으로서 선거의 기본원칙에 포함되는 것이다. 자유선거원칙이란, 유권자의 투표행위가 국가나 사회로부터의 강제나 부당한 압력의 행사 없이 이루어져야 한다는 것뿐만 아니라, 유권자가 자유롭고 공개적인 의사형성과정에서 자신의 판단과 결정을 내릴 수 있어야 한다는 것을 의미한다(헌법재판소 2004. 5. 14. 선고 2004헌나1 전원재판부).

공영선거(公營選擧)

선거를 국가나 지방자치단체가 관리하는 선거제도를 말한다. 이는 선거운동의 과열로 야기될 폐단을 방지하기 위하여 선거비용의 전부 또는 일부를 국가가 부담하고, 선거운동을 국가나 지방자치단체가 관리하는 제도이다. 이 제도는 공정한 선거를 기하고, 선거비용에 제약을 받는 자력은 없으나 유능한 자의 당선을 보장하려는 데에 그 의의가 있다. 우리 헌법 제116조에서는 "선거운동은 각급 선거관리위원회의 관리하에 법률이 정하는 범위안에서 하되, 균등한 기회가 보장되어야 한다. 선거에 관한 경비는 법률이 정하는 경우를 제외하고는 정당 또는 후보자에게 부담시킬 수 없다"고 규정하여 공영선거제를 취하고 있다.

공개투표(公開投票)
영 ; open vote

공개투표란 투표인의 투표내용을 제3자가 알 수 있는 투표제도를 말한다. 秘密投票에 상대되는 개념이다. 예컨대 口述投票·擧手投票·起立投票·記名投票 등이 그것이다. 공개투표에 의하게 되면 투표인이 제3자에 의해 심리적 압박을 받아 공정한 표결을 기대하기 어렵기 때문에 현대국가에서는 그 예가 적다.

임의투표(任意投票)

임의투표란 선거권의 행사는 전적으로 선거인의 자유의사에 의하며, 기권하는 경우에도 아무런 법적 제재를 가하지 않는 투표제도를 말한다. 강제투표에 대응하는 개념이다. 자유민주국가의 대부분이 임의투표제를 채택하고 있으며 우리 나라도 임의투표제에 따르고 있다. 선거권을 하나의 권리로 보는 시각에서 오는 제도이다.

강제투표(强制投票)

강제투표란 선거인으로서 정당한 이유 없이 투표하지 않는 자에게 일정한 제재를 가하는 투표제도를 말한다. 임의투표에 상대되는 개념이다. 선거권의 법적 성질을 공무적인 것으로 보는 제도이다. 프랑스의 1791년의 헌법회의에서 바르나브(Barnave · Antoine · Pier-re · joseph · Marie) 등에 의하여 주장되었고, 1795년 執政憲法의 토의에서도 지배적인 주장이 되었으며, 19세기 중엽 이후의 유럽제국에서 많이 채택된 제도이다. 정당한 이유 없이 선거권을 행사하지 않은 데 대한 제재로서는 보통 성명의 公示(공시)·譴責(견책)·公權의 停止·공권의 박탈·벌금·조세의 增徵 등이 있으며, 공무원의·경우에는 감봉·면직 등의 방법이 있다. 강제투표의 주된 목적은 기권의 방지이지만 정치적 무관심을 예방하려는 취지도 있다.

결선투표(決選投票)

결선투표란 재투표의 하나로서, 당선인을 결정하기 위해서 일정한 득표수 이상이 요구되는 경우, 그 득표수에 해당하는 자가 없어서 당선인을 결정할 수 없는 때에 최고득표자 두 명을 대상으로 하여 다시 선거하는 투표제도를 말한다.

게리맨더링
영. gerrymandering

특정의 정당이나 후보자에게 유리하도록 선거구의 구역을 인위적으로 정하는 것을 말한다. 메사츄세츠 주지사 게리 (Elbrid-ge Gerry : 1744~1814)의 재임시, 현재의 민주당인 당시 공화당이 공화당에게 유리한 상원의원선거구개정법을 통과시켜 선거구가 마치 salamander(불도마뱀)라는 괴물과 비슷한 기형의 선거구 모양이 만들어져 이를 합성하여 게리맨더링이라는 말이 생겼다.

대선거구(大選擧區)

大選擧區란 단위지역에서 5인 이상의 대표를 선출하는 선거구를 말한다. 小選擧區에 대응하는 개념이다 대선거구제의 장단점은 곧 小選擧區制의 장단점의 반대가 된다. 즉, (1) 死票가 적어지며 比例代表制의 취지를 관철시킬 수 있고, (2) 소선거구제의 경우와 같은 선거간섭·정실·매수 등 부정선거가 비교적 적어지며, (3) 인물 선택의 범위가 넓어진다는 장점이 있는 반면, (1) 群小政黨의 출현을 쉽게 하므로 정국의 불안을 가져올 우려가 있고, (2) 선거구역이 확대되므로 선거 비용이 많아진다는 단점이 있다.

중선거구(中選擧區)

中選擧區란 한 선거구에서 2~4인의 대표자를 선출하는 선거의 지역적 단위를 의미한다. 중선거구제는 대·소선거구의 장단점을 모두 갖추고 있다.

소선거구(小選擧區)

소선거구란 1선거구에서 1인을 선출하는 선거의지역적 단위를 말한다. 대선거구에 대응하는 개념이다. 선거인은 후보자 가운데 1인에게만 투표를 하고, 그 투표의 다수를 얻은 후보자가 당선인이 되는 單記名投票法(단기명투표법)과 多數決主義가 적용된다. 소선거구제는 (1) 소정당의 진출을 억제함으로써 정국의 안정을 도모할 수 있으며, (2) 선거단속의 철저를 기할 수 있으므로 嚴正選擧를 도모할 수 있고, (3) 지역이 비교적 협소하므로 선거비용이 절약되고, 후보자의 적부에 대하여 선거인이 비교적 精通하다는 장점이 있는 반면, (1) 死票의 확율이 높으며, 대정당에 불리하고, (2) 전국민의 대표자로서는 부적합한 지방적인 인물이 배출될 가능성이 많으며, (3) 선거의 간섭·정실·매수 등의 부정선거가 행하여질 위험성이 크다는 단점도 무시할 수 없다.

국민대표제(國民代表制)

국민주권원리의 구체적 구현형태의 일종을 말한다. 헌법 제1조 제2항은 '대한민국의 주권은 국민에게 있고, 모든 권력은 국민으로부터 나온다'라고 하여, 국민주권의 권리를 명문으로 선언하고, 전문은 국민이 헌법을 제정했고 그 헌법을 국민투표에 의해 개정했음을 선언하고 있으며, 또 제1조 제1항은 민주공화국임을 규정하여 국민주권원리의 채택을 간접적으로 규정하고 있다. 그러나 전체국민의 주권자라 하여도 이러한 전체국민은 주권을 직접 행사할 수 없다. 주권자인 국민은 모든 국가권력의 연원으로서 다른 국가기관에 국가권력을 위탁하여 행사시킨다. 국가의 권력은 헌법에 의하여 국민의 대표기관인 대통령·헌법재판소 및 국회·행정부·법원에 수권되고 있다. 우리 헌법상 국민주권원리의 구현을 위한 국민대표제의 표현으로 의회제도를 보장하고(헌법 제3조), 주권행사기관인 국민이 국민의 대표인 국회의원을 직접선거하며(헌법 제41조 1항), 대통령을 직접선거한다(헌법 제67조 1항). 이를 위하여 국민 개인에게는 공무원선거권(헌법 24조), 공무담임권(헌법 25조)이 보장되며, 보통·평등·직접·비밀선거제가 채택되고 있다(헌법 41조).

다수대표제(多數代表制)
영 ; majority representation system

다수대표제란 다수표를 얻은 자를 당선인으로 하는 선거제도를 말한다. 소선거구제와 결합하여 다수당에 유리한 제도이다. 대선거구제에서도 연기투표제를 실시하는 경우에도 같다. 소수대표제와 비례대표제는 다수대표제의 이러한 결점을 보충하기 위해 고안된 제도이다.

소수대표제(小數代表制)
영 ; minority representation system

소수대표제란 선거구에서 2인 이상의 당선자를 내게 하는 대선거구제와 결합하여 소수당에서도 당선인을 낼 수 있는 선거제도를 말한다. 다수대표제에 대응하는 개념이다. 소수대표제는 대선거구에서 단기명투표제를 채택하는 경우

가 대부분이지만, 이 밖에도 累積投票制(누적투표제) · 制限連記名投票制(제한연기명투표제) · 遞減投票制(체감투표제) 등의 방법을 택하는 경우도 있다. 우리 나라에서는 과거 참의원선거에서 대선거구에 제한연기명투표제를 채택한 바가 있으나, 현행 선거법에는 채택하고 있지 않다.

비례대표제(比例代表制)
영 ; proportional represent ation system

비례대표제란 정당의 존재를 전제로 하고, 정당의 득표수에 비례하여 의원을 선출하는 선거제도를 말한다. 우리 나라 헌법도 비례대표제를 채택하고 있다(헌 § 41③). 다수대표제와 소수대표제의 결점을 보완하기 위하여 고안된 것이다. 자유주의적 대의제로부터 정당국가적 민주정으로 발달하면서 비례대표제가 많이 채택되었다. 사표를 활용하는 데에 장점이 있다. 비례대표제에는 그 樣態가 170여종이나 있으나 그 대표적인 것으로는 單記移讓式과 名簿式이 있다.

명부식 비례대표
(名簿式 比例代表)
영. list proportional representation

유럽에서 사용되는 비례대표제의 하나로, 대선거구제에서 선거인이 미리 제시된 각 정당의 후보자 명부에 투표하여, 그 명부 안에서 투표의 이양을 인정하는 제도를 말한다. 이는 다시 (1)같은 정당 안에서는 후보자의 선택을 자유롭게 하는 자유명부제와 (2)한 개의 후보자 명부에 구속되어 그 순위의 변경을

인정하지 않는 구속명부제로 나뉜다.

직능대표제(職能代表制)
영 ; functional representation

職能代表制란 국민 각계각층의 이해관계인의 대표로 국회를 구성하는 제도이다. 국회의원이 국민의 일부계층에서만 선출되면 국회가 정당한 국민의 대표라고 말할 수 없다는 것을 근거로하여 職能代表制를 주장한다. 그러나 직능대표를 선출하는 합리적인 방법을 고안하는 것이 기술적으로 곤란하고, 이해관계가 대립하는 대표자들이 의견의 일치를 보는 것도 어렵다는 단점이 있다.

연기명투표(連記名投票)

연기명투표란 대선거구에서 정원수만큼 후보자의 성명을 連記하는 투표제도이다. 다수대표제의 투표방식으로서 單記名投票에 대응하는 개념이다.

피선거권(被選擧權)
독 ; Wählbarkeit 佛 ; éligibilité

피선거권이란 선거에 의하여 당선인이 될 수 있는 자격을 말한다. 피선거자격과 동일한 의미이다. 보통 선거권 보다는 그 요건이 가중된다. 국회의원의 피선거권은 법률로써 정해지나 성별 · 종교 · 사회적 신분에 의하여 차별해서는 안 된다(헌§ 11①). 우리 나라에 있어서는 국회의원의 선거에 있어서나 대통령 선거에 있어서 선거권의 연령보다는 높은 연령으로 하고 있다. 즉, 대통령의 피선거권이 있는 자는 국회의원의 피선거권이 있고 선거일 현재 40세에 달하여야(선거권은 19세) 한다고 하고 있다(§ 67④공선§ 15, 16, 17).

비밀선거(秘密選擧)
영 ; secret election 獨 ; geheime ballot
불 ; suffrage secréte

비밀선거란 투표인의 투표내용을 외부에서 알지 못하도록 비밀을 보장하는 방법을 취하는 선거제도를 뜻한다. 公開選擧制(공개선거제)에 대응하는 개념이다. 투표자가 외부의 압력을 받지 않고 공정한 투표를 할 수 있도록 하기 위하여 대부분의 민주국가는 선거제도로서 비밀선거제를 채택하고 있다. 우리 나라 헌법도 국회의원과 대통령의 선거에서 비밀선거를 보장하고 있다(헌§ 41①, 67①).

보궐선거(補闕選擧)

보궐선거란 대통령이 闕位(궐위)된 때와 국회의원, 지방의회의원, 지방자치단체장에 闕員(궐원)이 생긴 때에 실시되는 선거를 말한다. 대통령이 궐위된 때에는 60일 이내에 후임자를 선거하게 되어 있다(헌§ 68②, 공선§ 200③, 201). 그리고 지역구에서 선출된 국회의원, 지방의회의원, 지자체장에 궐원이 생긴 때에는 보궐선거를 실시하도록 되어 있다. 다만, 그 선거일부터 임기만료일까지의 기간이 1년 미만이거나, 지방의회의원정수의 4분의1이상이 궐원되지 아니한 경우에는 실시하지 아니할 수 있다(공선§ 201①). 비례대표국회의원 및 비례대표지방의회의원에 궐원이 생긴 때에는 중앙선거관리위원회는 궐원통지를 받은 후 10일 이내에 그 궐원된 의원이 선거 당시에 소속한 정당의 비례대표국회의 원후보자명부 및 비례대표지방의회의원 후보자명부에 기재된 순위에 따라 궐원 된 의석을 승계할 자를 결정하여야 한 다(공선§ 200②). 다만, 공선법 제264조 (당선인의 선거범죄로 인한 당선무효) 의 규정에 의하여 당선이 무효로 되거 나 그 정당이 해산된 때 또는 임기만료 일 전 180일 이내에 궐원이 생긴 때에 는 그러하지 아니하다(공선§ 200②단 서). 그러나 이 규정(공선§ 200②단서) 은 2009년 6월 25일 헌법재판소에의하 여 '공선법 제264조(당선인의 선거범죄 로 인한 당선무효)의 규정에 의하여 당 선이 무효로 되거나' 의 부분은 위헌결정 을 받았고, '임기만료일 전 180일 이내에 궐원이 생긴 때' 부분은 헌법불합치 결정 을 받았다. 이에 2010년 1월 25일 법개 정을 통하여 단서 조항을 '그 정당이 해 산되거나 임기만료일 전 120일 이내에 궐원이 생긴 때에는 그러하지 아니하 다.' 로 개정하였다. 대통령권한대행자는 대통령이 궐위된 때에는 지체없이 중앙 선거관리위원회에 이를 통보하여야 한 다. 국회의장은 국회의원에 궐원이 생긴 때에는 대통령 및 중앙선거관리위원회 에 이를 통보하여야 한다. 지방의회의장 은 당해 지방의회의원에 궐원이 생긴 때에는 당해 지방자치단체의 장과 관할 선거구선거관리위원회에 이를 통보하여 야 하며, 지방자치단체의 장이 궐위된 때에는 궐위된 지방자치단체의 장의 직 무를 대행하는 자가 당해 지방의회의장 과 관할선거구선거관리위원회에 이를 통보하여야 한다.

공직선거법(2005. 8. 4. 법률 제7681호 로 개정된 것) 제200조 제2항 단서 중 '비례대표지방의회의원 당선인이 제264 조(당선인의 선거범죄로 인한 당선무 효)의 규정에 의하여 당선이 무효로 된 때' 부분은 헌법에 위반된다(헌재 2009. 6. 25, 2007헌마40).

공직선거법(2005. 8. 4. 법률 제7681 호로 개정된 것) 제200조 제2항 단서 중 '임기만료일 전 180일 이내에 비례 대표국회의원에 궐원이 생긴 때' 부분 은 헌법에 합치되지 아니한다. 위 법률 조항은 2010. 12. 31.을 시한으로 입 법자가 개정할 때까지 계속 적용된다 (헌재 2009. 6. 25, 2008헌마413).

공무원의 기본권 제한
(公務員의 基本權制限)

공무원에 대해서는 국민전체에 대한 봉임자라는 지위를 확보하고, 직무의 공 정한 수행과 정치적 중립성을 보장하기 위하여 일반국민에게는 인정되지 아니 하는 기본권의 제한이 인정되고 있다. 정당가입의 제한, 정치활동의 제한, 노 동3권의 제한 등이 바로 그것이다. 그러 나 공무원도 국민의 일부이고, 또 근로 자라는 점을 감안할 때, 공무원의 기본 권을 지나치게 제한하는 것은 민주국가에 있어서 기본권 보장의 이념에 반한다.

공무원의 신분보장
(公務員의 身分保障)

공무원은 정권교체에 영향을 받지 아 니하고, 또 동일한 정권하에서도 정당한 사유없이 해임당하지 않는 것을 말한다. 국가공무원법에서 보면, "공무원은 형의 선고·징계처분 또는 이법에 정하는 사유에 의하지 아니하고는 그 의사에 반하여 휴직·강임 또는 면직을 당하지 아니한다" 라고 규정하여(국가공무원법 68조), 공무원의 신분보장을 구체화하고 있다.

국민전체의 봉사자 (國民全體의 奉仕者)

헌법상 공무원의 지위를 요약해서 나타내는 말이다. 헌법은 공무원을 국민전체에 대한 봉사자이고 일부의 봉사자가 아니라고 규정하고 있는바(§ 7①), 이 말은 공무원의 본질·지위를 나타내는 기본개념으로 널리 쓰인다. 공무원의 복무상의 의무는 이 개념을 전제로 한다. 「국민전체에 대한 봉사자」 라 함은 공무원이 사적이익의 추구자가 아니고, 공공이익을 위해 봉사하는 자이며, 일부 政派의 봉사자가 아니라 국민전체의 봉사자로서 정치적으로는 중립을 지켜야 함을 뜻하는 것이라고 해석된다(國公§ 65참조).

결격사유(缺格事由)

일정한 자격이나 공직을 갖기 위해서 해당되어서는 아니되는 소극적 요건을 말한다. 선거권·피선거권 또는 공무원이 되기 위해서 해당되어서는 아니되는 결격사유에 관하여서는, 대통령선거·국회의원선거·지방의회의원 및 지방자치단체의 장의 선거에 적용되는 공직선거및선거부정방지법, 국가공무원법, 지방공무원법 등에 각각 규정되어 있다.

공무원의 책임(公務員의 責任)

공무원의 책임이란 공무원이 헌법·행정법상 부담하는 책임 및 민사·형사상 져야 하는 책임을 말한다. (1) 憲法上의 責任 : 국민주권의 원리로부터 공무원은 국민전체에 대한 봉사자이며 또한 언제나 국민에게 책임을 지며(헌§ 7①) 공무원의 직무상 불법행위로 손해를 입은 국민은 국가 또는 공공단체에 배상을 청구할 수 있는 이외에, 공무원 자신의 민사책임과 형사책임도 물을 수 있다(§ 29). 대통령과 국회의원은 재직 중의 免責特權을 가지나(§ 84, 44, 45), 헌법 제65조 제1항에 규정된 공무원의 직무집행상 위법행위에 대하여는 국회의 彈劾訴追(탄핵소추)의 대상이 되고, 이 탄핵결정에 의하여 공무원은 공직으로부터 파면 당하게 되나, 이에 의하여 민사상이나 형사상의 책임이 면제되지는 아니한다(§ 65④). (2) 行政法上의 責任 : 행정법상 일반적으로 하급관서가 상급관서에 대하여 직무행위에 관하여 책임을 진다. 특별규정으로서 공무원의 책임을 규정하는 징계규정을 두는 수가 많다. (3) 民事上의 責任 : 직무상의 불법행위로 인한 손해배상책임을 진다(헌§ 29·民§ 750). (4) 刑事上의 責任 : 공무원은 형법 또는 특별법 벌칙에 의한 책임을 진다. 형법에 의한 공무원의 범죄행위에는 공무원의 직무에 관한 죄(형법 제7장), 업무상 횡령과 背任罪(형§ 356), 公文書僞造·變造罪(형§ 225), 逃走援助罪(형§ 148)등이 있다.

지방자치(地方自治)

영 ; localantonomy
독 ; Kommunale Selbstverwaltung

지방자치란 일정한 지역을 기초로 하는 단체가 지방적 행정사무를 지방주민의 책임하에서, 자기의 기관으로 하여금 처리하고 실현하는 것을 말한다. 민주정치란 국민의 자치를 의미하므로 지방에서도 자치가 요망되고 있다. 그러므로 지방자치는 풀뿌리의 민주정치(grassroots democracy)또는 민주정치의 원천(또는 교실)이라고도 불려진다. 현대 민주주의 국가에서는 지방자치는 지방분권주의를 그 기초로 하고 주민자치와 단체자치를 그 요소로 하여 성립되어 있다. 주민자치는 영국에서 발달한 제도로 주민 스스로의 의사에 의하여 주민 자신의 책임아래 지방행정을 처리하는 것이며, 단체자치는 주로 독일 기타 유럽대륙에서 발달한 제도로서 국가로부터 독립된 단체를 인정하고 가능한 한 국가행정기관의 관여를 배제하여 그 단체의 의사와 기관 자신이 그 단체의 사무를 처리하게 하는 행정이다. 그러나 진정한 자치행정이 되기 위해서는 단체자치 뿐 아니라 주민자치의 요소도 갖추어야 한다.

지방자치단체(地方自治團體)

독 ; Gevietsrörperschaft

지방자치단체란 국가영토의 일부를 구성요소로 하고, 그 구역 내의 주민에 대하여 국법의 범위 내에서 지배권을 가진 단체를 말한다. 공공단체의 일종이며, 공법인이다(地自§ 3①). 지방단체 또는 지단이라고도 한다. 국가와 동일한 통치단체의 성격을 가지고 있으며, 단순한 경제단체가 아니다. 종류로는 보통지방자치단체와 특별지방자치단체(자치단체조합)로 나누어 볼 수 있으며, 普通地方自治團體는 다시 上級地方自治團體(道·서울특별시·광역시)와 下級地方自治團體(시·군·자치구)로 나눌 수 있다.

자치권(自治權)

자치권이란 보통 공공단체의 자주적인 사무처리권능을 뜻하는데, 주로 지방공공단체가 그의 구역 내에서 가지는 지배권을 말한다. 국민에 대한 공적 지배권인 점에서 국가의 통치권과 성질을 같이 한다. 그러나 이 자치권의 성질에 대해서는 예로부터 두 가지 견해가 대립되어 왔다. 一說은 지방자치단체의 자치권은 국가의 통치권의 일부가 지방자치단체에 부여된 것이라 하고, 따라서 국가로부터 부여된 범위 내에서만 행사될 수 있다고 한다. 또 다른 설은 지방자치단체는 그 자체가 고유의 自治權을 가지는 것으로서, 국가라 할지라도 그 고유의 자치권을 침해하는 것은 허용되지 않는다고 한다. 우리 헌법은 「지방자치단체는 … 법령의 범위 안에서 자치에 관한 규정을 제정할 수 있다」(헌§ 117①)고 규정함으로써 전자의 견해를 따르고 있다.

자치행정(自治行政)

영 ; self-government, autonomy
독 ; Selbstverwaltung
불 ; administration autonome

自治行政이란 地方自治制度에 의하여 수행되는 행정을 의미하는 것이나 그

沿革과 제도에 따라서 영국형 자치행정의 의미와 유럽대륙형 자치행정의 의미로 구별되고 있다. 전자를 주민자치라 하고 후자를 단체자치라 한다. (1) 국민(또는 주민)이 그들 스스로의 손에 의하여 또는 그들이 선출한 기관에 의하여 수행하는 행정을 의미한다. 이와 같은 의미의 자치행정은 官治行政에 대응하는 개념으로서 民衆政治(민중정치)라고도 하는 것이다. (2) 지방자치단체에 의한 행정을 의미한다. 근대정치에 있어서 자치의 요소가 일찍이 지방단체에 적용되었기 때문에 自治行政(자치행정)이란 지방자치단체에 의한 행정을 의미하여, 국민행정에 대한 개념으로서 단체자치라고도 할 수 있다. 다만 현대국가에 있어서는 자치행정의 주체로서 자치단체가 설정되고 그 자치단체에 의하여 정치적 의미의 자치행정이 실현되고 있다. 그러나 자치행정은 반드시 지방자치단체에만 인정되는 것이 아니라 經濟行政(경제행정) 기타의 행정 분야에 있어서 職能團體(직능단체)가 설치되어 그에게 경제통제 기타의 기능이 위임되는 경우가 있다. 이 경우를 經濟自治行政(Wirtschaftsselbstverwaltu- ng)이라고 한다.

조례(條例)

지방자치단체가 법령의 범위내에서 지방의회의 의결을 거쳐 그 사무에 관하여 제정한 법(헌법 제118조1항, 지방자치법 제22조)을 말한다. 조례는 지방자치단체가 그의 자치권에 의하여 자주적으로 정립한 법, 즉 지방자치단체의 자주법이라고 할 수 있는데, 법령에 위배되어서는 아니되고, 시·군 및 자치구의 조례는 시·도의 조례에 위반되어서도 아니되며(지방자치법 22조), 주민의 권리·의무에 관한 사항이나 벌칙을 규정할 때에도 법률의 위임이 있어야 한다(지방자치법 22조 단서).

자치입법권(自治立法權)

지방자치단체가 그 자치권에 기하여 법령의 범위 안에서 자치에 관한 규정을 제정하는 권한을 말한다. 헌법은 '지방자치단체는 … 법령의 범위 안에서 자치에 관한 규정을 제정할 수 있다'라고 하여, 자치입법권을 보장하고 있으며, 지방자치법은 자치법규로서 조례와 규칙을 인정하고 있다. 즉 자치입법권에는 지방자치단체가 법령의 범위 안에서 그 사무에 관하여 조례를 제정하는 권한과 또 지방자치단체의 장이 법령 또는 조례가 위임한 범위 안에서 그 권한에 속하는 사무에 관하여 규칙을 제정하는 권한(지방자치법 제3장)이 있다.

자치법규(自治法規)

자치법규란 넓은 의미로는 지방자치단체의 자치에 관계가 있는 모든 법규를 총칭하는 것이다. 예컨대 憲法·地方自治法·教育法·地方稅法·地方公務員法·條例·規則 등이 그것이다. 좁은 의미로는 법령의 범위 안에서 지방자치단체가 제정하는 자치에 관한 규정, 즉 조례와 규칙만을 가리키는 것이다.

고유사무(固有事務)

고유사무란 지방자치단체가 그의 존립 목적을 달성하기 위하여 행하는 사무를 말한다. 헌법 제117조 1항에 규정된 「주민의 복리에 관한 사무」 또는 지방자치법 제9조 1항에 규정된 「그 지방의 자치사무」 가 바로 고유사무에 해당하는 것이다. 위임사무에 대응하는 개념이다. 지방자치단체는 그의 존립목적으로 하는 것이므로, 그 목적을 달성하기 위해서 행하는 각종의 사업(상하수도 · 교통 · 오물처리)의 경영 또는 시설(병원 · 학교 · 시장)의 관리에 관한 사무가 여기서 말하는 고유사무이다. 지방자치단체는 법률상 국가 또는 다른 자치단체의 전권에 속한 것을 제외하고는, 임의로 그의 주민의 복리를 위해 필요한 각종의 사무를 행할 수 있다. 이것을 임의 또는 隨意事務(수의사무)라고 한다. 그러나 때로는 지방자치단체에게 법률상 어떤 종류의 사무를 행할 것을 의무화하고 있는 경우도 있다. 예를 들면, 교육법에 의해 의무를 부과하고 있는 국민학교설치 · 관리가 그것이다. 이와 같은 사무를 임의사무에 대응하여 필요사무라고 한다.

> 지방자치단체가 조례를 제정할 수 있는 사항은 지방자치단체의 고유사무인 자치사무와 개별 법령에 의하여 자치단체에 위임된 이른바 단체위임사무에 한하고, 국가사무로서 지방자치단체의 장에 위임된 이른바 기관위임사무에 관한 사항은 조례제정의 범위 밖이라고 할 것이다(대법원 1992. 7. 28. 선고 92추31 판결).

위임사무(委任事務)

위임사무란 지방자치단체 또는 그 기관이 국가 또는 다른 공공단체의 위임에 근거하여 행하는 사무를 뜻한다. 고유사무에 대응하는 개념이다. 委任事務는 團體委任事務(단체위임사무)와 機關委任事務(기관위임사무) 및 私人에 대한 위임사무 등이 있다. 단체위임사무는 단체 자체에 대한 위임사무로서 보건소의 설치·경영, 도로·하천의 비용의 부담에 관한 사무 등이 이에 속한다. 그 사무처리의 면에서는 고유사무와의 사이에 별로 다를 바 없다. 즉, 원칙적으로 지방의회의 의결을 거쳐 지방자치단체의 장이 집행한다. 기관위임사무는 자치단체의 장 기타 기관에 대한 위임사무로서, 그 기관은 특히 국가사무를 위임받아 처리하는 한도 안에서는 국가기관의 지위에 있게 되고 지방의회는 이 사무에 관여하지 아니한다. 경찰·가족관계등록사무 등이 그 예이다.

> 기관위임사무에 있어서도 그에 관한 개별 법령에서 일정한 사항을 조례로 정하도록 위임하고 있는 경우에는 지방자치단체의 자치조례 제정권과 무관하게 이른바 위임조례를 정할 수 있다고 하겠으나 이 때에도 그 내용은 개별 법령이 위임하고 있는 사항에 관한 것으로서 개별 법령의 취지에 부합하는 것이라야만 하고, 그 범위를 벗어난 경우에는 위임조례로서의 효력도 인정할 수 없다(대법원 1999. 9. 17. 선고 99추30 판결).

基本權

천부인권설(天賦人權說)
영 ; theory of natural rights

인간은 태어나면서부터 자유롭고 평등한 인격과 스스로의 행복을 추구하는 권리를 가진다는 이론이다. 이 학설은 18세기 유럽에서 시민계급의 대두를 배경으로 발전하였는데, 근세의 계몽적 자연법사상에서 제창된 自然法理論의 하나이다. 대표자는 「루소」이다. 천부인권은 超國家的前法律的 不可侵의 것으로 간주되므로 국가의 역할은 이와 같은 천부인권을 소극적으로 보장하는 데 그치며(자유주의적 국가관, 나아가서는 법치주의), 따라서 국가권력이라 할지라도 천부인권은 침해할 수 없다고 하는 것이다(예 : 人權宣言). 제6공화국 헌법에서도 이 천부인권에 바탕을 두고 「모든 국민은 행복을 추구할 권리를 가진다」고 규정하고 있다(헌§ 10).

수익권(受益權)

국민의 자기의 이익을 위해 일정한 행위 또는 급부 기타 공공시설의 이용을 국가에 대하여 요구할 수 있는 공권으로서, 국가의 적극적인 행위 또는 급부를 요구할 수 있는 적극적 공권이다. 자유권이 국가의 불간섭 등을 요구할 수 있는 소극적 공권임과 상대된다. 수익권은 국가에 대한 국민의 요구 내용에 따라 (1)특정의 국가행위, 예를 들면 재판청구권, 청원권, 소원권 등과 같이 특정한 사법행위나 행정행위를 요구하는 권리, (2)국가에 대하여 예를 들면 각종 사회보험료의 지급을 청구하는 것과 같은 금품의 급부를 요구하는 권리, (3)국가에 대하여 양로원·고아원 등과 같은 공적설비의 이용을 요구하는 권리 등으로 구분되며, 수익권은 (1)생존권적 수익권과 (2)기본권의 보장을 위한 수익권으로 분류할 수도 있는데, 전자는 경제적 약자를 보호하여 모든 국민에게 '인간다운 생활'을 보장하기 위하여 인정된 것으로, 초기 입헌주의 헌법에서는 찾아볼 수 없었던 것으로 20세기 헌법에서 보장되었다. 이는 빈부의 격차가 심각한 사회문제로 대두됨에 따라 이를 헌법적 차원에서 방지하고자 함에서이다.

자연권(自然權)
영 ; natural right

자연권이란 모든 사람이 태어나면서부터 당연히 가지는 권리를 의미한다. 즉 실정법상의 권리에 대하여 자연법에 의하여 선천적으로 가지는 권리를 말한다. 근세초기의 社會契約說(사회계약설)을 배경으로 하여 나타난 천부인권과 동일한 개념이다. 이것은 국가 이전의 권리이므로, 국가라 할지라도 이것을 침해할 수 없다고 하여, 이에 대한 침범에 대한 抵抗權(저항권)·革命權(혁명권)도 자연권이라고 한다. 자연법사상의 산물이다. 자연권의 내용은 일정하지 않지만 자기보존·자기방위의 권리·자유 및 평등의 권리 등이 그 대표적인 것이며, 이들 권리를 확보하는 것이 실정법의 주요임무라고 한다. 자유·재산안전 및 壓制(압제)에 대한 저항을 時效에 걸리지 않는 자연권으로 규정한 1789년의 프랑스의 人權宣言(인권선언)과 같은 것은 이 사상을 극명하게 나타내고 있다.

기본적 인권(基本的 人權)

영 ;fundamental human rights
독 ; Grunderchte

기본적 인권이란 인간이 인간으로서 살아가는 데 있어서 불가결한 기본적인 권리를 말한다. 인권, 기본권이라고도 한다. 기본적 인권은 태어나면서부터 가지는 권리이고, 법률에 의하여 부여된 것이 아니라고 하는 사고에서 자연권, 천부인권이라고도 한다. 사람이 기본적 권리를 가진다고 하는 사상은 인간이 자아(주체적인 존재)를 자각하게 된 근세에 이르러 비로소 널리 주장되었다. 미국의 독립, 프랑스의 혁명을 비롯하여 근대민주국가의 정치에 대한 기본적 인권의 확립이 주요한 목적이었다.

따라서 그러한 근대국가의 헌법에는 예외 없이 기본적인 권위 불가침이 명시되어 있다. 維新憲法(유신헌법)에서는 「국가의 안전보장·질서유지 또는 공공복리를 위하여 필요한 때에는 국민의 자유나 권리를 법률로 제한할 수 있다」고 규정되어 있었는데 (헌§ 37② 전문), 국민의 자유나 권리는 이른바 「법률에 의한 제한」, 즉 법률에 의해 제한을 받지 않는 범위 내에서만 인정된 자유와 권리였고, 법률에 의하여도 제한할 수 없는 기본적 인권을 인정한 것은 아니었다. 1987년 헌법(현행헌법)에 있어서는 「국가는 개인이 가지는 불가침의 기본적 인권을 확인하고 이를 주장할 의무를 진다」고 규정하고 있고(§ 10), 구헌법에서와 같은 기본적 인권에 대한 제한규정을 두고 있으나 본질적인 침해는 할 수 없도록 하고 있다(§ 37② 후문).

기본적 인권은 크게 나누어 자유권적 기본권과 사회적 기본권으로 설명할 수 있다. 자유권적 기본권이란 국가의 불간섭에 의하여 획득·보호되는 권리이며, 사상의 자유·언론의 자유·종교의 자유 등 이른바 19세기적 권리이다. 사회적 기본권이란 자본주의경제사회의 압력(실업·빈곤 등)에 의하여 압박당하는 인간을 국가의 사회적·정책적 방법에 의하여 구제·보장하는 제도를 두게 되었는데, 이와 같은 정책적 보장에 의하여 확보되는 권리를 말하고, 生存權(생존권)·勞動權(노동권)·勤勞團結權(근로단결권)·團體交涉權(단체교섭권)·團體行動權(단체행동권) 등이 있으며 이른바 20세기적 권리라고 한다.

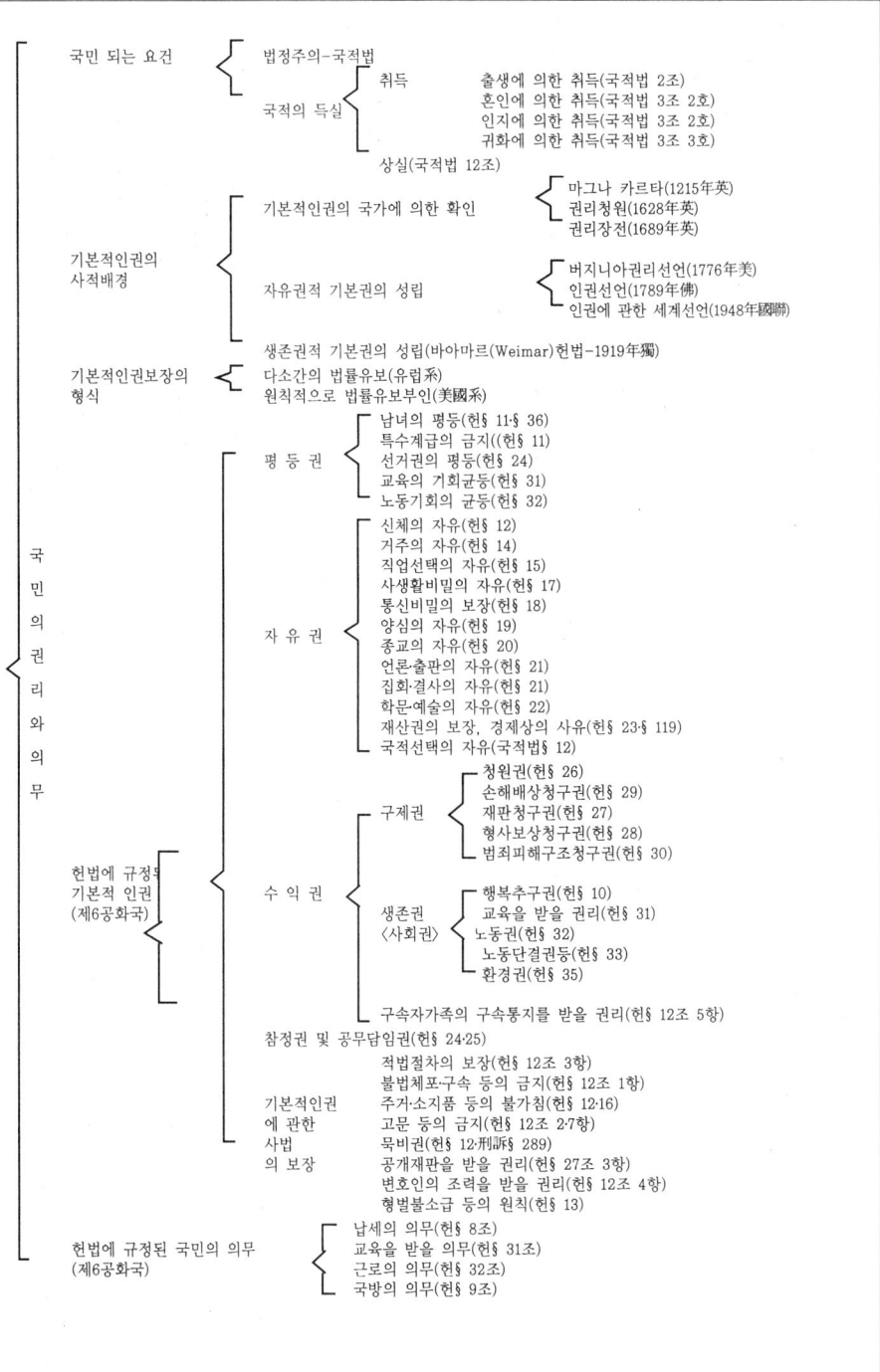

국민 되는 요건
- 법정주의-국적법
- 국적의 득실
  - 취득
    - 출생에 의한 취득(국적법 2조)
    - 혼인에 의한 취득(국적법 3조 2호)
    - 인지에 의한 취득(국적법 3조 2호)
    - 귀화에 의한 취득(국적법 3조 3호)
  - 상실(국적법 12조)

기본적인권의 사적배경
- 기본적인권의 국가에 의한 확인
  - 마그나 카르타(1215年英)
  - 권리청원(1628年英)
  - 권리장전(1689年英)
- 자유권적 기본권의 성립
  - 버지니아권리선언(1776年美)
  - 인권선언(1789年佛)
  - 인권에 관한 세계선언(1948年國聯)
- 생존권적 기본권의 성립(바아마르(Weimar)헌법-1919年獨)

기본적인권보장의 형식
- 다소간의 법률유보(유럽系)
- 원칙적으로 법률유보부인(美國系)

국민의 권리와 의무

헌법에 규정된 기본적 인권(제6공화국)

평 등 권
- 남녀의 평등(헌§ 11·§ 36)
- 특수계급의 금지((헌§ 11)
- 선거권의 평등(헌§ 24)
- 교육의 기회균등(헌§ 31)
- 노동기회의 균등(헌§ 32)

자 유 권
- 신체의 자유(헌§ 12)
- 거주의 자유(헌§ 14)
- 직업선택의 자유(헌§ 15)
- 사생활비밀의 자유(헌§ 17)
- 통신비밀의 보장(헌§ 18)
- 양심의 자유(헌§ 19)
- 종교의 자유(헌§ 20)
- 언론·출판의 자유(헌§ 21)
- 집회·결사의 자유(헌§ 21)
- 학문예술의 자유(헌§ 22)
- 재산권의 보장, 경제상의 사유(헌§ 23·§ 119)
- 국적선택의 자유(국적법§ 12)

수 익 권
- 구제권
  - 청원권(헌§ 26)
  - 손해배상청구권(헌§ 29)
  - 재판청구권(헌§ 27)
  - 형사보상청구권(헌§ 28)
  - 범죄피해구조청구권(헌§ 30)
- 생존권〈사회권〉
  - 행복추구권(헌§ 10)
  - 교육을 받을 권리(헌§ 31)
  - 노동권(헌§ 32)
  - 노동단결권등(헌§ 33)
  - 환경권(헌§ 35)
- 구속자가족의 구속통지를 받을 권리(헌§ 12조 5항)

참정권 및 공무담임권(헌§ 24·25)

기본적인권에 관한 사법의 보장
- 적법절차의 보장(헌§ 12조 3항)
- 불법체포·구속 등의 금지(헌§ 12조 1항)
- 주거·소지품 등의 불가침(헌§ 12·16)
- 고문 등의 금지(헌§ 12조 2·7항)
- 묵비권(헌§ 12·刑訴§ 289)
- 공개재판을 받을 권리(헌§ 27조 3항)
- 변호인의 조력을 받을 권리(헌§ 12조 4항)
- 형벌불소급 등의 원칙(헌§ 13)

헌법에 규정된 국민의 의무(제6공화국)
- 납세의 의무(헌§ 8조)
- 교육을 받을 의무(헌§ 31조)
- 근로의 의무(헌§ 32조)
- 국방의 의무(헌§ 9조)

개인적 공권(個人的 公權)

국민이 국가에 대하여 가지는 공권으로서 국가적 공권에 대응하는 개념이다. 개인적 공권을 분류하는 방법에는 몇 가지가 있는데, 自由權·參政權·受益權으로 3분하는 설과 自由權·參政權·生活權的 基本權(생활권적 기본권) 및 請求權的 基本權(청구권적 기본권)으로 4분하는 설이 있다. 개인적 공권은 사권과 달리 국가적·공익적 견지에서 인정되는 권리이므로 一身專屬的인 성질의 것이며, 이러한 이유에서 양도성이 없고 포기할 수 없는 경우가 대부분이다. 그러나 경제적 가치를 내용으로 하는 권리에 있어서는 예외가 인정된다. 개인적 공권은 법문에 행정소송을 제기함으로써 보호된다(헌§ 27① · 行政§ 1).

공공복지(公共福祉)
라 ; bonum commune
영 ; Public welfare, common good
불 ; bien commun
독 ; das gemeine Beste

공공의 복지라는 이념은 아리스토텔레스나 토마스 아퀴나스 특히 후자의 有機體的 團體主義의 사상에서 유래한다. 전체는 부분에 대해 우선한다는 것이 공공복지의 근본사상이지만 반드시 無機體說이나 전체주의에 결합되어 있는 것이 아니며, 순수한 이념으로서는 근대 개인주의에서도 모습을 달리하여 나타나고 있다. 루소의 공공의 복지(bein commun)나 벤담의 최대다수의 최대행복(the grea test happiness of the greatest numbe r) 이란 사상도 넓은 뜻의 공공의 복지를 가리킨 것이라고 하여도 무방하다. 우리 나라에서는 헌법에서 처음 도입한 이래 널리 쓰이게 되었다. 그 개념은 명백하지 않으나 대체로 서로 대립되는 개개의 이익의 올바른 조화를 뜻한다. 보통 헌법은 기본적 인권을 공공의 복지에 위배되지 않는 한 보장한다고 하나 만일 그렇게 해석한다면 공공의 복지라는 허울 아래서 온갖 기본적 인권의 침해를 인정하게 되므로 부당하다는 반대론도 있다. 그러나 이 사회에 있어서의 각 개인의 이익이 서로 모순되는 이상, 또는 어떤 개인의 기본적 인권을 보장하는 것이 타인(특히 대다수)의 기본적 인권을 무시함을 긍정하는 것이 아닌 이상 이러한 뜻의 공공복지의 개념을 모조리 부정함은 허용되지 않는다. 그러나 그 경우에도 「공공의 복지」라는 뜻은 민주주의의 원리와 기본권의 뜻에 비추어 엄격하게 해석해야 하며, 이것을 유기체적 전체주의의 경향으로 왜곡해서는 안된다. 그리고 이 말은 public welfare라고 해석되고 있으나 그것은 특히 미국에 있어서는 빈민구제·위생 등의 사회후생사업을 국가·공공단체가 담당하는 경우를 가리키고 독일어의 Wohlhafts pfege에 해당하는 뜻으로 쓰이는 일이 많다. 우리 헌법에서 말하는 「公共의 福祉」는 영어의 public policy라는 개념에 접근하고 있다고 볼 수 있다.

법률의 유보(法律의 留保)
독 ; Vorbehalt des Gesetzes

법률의 유보란 법률에 근거가 있어야 행정권을 발동할 수 있는 것을 말한다. 오토 마이어(Otto Mayear)가 행정작용은 행정권에 고유한 권력에서 나오는 것으로 일일이 법률의 근거를 필요로 하지 않으나 일정한 사항(개인의 기본권)에 관하여 이 자유가 배제되는 것을 법률의 유보라고 칭한 이후 널리 사용되고 있다. 이 법률의 유보가 어느 범위까지 허용되는가에 관하여는 각국법의 태도와 학설이 일치하지 않다. 이 법률의 유보의 원리는 개인의 권리·자유를 행정권의 자의에 의한 침해로부터 보장하는 뜻을 가지는 반면 법률에 의하는 한 개인의 권리 · 자유에 대하여 필요한 경우 제한을 하거나 침해를 할 수 있다고 해석되기도 하였다. 유럽 대륙의 여러 나라 헌법에 있어서의 권리선언은 개인의 권리·자유의 보장을 이 법률의 유보의 형식에서 구하고 있는 경우가 많다. 이에 대하여 미국계의 헌법은 법률로써 침해할 수 없는 기본적 인권을 승인하고 있는 경우가 많다. 우리 헌법 제2장은 기본적 인권에 관하여는 원칙으로 법률의 유보형식을 취하고 있으나 이때의 법률은 국가의 안전보장과 사회질서 및 공공복리를 위하여 필요한 때로 한정함으로써(헌§ 37②), 基本權尊重主義(기본권존중주의)를 철저히 하고 있다. 그리하여 기본권을 제한하는 경우에도 자유와 권리의 본질적인 내용을 침해할 수 없도록 하였다.

인간으로서의 존엄과 가치
(人間으로서의 尊嚴과 價値)

個人尊重의 원리를 그의 모체로 하는 근대민주주의는 모든 사람의 인간으로서의 존엄과 가치를 인정하고 있으며, 민주국가의 헌법에서 규정되고 있는 국민의 기본권, 특히 자유권은 개인의 존중을 전제로 할 때에만 성립할 수 있는 권리이다. 인간의 존엄과 가치는 권리조항에서 많이 규정되었고 우리 헌법도 국민의 권리와 의무를 규정한 제2장의 첫 조문에서 이를 명시하였으며 이를 위하여 국가는 개인이 가지는 불가침의 기본적 인권을 확인하고 보장할 의무를 진다고 규정하고 있다(헌§ 10).

헌법 제10조에서 규정한 인간의 존엄과 가치는 '헌법이념의 핵심'으로 국가는 헌법에 규정된 개별적 기본권을 비롯하여 헌법에 열거되지 아니한 자유와 권리까지도 이를 보장하여야 하며, 이를 통하여 개별 국민이 가지는 인간으로서의 존엄과 가치를 존중하고 확보하여야 한다는 헌법의 기본원리를 선언한 조항이다(헌법재판소 2004. 10. 28. 2002헌마328 전원재판부).

헌법에 열거되지 아니한 자유와 권리
(憲法에 列擧되지 아니한 自由와 權利)

모든 헌법이 궁극적 이념인 인간으로서의 존엄과 가치를 보장하기 위해 인간이 가지는 기본권으로서 헌법에 규정되지 아니한 자유와 권리를 말한다. 현행 헌법은 제37조 제1항에서 '국민의 자유와 권리는 헌법에 열거되지 아니한 이유로 경시되지 아니한다'라고 하여, 자유와 권리의 전국가성과 포괄성을 명문으로 확인하고 있다. 구체적으로는 오늘날 문제가 되고 있는 생명권, 신체를 훼손당하지 아니할 권리, 평화적 생존권, 일반적 행동의 자유, 소비자의 단결·단체교섭 및 불량식품 불매운동권과 같은 소비자 기본권, 일조권, 휴식권, 수면권, 스포츠권, 저항권 등이다.

법앞의 평등(法앞의 平等)
영 ; equality before the law
독 ; Gleichheit voe dem Gesetze
불 ;galit devant la loi

헌법은 개인의 자유와 함께 평등을 보장하기 위하여 평등의 원칙을 규정하고 있는데, 그 평등의 원칙의 내용을 말한다(헌§ 11① 참조). 자유권에 대하여 이것을 평등권이라고도 한다. 여기에서「평등」이라 함은 자의의 금지를 말한다. 자의의 금지란 정의의 관념에 따라서「평등한 것은 평등하게」「불평등한 것은 불평등하게」취급하는 것을 말한다. 따라서 결국 평등의 원칙에 있어서의 평등이란 평등=자의의 금지=정의를 말한다. 법앞의 평등의 내용은 시대에 따라서 각각 다르기는 하지만, 오늘날에 와서는 대체로 立法·司法·行政의 모든 분야에 있어서 차별대우를 받지 않는 것을 말한다. 따라서 입법에서의 불평등은 違憲法律審査(위헌법률심사)의 대상이 되고, 행정에 있어서의 불평등한 처분은 행정소송의 대상이 되며, 사법에 있어서의 불평등한 재판은 상소와 재심의 사유가 된다.

평등권(平等權)
영 : egual right

모든 사람은 법 앞에 평등하다는 것을 내용으로 하는 권리이다. 모든 인간은 어떠한 사회적 환경에서도 인간으로서의 가치는 똑같고 평등한 존재라는

것은 민주주의사상의 가장 본질적인 내용을 이루는 것이다. 그래서 근대 헌법은 예외 없이 평등권을 인정한다. 대한민국헌법도「모든 국민은 법앞에 평등하다. 누구든지 성별·종교 또는 사회적 신분에 의하여 정치적·경제적·사회적·문화적 생활의 모든 영역에 있어서 차별을 받지 아니한다(헌§ 11①)」고 규정하고 있다. 법앞의 평등이란 憲法·法律·命令·條約 등의 내용에 적어도 불평등한 사항이 규정되어서는 안된다고 하는 것이다(법앞의 평등의 항 참조). 사회적 신분이란 직업이나 사회적 지위를 말한다. 기타 명문규정은 없으나 연령·재산·교육 등에 의한 차별도 물론 금지한다. 그러나 연령이나 능력에 따라 차이를 두는 것은 합리적인 차별로서 허용된다. 우리 헌법은 지금까지 현저한 불평등이 존재했던 혼인과 가족생활관계에 관하여 평등을 보장하기 위하여 헌법 제36조 1항(혼인과 가족생활에서의 개인의 존엄과 양성의 평등)의 규정을 두고, 또 교육을 균등하게 받을 권리(§ 31①) 등에 관하여 규정하고 있다.

헌법 제11조 제1항의 '모든 국민의 법앞에서 평등하다'는 규정은 기회균등 또는 평등의 원칙을 선언하고 있는 바, 평등의 원칙은 국민의 기본권 보장에 관한 우리 헌법의 최고원리로서 국가가 입법을 하거나 법을 해석 및 집행함에 있어 따라야 할 기준인 동시에, 국가에 대하여 합리적 이유 없이 불평등한 대우를 하지 말 것과 평등한 대우를 요구할 수 있는 모든 국민의 권리로서, 국민의 기본권 중의 기본권이다(헌재 1989. 1. 25. 89헌가7).

양성의 평등(兩性의 平等)

남녀의 성별에 의해 차별대우를 받지 않는다는 사상을 말한다. 이 양성의 평등은 헌법에서 보장되는 법 앞의 평등에서 오는 당연한 귀결이다. 법률의 차별이 없다는 뜻은 적용·집행·입법상의 차별대우가 없다는 의미이다. 오늘날의 혼인과 가족제도는 개인의 존엄과 양성의 본질적 평등을 기초로 한다. 헌법 제36조는 '혼인과 가족생활은 개인의 존엄과 양성의 평등을 기초로 성립되고 유지되어야 하며…'라고 규정하여 혼인과 가족생활에 있어서의 양성평등을 보장하고 있다. 개인은 개인의 존엄과 양성의 평등에 입각하여 평등보호를 국가에 요구할 수 있으며, 국가는 개인의 존엄과 양성의 평등에 입각하여 법을 제정하고 적용할 의무가 있다. 양성의 평등은 혼인과 가족생활 이외에도 근로와 일반적 생활에서도 유지되어야 하는 권리이다.

양성의 평등

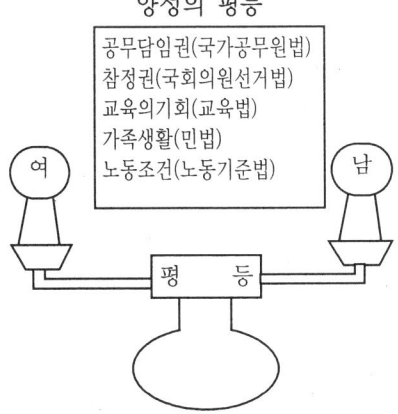

공무담임권(국가공무원법)
참정권(국회의원선거법)
교육의기회(교육법)
가족생활(민법)
노동조건(노동기준법)

여
남
평   등

적극적 평등 실현조치

적극적 평등 실현조치란 종래 사회로부터 차별을 받아 온 특정집단에 대해 그 동안의 차별로 인한 불이익을 보상해 주기 위하여 그 집단의 구성원에게 취업이나 입학 등의 영역에서 사회적 이익을 직·간접적으로 부여하는 국가의 정책을 의미한다. 이러한 적극적 평등 실현조치는 개인의 자격이나 실적보다는 집단의 일원이라는 점을 근거로 하여 혜택을 준다는 점, 기회의 평등보다는 결과의 평등, 실질적 평등을 추구한다는 점, 구제목적이 실현되면 종료되는 잠정적 조치라는 점에 특징이 있다.

영전(榮典)

영전이란 국가에 대한 공로를 치하하기 위하여 인정된 영예로서의 특수한 법적 지위를 뜻한다. 대개의 경우 훈장이 수여된다. 영전의수여는 법률에 의하여 대통령이 행한다(헌§ 80). 헌법상 훈장 등의 영전은 이를 받은 자에게만 효력이 있고 어떠한 특권도 이에 따르지 않는다(§ 11③).

행복추구권

헌법 제10조 제1문 후단은 '모든 국민은 … 행복을 추구할 권리를 가진다'고 하여 행복추구권을 규정하고 있다. 일반적으로 행복추구권이란 안락하고 만족스러운 삶을 추구할 수 있는 권리라고 정의할 수 있다. 행복추구권은 1776년 미국독립선언과 버지니아권리장전, 1946년 일본헌법에 규정되었고, 우리나라의 경우 행복추구권은 제5공화국헌법에서 신설된 이래 현행 헌법에까지 이르고 있다.

헌법(憲法) 제10조의 행복추구권은 국민이 행복을 추구하기 위하여 필요한 급부를 국가에게 적극적으로 요구할 수 있는 것을 내용으로 하는 것이 아니라, 국민이 행복을 추구하기 위한 활동을 국가권력의 간섭없이 자유롭게 할 수 있다는 포괄적(包括的)인 의미의 자유권으로서의 성격을 가지므로 국민에 대한 일정한 보상금의 수급기준을 정하고 있는 이 사건 규정이 행복추구권을 침해한다고 할 수 없다(헌법재판소 1995. 7. 21. 93헌가14 全員裁判部).

자유권(自由權)

영 ; right of freedom
독 ; Freiheitsrechte

자유권이란 국가로부터 간섭을 받지 않고 자유롭게 행동할 수 있는 자유로서 헌법과 법률에 의하여 보장된 국민의 기본권이다. 자유란 일반적으로는 남에게 구속되거나 무엇에 얽매이지 아니하고 자기 마음대로 하는 행위를 말하고, 법적으로는 법률의 범위내에서 자기 마음대로 하는 행위를 말하며, 헌법적으로는「自由權」을 말한다. 헌법상의「자유」는 기본적 인권의 가장 중요한 부분을 구성한다. 한편, 자유권은 참다운 의미의 권리가 아닌 반사적 이익에 불과하다고 주장하는 학설도 있다. 그러나 자유권은 자유가 국가에 의하여 위법적으로 침해되는 경우에, 그 위법적인 침해의 폐기를 청구할 수 있

는 청구권을 포함하고 있기 때문에, 소극적 권리이나마 역시 권리인 것이다. 한편 자유권이 超國家的(초국가적)이고 前法律的(전법률적)인 자연법상의 권리인지 또는 근대국가주의 성립과 더불어 국민 또는 사람의 자유의 보장을 위하여 입헌주의적 헌법에 의하여 실정법적으로 인정하게 된 실정법상의 권리인지에 관하여는 학설이 날카롭게 대립하고 있다. 그리고 자유권이 권리로서 성립한다면, 그것은 포괄적인 권리이냐, 아니면 헌법이 규정하는 개별적인 권리이냐가 문제된다. 이에 관하여 헌법은 국민의 어떠한 자유를 제한함에도 최소한 법률에 의하도록 하고 있으므로(헌§ 37②), 우리 국민은 포괄적 자유권을 가지고 있다고 하겠다. 그밖에 국민의 자유와 권리를 제한하는 법률의 제정은 국가안전보장·질서유지 또는 공공복리를 위하여 필요한 경우에 한하지만, 이 경우에도 자유와 권리의 본질적인 내용을 침해할 수 없다(§ 37②).

신체의 자유(身體의 自由)

영 ; personal liberty
독 ; persönliche Freiheit

신체적 구속을 받지 않을 자유이다. 인신의 자유라고도 하며 권리선언이 보장하는 전통적 자유의 하나이다. 신체의 자유는 인간의 생존과 활동을 위하여 가장 기본적인 것이므로 헌법은 이를 엄격히 보장하고 있다. 즉 (1) 누구든지 법률에 의하지 아니하고는 체포·구속압수·수색 또는 심문을 받지 아니하며, 법률과 적법한 절차에 의하지 아니하고는 처벌보안처분 또는 강제노

역을 받지 아니한다(헌§ 12②). (2) 누구든지 고문을 받지 않으며 형사상 자기에게 불리한 진술을 강요당하지 아니한다(묵비권의 인정 : § 12②). (3) 체포·구속압수 또는 수색에는 검사의 신청에 의하여 법관이 발부한 영장을 제시하여야 한다. 다만 현행범인인 경우와 장기 3년 이상의 형에 해당하는 죄를 범하고 도피 또는 증거인멸의 염려가 있을 때에는 사후에 영장을 청구할 수 있다(§ 12③). (4) 누구든지 체포·구속을 당한 때에는 즉시 변호인의 조력을 받을 권리를 가지며 형사피고인이 스스로 변호인을 구할 수 없을 때에는 법률이 정하는 바에 의하여 국가가 변호인을 붙인다(§ 12④) (5) 누구든지 체포 · 구속을 당한 때에는 적부의 심사를 법원에 청구할 권리가 있다(§ 12⑥). (6) 피고인의 자백이 고문 폭행 · 협박 등에 의하여 자의로 진술된 것이 아니라고 인정될 때 또는 정식재판에서 피고인의 자백이 그에게 불리한 유일한 증거일 때는 이를 유죄의 증거로 삼거나 이를 이유로 처벌할 수 없다(§ 12⑦). 그리고 刑事不遡及(형사불소급)의 원칙과 일사불재리의 원리가 인정되며(§ 13①), 형사피고인은 신속한 공개재판을 받을 권리를 가진다(§ 27③). 신체의 자유보장에 관한 헌법의 모든 원칙은 刑事訴訟法(형사소송법)에도 그대로 적용된다.

영장주의(令狀主義)

영장주의란 형사절차상 강제처분을 행하는 경우에는 원칙적으로 법관의 영장을 필요로 하는 주의이다. 체포·구속수색압수에 있어서의 영장주의는 헌법상의 요청이다(헌§ 12③). 사법적 압제에 의하여 강제처분의 남용을 방지하고 인권을 수호함을 목적으로 한다. 처분의 대상·시각 또는 장소의 특정을 결한 영장(이른바 일반영장)은 영장주의에 반하므로 금지된다(刑訴§ 74, 75, 114). 현행범인의 체포(§ 12③단刑訴§ 212) 및 피의자피고인을 구속(구속영장의 집행포함)하거나 현행범인을 체포하는 경우에는 압수수색검증(형소§ 216~218, 137)등에는 영장을 요하지 않는다. 또한 법원법관이 스스로 강제처분을 행하는 경우에는 영장을 요하지 아니한다(형소§ 106, 113). 그리고 非常戒嚴宣布地域(비상계엄선포지역)에 있어서는 영장제도의 시행이 일시 배제될 수 있다(헌§ 77③刑嚴§ 9①).

사후법의 금지(事後法의 禁止)
영 ; prohibition of ex post facto law

행위 당시에 적법했던 행위에 대하여 사후에 형사책임을 지우는 입법을 금지하는 원칙을 뜻한다(헌§ 13① 참조). 적법한 행위에 대하여 사후에 이를 처벌하는 소급법을 제정할 수 없으며, 그러한 사후법으로써 형을 가중하는 것도 금지된다.

소급입법의 금지
(遡及立法의 禁止)
영, ex post facto law

신제정법을 소급하여 재정 전의 사실에 적용함을 금지하는 것을 말한다. 헌법 제13조 제1항은 '모든 국민은 행위시의 법률에 의하여 범죄를 구성하지 아니하는 행위로 소추되지 아니하며, 동일한 범죄에 대하여 거듭 처벌받지 아니한다'고 규정하고 있고, 또 제2항에는 '모든 국민은 소급입법에 의하여 참정권의 제한을 받거나 재산권을 박탈당하지 아니한다'라고 규정하고 있다. 이 규정은 죄형법정주의 및 일사부재리의 원칙상 당연한 것이지만, 해방직후 반민족처벌법(당시 헌법 101조) 그리고 4.19와 5.16 당시 부정축재처리법 등 소급입법에 의하여 처벌하거나 재산권을 박탈한 예가 있었다. 이같은 소급입법에 의한 처벌은 법치주의 원리에 위배됨은 물론, 법적안정성과 예측가능성의 이념에도 반한다. 그러나 신법이 구법보다 당사자에게 유리한 경우에는 이 원칙이 배제되는 경우가 있다.

인신보호영장(人身保護令狀)
영 ; writ of habeas corpus

영미법상의 헤비아스·코오퍼스(Habeas corpus)가운데 가장 중요한 영장의 하나이다. 기원은 마그나카르타 이전으로 거슬러 올라가며 특히 헨리4세 시대에 이르러 왕권의 부당한 행사에 대한 헌법상의 구제수단으로 사용하게 되었다. 1679년의 인신보호법(the Habeas Corpus Act)은 不法拘禁(불법구금)에 대하여 이 영장을 청구할 권리를 확정적으로 승인한 것이다. 1816년에는 범죄의 혐의로 구금된 경우는 물론이고 모든 불법구금에 대하여 인신보호영장을 발할 수 있다고 하는 법률이 제정되었다. 미국에서는 보통법(co mmon law)의 일부로서 발전하여 헌법상으로

도 보장되어 있다. 이 영장의 신청은 被拘禁者(피구금자)을 포함하여 피구금자를 위하여 누구나 행할 수가 있다. 법원 또는 법관은 구금자에 대하여 피구금자의 신병을 인도할 것을 명한 영장을 발하며 구금자의 답변서와 신병의 인도에 기초하여 심리하고 신청에 이유가 있으면 피구금자의 석방을 명하거나 또는 보석을 허가하는 것이다. 우리 나라에서도 逮捕拘束適否審査制度(체포·구속적부심사제도)가 미 군정때 들어와서 헌법에 수용되어 오다가 제7차 개헌에서 그 규정이 삭제되었으나, 제8차 개헌에서 다시 부활하였다(헌§ 12⑥).

강제노역(強制勞役)
영. compulsory labour

헌법상 본인의 의사에 반하여 강제적으로 하는 노역을 말하며, 본인에게 어느 정도의 고통을 수반한다. 우리 헌법 제12조 제1항후문은 " … 누구든지 법률과 적법한 절차에 의하지 아니하고는 처벌·보안처분 또는 강제노역을 받지 아니한다"라고 규정하고 있다. 이러한 강제노역은 법률과 적법절차에 의하지 아니하고는 과할 수 없다. 징병제도는 병역을 국민의 의무의 하나로 규정한 헌법상의 예외로 강제노역이 아니다. 또 부역은 대역 또는 금품대납이 가능하므로 강제노역에 속하지 않는다. 재산형에 관한 환형처분으로서의 노역장 유치는 법률과 적법절차에 의한 강제노역으로서 인정된다. 헌법 제12조의 적법절차(due process of law)는 제6공화국 헌법에서 처음 규정되었다. 이 적법절차는 1215년의 마그나 카르타

(Mag na Carta)에서 유래한 것으로, 미국헌법 수정 제5조와 제14조에서 규정되었고, 일본헌법 제31조도 이를 계승하였고, 우리 헌법도 이를 명문으로서 규정하고 있다. 여기서 적법절차란 절차가 법률로써 규정되고 이에 따라야 한다는 절차적 공정만을 요구하는 것이 아니고 법률의 실체적 내용까지도 공정성·합리성·정당성에 위반되어서는 안 된다는 판례가 확립되어 있다.

체포 · 구속적부심사제도 (逮捕 · 拘束的否審査制度)

逮捕拘束適否審査制度란 피구속자 또는 관계인의 청구가 있을 때에 법관은 즉시 본인과 변호인이 출석한 공개법정에서 구속의 이유(㉮ 住居否定여부, ㉯ 도망의 우려여부, ㉰ 證據湮滅등)을 밝히도록 하고, 구속의 이유가 부당하거나 적법하지 아니할 때에는 법관이 직권으로 피구속자를 석방하게 하는 제도를 말한다. 이 제도의 기원은 불확실하나, 1215년의 「마그나카르타」 이전에 영국의 보통법(common law)에서 비롯되어 1679 · 1816 · 1862년의 각 人身保護法에 수정 · 확대되고, 이어서 각국의 헌법에 확대되었다. 우리 나라에서는 1948년 3월에 군정법령 제176호 「형사소송법의 개정」에 의하여 이 제도가 도입되고 헌법에 명시되었다. 그러나 그 후 이 제도는 폐지되었다가 제5공화국 헌법에서 다시 부활되었으나, 請求事由를 제한했었다. 그런데 제6공화국헌법에서는 그 제한했던 규정과 國家保安法 違反事件(국가보안법 위반사건) 등과 檢事認知事件(검사인지사건)

을 청구대상에서 제외하는 규정을 삭제하고 모든 범죄에 대해 逮捕拘束適否審査請求(체포구속적부심사청구)를 할 수 있도록 하였다(헌§ 12⑥ · 형소§ 214의2).

주거의 자유(住居의 自由)

법률에 의하지 아니하고는 어떠한 사람이라도 그 주거에 대하여 침입·수색 및 압수를 당하지 아니하는 자유권을 말한다. 헌법 제16조는 주거의 자유에 대한 불가침의 선언과 더불어 일정한 요건으로 발부된 영장에 의해서만 압수나 수색을 하게 함으로써, 개인의 사생활의 근거가 되는 주거를 공권력에 의한 자의적인 침해로부터 보호하려고 한다. 주거란 사람이 거주하는 설비로서 널리 사생활을 영위하는 장소를 말한다. 그러나 그것은 민법상의 주소(민법 18조)와는 상이하다. 주거란 주택에 한하지 않으며, 여관이나 기숙사의 일실도 여기에 포함된다. 회사학교 등도 그 관리자의 주거이다. 주거자의 의사에 반하여 그 내부에 들어가는 침입의 경우뿐만 아니라, 도청기 등을 사용하여 내부의 회화를 도청하는 것도 사생활의 비밀과 자유 및 통신의 자유를 침해하는 것이 된다. 주거의 자유에 불가침이 규정되어 있는 이상, 법률에 의하지 아니하고는 점유자의 의사에 반하여 주거에 들어갈 수 없다. 그러나 법률은 국가안전보장·질서유지 또는 공공복리를 위하여 필요한 경우에 한하여 제한할 수 있다.

거주·이전의 자유
(居住·移轉의 自由)

독 ; Freizügikeit
불 ; liberté d'aller et de venir

거주이전의 자유란 국내 어느 곳이라도 거주를 결정하고 그를 변경할 수 있는 자유, 국내의 어떠한 장소이든 여행할 수 있는 자유, 국외로 이주하고 자국으로 귀환하는 자유 및 국적을 이탈하여 귀화하는 자유를 말한다(헌§ 14참조). 권리조항이 보장하는 전통적인 자유권의 일종이다. 이 자유는 국가안전보장·질서유지·공공복리를 위하여 필요한 경우에 법률로써 제한될 수 있는데(§ 37②), 구체적으로는 위생상 · 풍속상 · 형사상 · 군사상의 필요에 의하여 제한되고 있다.

사생활의 자유(私生活의 自由)

자유권의 일종으로 사생활의 비밀과 자유를 침해받지 않는 자유를 말한다. 헌법 제17조는 '모든 국민은 사생활의 비밀과 자유를 침해받지 아니한다' 라고 규정하고 있다. 개인의 사생활의 비밀과 자유가 존중됨으로써 개인이 가지는 권리는 곧 privacy의 권리이다. 이는 미국의 학설과 판례상 인정되기 시작하여 오늘날 세계 각국에서 인정되게 되었다. privacy의 권리는 오늘날 소극적인 자유권에 그치는 것이 아니라 적극적으로 '자기에 관련된 정보의 전파를 통제할 수 있는 권리' 로 파악하려는 경향이 있으나, 우리 헌법은 이를 자유권조항에서 규정하고 있으므로 소극적인 권리로 보되, 자기에 관한 정보를 통제할 수 있는 권리는 헌법 제10조(기본적 인권의 보전)에서 보장되고 있다고 하겠다. 사생활의 자유는 일반적으로 (1)인격의 부당한 공개 또는 부당한 시인, (2)대중이 관심을 갖지 않는 사적 사항을 공개하는 것, (3)통상적인 감정을 갖는 사람을 모욕하거나 정신적 고통 또는 치욕을 갖게 하는 방법으로 사적활동에 불법으로 개입하는 것으로부터의 자유를 말한다. 이러한 권리의 내용은 (1)사생활의 침입, (2)사적사항의 공개, (3)오인을 낳게 하는 표현, (4)성명·초상의 도용 등의 금지이다. 사생활의 자유는 국가권력에 대한 관계에서만 국한되지 않고 특히 사인간에 있어서의 그 침해도 문제된다. 각 개인은 자신의 사생활에 대하여 인격적인 이익을 갖고 있으므로 그 침해에 대해서는 손해배상 등 법적 구제가 인정된다. 그러나 사생활의 자유와 비밀도 절대적인 것은 아니며 국가안전보장 · 질서유지·공공복리를 위하여 필수불가결한 경우에는 법률로써 제한할 수 있으며, 다른 기본권과 충돌하는 경우에는 이익형량에 의하여 제한될 수 있다. 사생활의 비밀보장은 (1)사생활상의 사실 또는 사실인 것처럼 받아들여질 염려가 있는 사항, (2)일반인의 감수성을 기준으로 하여 당해 사인의 입장에 선 경우에는 공개를 원하지 않았을 것이라고 인정되는 사항, (3)일반인에게 아직 알려져 있지 않은 사항의 3요건을 구비하는 경우에만 인정된다고 볼 것이므로 이러한 요건들을 갖추지 않은 경우에는 제한이 가능하다고 하겠다.

양심의 자유(良心의 自由)

영 ; freedom of conscience
독 ; Freiheit des Gewissens

양심의 자유란 원래는 이론적 사항에 대한 신념을 의미하지만, 현행 헌법상으로는 「思想의 自由」를 의미한다(통설). 신념과 가치판단에 관한 내심의 자유로서, 본래 종교의 자유의 일부였으나 우리 헌법은 양자를 따로 규정하고 있다. 우리 헌법에는 「모든 국민은 양심의 자유를 가진다」고 규정되어 있는데(헌§ 19), 이것이 양심의 자유이다. 양심의 자유의 내용으로는 양심상 무엇을 결정하는 자유와 결정한 내용에 대하여 침묵을 지키는 자유, 그리고 양심상의 결정을 외부에 표현하거나 그 결정을 실현하는 자유로 나누어 볼 수 있는데, 그 보장의 정도와 방법은 각각 다르다. 양심의 자유와 관련하여 문제가 되는 것은 신문기자의 취재원에 관한 묵비권과 양심상의 執銃拒否(집총거부)를 허용할 수 있는지 하는 것이다.

헌법 제19조에서 보호하는 양심은 옳고 그른 것에 대한 판단을 추구하는 가치적 · 도덕적 마음가짐으로, 개인의 소신에 따른 다양성이 보장되어야 하고 그 형성과 변경에 외부적 개입과 억압에 의한 강요가 있어서는 아니되는 인간의 윤리적 내심영역이다. 따라서 단순한 사실관계의 확인과 같이 가치적 · 윤리적 판단이 개입될 여지가 없는 경우는 물론, 법률해석에 관하여 여러 견해가 갈리는 경우처럼 다소의 가치관련성을 가진다고 하더라도 개인의 인격형성과는 관계가 없는 사사로운 사유나 의견 등은 그 보호대상이 아니다 (헌법재판소 2002. 1. 31. 2001헌바43 전원재판부).

종교의 자유(宗敎의 自由)

영 ; freedom of religion
독 ; Glaubensfreiheit kultus freiheit
불 ; liberté religieuse

종교의 자유란 종교를 믿거나 믿지 아니하는 자유를 말한다. 우리 헌법에는 「모든 국민은 종교의 자유를 가진다」고 규정되어 있는바(헌§ 20①), 이것이 종교의 자유이다. 이 종교의 자유에는 종교의 선택·변경의 자유, 무종교의 자유, 종교적 사상발표의 자유, 예배집회의 자유, 종교결사의 자유를 포함한다. 그리고, 종교를 이유로 하는 법적 차별대우도 당연히 부정된다. 권리조항에서 보장되는 전통적인 자유권의 하나이다. 모든 국민은 종교의 자유를 가지며, 국교는 인정되지 아니하고, 종교와 정치는 분리된다. 그러나 종교의 자유도 질서유지와 공공복리 또는 국가안전보장을 위하여 필요한 경우에는 법률로써 제한할 수 있다(§ 37②).

언론의 자유(言論의 自由)

영 ; freedom of speech
독 ; Redefreiheit
불 ; liberté de la parole

언론의 자유란 思想表現(사상표현)의 자유를 말한다. 우리 헌법에는 「모든 국민은 언론의 자유를 가진다」고 규정되어 있는데(헌§ 21①) 이것이 언론의 자유이다. 사상표현의 수단으로는 연설·방송연극 등 외에 출판물에 의한 방법이 있다. 그러나 엄격한 의미에서 언론의 자유라 할 때는 출판이라는 간접수단을 빌리지 않고 직접적으로 사상을 표현하는 자유를 말한다. 자유주의 사

상의 기본적 원칙의 하나로 주장되어
왔으며, 특히 현대민주주의사회에 있어
서는 언론의 자유는 필수 불가결한 것
이며, 이에 대한 事前的 制約인 許可制
(허가제)와 檢閱制(검열제)는 언론의
자유와 양립될 수 없으므로 철폐되어야
하는 것이다(§ 21②).

명백하고 현존하는 위험의 원칙
(明白하고 現存하는 危險의 原則)
영. clear and present danger rule

1918년 미국의 홈즈판사에 의해 주장
된 이론으로, 언론 · 출판 · 집회 · 결사
· 종교 등의 자유를 제한하기 위해서는
법이 방지하고자 하는 해악이 발생할
'명백하고 현존하는 위험이 있을 때에'
한하여 제한할 수 있으며, 단순히 장래
에 그러한 해악을 발생시킬 염려가 있
다는 것만으로는 제한할 수 없다는 원
칙을 말한다.

사상 · 표현의 자유시장론, 진리 생존설
(思想 · 表現의 自由市場論, 眞理 生存說)

전자는 무엇이 진리인가는 국가의 관
여 없이 공개된 장소에서 자유로운 논
쟁을 통하여 판명된다는 이론이고, 후
자는 자유로운 논쟁의 결과 진리는 살
아남고 허위는 자연도태된다는 가설을
말한다. 근대시민국가에서 정신적 자유
권을 확립하는데 결정적으로 기여한 이
론과 사상은 국가중립론과 그것을 바탕
으로 한 자유주의적 사상관이었다. 이
자유주의적 사상관을 대표하는 것이 바

로 19세기의 사상·표현의 자유시장론과
진리생존설이다.

신문 · 통신의 자유
(新聞 · 通信의 自由)

언론출판의 자유(헌법 21조1항)에 포
함되는 자유로, 신문·통신에 대한 사전
적 제약인 허가제는 인정되지 아니하며
(헌법 21조2항), 통신·방송의 시설기준
과 신문의 기능을 보장하기 위하여 필
요한 사항은 법률로 정한다(헌법 21조
3항). 그러나 이 자유권이 타인의 명예
나 권리 또는 공중도덕이나 사회윤리를
침해하여서는 안되며, 타인의 명예나
권리를 침해한 때에는 피해자는 이에
대한 피해의 배상을 청구할 수 있다(헌
법 제21조 4항).

출판의 자유(出版의 自由)
영 ; freedom of the press, Pressfreiheit
독 ; liberté de la presse

출판에 의하여 사상을 발표하는 자유
를 말한다. 언론의 자유 중 가장 중요
한 비중을 차지한다. 권리선언에서 보
장되는 전통적인 자유권의 하나이며 헌
법에서도 이를 보장한다(§ 21). 언론의
자유는 주로 구두를 통한 사상발표의
자유이나, 출판의 자유는 문자나 상형
에 의한다는 점에서 다르다. 출판에 대
한 검열과 허가제는 원칙적으로 허용될
수 없다.

집회의 자유(集會의 自由)

영 ; freedom of assembly
독 ; Versammlungsfreiheit
불 ; liberté de reunion

집회의 자유란 다수인이 어떠한 공동 목적을 위하여 일시적으로 일정한 장소에 회합하는 자유를 말한다. 광의로는 시위의 자유를 포함한다. 권리조항에서 보장되는 전통적인 자유권의 하나이다. 모든 국민은 집회의 자유를 가지며(헌§ 21①), 일반적인 자유권과 같이 국가안전보장·질서유지·공공복리를 위하여 필요한 경우에는 법률로써 제한할 수 있으며(§ 37②). 집회의 자유를 제한하는 것으로는 「집회 및 시위에 관한 법률」이 있다. 이 법률은 집회 및 시위의 방해 금지, 금지되는 집회 및 시위, 옥외집회 및 시위의 신고 등을 규정하고 있다. 헌법은 원칙적으로 집회에 대한 허가를 인정하지 않고 있다(§ 21②).

집회의 자유는 개인의 인격발현의 요소이자 민주주의를 구성하는 요소라는 이중적 헌법적 기능을 가지고 있다. 인간의 존엄성과 자유로운 인격발현을 최고의 가치로 삼는 우리 헌법질서 내에서 집회의 자유도 다른 모든 기본권과 마찬가지로 일차적으로는 개인의 자기결정과 인격발현에 기여하는 기본권이다. 뿐만 아니라, 집회를 통하여 국민들이 자신의 의견과 주장을 집단적으로 표명함으로써 여론의 형성에 영향을 미친다는 점에서, 집회의 자유는 표현의 자유와 더불어 민주적 공동체가 기능하기 위하여 불가결한 근본요소에 속한다(헌법재판소 20 03. 10. 30. 2000헌바67, 83(병합) 전원재판부).

옥외집회(屋外集會)

도로, 광장 그 밖의 공공장소에서 행하는 집회를 말한다. 옥외집회를 주최하고자 하는 자는 그 목적·일시 등을 기재한 신고서를 집회 720시간 전부터 48시간 전에 관할 경찰서장에게 신고하여야 한다(集示§ 6①). 또한 국회의사당, 각급법원, 헌법재판소 등 일정지점으로부터 100m이내의 장소에서의 집회는 금지된다(集示§ 11).

결사의 자유(結社의 自由)

영 ; freedom of association
독 ; Vereinfreiheit
불 ; liberté d'association

결사의 자유란 다수인이 공동의 목적을 가지고 계속적인 단체를 조직하는 자유를 말한다. 근대의 權利宣言(권리선언)에서 보장되는 전통적인 자유의 하나이다. 우리 나라 헌법에는 「모든 국민은 결사의 자유를 가진다」고 규정되어 있는바(헌§ 21①), 이것이 결사의 자유이다. 특히 근세에 이르러는 정치적 단체조직과의 관계에 있어서 민주사회에서는 반드시 보장되어야 할 국민의 기본권의 하나이다. 우리 헌법은 정치적 단체인 정당과 근로자의 결사인 노동조합을 적극적으로 보호하고 있다(§ 8, 33①). 다만 정당의 설립은 일종의 결사라고 볼 수도 있으나 헌법 제21조가 규정하는 결사에서 정당은 제외되는 것으로 해석해야 할 것이다. 헌법은 정당의 자유에 관하여 따로 규정하는 동시에 그 목적, 활동 및 해산에 관하여 일반의 결사와는 다른 특별규정을 두고 있기 때문이다(§ 8). 원칙적으로 결사에 대한 사전허가제는 인정되지 아니한다(§ 21②). 그러나 예외적으로 국가안전보장·질서유지 또는 공공복리를 위하여 법률로써 제한할 수 있다.

학문의 자유(學問의 自由)
영 ; academic freedom
독 ; akademische freiheit

學問研究(학문연구)의 자유, 즉 임의의 과제를 선정하여 결과를 추구하는 자유 및 학문상의 사상과 그 연구발표의 자유를 말한다. 종교의 자유, 양심의 자유와 함께 광의의 언론의 자유를 보장하려는 것이다. 학문은 인간정신의 창조적 성과로서 문화발전에 기여한다는 점에서 이 자유보장은 오늘날 특별한 의미를 갖는다. 사상의 자유, 표현의 자유의 일부로도 볼 수 있으나, 헌법이 특히 항목을 설정하여 이것을 보장하고 있는 것은 학문 그 자체가 가지는 객관적인 특성 때문에, 이것에 대하여는 별도의 자유가 요구되기 때문이다. 그리고 이러한 이유에서 학문의 중심인 대학의 자유가 특히 요청된다. 서구에 있어서는 학문의 자유는 사상 내지 언론의 자유와 상반하여 또는 그 내용으로서 주장되어 왔는데, 특히 학문의 자유로서 주장하게 된 것은 17세기 영국의 베이컨(Bacon)과 밀턴(Milton)에 의해서였다. 우리 헌법에서는 모든 국민은 학문의 자유를 가지지만(헌§ 22①), 질서유지 등을 위하여 필요한 경우에 법률로써 제한될 수 있다(헌§ 37②).

예술의 자유(藝術의 自由)
독. Freiheit der kunst

예술의 연구·발표·논의의 자유(헌법 22조1항)를 말한다. 예술의 자유는 예술창작의 자유와 예술표현의 자유가 포함된다. 다만 전자는 절대적 자유이나, 후자는 상대적 자유이다. 예술의 자유는 대한민국 국민뿐 아니라 외국인도 그 주체가 된다.

재산권의 보장(財産權의 保障)

재산권의 보장이란 사유재산을 타인에 의하여 침해당하지 않도록 보장하는 제도를 말한다. 우리 헌법에는「모든 국민의 재산권은 보장된다」고 규정되어 있는데(헌§ 23①), 이것이 재산권의 보장이다. 근대 이전의 봉건사회에 있어서 재산은 국왕이나 영주로부터의 보관물 또는 일시적인 施與物이라 생각되었고, 따라서 영구적인 소유물이 아니었다. 그 결과 재산관계가 불안정할 뿐만 아니라 안정된 사회생활을 영위할 수 없었다. 그 결과로 근대헌법에서는 사유재산의 보장(불가침)이 규정되었다. 재산권의 보장은 근대헌법의 기본원칙의 하나인 동시에 근대자본주의사회는 이 재산권의 보장을 기초로 발전하였다. 그러나 19세기 후반부터 顯在化한 자본주의 경제의 발전에 따른 부의 불평등분배·부의 편중을 사회적 관점에서 고려한 결과 사유재산의 절대적 보장에 수정을 가하게 되었다. 이것을 재산권의 사회화라고 한다. 즉 사적 소유권은 절대적인 것이 아니고, 사회적 이용책임을 수반한다고 생각하게 되었다. 독일의 바이마르헌법(1919년)이 「소유권은 의무를 수반한다」고 규정한 것은 재산권의 사회적인 책임을 나타낸 것이다. 헌법 제23조는 1항에 「모든 국민의 재산권은 보장된다」고 규정하고 있으면서, 그 내용과 한계를 법률로 정하고(동항但), 그 행사를 공공복리에 적합하도록 하여야 한다(동조②)고 규정하고 있는 것도 이러한 경향을 인정한 결과에 불과한 것이다. 다만 공공을 위하여 사유재산을 제한함에는 정당한 보상이 있어야 하므로 제23조 3항에서는 「공공필요에 의한 재산권의 수용·사용 또는 제한 및 그에 대한 보상을 법률로써 하되, 정당한 보상을 지급하여야 한다」고 규정하고 있다.

재산권이 법질서내에서 인정되고 보호받기 위하여는 입법자에 의한 형성을 필요로 한다. 즉, 재산권은 이를 구체적으로 형성하는 법이 없을 경우에는 재산에 대한 사실상의 지배만 있을 뿐이므로 다른 기본권과는 달리 그 내용이 입법자에 의하여 법률로 구체화됨으로써 비로소 권리다운 모습을 갖추게 된다. 입법자는 재산권의 내용을 구체적으로 형성함에 있어서 헌법상의 재산권보장(헌법 제23조 제1항 제1문)과 재산권의 제한을 요청하는 공익 등 재산의 사회적 기속성(헌법 제23조 제2항)을 함께 고려하고 조정하여 양 법익이 조화와 균형을 이루도록 하여야 한다(헌법재판소 1998. 12. 24. 89헌마21 4, 90헌바16, 97헌바78(병합) 전원재판부).

사유재산제도(私有財産制度)
영 ; private roperty
독 ; Privateigentum
불 ; propriéte privée

모든 재산 특히 토지 기타 천연자원 및 공장 등의 생산시설을 사인의 소유로 하고 국법으로써 이것을 보호하며 관리처분을 원칙적으로 소유자의 자유로운 의사에 맡기는 제도이다. 이 제도는 근세초기의 個人主義思想(개인주의사상)을 배경으로 확립되고, 계약자유의원칙과 더불어 자본주의문명의 원동력이 되었다. 그러나 자본주의가 고도로 발달함에 따라 재산의 집중이 생기고 이 원칙을 형식적으로 관철하는 것은 무산계급의 생존을 위협할 뿐만 아니라, 재화를 사회전부의 공동이익을 위하여 효율적으로 이용하고자 하는 이상에도 반하게 되었다. 그리하여 20세기에 들어오면서 생산수단 특히 천연자원이나 독점적인 기업시설에 대한 사유재산권을 어느 정도 제한하는 경향이 현저하게 되었다. 다만 이러한 경향은 나라에 따라 차이가 있다. 과거 소련과 그 위성국은 소비재를 제외한 모든 재화에 대하여 원칙적으로 사유를 부정하였으나, 현재 거의 모든 문명국에서는 이 제도를 인정하고, 특수한 것에 관하여 국유 내지 국가관리의 제도를 채택하거나 또는 적당히 제한하는 태도를 취하고 있다. 우리 헌법도 사유재산제도를 원칙으로 하되 이에 대한 조정과 규제를 가하여 공공복리에 적합하도록 하였으며 「自然資源國有」의 예외를 규정하고 있다(헌§ 23, 120).

직업선택의 자유 (職業選擇의 自由)

직업선택의 자유란 개인이 바라는 바에 따라 어떠한 직업이라도 자유롭게 선택할 수 있는 자유이다. 영업의 자유도 이에 포함된다. 봉건적인 신분제·세습제를 부정하는 것으로서 권리조항에서 보장되는 전통적인 자유권의 하나이다. 우리 나라에서는 제5차 개정헌법에서 이를 명문으로 보장하였으며, 현행헌법에서는 제15조에 규정하고 있다. 이 자유는 국가안전보장·질서유지·공공복리를 위하여 필요한 경우에 법률로써 제한할 수 있으나, 이 경우에도 자유와 권리의 본질적 내용을 침해할 수는 없다(헌§ 37②)

> "직업"이란 생활의 기본적 수요를 충족시키기 위한 계속적인 소득활동을 의미하며 그러한 내용의 활동인 한 그 종류나 성질을 묻지 않는 것이다(헌재 1997. 3. 27, 94헌마196).

정치권(政治權)
영 ; political rights
독 ; politsche Rechte

참정권과 동일한 개념의 말이다. 다만 참정권은 군주주의 아래에서 군주 중심의 정치에 참여한다는 의미로 해석되므로 국민주권국가에서는 모순된 느낌이 있고 적합한 의미의 용어가 아닌 까닭에 오히려 국민이 직접 정치를 담당한다는 의미에서 정치권이라는 용어가 타당하다고 주장하는 견해가 유력해지고 있다.

참정권(參政權)
영 ; political rights
독 ; politsche Rechte

참정권이란 누구든지 選擧人團(국가기관으로서의 국민)에 참가하거나 공무

원이 될 수 있는 국민의 기본권을 의미한다. 일반적으로 전자를 選擧權(선거권)이라 하고, 후자를 公務擔任權(공무담임권)이라 한다. 다만 선거권은 투표권과 엄연히 구별되어야 한다. 투표권이란 선거인단에 참가한 국민이 선거인단의 구성분자로서 선거권을 행사하는 권한에 지나지 않으며, 투표권 그 자체가 국민의 기본권인 참정권은 아니기 때문이다. 대통령이나 국회의원을 국민들이 직접·비밀투표에 의하여 선출하는 것이 바로 참정권이다.

국민발안(國民發案)
영 ; initiative
독 ; Volksbegehren
불 ; initiative

국민발안이란 국민 또는 한 지방의 주민이 입법에 관한 제안을 하는 것으로서 人民發案(인민발안) 또는 直接發案(직접발안)이라고도 한다. 이 제도는 직접민주제의 한 형태로서 고대 그리스의 도시국가에서부터 행해졌다. 우리 나라는 제5차 개정헌법에서 헌법개정에 국회의원 선거권자 50만인 이상의 찬성으로 헌법개정의 제안을 할 수 있도록 규정한 예도 있었으나(제5차 개정헌법§ 119①), 현행헌법에는 채택하고 있지 않다.

공무원선거권(公務員 選擧權)

공무원의 선거에 참여할 수 있는 국민의 권리를 公務員選擧權이라 한다. 「주권기관으로서의 국민」이라는 지위에서 유래하는 헌법상의 기본권이다.

모든 국민은 19세가 되면 법률이 정하는 바에 따라 공무원선거권을 갖는다(헌§ 24, 公選§ 15, § 16, § 17). 공무원선거권은 대의(간접)민주정치를 원칙으로 하는 국가에서는 가장 중요한 참정권의 하나이다. 국민의 선거권은 보통·평등·직접·비밀선거의 원칙에 따라 행사되어야 한다(§ 41①).

공무담임권(公務擔任權)

공무담임권이란 국민이 공무원이 되어 공무를 담임할 수 있는 권리를 말하며 참정권의 일종이다. 헌법 제25조의 규정에 따라 모든 국민은 법률이 정하는바에 따라 모든 국민은 법률이 정하는 바에 따라 공무를 담임할 권리를 가진다. 여기서 규정하는 공무는 行政府·司法府(행정부 · 사법부)의 직무뿐만 아니라 국회의원·지방의원 기타 일체의 공공단체의 직원의 직무를 포함한다. 그밖에 이 규정은 참정권에 관한 국민평등의 원칙을 선언하는 뜻을 갖는다. 그러나 국민 各人에게 그 자격 여하를 불문하고 직접 공무원이 될 수 있는 권리를 부여한다는 취지는 아니므로, 법률이 정하는 바에 따라 선거에 의한 당선, 일정한 자격, 시험합격 등을 공무원 就任(취임)의 조건으로 하는 것은 이 규정의 취지에 위배되는 것이 아니다.

정치적 자유(政治的 自由)
영 ; political freedom
독 ; politische Freiheit

정치적 자유란 정치에 관한 또는 정치적 활동이나 목적을 위한 자유를 말한다. 특히 그 중 정치적 목적을 위한 언론·출판집회·결사단체행동의 자유와 정당의 자유 및 참정권(특히 선거권)의 자유로운 행사가 가장 중요하다. 입헌민주주의나 자유민주주의를 기초로 하는 민주제도에서는 필수 불가결한 요건이다. 진정한 의미의 정치적 자유가 실질적으로 보장되기 위해서는 사회·경제·문화생활의 모든 영역에서 기회의 균등이 모든 국민에게 현실적으로 부여되어야 한다. 정치적 자유는 민주적 기본질서의 유지를 위하여 제한될 수 있다(헌§ 8②④, 37②).

청원(請願)
영 ; petition
독 ; Petition
불 ; pétition

청원이란 국민이 국가기관에 대하여 일정한 사항을 문서로써 진정하는 것을 말한다. 민주정치는 국민을 위한 정치이므로 국민은 국가기관에 대하여 일정한 희망이나 의사를 문서로써 제출함으로써 권리의 救濟違法의 是正 또는 복리증진을 할 수 있도록 한 것이다. 고전적 기본권의 하나이며 기본권을 보장하기 위한 기본권이라고도 한다. 우리 헌법도 청원권을 보장하고 있다(헌§ 26). 국회에 대한 청원은 國會法(국회법), 지방의회에 대한 것은 地方自治法(지방자치법), 그 밖의 일반법으로는 청원법이 있다. 누구든지 청원하였다는 이유로 차별대우를 받거나 불이익을 강요당하지 아니한다(청원§ 11).

헌법상 보장된 청원권은 공권력과의 관계에서 일어나는 여러 가지 이해관계, 의견, 희망 등에 관하여 적법한 청원을 한 모든 당사자에게 국가기관이 청원을 수리할 뿐만 아니라 이를 심사하여 청원자에게 그 처리결과를 통지할 것을 요구할 수 있는 권리를 말하나, 청원사항의 처리결과에 심판서나 재결서에 준하여 이유를 명시할 것까지를 요구하는 것은 청원권의 보호범위에 포함되지 아니하므로 청원 소관관서는 청원법이 정하는 절차와 범위내에서 청원사항을 성실·공정·신속히 심사하고 청원인에게 그 청원을 어떻게 처리하였거나 처리하려고 하는지를 알 수 있는 정도로 결과 통지함으로써 충분하고, 비록 그 처리내용이 청원인이 기대하는 바에 미치지 않는다고 하더라도 헌법소원의 대상이 되는 공권력의 행사 내지 불행사라고는 볼 수 없다(헌법재판소 1997. 7. 16. 93헌마239 全員裁判部).

공무원파면청원권 (公務員罷免請願權)

공무원파면청원권이란 공직에 있는 자를 임기종료 전에 국민의 발의에 의하여 파면시키는 권리를 말한다. 구헌법에서 국민의 기본권리의 하나로 인정된 바 있다(제5차 개정 이전의 헌§ 27①). 직접민주제에 있어서의 소환과 비슷하나 공무원의 불법행위를 요건으로 하고 그 방법에 있어서 청원에 의하는 점이 다르다. 미국·스위스·독일등에서 발전된 제도이다. 우리 나라는 1962년 헌법개정(제5차개정)에서 이 규정을 삭제하였으나, 제6공화국헌법 제26조와 청원법 제4조 제2호에 의하여 국가기관에 문서로 청원할 수 있는 권리가 인정되고 있다.

재판청구권(裁判請求權)

재판청구권이란 모든 국민이 헌법과 법률에 정한 법관에 의하여 법률에 의한 재판을 받을 권리를 말한다(헌§ 27①). 그 효과로는 적극적 효과와 소극적 효과가 있다. 적극적 효과란 적극적으로 재판을 청구하는 권리이며, 이에 의하여 국민은 민사재판청구권과 행정재판청구권을 갖는 것이다. 한편 형사재판청구권은 원칙적으로 검사만이 가지고(刑訴§ 246), 일반국민은 법률상 이것을 가지지 아니하는 것이 원칙이다. 재판청구권의 소극적 효과란 헌법과 법률이 정한 법관이 아닌 자의 재판 및 법률에 의하지 아니한 재판을 거절하고 합리적인 재판을 청구할 수 있는 권리이다. 즉, 정당한 재판을 받을 권리인 동시에 신속한 재판을 받을 권리이며(헌§ 27), 재판의 공개(§ 27③). 대법원을 최고심으로 하는 三審制(§ 101②), 법관의 독립(§ 103) 등의 보장을 그 내용으로 한다. 헌법이 인정하는 예외로는 군사법원에 의한 재판이 있다(§ 27②).

재판청구권은 사실관계와 법률관계에 관하여 최소한 한번의 재판을 받을 기회가 제공될 것을 국가에게 요구할 수 있는 절차적 기본권을 뜻하므로 기본권의 침해에 대한 구제절차가 반드시 헌법소원의 형태로 독립된 헌법재판기관에 의하여 이루어 질 것만을 요구하지는 않는다. 법원의 재판은 법률상 권리의 구제절차이자 동시에 기본권의 구제절차를 의미하므로, 법원의 재판에 의한 기본권의 보호는 이미 기본권의 영역에서의 재판청구권을 충족시키고 있기 때문이다(헌법재판소 전원재판부 1997. 12. 24. 96헌마172, 173(병합)).

국가배상청구권(國家賠償請求權)

국민의 공무원의 직무상 불법행위로 손해를 입은 경우에 국가에게 그 손해를 배상에 주도록 청구할 수 있는 권리를 말한다. 이러한 권리는 정의·공평의 이념에 따라 국가에게도 불법행위의 책임을 지우는 것이며, 공무원 개인의 책임만으로는 충분한 손해배상을 기대하기 어렵기 때문에 인정되는 것이다. 현행 헌법 제29조는 제1항에 '공무원의 직무상 불법행위로 손해를 받은 국민은 법률이 정하는 바에 의하여 국가 또는 공공단체에 정당한 배상을 청구할 수 있다'고 규정하여 국가배상청구권을 인정하고 있다.

국가의 불법행위책임
(國家의 不法行爲責任)

국내법상 국가가 위법하게 개인의 권리를 침해한 경우에 국가의 배상책임을 말한다. 종래에는 국가의 불법행위책임에 관한 일반적 규정이 없었으며, 특히 공행정작용에 있어서는 국가무책임의 원칙이 지배하고 있었다. 우리 헌법 제29조 제1항은 공무원의 직무상 불법행위로 손해를 받은 국민은 국가 또는 공공단체에 배상을 청구할 수 있다는 것을 규정하고 있다. 이에 따라 국가배상법이 제정되었으며, 국가의 불법행위책임이 일반적으로 확립된 것이다. 국제법상으로는 국가책임이라고 한다.

불법행위책임(不法行爲責任)

국가에 의하여 국민의 권리가 침해된 경우 국가가 국민에 대하여 부담하는 損害賠償責任(손해배상책임)을 뜻한다. 헌법은 기본권존중주의의 입장에서 이 책임을 명문화하였다(헌§ 29). 이에 따라 국가배상법(1967 3·3법률 제1899호)이 제정되어 국가의 일반적 불법행위책임이 확립되었다. 국가의 불법행위책임에 관하여는 국가작용의 성질에 따라 다음과 같이 분류할 수 있다. (1) 권력적 작용에 관하여는 국가배상법에 의하여 공권을 행사하는 공무원이 그 직무를 행함에 있어서 고의 또는 과실로 인하여 위법하게 타인에게 손해를 입힐 것을 요건으로 한다(國賠§ 2). 이 경우 국가는 공무원에게 고의 또는 중과실이 있을 때에는 求償權(구상권)을 가진다(國賠§ 2②). (2) 비권력적인 행정작용 가운데 도로·하천 등의 公共營造物의 설치·관리의 하자로 인한 손해의 배상책임에 관하여는 국가배상법에 특별한 규정이 있다(國賠§ 5, 6). 그 밖의 비권력적 작용에 관하여는 통설은 종래의 판례의 경향에 따라 민법의 규정을 적용한다고 한다. (3) 영리목적을 위하여 하는 사경제적 작용에 관하여는 민법에 의한다. 다만 민법 이외의 법률에 다른 규정이 있을 때에는 그 규정에 의하도록 한다(國賠§ 8但).

형사보상(刑事補償)

형사보상이란 형사피고인으로서 구금되었던 자가 무죄판결을 받은 때에 법률이 정하는 바에 의하여 국가에 대하여 청구할 수 있는 정당한 보상을 말한다(헌§ 28). 현행헌법에서 규정하고 있는 형사보상의 청구권에는 형사피의자까지도 포함시키고 있다. 즉, 「형사피의자 또는 형사피고인으로서 구금되었던 자가 불기소처분 또는 무죄판결을 받은 때에는 법률이 정하는 바에 의하여 국가에 정당한 보상을 청구할 수 있다」고 하는 것이 그것이다. 형사 보상은 프랑스 · 독일 등 유럽 대륙에서 발달된 제도로서 초기에는 국왕의 은혜로서 생각되었으나, 오늘날에는 국가의 의무로 정착되었다. 이 보상의 본질에 관하여는 法律義務說과 公平說과의 대립이 있다. 전자는 처분의 객관적 위법에 그 근거를 구하는 데 대하여, 후자는 공법상의 조절보상에 그 본질이 있다고 한다. 우리 나라에서는 공평설적인 사고방식에 근거하여, 일종의 공법상의 無過失損害賠償(무과실손해배상)이라고 하는 견해가 유력하다. 우리나라에 있어서 형사보상에 관한 사항은 헌법 제28조에 의한 형사보상법에서 정한다. 형사보상을 받으려면 형소법상의 일반절차, 재심·비상상고 또는 상소권회복에 의한 상소절차에서 무죄판결을 받거나(刑補§ 1), 免訴 또는 공소기각의 재판을 받았으나 이러한 재판을 할 만한 사유가 없었더라면 무죄의 재판을 받을 만한 현저한 사유가 있는 자(刑補§ 25)가 미결구금구금 또는 형의 집행을 받았어야 한다. 다만, 이러한 요건이 갖추어진 경우에도 일정한 사유가 있는 경우에는 법원의 재량에 의하여 보상청구의 전부 또는 일부를 기각할 수 있다(刑補§ 3). 피의자에 대한 보상규정은 刑事補償法(형사보상법) 제26조에 규정되어 있으며, 피의자 보상의 청구 등도 명문으로 규정하고 있다(刑補§ 27).

사회권(社會權)
불 ; droits sociaux

사회권이란 국민이 인간다운 생활을 영위하는데 필요한 조건의 형성을 국가에 요구할 수 있는 권리를 말한다. 즉 국가로부터 인간다운 생활을 보장받을 수 있는 국민의 기본적 권리이다. 개인의 인간다운 생활을 보장할 책임은 국가 및 사회에 있다는 사상에서 발생한 권리이며, 생활권이라고도 하고, 대체적으로 생존권적 기본권과 같은 개념이라고 할 수 있다.

사회적 기본권(社會的 基本權)
독, soziale Grundrechte

복지국가에서 국민이 그 인간다운 생활을 확보하기 위하여 필요한 일정한 국가적 급부와 배제를 요구할 수 있는 국법상의 권리를 말한다. 현대 헌법에 규정된 일련의 사회적 기본권은 헌법 제34조 제1항의 인간다운 생활권(생존권)을 그 목적조항으로 하고, 그 밖의 사회보장수급권(헌법 제34조 제2항 내지 제6항), 교육을 받을 권리(헌법 제31조), 근로의 권리(헌법 제32조), 노동3권(헌법 제33조), 환경권(헌법 제35조), 보건권(헌법 제36조 3항) 등을 그 수단조항으로 하고 있다. 이러한 사회적 기본권의 법적 성격에 관해서는 종래의 프로그램권리설과 최근에 등장한 법적 권리설이 대립하고 있고, 후자는 다시 추상적 권리설과 구체적 권리설로 나뉘고 있다. 이와 같은 사회적 기본권은 1919년 '바이마르' 헌법에서 실정화되었는데 '바이마르' 헌법은 제151조 제1항에서 '경제생활의 질서는 모든 사람에게 인간다운 생활을 보장하여 주기 위하여 정의의 원칙에 합치하지 않으면 안된다. 이 한계 내에서 개인의 경제적 자유는 보장된다' 라고 하여 현대적 헌법에서 사회적 기본권 조항을 최초로 도입하였다.

생존권(生存權)

영 ; right to life
독 ; Recht auf Existenz

인간다운 생활 또는 생존을 위하여 필요한 여러 조건의 확보를 요구할 수 있는 권리를 말한다(헌§ 34①). 생존권은 본래 국가의 간섭을 받음이 없이 자기의 생활을 유지할 수 있는 자연권, 즉 자유권적 기본권으로 17·18세기에 주장되었다. 그러나 20세기에 들어와서 빈부의 차가 격심해져서 무산대중의 생활이 위협을 받게 되자 생존권은 소극적인 것에서 적극적으로 개인이 국가에 대하여 생존의 유지와 발전을 위해 금전적 급부 또는 시설의 이용을 요구할 수 있는 수익권으로 전환하였다. 또한 절대 불가능한 것은 아니지만 완전고용이란 매우 곤란하기 때문에, 자본주의 국가에서 모든 국민에게 생존권을 실질적으로 보장하기 위해서는 완전고용을 위해 노력하는 동시에, 실업보험 · 질병보험 · 상해보험 · 肺病(폐병)보험 · 양

로보험·퇴직연금 등과 같은 「사회보험제도」를 완비해야 한다. 그러므로 우리 헌법도 「국가는 사회보장 · 사회복지의 증진에 노력할 의무를 진다」고 규정하고 있다(§ 34②). 따라서 생존권은 국민의 구체적이고 주관적인 권리라고는 볼 수 없고, 생존권을 규정하고 있는 헌법규정은 다만 국가정책의 지침을 선명하였음에 지나지 않는다(多數說).

생존권(인간다운 생활권)

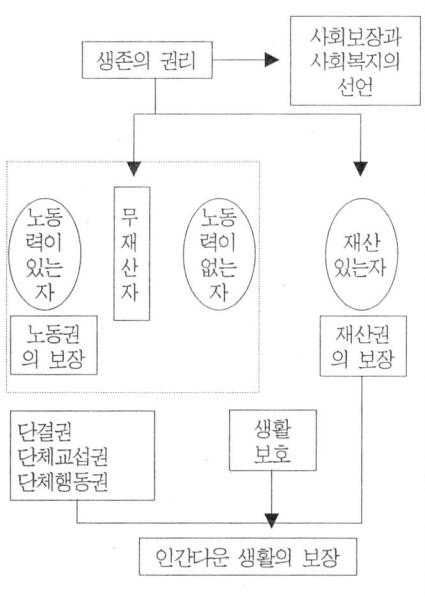

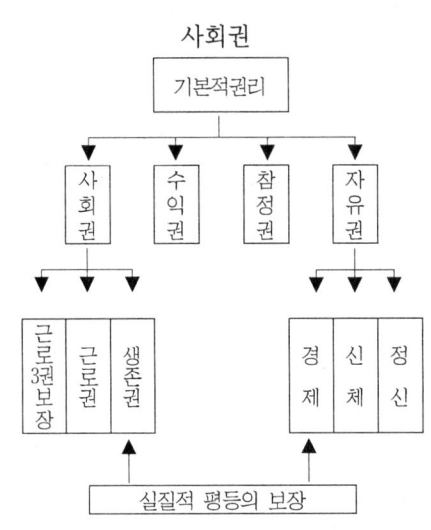

사회권

경제적 기본권(經濟的 基本權)
독 ; konomische Grundrechte
불 ; droits conomiques fondmentaux

경제적 기본권이란 社會主義理論에서 주장되는 기본권의 일종이다. 생존권적 기본권과 거의 동일한 개념이며 생존권이나 노동기본권이 그 전형적인 예이다. 근대의 개인주의적 법이론에서는 天賦人權(천부인권)으로서 자유권적 기본권 보장을 국가 및 법률의 근본목적으로 하는 데 반하여, 사회주의적 법이론에서는 경제적 기본권의 보장과 실현을 요구한다. 특히 사회주의국가가 아니더라도, 자본주의의 발전에 따른 소득분배의 불균형과 국민생활의 불안정을 해소하기 위하여 국가는 국민에게 자유권과 함께 인간다운 생활을 누릴 수 있도록 경제적 기본권을 보장하게 되었다.

사회보장을 받을 권리
(社會保障을 받을 權利)

모든 국민은 인간다운 생활을 국가로부터 보장받을 권리가 있고, 국가는 사회보장의 증진을 위하여 노력할 헌법적 의무를 부담하고 있다. 스스로 생활을 영위해 나갈 능력이 없는 국민은 법률이 정하는 바에 따라 국가의 보호를 받을 권리가 있다(헌§ 34②, ③, ④, ⑤, ⑥). 이 권리는 국민에게 실질적인 자유·평등을 보장하여 인간의 존엄과 가치를 실현하기 위한 것이다(§ 10). 생활권적 기본권의 일종으로서, 우리나라 헌법의 진보성의 한 표현이다.

교육의 권리(敎育의 權利)

교육의 권리란 모든 국민이 능력에 따라 평등하게 교육을 받을 권리를 말한다(헌§ 31①). 이 권리는 일정한 자격과 학력이 있는 자가 주로 경제적 이유 내지 지역적·시간적 이유로 현실적으로 교육을 받을 수 없을 때에, 국가에 대하여 교육을 시켜줄 것을 청구할 수 있고, 국가는 이에 대응하는 의무를 지는 적극적인 수익권을 의미한다. 그러므로 이 권리는「교육의 기회균등」의 원칙이 사실상 무시되었던 초기민주국가에서는 볼 수 없었던 현대적인 수익권의 하나이다. 그리고 그 권리의 실효성을 거두기 위하여는 광범위한 무상교육제도 · 학비보조제도·급비제도·장학제도의 채택은 물론, 학교를 지역적·종별적으로 공평하게 배치할 것 및 유직자의 수학을 위하여 야간제·시간제 기타 특수한 교육방법을 강구할 것 등 일련의 적극적 수단이 필요하다.

> 헌법(憲法) 제31조 제1항에서 말하는 "능력(能力)에 따라 균등(均等)하게 교육(教育)을 받을 권리(權利)"란 <u>법률(法律)</u>이 정하는 일정한 교육을 받을 <u>전제조건(前提條件)으로서의 능력을 갖추었을 경우 차별 없이 균등하게 교육을 받을 기회가 보장된다는 것이지</u> 일정한 능력, 예컨대 지능(知能)이나 수학능력(修學能力) 등이 있다고 하여 제한 없이 다른 사람과 차별하여 어떠한 내용과 종류와 기간의 교육을 받을 권리가 보장된다는 것은 아니다(헌법재판소 1994. 2. 24. 93헌마192 全員裁判部).

교육의 자주성(教育의 自主性)

교육의 자주성을 확보하기 위해서는 최소한 교사의 교육시설설치자·감독권자로부터의 자유, 교육내용에 대한 교육행정기관의 권력적 개입의 배제, 교육관리기구(교육위원회 위원, 교육감, 교육장 등) 등의 공선제가 실현되어야 한다.

교육의 정치적 중립성
(教育의 政治的 中立性)

교육의 본질에 위반되는 국가적 권력이나 정치적·사회적·종교적 세력 등에 의한 영향을 배제한다는 것을 말한다. 이에 따라 국가는 입법에 있어서 교육의 정치적 중립성을 침해하는 법률을 제정할 수 없으며, 교원과 학생도 교육과정(학내)에서는 정치적 활동을 할 수 없다.

근로권(勤勞權)

근로권이란 노동을 할 능력이 있는 자가 일을 할 기회를 국가에 대해 요구할 수 있는 권리를 말한다. 실제로는 노동을 할 능력을 가지고 있으면서도 일반기업에 취업할 수 없는 자에 대해서 국가 또는 공공단체가 최소한도 보통의 임금으로 노동의 기회를 제공하고, 만약 그것이 불가능한 경우에는 상당한 생활비를 지급할 것을 요구하는 권리라고 할 수 있다. 이 근로권에 관하여는 근본적으로 다른 두 가지의 개념이 있다. (1) 개인이 자유롭게 노동의 기회를 얻는 것을 국가가 침범하지 못한다는 소극적 의미의 자유권적 기본권으로 이해하는 17·18세기의 개인주의·자유주의를 기반으로 하는 자연법적 기본권의 개념과 (2) 국민의 균등한 생활을 보장하고, 경제적 약자인 근로자의 인간다운 생활을 보장하는 것을 내용으로 하는 적극적 의미의 생존권적 기본권으로 이해하는 20세기의 복리·후생주의적 근로권의 개념이 그것이다. 이러한 의미의 근로권은 「멩거」이래 유력한 사회사상으로서 주로 독일에서 주장되어 「바이마르헌법」에서 채택되었다. 우리 헌법의 노동권(헌§ 32①) 규정은 단순한 직업선택의 자유 이상으로 일종의 20세기적인 적극적 의미의 생존권적 기본권으로서의 근로권을 인정하는 동시에 「국가는 사회적·경제적 방법으로 근로자의 고용의 증진과 적정임금의 보장에 노력하여야 하며, 법률이 정하는 바에 의하여 최저임금제를 실시해야 한다」(§ 32①)는 것과, 「국가는 사회보장·

사회복지의 증진에 노력할 의무를 진다」(§ 34②)는 것을 아울러 선언하고 있다. 이에 근거하여 국가는 근로자에 대하여 최저의 임금수준을 보장하고 근로자의 생활안정과 노동력의 질적 향상을 도모하고자 最低賃金法(최저임금법)을 제정하였다(1986. 12. 31.法律 第3927號).

모든 임금은 근로의 대가로서 '근로자가 사용자의 지휘를 받으며 근로를 제공하는 것에 대한 보수'를 의미하므로 현실의 근로 제공을 전제로 하지 않고 단순히 근로자로서의 지위에 기하여 발생한다는 이른바 생활보장적 임금이란 있을 수 없고, 또한 우리 현행법상 임금을 사실상 근로를 제공한 데 대하여 지급받는 교환적 부분과 근로자로서의 지위에 기하여 받는 생활보장적 부분으로 2분할 아무런 법적 근거도 없다(대법원 1995. 12. 21. 선고 94다26721 전원합의체 판결).

근로3권 (勤勞三權)

노동3권이란 근로자에 대한 생존권 확보를 위하여 헌법이 보장하고 있는 노동권(헌§ 32①) 및 團結權·團體交涉權·團體行動權(勞動三權이라고도 한다)을 말한다. 勞動基本權(노동기본권)이라고도 한다. 이러한 권리는 보장의 방법여하에 따라서 반드시 동일한 성격을 가지고 있는 것이 아니다. 즉 근로권은 국민이 근로의 권리를 갖는다는 취지의 선언적 규정에 지나지 않으며, 법률적으로는 정치적 강령을 표시한 것에 불과한 것이지만, 다른 3종은 노동조합 및 노동관계조정법·노동위원회법·

근로자참여 및 협력증진에 관한 법률·노동기준법 등의 구체적 입법에 의하여 적극적으로 보장되고 있다. 이에 관하여 헌법은 공공복리에 의한 제약을 결정하지는 않았으나, 이들 권리가 근로자의 생존을 확보하기 위한 수단으로 보장된 것이라는 점을 생각하며, 그 권리가 절대적 권리로서 무한정의 행사의 보장을 받는 것이라고는 할 수 없다. 즉, 사회전체의 이익을 위하여는 근로3권이 제한받는 일이 있다고 할 수 있으나, 이를 이유로 부당한 제한을 두어서는 아니된다. 근로자의 기본권에 대해서 사용자 측에는 「록아우트」(직장폐쇄)라고 하는 쟁의행위가 인정되고 있지만 노동조합 및 노동관계 조정법 § 46), 이것은 단지 노사의 균형상 용인되고 있을 뿐, 근로3권이라고는 볼 수 없는 성질의 것이다.

단결권 · 단체교섭권 · 단체행동권

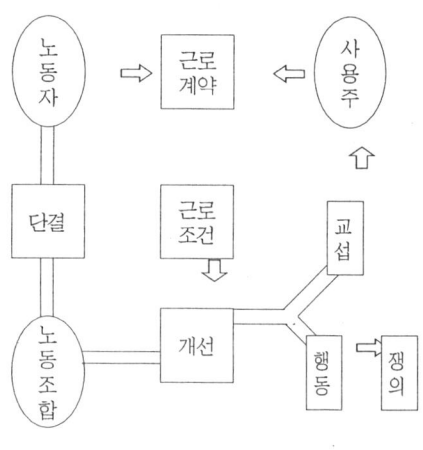

근로3권은 국가공권력에 대하여 근로자의 단결권의 방어를 일차적인 목표로 하지만, 근로3권의 보다 큰 헌법적 의미는 근로자단체라는 사회적 반대세력의 창출을 가능하게 함으로써 노사관계의 형성에 있어서 사회적 균형을 이루어 근로조건에 관한 노사간의 실질적인 자치를 보장하려는 데 있다. 근로자는 노동조합과 같은 근로자단체의 결성을 통하여 집단으로 사용자에 대항함으로써 사용자와 대등한 세력을 이루어 근로조건의 형성에 영향을 미칠 수 있는 기회를 가지게 되므로 이러한 의미에서 근로3권은 '사회적 보호기능을 담당하는 자유권' 또는 '사회권적 성격을 띤 자유권'이라고 말할 수 있다 (헌재 1998. 2. 27, 94헌바13).

국민의 기본적 의무 (國民의 基本的 義務)

국민이 국가에 대하여 가지는 기본적인 의무를 말한다. 납세의무(헌법 38조)와 국방의무(헌법 39조)는 고전적인 기본적 의무이며, 현대 복지국가에서는 공공복리를 위하여 교육을 받게 할 의무(헌법 31조 2항), 근로의무(헌법 32조 2항) 등이 인정된다. 이와 같은 국민의 기본적 의무는 법치주의의 원칙상 그 부과를 위해서 국회의 의결을 거친 법률의 근거를 필요로 한다. 근대국가 중에서 최초로 국민의 의무를 입법사항으로 한 것은 영국에서 국왕의 자의적인 조세징수를 억제하기 위해서 의회의 승인에 의한 납세원칙이 확립되면서부터이다.

공의무(公義務)

공의무란 일정한 범위 내에서 국가의 통제에 따르고 국가의 합법적인 명령의 강제에 대하여 무조건 복종해야 하는 국민의 의무를 의미한다. 그러나 공의무 역시도 국민의 자유를 보장한다는 취지에서만 인정되고 있는 것이다. 헌법이 규정하는 것 외에 법률이 규정하는 공의무도 있다. 교육(헌§ 31②) · 노동(§ 32②) · 납세(§ 38) · 국방(§ 39) 등의 의무가 이에 해당된다.

납세의무(納稅義務)

납세의무란 국가 또는 공동단체를 유지하기 위하여 필요한 경비를 조세로써 납부하는 의무를 말한다. 납세의무는 대부분의 국가가 헌법에 규정하고 있으며, 우리 헌법도 이 의무를 규정하고 (헌§ 38). 「모든 국민은 법률이 정하는 바에 의하여 납세의 의무를 진다」는 것은 조세법률주의를 말하는데, 이것은 헌법 제59조에서도 「조세의 종목과 세율은 법률로 정한다」고 하여 이를 별도로 규정하고 있다. 조세법률주의는 영국에서 확립된 「대표 없이는 과세 없다」의 원칙으로부터 유래한 것이다. 조세는 金錢給付(금전급부)가 원칙이지만, 경우에 따라서는 부역·현품으로 징수할 수도 있다. 조세는 擔稅力(담세력)에 따라서 균등하게 국민에게 부과되는 것으로서, 조세납부에 대한 반대급부가 없다는 점에서 手數料(수수료)·料金(요금)·負擔金(부담금) 기타의 課徵金(과징금)과 다르다.

국방의무(國防義務)

국방의무란 모든 국민이 법률이 정하는 바에 의하여 외적의 공격에 대해 국가를 방어할 의무를 지는 것을 말한다. 우리 헌법도 국방의무에 관해 규정하고 있다(헌§ 39). 우리나라는 국제평화의 유지에 노력하고 침략적인 전쟁을 부인하지만(§ 5), 아직도 우리나라는 침략자를 격퇴하는 자위의 전쟁과 침략자를 응징하는 제재의 전쟁을 할 필요가 있기 때문에 모든 국민에게 법률이 정하는 바에 의하여 국방의 의무를 부담시키고 있다. 현대전은 총력전이기 때문에 국방의 의무는 단지 병역의 의무에 그치지 않고, 방공·방첩의 의무, 군작전에 협조할 의무, 국가안전보장에 기여할 군노무동원에 응할 의무 등을 포함한다. 실제에 있어서도 병역법에 의하여 병역의 의무뿐만 아니라, 鄕土豫備軍設置法(향토예비군설치법)에 의한 예비군복무의 의무, 민방위기본법에 의한 징발·징용에 응할 의무 등을 부과하고 있다.

병역의무(兵役義務)

국가의 복무명령이 있을 때에는 군대의 구성원으로서 군에 복무할 의무를 말한다. 병역의무는 현실적인 군복무의 의무를 뜻하는 것이 아니라, 국가로부터 군복무의 명령을 받을 수 있는 법률상의 지위를 뜻하는 데 지나지 아니하므로, 그 내용은 국가의 군복무명령이 있을 때에는 그에 응할 의무이다. 대한민국 국민인 남자는 헌법과 병역법이 정하는 바에 의하여 병역에 복무할 의무를 지며(헌법 제39조 1항, 병역법 제3조 1항), 여자는 지원에 의하여 현역에 한하여 복무할 수 있다(병역법 제3조 1항), 또 헌법 제39조 제2항은 '누구든지 병역의무의 이행으로 인하여 불이익한 처우를 받지 않는다' 고 규정하고 있다.

교육의 의무(敎育의 義務)

교육의 의무란 모든 국민이 자녀에게 최소한 초등교육과 법률이 정하는 교육을 받게 할 의무를 말한다(헌§ 31②). 이 의무는 진보적 사상에 기초하여 국민의 교육수준을 향상시킴으로써 각 개인의 지적향상을 도모하는 동시에, 국력의 부강을 도모하고 나아가서는 인류문화의 발달에 이바지한다는 근본적인 목적을 가지고 있다. 의무교육은 무상으로 한다(§ 31③).

의무교육(義務敎育)

보호자가 그 자녀에게 취학시킬 의무를 지는 교육을 말한다. 국가가 요구하는 국민생활의 향상과 복지국가형성을 달성하는데 요구되는 것이 교육의 의무화인 것이다. 우리나라의 헌법은 '모든 국민은 그 보호하는 자녀에게 적어도 초등교육과 법률이 정하는 교육을 받게 할 의무를 진다(헌법 31조2항)' 고 하여 초등교육을 의무화하고 있고, 3년의 중등교육에 대하여는 교육기본법 제8조에서 의무교육으로 규정하고 있다(교육기본법 8조). 이를 실시하기 위해 학령아동을 가진 보호자는 '취학시킬 의무' 가 있고, 국가나 공공단체는 교육을 실시할 수 있는 '시설을 갖출 의무' 가 있다

(동법 11 · 13조). 교육을 받을 권리의 주체는 원래 취학연령에 있는 미성년자이나, 이들은 독립하여 생활할 수 없는 자이므로 보호자가 그 자녀를 취학시킬 의무를 다하지 아니하면 이 권리는 실효성이 없다. 따라서 교육을 받을 권리의 실효를 기할 목적으로 교육의 의무를 보호자에게 부과하고 있다.

근로의무(勤勞義務)
독 ; Arbeitspficht 佛 ; devoir autravail

근로의무란 국가가 민주주의 원칙에 따라 법률로써 정한 근로의무의 내용과 조건을 민주주의 원칙에 따라 모든 국민이 노동할 의무를 지는 것을 말한다(헌§ 32②). 納稅義務(납세의무)·國防義務(국방의무)가 고전적 의무인데 비하여, 이것은 20세기 헌법에 의해 생존권적 기본권으로서의 노동권이 인정되는 것에 상응하여 부과된 국민의 의무이다.「일하지 않는 자는 먹지 말라」고 하는 구소련헌법과 같은 공산국가의 노동의무와는 달리, 헌법상으로 개인의 재산권 및 직업선택의 자유를 보장하고(§ 23①, § 15), 강제노역을 금지하고 있는(§ 12①) 우리나라에서는 불로소득생활자가 생기는 것은 불가피한 일이다. 또「국가는 근로의무의 내용과 조건을 민주주의원칙에 따라 법률로 정한다」(§ 32②後段)고 규정하여, 근로의무는 민주주의원칙을 전제로 하고 있으므로, 그 내용과 조건이 공산주의국가에 있어서와 같은 강제근로의 의미를 가질 수 없다. 그러므로 우리 헌법의 근로의무는 근로의 능력이 있는데도 노력하지 않는 자에 대하여는 근로권의 보호를

주지 않는다는 의미로 보는 것이 타당하다.

國 會

삼민주의(三民主義)

孫文이 제창한 중화민국의 정치적 지도이념으로서 民族主義(민족주의) · 民權主義(민권주의) 및 民生主義(민생주의)를 일컫는다. 민족주의는 대외적으로 열강제국주의로부터의 해방 그리고 대내적으로 국내 여러 민족의 평등의 확보를 뜻한다. 또한 민권주의는 국민의 참정을 의미하며, 민생주의는 인권의 평등 및 자본의 절제에 입각한 일종의 사회주의 또는 社會民主主義(사회민주주의)를 의미한다.

오권헌법(五權憲法)

일반적으로 권력분립주의는 국가작용을 입법·사법·행정의 삼권으로 나누지만 이에 대하여 이를 司法·立法·行政·考試·監察의 5권으로 나누는 헌법이론을 말한다. 손문이 三民主義理論(삼민주의이론)라 함께 제창한 헌법체계로서 중국 국민당 정부의 지도적 정치원리였다고 할 수 있다.

사법국가(司法國家)
독 ; Justizstaat
불 ; Pays sans régime administratif

행정제도를 인정하지 않는 국가이다. 행정국가에 대응하는 개념이다. 행정제도가 성립하지 않고 따라서 행정재판의

제도도 없으며, 일반법원이 행정상의 사건도 관할함을 전제로 한다. 영·미법계의 여러 나라가 이에 해당하는데 우리 나라도 일반법원이 일체의 법률상의 쟁송을 재판하는 점에서(헌§102) 사법국가의 형태를 갖는다. 사법국가라는 개념은 법원의 법령심사권과 관련하여 사법권이 입법권이나 행정권보다 우월한 지위에 있는 국가(예 : 미국)라는 의미로 쓰이기도 한다.

행정국가(行政國家)
독 ; Verwaltungsstaat
불 ; pays regime administratif

행정제도가 확립되어 있는 국가를 의미하며, 사법국가에 대응하는 개념이다. 즉 행정권을 사법권의 간섭으로부터 독립시키기 위하여 행정상의 재판권을 일반법원에 부여하지 않고, 독립된 행정법원을 두어 행정재판을 담당하게 하는 등, 행정권의 지위를 보장하는 제도이다. 프랑스가 그 종주국이라 할 수 있고 독일, 오스트리아 등의 대륙법계 국가가 행정국가에 속한다. 이 나라들에서는 일반사법과 다른 특수한 법이 행정과 관련하여 인정되어 행정법체계의 월등한 발달을 가져오기도 했다.

의회(議會)
영 ; parliament
독 ; Parlament
불 ; parlement

의회란 국민의 정치적 대표기관인 민선의원을 구성원으로 하고, 입법 기타 중요한 국가작용에 결정적으로 참여하는 기능을 가진 합의체를 말한다. 우리 헌법상 국회와 같다. 국회는 일반적으로 입법작용을 담당하는 것이 본래의 임무이므로 입법부라고도 한다. 국가의 기관인 의회를 국회라고 하며, 지방자치단체의 기관인 국회를 지방의회라고 한다(헌§118). 국가의 의회제도에는 兩院制(양원제)와 單院制(단원제)가 있다. 의회는 봉건국가에 있어서의 等議族會(등의족회)에서 그 기원을 찾을 수 있는데, 특히 1295년의 영국의 전형의회(model parliament)는 봉건사회의 각 신분대표를 소집한 점에서 그 뒤의 의회의 모범이 되었다. 양원제가 확립된 것은 14세기 전반기에 이르러 귀족고위 성직자가 귀족원을, 기사도시대표가 서민원을 각각 구성하여 국왕이 국민에 대하여 부과하는 재정상 부담을 의결한 데서 비롯된다. 양원제의 존재이유는 국가에 따라 다르나, 일반적으로 연방국가에 있어서는 각주의 이익을 평등하게 대표하는 기관으로 상원을 두고, 군주국가에 있어서는 귀족과 같은 특수계급의 이익을 대표하는 귀족원을 두고 있다. 오늘날에는 단원제 의회의 경솔 전횡을 방지하기 위하여 양원제를 채택하고 있는 나라가 많다.

의회제(議會制)
영 ; congressional government
불 ; régime représentatif

의회제란 민주국가에 있어서 대의제의 한 수단으로서 국민대표에 의하여 조직된 기관이 정치의 중심으로 되는 제도를 말한다. 즉 의회를 가진 정치체제로서 대의제라고도 한다. 민주정치는 국민주권사상의 표현인 의회제도를 그 본질적 요소로 한다. 따라서 의회제에는, (1) 국민이 선출한 대표로써 조직될 것, (2) 서로 의견과 이익을 달리하는 정치세력의 대립이 있을 것, (3) 그 기관의 의사는 이러한 대립된 의견 및 이익의 토론과 타협으로써 결정될 것 등을 요건으로 한다. 따라서 공산주의 국가의 최고인민회의에 있어서와 같이, 그것이 비록 인민의 대표로써 구성된 합의체의 기관이라고 할지라도 대립된 정치세력이 없고 토론과 타협의 여지가 없을 때에는 그것을 의회라고 할 수 없다. 의회가 민주정치에 있어서는 불가결의 정치도구를 의미하는 것과 같이, 의회정치 또는 의회주의도 민주정치와 똑같은 의미로 사용되고 있다. 민주정치에 있어서 의회의 본질을 이루고 있는 의견과 이익의 대립은 민주주의의 요소인 다원적 정당제에 의하여 실시하고 있다. 행정부와의 관계에서 의회가 정치의 실권을 잡고 있는 경우를 의회제라고 하는 경우도 있다. 미국과 같이 대통령의 영도력에 따라 권력의 비중이 대통령에게로 기울어지는 경우를 대통령제라고, 의회쪽으로 기울어지는 경우를 의회제라고 한다. 또한 권력구조에 있어서 의회제의 경우는 정부에 비해 의회가 월등한 우위에 선다.

대의제도(代議制度)
영, representative system
독, Repräsentativsystem
불, régime représentatif

주권자인 국민이 직접 국가의사(또는 국가정책)를 결정하지 아니하고 그들의 대표자(국회의원·대통령 등)를 선출하여 그 대표자로 하여금 국민을 대신하여 국가의사를 결정하게 하는 제도를 말한다. 대의제의 본질은 통치자와 피치자의 구별을 전제로 하여, 피치자인 국민은 국가기관의 구성권과 그에 통치권만을 유보하고, 국가의사나 국가정책의 현실적인 결정권과 그에 관한 책임은 그들에 의하여 선출된 대표자인 통치권자들에게 일임한다는 데 있다. 그리고 이때의 기관구성권자인 국민과 대의기관의 관계, 즉 대표관계는 강제적 위임관계(명령적 위임관계)가 아니라 자유위임관계(무기속위임관계)를 그 이념적 기초로 하기 때문에 대의기관의 의사결정이 국민의 현실적인 또는 추정적인 의사와 일치하지 아니하는 경우에도 국민의 동의가 있는 것으로 간주된다. 그러므로 대의제의 기능은 (1)국민에 의해 선출된 국민의 대표자가 국민을 대신하여 국가의사를 결정한다는 대의기능과 (2)복수의 대표자가 합의에 의하여 국가의사를 결정한다는 합의기능으로 요약된다.

국회(國會)
영 ; parliament congress
독 ; Parlament
불 ; parlement

국회란 국민이 선출한 의원(민선의원)으로 구성되는 합의체로서, 입법을 비롯하여 기타 중요한 국가작용에 관한 권한을 가진 헌법상의 기관을 말한다. 국회의 주요권한을 가진 헌법상의 기관을 말한다. 국회의 주요권한은 입법에 관한 것이라는 점에서 이를 입법기관이라고 한다. 헌법은, 「입법권은 국회에 속한다」(헌§ 40)고 규정하고 있다. 국회의 구성에는 단원제와 양원제가 있는데, 우리 나라는 1948년의 건국헌법당시에는 단원제를 채택하였으나, 1952년의 제1차개헌에서 양원제를 채택한 후, 1962년 헌법(제5차개헌)에서 다시 단원제가 되었다. 국회는 국민의 보통·평등·직접·비밀선거에 의하여 선출된 의원으로 구성되고(§ 41①), 국회의원의 수는 법률로 정하되, 200인 이상으로 한다. 국회의원의 선거구와 비례대표제 기타 선거에 관한 사항은 법률로 정하게 되어 있다. 국회의 운영에 관하여는 국회법에 상세히 규정되어 있고, 국회의원의 선거에 관하여는 공직선거및선거부정방지법이 있다. 국회의 집회에는 정기회와 임시회가 있고, 정기회는 법률이 정하는 바에 의하여 매년 1회 소집되며, 임시회는 대통령 또는 국회재적의원 4분의1이상의 요구에 의하여 소집된다(§ 47①). 정기회의 회기는 100일을, 임시회의 회기는 30일을 초과할 수 없으며(§ 47②), 대통령이 임시회의소집을 요구할 때에는 기간과 집회요구이유를 명시하여야 한다. 국회에는 의장 1인과 부의장 2인을 두고(§ 48), 一般議決定足數(일반의결정족수)는 재적의원과반수의 출석과 출석의원 과반수의 찬성으로 하는데, 可否同數(가부동수)인 때에는 부결된 것으로 본다(§ 49). 국회의 회의는 원칙적으로 공개하나, 출석의원 과반수의 찬성이 있거나 의장이 국가의 안전보장을 위하여 필요하다고 인정할 때에는 공개하지 아니할 수 있다. 이 때 공개하지 아니한 회의내용의 공표에 관하여는 법률이 정하는 바에 의한다(§ 50①②).

국회법(國會法)

1988. 6. 15 법률 제4010호로 전문 개정된 이 법은 국회의 조직·의사 기타 필요한 사항을 규정함으로써 국민의 대의기관인 국회의 민주적이고 효율적인 운영에 기여함을 목적으로 한다. 총칙(제1장), 국회회기와 휴회(제2장), 국회의 기관과 경비(제3장), 의원(제4장), 교섭단체·위원회와 위원(제5장), 회의(제6장), 회의록(제7장), 국무총리·국무위원·정부위원과 질문(제8장), 청원(제9장), 국회와 국민 또는 행정기관과의 관계(제10장), 탄핵소추(제11장), 사직·퇴직·궐원과 자격심사(제12장), 질서와 경호(제13장), 징계(제14장), 국회 회의 방해 금지(제15장), 보칙(제16장) 등으로 되어 있다.

국회사무처(國會事務處)

국회의 일반사무를 처리하는 국회의 기관을 말한다. 국회사무처에는 사무총장 1인과 기타 필요한 공무원을 두며 사무총장은 의장이 각 교섭단체 대표의원과의 협의를 거쳐 본회의의 승인을 얻어 임면하고, 사무총장은 의장의 감독을 받아 국회의 사무를 통할하고 소속 공무원을 지휘·감독한다(국회법 21조). 국회사무처에 관해 필요한 사항은 국회사무처법에서 규정한다.

국회 상임위원회
(國會 常任委員會)

국회 본회의에 부의하기에 앞서 의안 청원 등을 심의하기 위하여 국회에 설치된 위원회를 말한다. 현대국가에 있어서는 국가기능이 확대됨에 따라 국회 본회의가 광범한 영역 전반에 대해 심의하기는 부적합하므로 이를 소수의 의원들로 구성되는 각종의 위원회에서 심의하여 본회의 상정 여부를 결정하며, 본회의에서 통과를 위한 예비적 심의를 하는 것이 필요하게 되었다. 우리나라에서도 본회의 중심주의를 지양하고 상임위원회 중심주의를 채택하여 법안심의는 상임위원회에서 하고, 본회의에서는 심사 보고를 한 후 가부투표를 실시한다. 현행 국회법상 상임위원회는 (1)국회운영위원회, (2)법제사법위원회, (3)정무위원회, (4)기획재정위원회, (5)미래창조과학방송통신위원회, (6)교육문화체육관광위원회, (7)외교통일위원회, (8)국방위원회, (9)안전행정위원회, (10)농림축산식품해양수산위원회, (11)산업통상자원위원회, (12)보건복지위원회, (13)환경노동위원회, (14)국토교통위원회, (15)정보위원회, (16)여성가족위원회 등이 있다. 국회의원은 2 이상의 상임위원회의 위원이 되며, 각 교섭단체의 대표의원은 국회운영위원회의 위원이 된다. 국무총리 · 국무위원 · 국무조정실장 · 처의 장 · 행정각부의 차관 기타 국가공무원의 직을 겸한 의원은 상임위원을 사임할 수 있다(국회법 39조). 상임위원은 선임된 날로부터 2년간 재임한다(동법 제40조 1항). 상임위원회는 그 소관에 속하는 사항에 관하여 법률안 기타 의안을 제출할 수 있으며(동법 제51조 1항), 위원회에 전문위원과 필요한 공무원을 둔다(동법 제42조 1항).

교섭단체(交涉團體)

국회의 의사진행의 원활을 도모하기 위하여 일정한 정당에 속하는 의원의 의사를 통합·통일하여 사전에 상호교섭을 하기 위한 의원단체를 말한다. 국회에 20인 이상의 소속의원을 가진 정당은 하나의 교섭단체가 된다. 그러나 다른 교섭단체에 속하지 아니하는 20인 이상의 의원으로 따로 교섭단체를 구성할 수 있다. 교섭단체의 대표의원은 그 단체의 소속의원이 서명·날인한 명부를 의장에게 제출하여야 하며, 그 소속의원에 이동이 있거나 소속정당의 변경이 있을 때에는 그 사실을 의장에게 보고하여야 한다. 어느 교섭단체에도 속하지 아니하는 의원이 당적을 취득하거나 소속정당을 변경한 때에는 그 사실을 즉시 의장에게 보고하여야 한다. 교섭단체 소속의원이 입법활동을 보좌하기 위하여 교섭단체에 정책연구원을 둔다. 또 교섭단체는 원내발언의 순서나 상임위원회위원배정 등의 권한을 가진다.

국회의 권한(國會의 權限)

국회의 권한은 형식적 견지에서 의결권 · 동의권 · 승인권 · 통고권 및 통제권으로 분류할 수 있고, 실질적 견지에서 입법에 관한 권한, 재정에 관한 권한, 일반국정에 관한 권한 및 국회내부에 관한 권한으로 분류할 수 있다. 실질적 분류기준에 의한 국회의 권한은 다음과 같다. 입법에 관한 권한으로는 (1)법률안 제출(헌법 제52조, 국회법 제79조)·심의권(국회법 81 · 87 · 93 · 95 · 109 · 98조 1항), (2)헌법개정안 발안(헌법 제128조 1항)·심의권(헌법 제130조 1항, 국회법 제112조 4항), (3)조약체결·비준 동의권(헌법 제60조 1항)이 있다. 재정에 관한 권한으로는 (1)재정입법권(조세법률주의), (2)예산의 심의 · 확정(헌법 제54조 2항), (3)기채동의권(헌법 제58조 전단), (4)예산외 국가부담이 될 계약체결에 대한 동의권(헌법 제58조 후단), (5)재정적 부담이 있는 조약체결에 대한 동의권(헌법 제60조 1항), (6)결산심사권(헌법 제99조), 긴급재정·경제처분에 대한 승인권(헌법 제76조 3항)이 있다. 일반 국정에 관한 권한으로는 (1)국무총리 임명동의권(헌법 제86조 1항), (2)국무총리·국무위원해임건의권(헌법 제63조), (3)국무총리·국무위원 출석요구권 및 질문권(헌법 제62조), (4)탄핵소추권(헌법 제65조), (5)선전포고 및 국군 해외파견, 외국군 주류에 대한 동의권(헌법 제60조 2항), (6)일반사면에 대한 동의권(헌법 제79조 2항), (7)대법원장 및 대법관 임명동의권(헌법 제104조 1항)과 감사원장 임명동의권(헌법 제98조 2항), (8)헌법재판소재판관 및 중앙선거관리위원회 선출권(헌법 제111조 3항, 114조 2항), (9)계엄해제 요구권(헌법 제77조 5항), (10)긴급명령·긴급재정·경제명령 처분권(헌법 제76조 3항), (11)국정감사권·국정조사권(헌법 제61조)이 있다. 국회의 자율적 권한으로는 (1)의사 및 내부규율에 관한 규칙제정권, (2)의사진행에 관한 자율권, (3)내부경찰권 및 국회가택권(출입금지 및 퇴장 요구권), (4) 내부조직권 및 국회의원의 신분에 관한 권한 등이 있다.

입법(立法)
영 ; legislation
독 ; Geselzgebung
불 ; légisation

입법이란 법의 정립작용을 말한다. 입법은 그 의미상 실질적 개념과 형식적 개념으로 나눌 수 있다. 실질적 개념에 다르면 통치권에 의거하여 국가와 국민과의 사이에 효력을 가질 성문의 법규를 정립하는 국가작용을 입법이라 한다. 이것은 국가작용의 성질에 따른 차이점에 근거한 것으로서, 행정 · 사법이 법규에 근거하여 법규를 구체적으로 집행·운용하는 작용인데 대하여 일반적이고 추상적인 법규를 정립하는 작용을 입법이라고 보는 것이다. 이에 대하여 국가작용은 모두 法定立的(법정립적) · 法執行的(법집행적) · 法適用的(법적용적) 성질을 동시에 가지고 있으므로, 국가작용을 성질에 따라 구별하는 것은 불가능하다고 하는 견해도 있으나(純粹法學派), 국가기관을 입법·행정·사법의 3기관으로 나누고, 국민의 자유와 권리에 관계되는 법규의 정립을 국민의 대표기관인 의회의 권한으로 하는 근대 立憲主義的 三權分立思想(입헌주의적 삼권분립사상)을 감안한다면 국가작용의 성질에 따른 국가작용의 구별은 가능하다고 본다. 그런데 원래 권력분립론은 실질적 의미의 입법 · 사법 · 행정을 입법기관·행정기관·사법기관이 각각 담당할 것을 목표로 한 것이었으나, 실제의 권한분배에서 각 기관은 실질적인 작용상 자기 본래의 권한에 속하지 않는 작용도 그 권한으로 하고 있다. 이리하여 입법의 개념에도 실질적 개념 이외에 형식적 개념이 있는데, 이 형식적 개념에 따르면 입법기관의 권한에 속하는 작용을 입법이라고 한다. 실질적 의미의 입법과 형식적 의미의 입법은 일치하지 않는다. 학문상으로는 실질적 의미의 입법을 연구대상으로 한다. 다만, 우리나라에서도 헌법 제40조의 「立法」의 의의에 관하여 실질설(실질적 의미의 법률, 즉 앞서 말한 바와 같이 법규를 적립하는 작용이라는 설)과 형식설(형식적 의미의 법률을 정립하는 입법기관의 작용이라는 설)이 대립하고 있다.

입법권(立法權)
영 ; legislative power
독 ; gesetzgebende Gewalt
불 ; pouvoir législatif

입법권이란 실질적 의미에 있어서는 법을 제정하는 국가권능을 말하고, 형식적 의미에 있어서는 국회가 가지는 법률제정권을 의미한다. 삼권분립론에 따르면 국가권력은 입법권·행정권·사법권의 3권으로 분류되며, 입법권은 국회의원으로 구성되는 국회에 부여하고 있는 동시에 국민의 원리의무에 관한 법규정립권은 국회만이 가진다는 원칙이 확립되어 있다. 그러나 국가에 따라 국가비상사태시에는 특례가 인정된다. 우리 헌법은 「입법권은 국회에 속

한다」고 선언하고 있다(헌§ 40). 헌법 제40조의 입법의 의미에 관하여 이것을 실질적 의미의 법률(즉 법규)을 정립하는 작용이라고 하는 실질설과, 형식적 의미의 법률(즉 국회를 통과해야 하는 법률)을 정립하는 작용이라고 하는 형식설이 대립하고 있다. 실질설에는 헌법 그 자체가 예외로서 대통령의 재정·경제처분, 명령·긴급명령·위임명령·집행명령을 인정하였다고 본다. 반면에 형식설에 따르면 대통령의 재정·경제처분, 명령·긴급명령은 헌법 그 자체가 인정하는 예외이므로 별개로 하고, 委任命令(위임명령)·執行命令(집행명령)은 법률에 의한 보통적 명령이므로 무관하다고 한다.

입법사항(立法事項)

입법사항이란 헌법 또는 법률에 의하여 법률로써 규정하게 되어 있는 사항을 말한다. 즉 국민의 자유(자유권)와 권리를 제한하거나 의무를 부담시키는 사항(헌§ 37②)과 같이, 그 중요성에 비추어 국민의 대의기관인 국회의 의결을 거쳐야 할 법률유보사항을 말한다. 법치주의를 구현하는 한 방법으로서, 법률사항이라고도 한다. 국민의 권리제한은 반드시 법률로 규정해야 하며, 법률의 구체적 위임이 없이는 행정권의 명령으로 규정할 수 없다(§ 75). 법률의 근거없이 입법사항을 규정한 행정명령이나 규칙은 헌법에 위배되는 것으로서 법원의 심사대상이 된다(§ 107②).

양원제(兩院制)

영 ; bicameral system
독 ; Zweikammersystem
불 ; bicaméralisme

양원제란 국회(의회)가 두 개의 의원으로 구성되어 있는 제도를 말한다. 일반적으로 상원과 하원으로 구성된다. 상원은 군주국의 경우 군주의 세력을 대표하는 귀족으로 구성되거나, 연방국가의 경우 각주의 대표기관으로 구성되거나, 또는 기타 국가의 경우 보수세력으로 구성되는 것이 보통이다. 하원은 국민으로부터 공선된 의원으로 조직되는 경우가 대부분이다. 양원제는 국회(의회)의 권력을 완화하고 민주성을 억제할 수 있는 권한에 대응하는 권한을 하원이 보유할 수 있으므로 특히 입헌주의를 기초로 하는 국가에서 많은 호응을 받았다. 그러나 민주주의의 발달에 따라 하원의 권한이 강화됨으로써 하원은 보수세력을 대표하여 정부와 하원과의 완충역할을 담당하게 되었다. 그 명칭은 국가에 따라 다르다. 우리나라는 과거 양원제를 채택할 때 참의원과 民議院(민의원)으로 구성하였다. 영국은 House of Lords와 House of Commons, 미국은 Senate와 House of Representatives 그리고 일본은 衆議院과 參議院으로 兩院制를 이룬다.

민의원(民議院)

민의원이란 양원제 국회에서 하원에 해당하는 것으로서, 참의원과 함께 국회를 구성하는 일원을 말한다. 우리나라는 제2공화국 시대에 민의원과 참의원의 양원으로 국회를 구성하고 있었다(제2공화국 헌§ 31② 참조). 예산기타 법률안의 심의나 정부의 조직·감독 등에 있어서 일반적으로 참의원에 우월하다.

참의원(參議院)

참의원이란 양원제 국회에서의 상원에 해당하며, 민의원과 함께 국회를 구성하는 일원을 말한다. 우리 나라의 경우 헌법상 제1차개헌부터 제5차개헌 전까지 참의원 제도가 존재하였으나, 제3차개헌 이후에 실질적인 기능을 발휘하게 되었다. 제5차개헌 이전의 헌법에 따르면 참의원도 민의원과 같이 국민의 보통·평등·직접·비밀투표에 의하여 선거된 의원으로써 조직되었다. 다만 그 권한과 임기·정수·개선방법·선거구 등은 민의원과 달랐다(이별조직의 원칙). 그리고 참의원에는 민의원과 같은 해산제도가 적용되지 않았고 긴급집회제도를 특징으로 들 수 있다.

국회의 위원회제도(國會의 委員會制度)

현대는 국가기능의 확대에 따라 입법기관도 고도로 기술화하여 의안을 심의하는데 있어서 전문적 지식을 필요로 하는데 있어서 전문적 지식을 필요로 하게 되었다. 복잡다양한 의안을 전문적 지식을 갖추지 못한 의원으로 구성되는 본회의에서 다루는 것은 비능률적이기 때문에 이에 대한 대책으로 발달한 것이 위원회제도인 것이다. 따라서 국회에서 심의해야 할 의안은 먼저 위원회(committee)에서 예비심의하여 정리한 다음 본회의에 상정한다. 이리하여 국회운영을 실질적으로 담당하고 있는 상임위원회와, 상임위원회에 속하지 않거나 또는 특별한 안건을 심의하기 위하여 일시적으로 설치하는 특별위원회 및 상임위원회와 협의하여 개최하고 표결할 수는 없지만 의견을 진술하고 토론을 할 수 있는 連席議會(연석의회)가 있다.

위원회제도의 장·단점

장점	■ 의안심의의 능률 향상 ■ 방대한 안건의 효율적 처리 ■ 의안을 보다 심도 있게 심사 가능 ■ 위원회에서 불필요한 안건을 미리 심사하여 본회의에의 상정여부를 결정함으로써 본회의 운영에 있어 효율성과 탄력성을 기할 수 있음
단점	■ 본회의의 형해화 ■ 위원회소속 의원의 수가 상대적으로 적음에 따라 이익집단, 이해관계자 및 로비스트 등에 의해 이용되기 쉬움 ■ 상임위원회의 업무분장기준이 정부조직법상의 행정부처에 따르게 되는 나머지, 소관행정부처가 출장소화 될 위험

회기(會期)
영 ; session
독 ; Sitzungsperiode

국회의 회기란 국회가 활동할 수 있는 일정한 기간을 말한다. 국회는 행정부나 법원과는 달라서 상설기관이 아니므로 일정한 기간만 활동한다. 국회는 각 회기마다 독립하여 활동하는 것이 원칙이다. 회기 중에 의결되지 아니한 의안은 다음 회기에 계속하여 심의하지 않을 것을 會期不繼續(회기불계속)의

原則이라 한다. 우리 헌법은 이 원칙을 채택하지 않는다. 그러나 국회의 회기제도는 반드시 있어야 하는 것은 아니다. 우리 헌법은 국회에 제출된 법률안 기타의 의안은 회기 중에 의결되지 못한 이유로 폐기되지 아니한다. 다만, 국회의원의 임기가 만료된 때에는 예외(헌§ 51)로 하고 있으나, 국회의원의 임기 중에 한해서는 회기불계속의 원칙이 부정되고 있다. 또 국회의 회기는 정기회와 임시회로 구별된다. 정기회(ordinary session)는 법률이 정하는 바에 의하여 매년 1회 정기적으로 집회되는 회기이고, 임시회는 대통령 또는 국회 재적의원 4분의 1이상의 요구에 의하여 집회되는 회기이다(§ 47). 그밖에 우리 헌법에는 규정이 없으나 국회가 해산된 다음 새로이 선출된 국회의원이 소집되어 집회하는 特別會制度(특별회제도)가 있다.

정기회(定期會)
영. ordinary session

법령에 의하여 일정한 시기에 집회하도록 되어 있는 합의체기관의 회의를 말하나, 보통은 국회의 정기회를 의미한다. 국회의 정기회는 매년 1회 법률이 정하는 바에 의하여 집회한다(헌법 47조1항). 국회법에서 그 집회일을 정하게 한 것은 국회의 자율권을 보장하기 위한 것이다. 국회법은 정기회를 9월 1일에 집회하도록 규정하고, 그 날이 공휴일인 때에는 그 다음날에 집회하기로 하고 있다(국회법 4조). 정기회의 회기는 100일을 초과할 수 없으며(헌법 47조2항), 정기회에 있어서는 일반적으로 예산안을 심의확정하며, 법률

안 등을 심의·통과시킨다.

정족수(定足數)
영 ; quorum
독 ; Quorunm
불 ; quorum

정족수란 합의체가 활동하기 위하여 개회와 의결을 하는 데 필요한 일정한 수를 말한다. 이 정족수에는 의사의 정족수와 의결의 정족수가 있다. 의사정족수는 합의제기관의 과정을 진행하는 데 필요한 구성원의 출석수를 말한다. 국회의 議事定足數(의사정족수)는 재적의원 5분의 1이상이다(국회§ 73①). 국회가 회의 도중에 의사정족수에 미달하게 된 때에는 의장은 회의의 중지 또는 散會를 선포한다(국회§ 73③). 의결정족수는 합의체기관의 의결이 성립하는 데 필요한 구성원의 찬성표수를 말한다. 국회는 헌법 또는 법률에 특별한 규정이 없는 한, 그 재적의원 과반수의 출석과 출석의원 과반수의 찬성으로 의결한다. 가부동수인 경우에는 부결된 것으로 본다(헌§ 49). 이것을 국회의 一般議決定足數라고 하는데, 이 이외에 特別議決定足數가 요구되는 경우가 있다. 대통령이 還付한 법률안에 대한 재의결(§ 53④), 국무총리 또는 국무위원에 대한 해임의 건의(§ 63②), 의원의 제명의결(§ 64③), 彈劾訴追議決(§ 65②), 헌법개정안의 의결(§ 128①) 등이 그것이다.

의결정족수(議決定足數)

합의체기관의 의결이 성립하는데 필요한 구성원의 찬성표수를 말하는 바, 의사를 성립시켜 행하는 데 필요한 수인 의사정족수와 구별된다. 우리 헌법상 국회의 일반적인 의결정족수는 헌법 또는 법률에 특별한 규정이 없는 한, 그 재적의원 과반수의 출석과 출석의원 과반수의 찬성으로써 의결한다(헌법 49조). 한편 표결 결과가 가부동수인 경우에는 부결된 것으로 본다(헌법 49조 후단). 그러나 우리 헌법과 법률은 일정한 경우에 특별정족수를 규정하고 있다. (1)법률안의 재의결에는 재적의원 과반수의 출석과 출석의원 3분의2 이상의 찬성(헌법 제53조4항), (2)국무총리·국무위원의 해임건의에는 재적의원 3분의1이상의 발의와 재적의원 과반수의 찬성(헌법 제63조2항), (3)국회의원의 제명처분에는 재적의원 3분의2 이상의 찬성(헌법 제64조3항), (4)탄핵소추의결에는 ①일반적인 경우는 재적의원 3분의1 이상의 발의와 재적의원 과반수의 찬성, ②대통령 탄핵소추의 경우는 재적의원 과반수의 발의와 재적의원 3분의2 이상의 찬성(헌법 제65조2항), (5)계엄의 해제요구에는 재적의원 과반수의 찬성(헌법 제77조5항), (6)헌법개정안의 의결에는 재적의원 3분의2이상의 찬성(헌법 제130조1항)을 말한다.

개의(改議)

국회법상 발의된 의안 또는 동의에 대한 번안동의와 수정동의를 말한다. 번안동의는 본회의에서는 의안을 발의한 의원이 그 의안을 발의한 때의 찬성자 3분의2이상의 동의로, 위원회에 있어서는 위원의 동의로 발의하되 재적의원 과반수의 참석과 출석의원 3분의2

이상의 찬성으로 의결한다. 그러나 본 회의에 있어서는 안건이 정부에 이송된 후에는 번안할 수 없으며, 위원회에 있어서는 본회의에 의제가 된 후에는 번안할 수 없다(국회법 91조). 의안에 대한 수정동의는 그 안을 갖추고 이유를 붙여 의원30인 이상의 찬성자와 연서하여 미리 의장에게 제출하여야 한다. 그러나 예산안에 대한 수정동의는 의원 50인 이상의 찬성이 있어야 한다. 위원회에서 심사 보고한 수정안은 찬성 없이 의제가 되며, 위원회는 소관사항 외의 안건에 대하여는 수정안을 재출할 수 없다. 또 의안에 대한 대안은 위원회에서 그 원안을 심사하는 동안에 제출하여야 하며, 의장은 이를 그 위원회에 회부한다(국회법 95조).

회기불계속의 원칙
(會期不繼續의 原則)

회기불계속의 원칙이란 어느 회기 중에 완결되지 아니한 의안, 동의는 그 회기가 끝남과 동시에 소멸하며, 차회의 회기로 이월되지 아니한다는 원칙을 말한다. 국회 및 지방의회 등은 그 회기 중에만 활동능력을 가진다는 점에서 이러한 회의체는 각 회기마다 별개의 존재이며, 전회와 후회 사이에는 의사의 연속이 없다는 데서 유래한 것이다. 그러나 국회의원의 임기 중 수회의 회기가 존재하게 되면 여러 불합리한 점이 있기 때문에, 헌법은 국회에서의 회기불계속의 원칙을 부인하는 명문의 규정을 두었으며(헌§ 51 본문), 예외로서 국회의원의 임기가 만료되었거나 국회가 해산된 경우에는 이 원칙을 인정하고 있다(§ 51 단서).

국회의장(國會議長)

국회를 대표하고 의사를 정리하며 질서를 유지하고 사무를 감독하는 기관을 말한다(국회법 10조). 의장과 부의장(2인)은 국회에서 무기명투표로 선거하되 제적의원 과반수의 득표로 선출되며(헌법 49조, 국회법 15조 1항), 임기는 2년이나, 보궐선거에 의한 경우에는 전임자의 잔임기간으로 한다(국회법 9조 1항). 의장이 사고가 있을 때에는 의장이 지정하는 부의장이 그 직무를 대리하며(동법 12조), 의장과 부의장이 모두 사고가 있을 때에는 임시의장을 선출하여 의장의 직무를 대행하게 한다(동법 13조). 그러나 국회의원 총선거 후 최초의 임시회의 집회 공고에 관하여는 사무총장이 의장의 직무를 대행한다(동법 14조). 국회의장은 상임위원회의 의원이 될 수 없으며(동법 39조 3항) 다만 상임위원회에 출석하여 발언할 수 있으나, 표결에는 참가할 수 없다(동법 11조). 한편 국회의장의 권한을 살펴보면, (1)임시국회 소집공고권, (2)정기국회 집회 공고권, (3) 원내질서 유지권, (4)의사정리권, (5)사무감독권, (6)국회대표권, (7)국회의 위임에 의한 특별위원 선임권, (8)국회에서 가결된 의안의 정부에의 이송권, (9)궐석의원의 보궐선거를 정부에 요구하는 권한, (10)의원의 청가허가권, (11)폐회 중에 있어서의 의원사직 처리권, (12)의안을 심사할 위원회의 선택결정권, (13)국회내 경호권, (14)방청 허가권, (15)발언 허가권, (16)발언 중지권, (17)법률안이 정부에 이송된 후 15일 이내에 대통령이 공포나 재의를 요구하지 않아 법률로 확정된 경우나, 대통령의 재의요구에 대하여 국회가 전과 같이 재의결하여 법률로 확정된 경우에 국회의장은 확정법률이 정부에 이송된 후 5일 이내에 대통령이 공포하지 않는 경우에는 이를 공포할 권한을 갖는다(헌법 제53조 6항).

국회의원(國會議員)
영 ; congressman Member of Parliament
독 ; Parliamentarier
불 ; parlementaire

국회의원이란 국회의 구성원으로서 특수경력직 국가공무원이다. 국회의원은 국민의 보통·평등·직접·비밀선거에 의하여 선출되며(헌§ 41①), 국회의원선거에 관한 사항은 公職選擧法(공직선거법)에 규정하고 있는바, 즉 선거일 현재 25세 이상의 국민은 피선거권이 있으며(공선§ 16②), 피선거권이 없는 자에 대한 규정도 있다(§ 19). 국회의원의 수는 법률로 정하되 200인 이상이어야 하는데(헌§ 41②), 그 수는 지역구 의원수와 비례대표의원수를 합한 것이다. 국회의원은 법률이 정하는 직을 겸할 수 없으며(국회§ 29), 품위를 유지할 의무가 있으며, 국가이익을 우선하여 양심에 따라 직무를 수행하여야 하고, 그 지위를 남용하여서는 아니된다(헌§ 46·국회§ 24, 25, 29). 국회의원은 그 직무의 독립적 수행을 보장하기 위하여 일정한 특권이 인정되어 있는데 不逮捕特權(불체포특권)(헌§ 44)과 免責特權(면책특권)(§ 45)이 그것이고, 또 수당여

비와 국유의 교통기관 이용의 편의를 보장받고 있다(국회§ 30, 31). 또 국회의원의 자격심사와 징계는 국회가 자율적으로 행하게 되어 있으며 국회의원의 제명은 재적의원 3분의 2이상의 찬성에 의하여야 하고, 위의 처분에 대하여 법원에 제소할 수 있다(헌§ 64②③④).

국회의 전문위원
(國會의 專門委員)

專門委員이란 국회의원은 아니지만 국회의 상임위원회에 소속되어 있는 전문지식을 가진 위원을 말한다. 국회사무총장의 추천을 받아 국회의장이 임명한다. 전문위원은 해당 위원회에서 발언할 수 있으며, 본회의에서는 본회의의 의결 또는 의장의 허가를 받아 발언할 수 있다(국회§ 42⑥).

법률안거부권(法律案 拒否權)
영 ; veto 독 ; Veto 불 ; veto

법률안거부권이란 국회(의회)가 의결한 법률안을 행정부의 기관(군주나 대통령)이 그에 대한 재가 또는 승인을 거부함으로써 법률로서의 성립을 결정적 또는 잠정적으로 저지하는 권한을 말한다. 거부의 효력이 절대적이고 의회의 재의를 인정하지 않는 경우 이것을 絕對的 拒否權(absolute veto)이라 하는데, 과거 일본제국헌법하의 일본이 그 좋은 예이다. 이에 대하여 거부의 효력이 잠정적이어서 의회의 재의결로써 부인되는 경우, 이것을 停止的 拒否權(suspensive veto)이라고 하는바, 미국대통령의 거부권이 그 예이다. 우리

나라 헌법에 의하면 국회에서 이송된 법률안에 대하여 이의가 있는 경우 대통령은 이송된 후 15일 이내에 이의서를 붙여 이를 국회에 환부하고 그 재의를 요구할 수 있다(헌§ 53②환부거부). 재의의 요구가 있는 경우 국회는 재의에 붙이고, 재적의원 과반수의 출석과 출석의원 3분의 2이상의 찬성으로 전과 같은 의결을 하면 그 법률안은 법률로서 확정된다. 그러므로 우리 나라 대통령의 법률안거부권은 정치적 거부권이다. 대통령은 거부권을 행사하는 경우 법률안의 일부에 대하여 또는 법률안을 수정하여 재의를 요구할 수 없고, 따라서 일부거부(item veto) 또는 수정거부는 인정되지 아니한다. 그리고 대통령은 법률안에 이의가 있을 때에는 국회가 폐회중일지라도 그 이송을 받은 날로부터 15일 이내에 국회에 재심의 요구를 하여야 하며, 재심의 요구를 하지 아니할 때에는 그 법률안은 법률로서 확정되므로, 우리 나라 헌법상으로는 미국헌법에서와 같은 保留拒否(pocket veto)는 인정되지 아니하며, 오직 還付拒否만 인정된다. 다만 국회의원의 임기가 만료된 때에는 회기불계속의 원칙이 적용되므로(§ 51但), 이 경우에는 예외적으로 보류거부가 인정된다고 해석된다. 이 경우에는 법률안을 의결한 국회와 재의할 국회가 서로 다른 국회이기 때문에 엄격한 의미에서의 「再議」라고 할 수 없기 때문이다.

일부거부(一部拒否)
영 ; item veto

일부거부란 국회가 의결하여 이송한

법률안에 대하여 대통령이 일부만을 국회에 환부하여 재심을 요구하는 것을 말한다. 우리 나라 헌법은 정부의 法律案提出權(법률안제출권)을 인정하고 국무위원의 國會出席發言權(국회출석발언권)을 인정하고 있으므로 대통령의 일부거부권은 인정되지 않는다(헌§ 52, 53③, 62).

공포(公布)
영, promulgation
독, Publikation

법령을 일반국민에게 주지시키는 행위를 말한다. 이에 관하여 헌법 제53조 제1항은 "국회에서 의결된 법률안은 정부에 이송되어 15일 이내에 대통령이 공포한다"고 규정하고, 국회에서 재의결된 법률이나 대통령이 기간 내에 공포 또는 재의의 요구를 하지 아니하여 확정된 법률이 정부에 이송된 후 5일 이내에 대통령이 공포하지 아니할 때에는 국회의장이 이를 공포하도록 되어있다. 법률은 특별한 규정이 없는 한 공포한 날로부터 20일을 경과함으로써 효력을 발생한다(헌법 제53조7항). 또 헌법 개정이 확정되면 대통령은 즉시 이를 공포하도록 되어있다. 법령은 공포하여야 시행할 수 있는바, 공포는 법령의 효력발생요건의 하나이다. 그러나 공포된다고 반드시 곧 시행되는 것은 아니다. 한편 법령등의 공포에 관한법률이 이를 규정하고 있다.

재의(再議)

재의란 일단 의결된 안건에 대하여

동일한 의결기관이 다시 심사의결하는 절차를 말한다. 대통령은 국회에서 의결된 법률안에 대하여 이의가 있는 때에는 15일 이내에 이의서를 붙여 국회로 환부하고 그 재의를 요구할 수 있다(헌§ 53①②). 그러나 一部拒否(일부거부)나 修正拒否(수정거부)는 인정되지 않는다(§ 53③). 대통령이 거부권을 행사하여 국회에 재의를 요구하면, 국회는 환부된 법률안을 재심에 붙인다. 이때 재적의원 과반수의 출석과 출석의원 3분의 2이상의 찬성으로 再議決(overrule)하면 그 법률안은 법률로서 확정된다(§ 53④). 재의로 확정된 법률안은 5일 이내에 공포하여야 한다(§ 53⑥). 지방의회의 의결이 월권 또는 법령에 위반되거나 공익을 현저히 해한다고 인정되는 때, 그 지방자치단체의 장은 그 의결사항을 이송 받은 날부터 20일 이내에 이유를 붙여 의회에 재의를 요구할 수 있다(地自§ 107①). 지방의회의 의결에 예산상 집행할 수 없는 경비가 포함되어 있다고 인정되는 때에는 그 의결 사항을 이송 받은 날부터 20일 이내에 그 지방자치단체의 長은 재결의 이유와 의결의 재의를 붙여 의결의 재의를 요구할 수 있다.(§ 108①). 재의의 요구에 대하여 재의의 결과 재적의원 과반수의 출석과 출석의원 3분의 2이상의 찬성을 얻은 경우에는 그 의결이 확정된다(§ 107②). 지방자치단체의 長은 위 규정에 의하여 재의결된 사항이 법령에 위반한다고 인정되는 때에는 대법원에 訴를 제기할 수 있다.

법률안제출권(法律案提出權)

법률안제출권이란 국회의원과 정부가 법률안을 국회에 제출할 수 있는 권리를 말한다(헌§ 52). 權力分立主義에 철저한 대통령제에서는 정부의 법률안제출권을 부정하는 것이 보통이고, 다만 사실상 정부의 입안이 국회여당의원을 통하여 국회에 제출되는 과정을 거치는 것이 보통이다. 그러나 우리 헌법은 정부의 법률안제출권을 전면적으로 인정하여 정부가 입법에 관하여 강력한 영향을 미치게 하고 있다.

발안권(發案權)

의안을 제출하는 권리를 말한다. 법률의 발안권은 국회의원(20인 이상)과 정부에게 있으며(헌법 제52조, 국회법 제79조 1항), 예산안의 발안권은 정부에게 있는 바, 정부는 회계연도마다 예산안을 편성하여 회계연도 개시 90일 전까지 국회에 제출하여야 한다(헌법 제54조 2항).

발의권(發議權)

의안을 하는 권리를 말한다. 한때(구 헌법 제119조 1항)에는 국회에서 의결하여야 할 의안의 발의권이 유권자와 국회의원에게 인정되어 있었으나, 현행 헌법상 법률의 발의권은 국회의원과 정부에게 있으며(헌법 제52조), 예산안·조약안처럼 정부에게만 발의권이 유보되어 있는 경우도 있다. 국회의원은 20인 이상의 의원의 찬성으로 의안을 발의할 수 있다. 다만, 예산상의 조치가 수반되는 법률안 기타 의안의 경우에는 예산명세서를 제출하여야 한다(국회법 제79조), 국회의원은 법률안 제출권(헌법 제52조), 헌법개정안 제출권(헌법 제128조 1항), 탄핵소추발의권(헌법 제65조 2항), 의안발의권(국회법 제79조) 등을 가지나, 예산안조약안의 발의권은 없다.

조약의 비준(條約의 批准)
영 ; ratification
독 ; Ratifikation

조약의 비준이란 조약에 대한 국가의 최종적 확인행위를 말한다. 조약은 서명함으로써 그 내용이 확정되는데, 일반적으로 조약은 批准을 하여야만 완전히 성립하게 된다. 그리고 조약이 그 효력을 발생하기 위해서는 재차 批准書의 교환이라는 절차를 거쳐야 한다. 요컨대 비준은 조약이 효력을 발생하기 위한 전제가 되는 것이다. 중요한 조약의 체결·비준에 관하여는 국회의 동의를 얻어야 한다(헌§ 60①).

조세법률주의(租稅法律主義)

조세법률주의란 조세의 부과는 반드시 법률에 의하여야 한다는 주의를 말한다. 이른바「대표 없으면 과세도 없다」는 원칙의 표현으로서 근대국가는 모두 이 주의를 인정하고 있다(헌§ 59). 그 의의는 조세의 종류 및 부과의 근거뿐만 아니라 納稅義務者 · 課稅物件 · 課稅標準 · 稅率을 국민의 대표로써 제정되는 법률로써 규정함으로써, 국민의 재산보장과 법률생활의 안전을 도모하려는 것이다. 그 예외로는 현행법상 다음과 같다. 즉, 지방세는 지방자치단체가 과세권을 국가로부터 부여받고 지방세법이 그 일반적 기준을 정하나, 구체적인 것은 지방자치단체의 자치권에 근거한 조례로써 정한다.

조세법률주의의 원칙은 조세요건과 부과징수절차는 국민의 대표기간인 국회가 제정한 법률로서 이를 규정하여야 하고 그 법률의 집행에 있어서도 이를 엄격하게 해석, 적용하여야 하며 행정편의적인 확장해석이나 유추적용은 허용되지 않음을 의미하는 것이므로, 법률의 위임이 없이 명령 또는 규칙 등의 행정입법으로 조세요건과 부과징수절차에 관한 사항을 규정하거나 또는 법률에 규정된 내용을 함부로 유추, 확장하는 내용의 해석규정을 마련하는 것은 조세법률주의의 원칙에 위반된다(대법원 1982. 11. 23. 선고 82누221 전원합의체 판결).

세법(稅法)
영, tax law
독, Steuerrecht

조세의 부과 및 징수에 관한 법을 말한다. 이는 국세와 지방세로 분류된다. 국세에 관해서는 국세기본법 · 국세징수법 · 조세특례제한법 · 조세범처벌법 · 조세범처벌절차법 등이 일반법이고, 지방세는 지방자치단체의 조세에 관한 법으로서, 지방세법·지방교부세법 등이 있다. 헌법 제38조는 '모든 국민은 법률이 정하는 바에 의하여 납세의 의무를 진다' 라고 규정하고, 또 제59조에서는 '조세의 종목과 세율을 법률로 정한다' 라고 규정함으로써, 국민의 납세의무와 조세부담에 관해서는 조세법률주의를 채택하고 있다. 이러한 세법은 예산회계법과 함께 행정작용법의 한 부분을 이루고 있다.

세입(歲入)

국가나 지방자치단체의 한 회계연도의 한 해 동안의 모든 재정수요로 충당하기 위한 재원으로서, 국고에 입금되는 조세를 말한다. 헌법 제54조는 '국회는 국가의 예산안을 심의·확정하며, 정부는 회계연도마다 예산안을 편성하여 회계연도 개시 90일전까지 국회에 제출하고, 국회는 회계연도개시 30일전까지 이를 의결하여야 한다' 라고 규정함으로써, 세입과 세출을 예산으로 편성하여 국회의 의결을 받도록 하고 있다. 또한 국가재정법은 한 회계연도의 모든 수입을 세입으로 하고, 모든 지출을 세출로 하며, 세입·세출은 모두 예산에 계상하여야 하고, 차관물자대의 경우 전년도 인출예정분의 부득이한 이월 또는 환율의 변동으로 인하여 세입이 예산을 초과하게 되는 경우에는 당해 세출예산을 초과하여 지출할 수 있도록 규정하고 있다.

세출(歲出)

국가 또는 지방자치단체가 한 회계연도 동안에 모든 수요에 충당하기 위하여 지출하는 일체의 경비를 말한다. 국가의 세출은 국채 또는 차입금 이외의 세입으로서 그 재원으로 한다. 헌법은 '국회는 국가의 예산안을 심의·확정하

여, 정부는 회계연도마다 예산안을 편성하여 회계연도 개시 90일전까지 국회에 제출하고, 국회는 회계연도개시 30일전까지 이를 의결하도록' 규정(헌법 제54조)하여 세입과 세출을 예산안으로 편성하여 국회의 의결을 받도록 하고 있다. 또 국가재정법은 '세출예산중 경비의 성질상 연도 내에 그 지출을 끝내지 못할 것이 예측될 때에는, 특히 그 취지를 세출예산에 명시하여 미리 국회의 승인을 얻어 다음 년도에 이월하여 사용할 수 있도록' 하였다. 그리고 매회계년도의 세출예산 중 명시이월비의 금액 또는 연도 내에 지출원인행위를 하고 불가피한 사유로 인하여 연도 내에 지출하지 못한 경비와 지출원인행위 하지 아니한 그 부대경비의 금액은 다음 년도에 이월하여 사용할 수 있다.

과세권(課稅權)

국가의 통치권에 기하여 국가 또는 통치권의 일부를 위임받은 지방자치단체의 조세를 부과징수하는 권능을 말한다. 우리 헌법 제3조는 "모든 국민은 법률이 정하는 바에 의하여 납세의 의무를 진다" 고 규정하여, 과세는 본인의 동의를 요하지 않으며 강제적으로 납부시킬 수 있다. 과세권은 통치권이 미치는 범위, 즉 국민과 그 영토에 있는 사람 및 물건에 과할 수 있으나, 구체적으로 어떤 조세를 부과징수할 것인가는 법률이 정하는 바에 의한다. 우리 헌법 제59조도 "조세의 종목과 세율은 법률로 정한다" 고 규정하고 있는 바, 이를 조세법률주의라고 한다.

예산(豫算)

영 ; budget 독 ; Budget 불 ; budget

예산이란 실질적 의미로는 1회계연도에 있어서의 세입과 세출의 예산계획서를 말하고, 형식적 의미로는 일정한 형식에 의하여 행정부에서 작성하여 국회의 심의를 거쳐 그 의결로써 성립하는 국법의 한 형식으로서 국회가 행정부에 대하여 재정권을 부여하는 형식을 말한다. 예산에는 국가의 예산과 지방자치단체의 예산이 있다. (1) 국가의 예산 : 우리 헌법과 국가재정법에 있어서의 예산은 앞에서 설명한 형식적 의미의 예산이라는 의미로 사용되고 있다. 그러나 우리나라에서는 영미계통의 형식(豫算法律主義)과는 다른 형식을 취하고 있다. 즉, 행정부는 국가의 총수입과 총지출을 회계연도마다 예산안으로 편성하여 회계연도개시 120일 전까지 국회에 제출하여 그 의결을 얻어야 하고(헌§ 54②·국가재정법§ 33). 행정부는 국가가 채무를 부담하는 행위를 할 때에는 미리 예산으로써 국회의 의결을 얻어야 한다(헌§ 58·국가재정법§ 25), 이와 같이 예산에 대하여 국회의 의결을 요하게 한 것은 국가재정을 국민의 대표기관인 국회의 감독 하에 두려는 취지이다. 양원제를 채택하는 국가에 있어서는 예산에 관하여 하원에 선의권을 부여하는 것이 보통이다. 예산에는 本豫算(본예산)과 追加更正豫算(추가경정예산), 確定豫算(확정예산)과 準豫算(준예산), 一般會計豫算(총예산)과 특별회계예산 등의 구별이 있다. 예산은 豫算總則(예산총칙)·歲入歲出豫算(세입세출예산)·繼續費(계속비)·明示移越費(명시이월비)· 國庫債務負擔行爲(국고채무부담행위)로서 성립된다(국가재정법§ 19). 예산의 효력은 세입예산과 세출예산에 있어서 서로 다르다. 즉 전자는 단순한 세입예정표에 지나지 않으며, 그 효과는 특정회계년도의 歲出支辯(세출지변)의 재원을 표시하고, 세입을 통관하고 편의를 제공하는 데에 지나지 않으나, 후자는 지출의 목적·금액·시기라는 세 가지 측면에 있어서 행정부를 구속하는 법적 효력을 가진다. (2) 지방자치단체의 예산에 있어서도 국가의 예산과 대체로 동일한 예산제도가 인정되고 있다(地財§ 30~34, 地自 제7장 제2절 참조).

예산안의 편성(豫算案의 編成)

예산안의 편성이란 국회에 제출할 예산안을 편성하는 것을 말한다. 예산안을 편성하는 권한은 정부에 속하며(헌§ 54②, 56, 89Ⅳ), 정부 내에서는 기획재정부장관의 권한에 속한다(국가재정법§ 32). 기획쟁정부장관은 매년 전년도 3월 31일까지 국무회의의 심의를 거쳐 대통령의 승인을 얻은 예산안편성지침을 각 중앙관서의 장에게 통보하고, 각 중앙관서의 장은 이에 따라 그 부담행위 요구서를 작성하여 5월 31일까지 기획재정부장관에게 제출하며, 기획재정부장관은 이에 의하여 예산을 편성하여 국무회의의 심의를 거쳐 대통령의 승인을 얻어야 한다(국가재정법§ 32). 대법원 · 헌법재판소 · 감사원 · 중앙선거관리위원회의 세출예산 요구액을 감액할 때에는, 국무회의에서 국회의장·대법원장 기타 당해기관의 장의 의견을 구해야 한다(국가재정법§ 40). 국무회의의 심의와 대통령의 승인을 얻은 예산안은 회계연도개시 120일전까지 국회에 제출하여 그 의결을 받아야 한다(헌§ 54②, 국가재정법§ 33).

예산의 증액수정(豫算의 增額修正)

예산의 증액수정이란 국회가 정부에서 제출한 예산의 원안에 존재하지 않는 새로운 예산과목(章·款·項)을 첨가하거나 또는 이들 금액을 증액하도록 수정을 가하는 것을 말한다. 국회에는 예산의 발안권이 없음을 이유로 하여 증액수정을 부정하는 견해와, 국회가 국권의 최고기관이고 재정처리에 관한 국회중심주의를 채용한 헌법정신을 이유로 하여 이를 긍정하는 견해가 대립하고 있으나 정부의 예산편성권을 침해하지 않는 범위 내에서의 증액 또는 수정은 인정된다고 보는 것이 타당하다.

회계연도(會計年度)

영 ; fiscal year
독 ; Etatsjahr, Rechmungsijahr
불 ; année budgétaire, année financiere

회계연도란 세입·세출의 기본이 되는 기간을 말한다. 세입·세출을 일정한 기간마다 구분·정리하여 그 관계를 명료하게 하고, 서로의 균형을 유지시키기 위하여 이러한 제도를 둔 것이다. 일반적으로 1년을 단위로 하여 이것을 1회계연도라고 한다. 국가의 회계연도는 매년 1월 1일에 시작하여 12월 31일에 종료한다(국가재정법§ 2). 매 회계연도는 각각 독립함을 원칙으로 하며,

각 회계연도에 있어서의 경비는 그 회계연도의 세입으로써 支辯하여야한다. 그리고 매 회계연도의 세출예산은 원칙적으로 익년도에 이월하여 사용할 수 없다(국가재정법§ 48① 본문). 지방자치단체의 회계연도는 국가의 회계연도에 의한다(地自§ 116).

준예산(準豫算)

준예산이란 국가의 예산이 법정기간내에 성립하지 못한 경우에 정부가 일정한 범위 안에서 전회계년도 예산에 준하여 집행하는 暫定豫算을 말한다(헌§ 54③). 臨時豫算이라고도 한다. 정부가 회계연도개시 90일 전까지 예산안을 국회에 제출하면 국회는 회계연도개시 30일 전까지 이것을 의결하여야 하는데, 만약 이 기간 내에 국회에서 부득이한 사유로 예산안이 의결되지 못한 때에는 정부는 그 예산안이 의결될 때까지 (1) 헌법이나 법률에 의하여 설치된 기관 또는 시설의 유지·운영, (2) 법률상 지출의무의 이행, (3) 이미 예산으로 승인된 사업의 계속을 위한 경비를 전년도 예산에 준하여 집행할 수 있는바(헌§ 54②③, 국가재정법§ 55), 이 경비가 준예산이다. 집행된 준예산은 당해연도의 예산이 성립되면 그 성립된 예산에 의하여 집행된 것으로 본다.

계속비(繼續費)

계속비란 수년도에 걸친 경비에 관하여 미리 일괄하여 국회의 의결을 얻고, 이것을 변경할 경우 외에는 다시 그 의결을 얻을 필요가 없는 경비를 말한다.

국가의 세출은 매회계년도마다 예산으로 편성하여 매년도 국회의 의견을 얻는 것이 원칙이지만, 계속비는 그 예외이다(헌§ 55①). 즉, 예산 1년주의에 대한 예외이다. 계속비의 년한은 5년 이내이다(국가재정법§ 23②). 수개년간 계속되는 사업이 일단 착수된 후에 중도에서 국회의 의결을 얻지 못하여 중지하게 되는 일이 일어나지 않도록 하려는 것이다. 또한 계속비는 경비총액과 그 년한을 미리 정하여 국회의 의결을 얻어야 하는데, 계속비의 성질상 매년도의 지출잔액은 예정년한이 종료할 때까지 순차적으로 이월하여 사용할 수 있다고 해석된다. 또한 地方自治團體(지방자치단체)에 대해서도 계속비의 제도가 인정된다(地自§ 119).

예비비(豫備費)

예비비란 예측하기 어려운 세출예산의 부족(예산 외의 지출 또는 예산초과지출)에 충당하기 위하여 예산에 계상되는 경비를 말한다. 이 경우 예측하기 어려운 세출예산 부족분은 예산편성 당시 계상할 수 없었던 의외의 지출 또는 예산에 계상은 되었으나 불가피한 사정으로 부족액이 발생한 데에 주로 기인한다. 현행 헌법에는「예비비는 총액으로 국회의 의결을 얻어야 한다」고 규정하고(헌§ 55②前段), 국가재정법은「정부는 예측할 수 없는 예산 외의 지출 또는 예산초과지출에 충당하기 위하여 일반회계 예산총액의 100분의 1 이내의 금액을 예비비로 세입세출예산에 계상할 수 있다.」고 규정하고 있다(국가재정법§ 22). 예비비는 형식적으로는 세입세출예산에 계상되어 있지만 예비비 그 자체가 지출되는 것은 아니므로, 실질상으로는 예산이 아니라 후일 예산으로 변할 용도미정의 재원이다. 물론 예비비설치의 경우는 追加更正豫算(추가경정예산)으로도 편성할 수 있으나, 세입을 변경하지 않고 예산편성시의 세입을 변경하지 않고 예산편성시의 세입을 전제하여 그 일부를 먼저 보류하여 두는 데에 그 의의가 있다. 기획재정부장관이 이를 관리하고(국가재정법§ 51), 지출은 국무회의의 심의를 거쳐 대통령의 승인을 얻어야 한다(헌§ 55② 後段). 지방자치단체에 대해서도 예비비제도가 인정된다(地自§ 120).

추가경정예산(追加更正豫算)

추가경정예산이란 예산의 성립 후에 생긴 사유로 인하여 이미 성립된 예산에 변경을 가하는 예산을 말한다. 구재정법에서는 추가예산과 경정예산을 각각 구별하여 규정하고 있었으나, 헌법(헌§ 56)과 국가재정법(§ 89)은 이를 포괄하여 추가경정예산으로 하고 있다. 헌법은 예산안의 편성 시에 예비비를 두어 예산성립 후의 不意(불의)의 지출에 대비하고 있지만(§ 55②), 이것만으로 충당할 수 없는 때에 세입지출의 추가를 할 수 있게 한 것이다. 추가경정예산안의 제출은 수정예산안의 제출과는 다르다. 즉, 후자는 행정부가 예산안을 국회에 제출한 후 예산이 성립되기 전에 부득이한 사정으로 예산안의 일부를 수정하는 것임에 대하여, 전자는 예산이 성립된 후에 그 예산을 변경하는 것이다.

의사공개의 원칙(議事公開의 原則)

의사공개의 원칙이란 대의기관인 국회의 의사를 공개하여 국사의 공개토론 및 국민의 비판을 가능하게 하는 국회제도의 본질적 원칙으로서 거의 모든 나라가 인정하고 있다. 방청의 자유를 인정하며 議事(의사)에 대한 보도의 자유, 국회의사록의 공표나 배부자유의 원칙 등이 포함된다. 그러나 이 원칙의 적용은 국회의 본회의에 한정되며, 절대적인 것은 아니고 따라서 의장의 제의 또는 의원 10인 이상의 연서에 의한 동의로 본회의의 의결이 있거나 의장이 각 교섭단체 대표의원과 협의하여 국가안전보장을 위하여 필요하다고 인정할 때에는 비공개로 할 수 있다 위의 제의나 동의에 대하여는 토론을 하지 아니하고 표결한다(헌§ 50①國會§ 75).

탄핵(彈劾)
영 ; impeachment
독 ; Anklage
불 ; accusation

탄핵제도란 일반법원에 의해서는 소추가 어려운 정부의 고급공무원 또는 법관과 같은 신분보장을 받고 있는 공무원의 직무상 중대한 비위 또는 犯法行爲(범법행위)에 대하여 국회의 소추에 의하여 처벌하거나 또는 파면하는 제도를 말한다. 이 제도는 먼저 영국에서 발생하여 그 후 여러 국가에 의하여 계수 되었으나 그 내용과 절차는 반드시 일정한 것은 아니다. 예컨대 영국에서는 형벌까지 과할 수 있는데 비하여 (프랑스·멕시코도 마찬가지이다), 미국

에서는 파면함에 그치며, 또 보통의 경우는 하원이 소추하고 상원이 심판하는 것이나, 때로는 법원이 심판을 담당하는 경우도 있다(독일 바이마르헌법 하의 국사재판소와 이태리 사르디니아 왕국의 1848년 헌법 下의 고등법원) 우리 헌법도 대통령 · 국무총리 · 국무위원 · 행정각부의 장 · 헌법재판소재판관 · 법관 · 中央選擧管理委員會(중앙선거관리위원회) 위원 · 감사원장감사위원 기타 법률에 정한 공무원이 그 직무수행에 관하여 헌법이나 법률을 위배한 때에는 국회는 탄핵의 소추(국회의원 3분의 1이상의 발의로 그 재적위원 과반수의 찬성에 의한 의결로 다만, 대통령에 대하여는 재적의원 과반수의 발의와 재적의원 3분의 2이상의 찬성으로 의결)에 의해(헌§ 65①·②) 헌법재판소가 심판하는 탄핵제도를 인정하고 있다(§ 111①Ⅱ). 탄핵소추의 의결을 받은 자는 탄핵심판을 받을 때까지 그 권한 행사가 정지된다(§ 65③), 그리고, 탄핵결정은 공직으로부터 파면함에 그친다. 그러나 이에 의하여 민사상이나 형사상의 책임이 면제되지 아니한다(§ 65④).

의원의 제명(議員의 除名)

국회 또는 지방의회 의원에 대한 징계의 일종으로, 그 중에서 가장 중한 것이다. 국회의원을 제명하는데 있어서는 국회재적의원 3분의 2이상의 찬성이 있어야 하며(헌법 제64조3항), 이 처분에 대해서는 국회의 자율성을 존중하기 위해 법원에 제소할 수 없다(헌법 제64조4항). 법률에 명문의 규정은 없으나, 법리상 피제명의원이 재선된 경

우에 그를 거절할 수 없다고 본다. 한 편 지방의회의원에 대한 제명에 관하여는 지방자치법 제80조에 규정되어 있다.

정치적 책임(政治的 責任)

헌법과 법률에 위배된 행위에 의해 지는 법적책임에 상대되는 개념으로, 고의나 과실을 요건으로 하지 않고 정 치적으로 지는 책임을 말한다. 의원내 각제에 있어 국회가 각원에 대하여 개 별적 불신임 결의를 할 때는 물론, 국 회가 내각에 불신임결의를 할 때에도 법적책임 뿐만 아니라 정치적 책임을 묻는 경우도 있다. 우리 헌법상으로도 국회의 탄핵의결(헌법 제65조)이 법적 책임의 추궁이라면, 국회의 국무총리 · 국무위원 해임건의(헌법 제63조)는 정 치적 책임의 추궁이라 하겠다.

세비(歲費)

국회의원이 매월 지급받는 수당 및 활동비를 말한다. 국회법 제30조는 '의 원은 따로 법률이 정하는 바에 의하여 수당과 여비를 받는다'고 규정하고 있 으며, 이에따라 '국회의원의수당에관한 법률'이 제정되었다.

국회의 자율권(國會의 自律權)

국회의 자율권이란 국회가 의사 기타 내부사항에 대하여 자율적으로 규율할 수 있는 권한을 말한다. 국회의 자율성 을 보장하려는 데 그 목적이 있다. 議 事規則制定權(의사규칙제정권) · 議事 自律權(의사자율권) · 內部組織權(내부

조직권) · 議員의 資格審査權(자격심사권) · 懲戒權(징계권)이 그 예이다(헌§ 64).

> 국회는 국민의 대표기관, 입법기관으로 서 폭넓은 자율권을 가지고 있고, 그 자율권은 권력분립의 원칙이나 국회의 지위, 기능에 비추어 존중되어야 하는 것이지만, 한편 법치주의의 원리상 모 든 국가기관은 헌법과 법률에 의하여 기속을 받는 것이므로 국회의 자율권도 헌법이나 법률을 위반하지 않는 범위내 에서 허용되어야 하고 따라서 국회의 의사절차나 입법절차에 헌법이나 법률 의 규정을 명백히 위반한 흠이 있는 경 우에도 국회가 자율권을 가진다고는 할 수 없다(헌법재판소 1997. 7. 16. 96 헌라2 全員裁判部).

자율권(自律權)

각 국가기관이 일정한 범위안에서 그 기간 스스로 규칙을 제정할 수 있는 권 한 등 각 국가기관의 독자성을 존중하 는 의미에서 부여된 권한을 말한다. 좁 은 의미로는 국회와 법원만이 이에 해 당되나, 다른 기관에 대해서도 언급하 는 것이 보통이다. (1)국회에 대하여 우리 헌법은 법률에 저촉되지 않는 범 위안에서 의사와 내부규율에 관한 규칙 을 제정할 수 있는 권한(헌법 제64조1 항)을 인정하고 있으며, 이외에 의사진 행에 관한 자율권(헌법 제47조1항), 내 부경찰권(국회법 제13장), 국회가택권 그리고 내부조직권 및 국회의원의 신분 에 관한 권한을 인정하고 있다. (2)대 법원에 대하여는 '대법원은 법률에 저촉 되지 아니하는 범위안에서 소송에 관한 절차, 법원의 내부규율과 사무처리에

관한 규칙을 제정할 수 있다(헌법 제108조)'고 규정하고, (3)헌법재판소에 대하여는 '헌법재판소는 법률에 저촉되지 아니하는 범위안에서 심판에 관한 절차, 내부규율과 사무처리에 관한 규칙을 제정할 수 있다(헌법 제113조2항)'고 규정하며, (4)중앙선거관리위원회에 대하여는 '중앙선거관리위원회는 법령의 범위안에서 선거관리·국민투표관리 또는 정당사무에 관한 규칙을 제정할 수 있으며, 법률에 저촉되지 아니하는 범위안에서 내부규율에 관한 규칙을 제정할 수 있다(헌법 제114조6항)'고 규정하여 각 국가기관의 자율권을 보장하고 있다.

의사규칙(議事規則)
독 ; Geschäftsordnung

의사규칙이란 국회가 법률에 저촉되지 않는 한도내에서 議事(의사)와 내부규율에 관하여 자율적으로 규정한 규칙을 말한다(헌§ 64①). 이것은 국회의 자주성을 존중하려는 취지에서 인정되는 것이므로 국민도 羈束(기속)하는 것이다.

의원의 특권(議員의 特權)

국회의원이 그 직무의 자주성과 독립성을 보장받도록 다른 공무원에게는 주어지지 않는 헌법상 인정된 특권을 말한다. 국회의원의 특권은 국가에 따라서도 다르지만 우리나라에서는 발언·표결의 자유(면책특권)와 불체포특권을 인정하고 있다. 헌법상 이 특권은 국회의원 개인의 특권이 아니라 국회 자체의 특권이라 할 것이므로 의원은 이를

포기할 수 없다고 해석된다. 또한 이러한 국회의원의 특권은 출생 기타 불합리한 조건에 의한 특권을 의미하는 것이 아니라, 국회의원의 직무수행에 있어서 필요한 특권이므로 헌법의 평등조항에 위반되지 않는다. (1)발언·표결의 면책특권에 대해 헌법 제45조는 '국회의원은 국회에서 직무상 행한 발언과 표결에 관하여 국회외에서 책임을 지지 아니한다'고 규정하고 있다. 이 면책특권은 ①국회에서 직무상 행한 발언과 표결이어야 하고 의원이 국회외에서 행한 발언에 대해서는 이 특권은 적용되지 않는다. 여기에 국회라 함은 국회의 본회의와 위원회를 모두 포함한다. 의원의 직무상 행한 발언과 표결이어야 하기 때문에 직무와 관계없는 것은 특권의 대상에서 제외된다. ②국회외에서 민·형사상 책임을 추궁당하지 않는 것을 말하므로 의원의 발언에 대하여 국회내에서 책임을 추궁하게 함은 별개문제이다. 의원의 발언이 국회안에서 국회법 기타 의사규칙에 위반하거나 징계사유에 해당될 때에는 징계할 수 있다. 법적 책임만이 면제되므로 선거구 구민에 의한 정치적 비난 등 정치적 책임은 물을 수 있다. 또 국회내에서 행한 발언을 자기가 국회외에서 발표하거나 문서로 출판한 경우에는 이 특권은 인정되지 않는다. 면책의 시기는 임기종료 후에도 영구히 계속된다. (2) 불체포특권에 대해 헌법 44조는 '①국회의원은 현행범인인 경우를 제외하고는 회기 중 국회의 동의없이 체포 또는 구금되지 아니한다. ②국회의원이 회기전에 체포 또는 구금된 때에는 현행범인이 아닌

한 국회의 요구가 있으면 회기중 석방된다'고 규정하고 있다. 이 특권은 ① 회기중에 한하여 적용되며, 현행범인 경우에는 인정되지 아니한다. 현행범에는 형소법상 현행범과 준현행범을 포함하나 국회내의 현행범은 제외된다. 국회의원을 불구속으로 수사 또는 재판할 때에는 국회의 동의를 필요로 하지 않는다. 회기 중이란 정기회·임시회를 막론하며 휴회 중에도 포함된다. 전회기에 국회가 체포구금에 동의하였다가 현회기에 변경하여 동의하지 않으면 석방을 요구하더라도 전회기의 의사가 현회기의 의사와는 다르므로 일사부재리의 원칙에 위반되지 않으며, 그 요구가 있으면 즉시 석방하여야 한다. 석방은 회기중에 한하는 것이므로, 회기 종료 후에는 그 의원을 다시 구금할 수 있다. (3) 또 국회의원은 법률이 정하는 수당과 여비를 받는데(국회법 30조), 엄밀히 말해 이는 특권이라기 보다는 의원활동에 대한 보수로 볼 것이다. 또한 국회의원은 국유 철도·선박 및 항공기를 무료로 이용할 수 있다. 그러나 폐회중에는 공무에 한한다(국회법 31조). 이는 의원의 직무수행의 편의를 도모하기 위하여 인정된 특권이라고 볼 수 있다.

불체포특권과 면책특권의 비교

구분	불체포특권	면책특권
요건	직무상관련 불필요	직무상 행한 발언과 표결
적용기간	회기중 일시적 유예	영구적
효과	일시적 체포유예	인적처벌조 각사유
국회의결로 배제가능한지 여부	국회동의로 제한가능	제한불가능

면책특권(免責特權)

영 ; immunities
독 ; Immunitatder Verantwortungsfreiheit

면책특권이란 국회의원이 국회에서 직무상 행한 발언이나 표결에 관하여 국회 밖에서 책임을 지지 않는 특권을 말한다(헌§ 45). 의원의 발언·표결의 면책특권이라고도 한다. 의원이 자유롭게 소신대로 발언하고 양심에 따라 표결할 수 있도록 인정된 것이다. 근대국회의 의원이 자유롭게 발언·표결하는 것을 보장하여 의원의 국민대표성을 확보하려는 제도였으나, 오늘날의 정당국가적 의회제도에 있어서 의원은 정당의 대표성이 더 농후하게 나타나게 되어 발언·표결의 자유가 제한되며, 따라서 이 면책특권의 의의가 다소 변질되었으며, 폐지론까지 대두되고 있다. 이 면책특권은 1689년의 權利章典(권리장전)에 의하여 처음으로 인정된 것이다.

불체포특권(不逮捕特權)

영 ; privileges
독 ; Privileg

불체포특권이란 (1) 국회의원이 현행범인 경우를 제외하고는 회기중 국회의 동의 없이 체포·구금되지 아니하며, 회기 전에 체포·구금된 때에는 현행범이 아닌 이상 국회의 요구가 있으면 회기 중 석방되는 헌법상 특권을 말한다(헌§ 44). 우리 헌법은 현행범인 경우에는 국회의 동의 없이 체포·구금할 수 있도록 하였고, 또 회기 전에 체포·구금한 경우에는 국회의 요구가 있으면 현행범인이 아닌 이상 회기 중에는 석방한다. 행정부의 부당한 억압으로부터 국회의원의 자주적인 활동을 보장하기 위한 제도이다. 이 불체포 특권은 영국의 제임스 1세(JamesⅠ, 1566~1625) 때에 처음 인정되었다. 그 밖의 특권으로 (2) 선거관원은 선거인명부작성기준일 또는 국민투표안 공고일로부터 개표종료시까지 내란·외환·국교·폭발물·방화·마약·통화·유가증권·우표·인장·살인·폭행·체포·감금·절도·강도 및 국가보안법 위반의 범죄에 해당하는 경우체포 또는 구속되지 아니하며 병역 소집의 유예를 받는 것과(選委§ 13), 또 (3) 敎育公務員法(교육공무원법)上 교원은 현행범인 경우를 제외하고는 소속학교의 장의 동의 없이는 학원 안에서 체포되지 않는 것 등이 있다(敎公§ 48).

국정감사권 · 국정조사권
(國政監査權 · 國政調査權)
영, investigate power of parliament or congress

국회가 국정에 관한 감사 또는 조사를 직접할 수 있는 권한을 말한다. 국회의 국정감사권은 의회제 국가에 있어서 의회가 그 권능을 효과적으로 발휘하기 위한 필수적인 제도로 인정되고 있다. 이 제도의 기원은 영국에서 비롯되었으며, 그 뒤 프랑스·벨기에·독일 등에 계수되었다. 의원내각제 국가에서는 정부에 대한 감독수단으로서 중요한 의의를 가지며, 대통령제 국가에서도 의회가 그 권한을 행사하기 위하여 가져야 하는 권한으로 인정되어 왔다. 국정감사권은 국회의 독립적 기능이나, 국정조사권은 보조적 기능으로

이해된다. 헌법 제61조는 '①국회는 국정을 감사하거나 특정한 국정사안에 관하여 조사할 수 있으며, 이에 필요한 서류의 제출, 증인의 출석과 증언이나 의견의 진술을 요구할 수 있다. ②국정감사 및 조사에 관한 절차 기타 필요한 사항은 법률로 정한다' 고 규정하고 있으며, 국정감사 및 조사에 필요한 사항을 정한 법률로는 국정감사및조사에관한법률이 있다. 국정감사의 범위와 대상은 국회의 권한사항에 한정되나, 그 권한에 속하는 한에서는 국정전반에 관하여 감사할 수 있고, 헌법 제61조가 '특정한 국정사안에 대하여 조사할 수 있으며' 라고 규정하므로 개별적 특정국정사항에 관하여 국정조사를 할 수 있다. 국정감사의 대상에 대해서는 국정조사및감사에관한법률 제7조에 규정을 두고 있다. 국회는 입법을 위하여 필요한 사항에 관하여 조사할 수 있는데 이를 입법조사라고 한다. 국회입법에 관한 사항뿐만 아니라 위임입법·자치입법이 그 한계를 벗어나지 않았는가도 조사할 수 있다. 행정부의 행위에 대하여도 국회의 권한행사를 위하여 필요한 범위내에서 감사와 조사가 가능하며, 선거조사, 의옥조사(특정한 부정행위에 대한 조사), 예산집행에 대한 조사 등이 행해진다. 사법에 관한 사항 중에는 사법부의 독립과 직접 관계가 없는 법원의 사법행정작용과 대법원의 규칙제정작용 등은 국정감사의 대상이 된다. 국회의원의 징계, 국회의원의 체포의 허락 및 석방의 요구 등을 위하여 국회의원의 신분에 관한 조사를 할 수 있다. 국정감사와 조사의 주체에 대하여

헌법은 이를 국회라고 규정하고 있지만, 국회법은 본회의 또는 위원회가 국정감사권을 가진다고 규정한다(국회법 128조). 그러면서도 국회법은 국정감사와 조사에 관하여 국회법이 정한 것을 제외하고는 국정조사및감사에관한법률에 따른다고 규정하고 있다(국회법 127조). 국정감사와 조사의 방법은 특정한 국정사안에 관해서만 조사할 수 있고, 국정전반에 관하여는 감사할 수 있다. 이에 직접 관련된 서류의 제출, 증인의 출석, 증언이나 의견진술을 요구할 수 있다(헌법 61조). 국정감사및조사에관한법률도 방법에 관한 규정을 두고, 감사 또는 조사를 위한 증인·감정인·참고인의 증언·감정등에 관한 절차는 국회에서의증언·감정등에관한법률 제10조에 의하도록 되어 있다. 국정감사 및 조사결과는 서면으로 지체없이 국회의 장을 거쳐 본회의에 보고되어야 하며, 조사결과 정부 또는 해당기관의 시정을 필요로 하는 사유가 있을 때에는 국회는 그 시정을 요구하고, 정부 또는 그 해당기관은 이를 지체없이 처리하고 그 결과를 국회에 보고해야 한다(국정감사및조사에관한법률 16조). 국회의 국정감사권과 조사권에는 한계가 있는데, 이에는 절대적 한계와 상대적 한계가 있다. 즉 국정감사권은 국회의 권리행사를 위한 독립적인 권능이므로 그 권한 내에 포함되지 않는 사항은 감사의 대상이 될 수 없다는 절대적 한계와, 이론상 감사대상이 될 수는 있으나 조사목적의 이익과 피조사로 인하여 받는 불이익의 비교 결과 불이익이 클 경우 그 행사를 자제해야 한다는 상대적 한계가 있다.

구분	국정감사	국정조사
대상	국정전반감사	특정국정사안 조사
시기	매년 정기회 집회일 이전에 감사 시작일부터 30일 이내의 기간을 정하여 감사를 실시. 다만, 본회의 의결로 정기회 기간 중에 감사를 실시할 수 있음.	재적의원 1/4이상의 요구시
기간	20일, 연장·단축 불가	부정기
주체	소관상임위원회	특별위원회, 상임위원회

政 府

권력분립주의(權力分立主義)
영 ; separation of powers
독 ; Gewaltenteilung
불 ; separation des pouvoirs

권력분립주의란 국가의 권력을 입법권·사법권·행정권으로 나누고 이것을 각각 독립된 기관으로 하여금 행사하게 함으로써, 위 3권이 서로 견제(checks)와 균형(balances)을 취함으로써 국가권력의 남용을 방지하고 국민의 기본적 권리를 보장하려는 민주주의국가의 근본원리이다. 자유주의적인 조직원리로서의 권력분립론은 존로크(John Locke)에 의하여 3권분립론으로 주장되다가 몽테스키외(Montesquieu)에 이르러 3권분립론으로 완성되었다. 권력분립론의 이론적인 특성은 국민의 자유권적 기본권을 보장하기 위한 자유주의적인 정치원리이며, 적극적으로 능률을 증진시키기 위한 원리가 아니라, 권력의 남용 또는 권력의 자의적인 행사를 방지하려는 소극적인 권리라는 점이다. 이 이론은 절대군주의 권력에 대해 중화작용을 하는 것과 같이 오늘날에도 다수자의 횡포에 대해 중화작용을 하기 때문에 권력을 중화하기 위한 원리이기도 하다. 권력분립주의는 근대헌법에 공통적이고 불가결한 요소이다. 보통 입법권은 국회가, 사법권은 법원이, 행정권은 대통령 등의 행정기관이 담당하는데, 역사적으로 발달한 제도인 까닭에 그 구체적인 것은 각국에 따라 다르다. 예를 들면, 미국형의 의원내각제는 오히려 입법·행정의 융합을 나타내고 있다. 또한 대륙법계의 나라에서는 行政裁判制度(행정재판제도)에 의해 行政權(행정권)의 司法權(사법권)으로부터의 독립을 강조하는 경향이 있는데 반하여, 영미법계의 제국은 이것을 인정하지 않는다. 우리 헌법도 입법권은 국회에(헌§ 40), 행정권은 대통령을 수반으로 하는 정부에(§ 66④), 사법권은 법관으로 구성된 법원에(§ 101①) 각각 분속시킴으로써 권력분립주의를 채택하고 있다.

정부형태 (政府形態)

정부형태란 국가권력구조가 어떠한 형태로 되어 있느냐 하는 것을 말한다. 政體라고도 한다. 정부형태는 국가형태를 전제로 한다. 국가형태란 그 국가의 기본질서가 군주를 중심으로 하느냐(君主國), 국민을 중심으로 하느냐(共和國)에 따라서 결정된다. 그러나 오늘날의 거의 대다수의 국가는 공화국인 까닭에, 국가의 기본질서의 문제도 국민의 지배를 표준으로 하지 않고 자유민주주의냐 공산주의냐 하는 것을 기준으로 하며, 그 권력구조는 이러한 국가의 기본질서와 밀접한 관계가 있는 까닭에 오늘날에 있어서는 대체로 국가형태의 문제는 정부형태를 중심으로 하여 고찰하게 된다. 정부형태에는 입법과 행정과의 관계의 여하를 기준으로 하여 대체로 대통령제 · 내각책임제(또는 議員內閣制)·회의제(또는 회의 정체)로 구별된다.

의원내각제 (議員內閣制)

영 ; parliamentary government
독 ; Parlamentarismus, Parlamentalische Regierung
불 ; régime parlementaire

의원내각제란 정부(행정부)가 의회(특히 하원)의 신임을 전제로 하여 조직되고 존속할 수 있는 제도로서 이것은 영국에서 비롯되었고 프랑스를 거쳐, 다른 유럽제국에 보급되었다. 이 제도 하에서는 의회가 정부에 대해 신임을 거부하는 경우, 정부는 총사퇴하지 않으면 안되는데, 정부가 의회의 해산권을 가지는 경우에는 총사퇴하지 않고 의회를 해산하여 총선거에 붙일 수도 있다. 의원내각제에서는 정부는 필연적으로 정당내각인 것이 원칙이다. 우리나라는 제2공화국헌법에서 전형적인 의원내각제를 경험했다. 진정한 의미의 의원내각제는 의회의 정부에 대한 불신임권과 정부의 의회해산권이 서로의 견제수단이 되어 의회와 정부가 대등한 지위에 있는 것을 말한다. 그러나 현실적으로는 내각이 의회보다 우월하다거나, 또는 의회가 내각보다 우월하다거나 하여 그 양자의 균형이 파괴되는 것이 보통이다. 전자의 전형적인 예를 영국에서 발견할 수 있으며, 후자의 전형적인 예는 제3, 제4공화국시대에 있어서의 프랑스에서 찾아볼 수 있었다. 「레즈로브」(Redslob)는 이와 같은 의원내각제의 유형을 불진정한 의원내각제라고 불렀다. 우리나라에서는 흔히 議員內閣制(의원내각제)를 內閣責任制(내각책임제)라고 한다.

내각(內閣)
영, Cabinet
독, Kabinet
불, conseil des ministres

수상과 각원으로 이루어진 합의체를 말한다. 대통령제에 있어서도 내각이라는 용어를 사용하나, 이 경우 내각은 원칙적으로 의결권 없이 대통령을 보좌하는 기관에 불과하며, 보통 내각은 의원내각제에 있어서 그것을 가리키는바, 이 경우 내각은 행정권의 귀속체로서 국회에 대해 연대책임을 갖는다. 그러나 바이마르 공화국 헌법이나 프랑스 제5공화국 헌법에서와 같이, 대통령제와 의원내각제를 혼합한 이른바 변형된 대통령제 내지 반대통령제의 경우를 보면, 평상시에는 국정이 수상의 권한 아래 통괄되다가, 일단 비상시에 처하게 되면 그 권한은 모두 대통령에게 이관되고, 수상은 그 집행기관에 지나지 않게 되어 수상의 지위가 대통령의 보좌기관과 같은 성격을 가지게 되는 예도 있다.

연립내각(聯立內閣)
영 ; coalition cabinet
독 ; koalitionsministerium
불 ; cabinet de concentration

연립내각이란 하나의 정당을 기초로 하는 단독내각에 대응하는 개념으로서, 두 개 이상의 정당으로 이루어지는 정당내각을 말한다.

수상(首相)
영 ; prime minister, premier
독 ; Kanzler

수상이란 의원내각제에서 내각의 구성원으로서 내각의 수반을 말한다. 내각책임제를 택하고 있는 나라에서는 다수당의 당수가 수상이 되는 것이 원칙이며, 수상은 내각을 통솔하고 행정 각부를 지휘·감독한다.

책임정치(責任政治)
영 ; responsible government

책임정치란 넓은 의미로는 국가기관이 국민에 대하여 책임을 지는 정치를 뜻한다. 국민주권에서 나오는 당연한 결과이다. 좁은 의미로는 의원내각제의 정부형태 아래에서 정부가 의회에 대하여 시정의 책임을 지고 의회의 신임유무에 따라 그 진퇴를 결정하는 정치방식을 말한다. 그 특징으로는 정부(내각)의 연대책임을 들 수 있다.

대통령제(大統領制)
영 ; presidential government
불 ; régime présidentiel

대통령제란 엄격한 권력분립주의에 입각하여 행정부의 수반인 대통령이 국민에 의해 선출되고, 의회로부터 완전히 독립한 지위를 가지는 정치체제를 말한다. 미합중국의 정부형태가 그의 전형이다. 다만, 대통령제에 의원내각제적 요소를 가미한 형태와, 형식적으로는 권력분립적인 형태를 취하고 있으나 실질적으로는 집행권이 우월한 대통령제(후진국의 대통령제) 등으로 나누어 볼 수도 있다. 우리 나라도 제1공화국에서 대통령제를 경험했고, 제5차개정헌법 이후로는 대통령제로 되어 있다. 그러나 건국헌법에서는 대통령제에 의원내각제적 요소를 많이 가미했으므로 그것을 순수한 대통령제로 보기는 힘들다. 그래서 이러한 대통령제를 大統領中心制라고 부르는 사람도 있다.

신대통령제(新大統領制)
영, new presidentialism
독, Neo-präsidentialismus

헌법상 대통령이 타국가기관보다 월등하게 우월한 지위를 가지며, 타기관이 대통령에 의한 사실상의 권력의 독점에 대항하거나 그것을 견제할 수 없는 정치제도를 말한다. 이것은 Loewenstein이 명명한 것이다. 그것은 '미국의 대통령제와는 명칭을 제외하고는 실제상 하등의 공통점을 가지지 않는다. 그것은 특정한 헌법상의 제제도를 통하여 정부의 수반이 다른 모든 국가기관에 우월하는 바의 정치권력을 가지는 정치제제이다'라고 설명된다. 따라서 (1)일당전제, (2)1인의 지배, (3)기본적 인권의 배제 등의 특색을 지닌다.

이원집정부제(二元執政府制)

의원내각제의 요소와 대통령제의 요소를 결합하여 가지고 있는 제도를 말한다. 원칙적으로 위에 있어서는 대통령이 행정권을 전적으로 행사하나, 평상시에 있어서는 내각 수상이 행정권을 행사하며, 하원에 대하여 책임을 지는 의원내각제식으로 운영되는 것을 말한다. 이 제도는 오스트리아·핀란드·바이마르독일 등에서 발달된 제도로서 대통령제와 의원내각제의 혼합형태인 점에 특색이 있다. 이 제도의 현대적 유형으로는 프랑스 제5공화국을 들 수 있다.

대통령(大統領)
영 ; president
독 ; Präsident
불 ; président

대통령이란 공화국의 원수를 말한다. 대통령제를 채택하는 현행 헌법상의 대통령은 행정부의 수반인 동시에 국가의 원수이며, 외국에 대하여 국가를 대표하고(헌§ 66①·④), 국가의 독립·영토의 보전·국가의 계속성과 헌법을 수호할 책무를 지며(§ 66②), 조국의 평화적 통일을 위한 성실한 의무를 지며(§ 66③), 5년의 임기로 국민의 보통·평등·직접·비밀선거로 선출된다(§ 67①, § 68, § 70). 대통령의 피선거권이 있는 자는 국회의원의 피선거권이 있고 선거일 현재 40세에 달하여야 한다(§ 67④). 이밖에 대통령의 권리로서는 중요정책에 대한 국민투표부의권(§ 72), 외교·선전·講和權(§ 73), 국군통수권(§ 74), 大統領令發布權(§ 75), 긴급처분·명령권(§ 76),

계엄선포권(§ 77), 公務員任免權(§ 78), 사면권(§ 79), 榮典수여권(§ 80), 국회에 대한 의사표시권(§ 81), 대법원장임명권(§ 104①), 국무총리임명권(§ 86①), 法律公布權(§ 53①), 法律案拒否權(§ 53②), 헌법재판소 재판관 및 중앙선거관리위원회 위원의 임명권(§ 111②, 114②) 등 행정권 전반과, 입법권 및 사법적 기능의 일부까지도 포함한 강력한 권한을 가지는 동시에, 내란 또는 外患의 죄를 범한 경우를 제외하고는 재직 중 형사상 소추를 받지 않을 특권이 있다(§ 84).

중임(重任)

특히 대통령의 재임과 관련하여 한 사람이 거듭 입후보하여 선출될 수 있는 것을 말한다. 현행 헌법은 대통령의 임기를 5년으로 하고, 중임할 수 없도록 하며(헌법 70조), 중임변경을 위한 헌법개정은 그 헌법개정제안 당시의 대통령에 대하여는 효력이 없도록 하였다(헌법 128조2항).

원수(元首)

영 ; head of a state
독 ; Staatsoberhaupt
불 ; chef de l'Etat

원수란 국가원수와 동일한 의미이다. 외국에 대하여 국가를 대표할 자격을 갖는 국가의 최고기관이다. 군주 또는 대통령이 이에 해당한다. 헌법은 제66조 1항에서 「대통령은 국가의 원수이며, 외국에 대하여 국가를 대표한다」고 규정하고 있다.

국가원수(國家元首)

영, head of a state
독 Staatsoberhaupt,
불 chef de l'Etat

헌법상 국가의 통일성과 항구성을 상징하며, 외국에 대해서는 국가를 대표하고, 국내에 있어서는 최고의 통치권을 행사하는 기관을 말한다. 대통령의 지위는 그 국가의 정부형태에 따라 다른데, 의원내각제 하에서의 대통령은 국정에 초연한 국가원수로서의 지위만을 가지며, 그 권한은 형식적·의례적인 성격을 가지는데 반하여, 대통령중심제 하의 대통령은 국가대표자로서의 지위뿐만 아니라 국정에 관한 실질적 권한을 가지는 행정권의 수반으로서의 지위를 갖는다. 헌법은 '대통령은 국가의 원수이며, 외국에 대해 국가를 대표한다', '행정권은 대통령을 수반으로 하는 정부에 속한다'(헌법 66조 1항, 4항)라고 하여 대통령제에서의 대통령의 지위를 규정하고 있다. 국제법상으로 국가원수는 외교사절을 신임·접수하고 외국에 대하여 자국을 대표한다. 외국에서의 국가원수의 지위는 외교사절의 경우와 마찬가지로 외교특권인 치외법권과 불가침권을 접수국에서 향유하며 외교사절보다 더 정중한 대우를 받는다.

권한대행(權限代行)

어떤 국가기관이나 국가기관의 구성원의 권한을 다른 국가기관이나 국가기관의 구성원이 대행하는 것을 말한다. 우리 헌법 제71조는 '대통령이 궐위되거나 사고로 인하여 직무를 수행할 수 없을 때에는, 국무총리, 법률에 정한 국무위원의 순서로 그 권한을 대행한다'고 규정하고 있다.

국가긴급권(國家緊急權)
영, emergency power,
불 Staatsnotrecht

전쟁·내란 등에 의해 국가의 존망이 위기에 처한 경우, 정부가 평시에는 준수해야 할 헌법 기타의 법질서를 무시하고 국가의 치안과 질서를 유지하기 위해 필요한 조치를 취할 수 있는 권한을 말한다. 현행 헌법에도 대통령의 긴급명령권(헌법 제76조 2항), 긴급재정·경제처분권(헌법 제76조 1항), 계엄선포권(헌법 제77조)을 규정하고 있지만, 이 국가긴급권에는 국가가 법에 선행한다는 기본사상이 깔려 있어, 국가긴급권을 완전히 실정화하는 것은 불가능하다고 해석된다.

긴급조치 · 처분명령
(緊急措置 · 處分命令)

긴급조치·처분명령이란 內憂·外患·天災·地變 또는 중대한 재정·경제상 위기에 있어서 국가의 안전보장 또는 공공의 안녕질서를 유지하고, 안위에 관계되는 중대한 교전상태에 있어서 국가를 보위하기 위하여 긴급한 조치가 필요한 경우, 국회의 소집을 기다릴 여유가 없을 때에 최소한 재정·경제상의 처분과 법률의 효력을 가지는 명령을 말한다(§ 76①, ②). 대통령은 지체없이 국회에 보고하여 승인을 얻어야 하며, 승인을 얻지 못한 때에는 그 효력을 상실한

다. 이 경우 그 명령에 의하여 개정 또는 폐지되었던 법률은 그 명령이 승인을 얻지 못한 때부터 당연히 효력을 회복한다(§ 76③, ④)

계엄(戒嚴)
영 ; martial law
독 ; Belagerungszustand
불 ; tat de siege

계엄이란 전시·사변 또는 이에 준하는 국가비상사태의 경우 군사상의 필요(軍事戒嚴) 또는 공공의 안녕·질서유지의 필요에 따라 병력사용이 요구되는 때에 일정한 지역을 구획하여 사법·행정사무의 일부 또는 전부를 군기관(계엄사령관 또는 군사법원)에 이관하는 것을 말한다(헌§ 77① · 戒嚴§ 1, 6) 非常戒嚴(비상계엄)과 警備戒嚴(경비계엄)이 있다. 경비계엄이 선포된 경우에는 계엄지역 내의 군사에 관한 행정 · 사법사무가 군의 권력하에 이관된다(戒嚴§ 7②). 비상계엄이 선포된 경우에는 계엄지역 내의 행정·사법사무 전부가 군의 권력 아래로 이관되며 법률이 정하는 바에 따라 영장제도·언론·출판·집회·결사의 자유·거주·이전 또는 단체행동에 관하여 특별한 조치를 할 수 있다(헌§ 77③ · 戒嚴§ 7①, 9①). 계엄령은 대통령이 국무회의의 심의를 거쳐 선포하되 지체 없이 국회에 통고하여야 한다. 그리고 국회가 재적의원 과반수의 찬성으로 그 해제를 요구한 때에는 이를 해제하여야 한다(헌§ 77④·⑤, 戒嚴§ 4, 11).

경비계엄(警備戒嚴)

계엄의 종류에는 비상계엄과 경비계엄이 있는데, 경비계엄이란 대통령이 전시·사변 또는 이에 준하는 국가비상사태에 있어서 사회질서가 교란되어 일반행정기관만으로 치안을 확보할 수 없는 경우에 공공의 안녕질서를 유지하기 위하여 선포하는 계엄을 말한다. 이 때 경비계엄의 선포와 동시에 계엄사령관은 계엄지역 안의 군사에 관한 행정사무와 사법사무를 관장한다.

비상계엄(非常戒嚴)

계엄의 종류에는 비상계엄과 경비계엄이 있는데, 비상계엄이란 대통령이 전시·사변 또는 이에 준하는 국가비상사태에 있어서 적과 교전상태에 있거나 사회질서가 극도로 교란되어 행정 및 사법기능의 수행이 현저히 곤란한 경우에 군사상의 필요에 의하거나 공공의 안녕질서를 유지하기 위하여 선포하는 계엄을 말한다.(헌법 제77조 1항, 계엄법 제2조 2항). 비상계엄의 선포와 동시에 계엄사령관은 계엄지역 안의 모든 행정사무와 사법사무를 관장하며, 비상계엄지역 안에 있어서 일정한 범죄는 군사법원에서 재판한다(계엄법 10조).

국민투표(國民投票)

영 ; referendum 독 ; Volksabstimung
불 ; referendum

국민투표란 특정한 사항에 관하여 국민이 직접 투표에 참여함으로써 국민의 사를 결정하는 직접민주제의 한 형태이다. 우리나라 헌법상으로는 국회의원과 대통령의 선출을 국민투표에 의하도록 하고(헌§ 41, 67), 헌법개정안에 대하여 국민투표에 붙여서 확정하도록 하고 있으며(§ 130②), 대통령은 필요하다고 인정할 때에는 외교·국방·통일 기타 국가안위에 관한 중요정책을 국민투표에 붙일 수 있다(§ 72). 국민투표에 관하여 필요한 사항은 국민투표법에 정하고 있다.

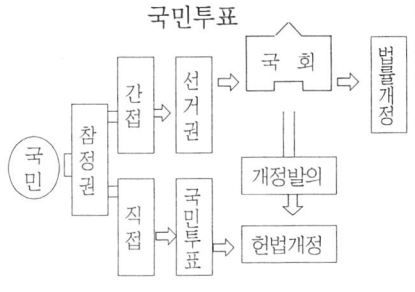

국민투표

국민파면(國民罷免)

영. Recall
독. Abberfung

국민의 의사로써 공직자를 임기 만료 전에 해직시키는 제도를 말한다. 이 제도는 일정한 절차에 의한 일정수의 유권자의 청구에 따라 직접 파면의 효과가 발생한다. 이 제도는 미국의 모든 주에서 광범위하게 채택되어 있으므로, 그 채택에 신중을 기해야 한다.

대통령령(大統領令)

대통령령이란 법률에서 구체적으로 범위를 정하여 위임받은 사항과 법률을 집행하기 위하여 필요한 사항에 관하여 대통령이 발할 수 있는 명령을 말한다

(헌§ 75). 전자의 대통령령을 위임명령이라 하고, 후자의 대통령령을 집행명령이라 한다. 대통령령은 국무회의의 심의를 거쳐 대통령이 발한다.(§ 89Ⅲ). 일반적으로 법치주의의 원칙상 국민의 권리·의무에 관한 이른바 입법사항은 국회의 입법권에 속한다. 그러나 헌법과 법률은 이것을 모두 입법부에 전속시키지 않고, 경우에 따라서는 예외적으로 행정부에 그 권한을 부여하는 경우가 있다. 이것은 법규명령이라 하며, 이것은 반드시 헌법과 법률에 그 근거가 있어야 한다. 위임명령과 집행명령이 포함되는 대통령령은 바로 이에 해당하는 명령이다. 내각책임제에 있어서는 내각령이 대통령령에 해당한다.

직권명령(職權命令)

행정관청이 직권으로 발하는 명령을 말한다. 즉 법규명령은 그 수권의 근거를 기준으로 하여 직권명령과 위임명령으로 나누어지는데, 직권명령이란 법률 또는 상위명령의 구체적·개별적인 위임을 근거로 하는 것이 아니라 법령에 의한 소관사무를 수행하기 위하여 직권으로 발하는 명령이다. 직권명령은 법률과의 관계에 따라 독립명령과 집행명령으로 나눌 수 있다. 현행법상 행정관청이 그 직권으로 당연히 발할 수 있는 명령은 헌법·법률 또는 상급명령의 규정을 실시하기 위하여 필요한 사항을 정하는 소위 집행명령에 한하고(헌법 제75·95조), 그 이외의 사항은 직권명령으로써 정할 수가 없다. 이 직권명령은 국민의 권리·의무에 관한 이른바 입법사항을 규정할 수 있느냐에 관하여는 학설이 대립된다.

위임명령(委任命令)

위임명령이란 법률의 위임에 의하여 행해지는 명령을 말한다(헌§ 75, 95). 상급명령의 위임에 의하여 행해지는 명령도 위임명령이라 한다. 예컨대 대통령령의 위임으로 발하는 총리령 또는 부령 등이 있다.

통수권(統帥權)

통수권이란 군의 최고사령관으로서 군을 지휘·통솔하는 권한을 말하며, 군령권이라고도 한다. 우리 헌법에서는 대통령에게 통수권을 부여하고 있다(§ 74). 이를 兵政統合主義(병정통합주의)라고 한다. 統帥權의 행사에는 국무총리와 관계국무위원의 부서를 요한다(§ 82).

수권법(授權法)
독 ; Ermächtigungsgesetz

수권법이란 입법에 관한 권한을 행정권(행정부)에 위임하는 법률을 말한다. 보통 권한위임의 범위가 광범하고 포괄적인 경우에 사용되는 용어이다. 나찌스의 국민혁명 때 있었던 授權法이 그 예이다.

위임입법(委任立法)

위임입법이란 법률의 위임에 의하여 입법부 이외의 국가기관이 법률을 제정하는 것을 말한다. 법치주의에 따르면 국민의 선거에 의한 국회만이 입법권을 갖는 것이 원칙이지만, 현대사회의 복잡성에 수반하는 입법기술상 또는 법률제정 시기상의 문제 때문에 국회가 모든 법률을 제정하는 것은 불가능해졌다. 따라서 국회는 법률로써 일반적·추상적인 기준을 정할 뿐이고, 구체적이고 상세한 규정은 행정기관 등의 다른 기관에 위임하는 경향이 점점 늘어나는 추세이다.

법률의 우위(法律의 優位)
독 ; Vorrang des Gesetzes

법률의 우위란 국회에서 제정한 법률이 다른 기관에서 제정한 법규(행정명령)보다 우월한 효력을 갖는다는 원칙을 말한다. 국회가 제정한 법률은 다른 기관(행정권 또는 사법권)의 의사보다 우위에 있으며 이에 저촉되는 법률은 효력이 없다는 것을 의미한다. 우리나라 헌법은 이러한 법률우위성을 제도적으로 보장하고 있다(헌§ 107② 참조).

입법의 위임(立法의 委任)

입법의 위임이란 국회가 입법사항에 관하여 가지고 있는 입법권을 다른 기관에 위임하는 것을 말한다. 입법의 위임은 법률사항에 관하여 포괄적으로 행정기관에 위임하는 포괄적 위임과 구체적으로 특정범위를 한정하여 위임하는 구체적 위임으로 분류할 수 있는데, 입법권은 국회만이 가진다는 법치주의의 권력분립원칙에 비추어 포괄적 위임은 헌법에 위배되는 것이다(헌§ 75前段 참조).

법률의 위임(法律의 委任)

법률이 규정하여야 할 사항, 즉 법률사항을 명령 · 규칙 등 다른 법형식으로 규정할 수 있도록 정한 것을 말한다. 위임의 범위는 나라에 따라 다르나, 우리 헌법은 제75조에서 '대통령은 법률에서 구체적으로 범위를 정하여 위임받은 사항과 법률을 집행하기 위하여 필요한 사항에 관하여 대통령령을 발할 수 있다'고 규정하고, 또 제95조에서 '국무총리 또는 행정각부의 장은 소관사무에 관하여 법률이나 대통령령의 위임 또는 직권으로 총리령 또는 부령을 발할 수 있다'고 규정하는 등 포괄적 위임에 한해서 허용하고 있다.

처분적 법률(處分的 法律)

행정적 집행이나 재판적 사법을 매개로 하지 아니하고 직접 국민에게 권리나 의무를 발생케 하는 법률, 즉 자동적 집행력을 가지는 법률을 말한다(헌재 1989. 12. 18. 89헌마32 · 33 병합). 따라서 처분적 법률은 일정한 범위의 국민을 대상으로 하는 어떤 처분이나 조치 등 구체적이고 개별적인 사항을 그 내용으로 한다.

일반사면(一般赦免)
영 ; amnesty 독 ; Amnestie 불 ; amnistie

일반사면이란 대통령의 사법권에 대한 특권으로서 소송법상의 절차에 의하지 않고서 형선고 효과의 전부 또는 일부를 소멸시키거나 형의 선고를 받지 않는 자에 대하여는 공소권을 소멸시키는 사면을 말하는 것이다. 대통령령으로 죄의 종류를 정하여 하는 것이며(사면§ 8①, ②), 국무회의의 심의를 거쳐 국회의 동의를 얻어야 한다(헌§ 79②, 89Ⅸ). 일반사면의 효과는 대통령령에 특별한 규정이 있는 경우를 제외하고는 형선고의 효력을 소멸시키며, 형의 선고를 받지 않은 자에 대하여서는 공소권이 상실된다(사면§ 5①Ⅰ). 그러나 형의 선고에 의한 旣成의 효과는 사면으로 인하여 변경되지 않는다(赦免②).

특별사면(特別赦免)
독 ; Begnadigung   불 ; grace

특별사면이란 사면의 일종으로서 特赦라고도 한다. 형의 선고를 받은 특정한 자에 대하여 법무부장관의 上申으로 국무회의의 심의를 거쳐 대통령이 행한다(赦免§ 3Ⅱ, 9, 10·헌§ 79, 89Ⅸ). 특별사면은 형의 집행을 면제하는 것이 원칙이나, 특별한 사정이 있을 때에는 이후 형의 선고의 효력을 상실시킬 수 있다(赦免§ 5①Ⅱ). 특별사면은 형의 선고에 의한 旣成의 효과에는 영향을 미치지 아니한다(赦免§ 5②).

감형(減刑)
독, Strafverminderung
영, commutation

형의 선고를 받은자에 대하여 형의 분량을 감소시켜 주는 것을 말한다. 국가원수인 대통령이 행하는데, 감형은 일반감형과 특별감형의 두 가지로 분류되는 바, 일반감형이란 죄종을 지정하여 그 죄종의 모든 범죄인에게 일률적으로 일정량의 감형을 인정하는 것이며, 특별감형이란 특정인에게 그것을 행하는 것이다. 이러한 감형이 있는 때에는 형의 내용이 변경되는 결과가 된다. 이와 같은 감형으로 형기가 만료 또는 경과되는 경우에는 즉시 석방하게

되므로, 이것도 교도소에서의 출소의 한 방법이 된다.

부서(副署)
영 ; countersignature
독 ; Gegenzeichnung
불 ; contreseing

부서란 국가원수의 서명에 부서하여 閣員 또는 장관이 서명하는 것을 말한다. 국무총리가 있는 나라에서는 국무총리도 副署한다. 關係閣員·장관의 책임의 소재를 밝히는 동시에 국가원수의 전횡을 예방하는 효과가 있다. 우리 헌법에는 대통령의 국법상 또는 군사상 행위는 문서로써 하며, 이 문서에는 국무총리와 관계국무위원이 부서하도록 하고 있다(헌§ 82).

부서 없는 대통령의 국법상 행위의 효력

무효설	부서는 대통령의 권한행사에 대한 견제적 기능을 하는 제도이므로 이를 결여한 대통령의 행위는 형식적 유효요건을 결여한 것이므로 무효라고 본다.
유효설	부서는 대통령의 국무행위에 관한 유효요건이 아니라 적법요건이기 때문에 부서 없는 대통령의 국법상 행위도 당연무효는 아니고, 위법행위가 되는데 지나지 않는다고 본다.

교서(敎書)

영, presidential message

국회에 국내외정세를 보고하고, 법률 등 예산한 기타에 관해 대통령의 의사를 표시하는 문서를 말한다. 우리 헌법 제82조는 "대통령의 국법상 행위는 문서로써 하며, 이 문서에는 국무총리와 관계 국무위원이 부서한다. 군사에 관한 것 또한 같다"고 규정하고 있다.

국회해산권(國會解散權)

영 ; dissolution
독 ; Auflösung
불 ; dissolution

국회해산권이란 대개 대통령이 국회를 해산할 수 있는 권한을 말하는 것으로서 두 가지로 설명할 수 있다. 즉 5공화국 헌법에 존재하던 대통령의 國會解散權과 議員內閣制下에서의 議會解散權이 그것이다. 현행 헌법에서는 국회해산권이 폐지되었다. 전통적으로 헌법상 대통령의 국회해산권은 권력분립주의를 관철하는 대통령제 정부형태에서는 인정되지 않는 것이 일반적인데, 5공화국 헌법은 국가의 안정·국민전체의 이익을 위하여 일정한 요건을 구비하여 대통령이 국회를 해산할 수 있다고 하였으나(구헌법§ 57), 현행헌법에서는 이를 폐지한 것이다.

국무총리(國務總理)

국무총리란 대통령의 보좌기관으로서 행정에 관하여 대통령의 명을 받아 행정각부를 통할하는 권한을 갖는 제2의 최고행정기관을 말한다(헌§ 86②). 대통령이 국회의 동의를 얻어 임명하며(§ 86①), 군인은 현역인 자는 임명할 수 없다(§ 86③). 그 해임권은 대통령에게 속하나, 국회는 국무총리의 해임을 대통령에게 건의할 수 있다(§ 63①). 국무총리는 국무위원 및 행정각부의 장의 任命提請權을 가지며(§ 87①, 94), 대통령이 유고로 인하여 직무를 수행할 수 없을 때에는 大統領權限代行權을 가진다(§ 88③, 89). 그리고 소관사무에 관하여 법률이나 대통령령의 위임 또는 직권으로 총리령을 발할 수 있는 권한을 가지며(§ 95), 국회나 그 위원회에 출석하여 국정처리상황을 보고하거나 의견을 진술하고 질문에 응답할 수 있는 권한을 가진다(§ 62①).

국무위원(國務委員)

국무위원이란 국무회의의 구성분자를 말한다. 국무총리의 제청에 의하여 대통령이 임명한다(헌§ 88①). 대통령의 국법상의 문서에 대하여 관계 국무위원은 副署한다(§ 82). 국무위원은 각부장관에 보임되는 국무위원도 있다. 이것을 政務長官이라고 한다. 국회는 대통령에게 국무위원의 해임을 건의할 수 있다(§ 63).

국무회의(國務會議)

국무회의란 1960년의 제3차개헌 이전의 헌법 하에서는 대통령의 권한에 속하는 중요국책을 의결하는 의결기관으로서의 국무원의 회의를 의미하였고, 제3차개정 헌법 하에서는 내각책임제 정부형태가 채택됨에 따라 행정권의 귀속주체로서의 최고회의제 행정관청인 국무원의 의회를 의미하였으며, 민의원에 대하여 연대책임을 지는 국무원의 일체성을 담보하기 위하여 중요한 기능을 가지고 있었다. 5·16군사쿠테타 이후 국가재건비상조치법 제23조에 의하여 헌법상의 국무원에 관한 규정은 동 비상조치법하의 내각에 준용하기로 되었고, 내각의 회의를 閣議라고 하였다. 제5차개헌 및 제7차개헌에 있어서는 미국식 대통령제가 채택됨에 따라 의결기관으로서의 국무원제도는 폐지되고, 현행헌법에서는 「정부의 권한에 속하는 중요한 정책을 심의」하는 필요적 심의기관으로서의 국무회의만을 두고 있다 (헌§ 88①, 89). 국무회의는 대통령·국무총리와 15인이상 30인 이하의 국무위원으로 구성하되(§ 88②), 대통령이 의장, 국무총리가 부의장이 된다(§ 88③).

장관(長官)

장관이란 법령이 정하는 바에 의하여 일정한 범위 내의 행정사무를 주관하고, 그 주관사무에 관하여 받는 행정각부의 장으로서, 국무위원 중에서 국무총리의 제청으로 대통령이 임명한다(헌§ 94). 장관은 반드시 국무위원이지만, 모든 국무위원이 장관인 것은 아니다. 장관을 겸직하고 있지 않는 국무위원을 정무장관이라고 한다(政組§ 17). 장관은 국무위원을 겸하고 있으나 그 법적 지위는 구별하여야 한다. 첫째로 국무위원은 국무회의의 구성원인 데 대하여, 장관은 국무회의에서 일단 심의된 사항을 집행하는 행정집행기관이다. 둘째로 국무위원은 담임사무에 한계가 없음에 대하여, 장관은 담임사무에 일정한 한계가 있다.

국가안전보장회의 (國家安全保障會議)

국가안전보장회의란 국가의 안전보장에 관련되는 대외정책·군사정책 및 국내정책의 수립에 관하여 국무회의의 심의에 앞서 대통령의 자문에 응하는 위한 기관이다(헌§ 91①). 국가안전보장의 중요성에 비추어 특별히 설치된 대통령의 자문기관이다. 따라서 회의는 대통령이 주재한다(§ 91②). 그 조직·직무범위 기타 필요한 사항은 법률로 정한다(§ 91③). 이에 관한 법률로는 국가안전보장회의법이 있다.

국가원로자문회의 (國家元老諮問會議)

국가원로자문회의란 국정의 중요한 사항에 관한 대통령의 자문에 응하기 위하여 국가원로로 구성된 기관을 말한다(헌§ 90①). 그 조직 및 직무범위 기타 필요한 사항은 법률로 정한다(§ 90③). 의장은 직전대통령이 되며, 다만 직전대통령이 없을 때에는 대통령이 지명한다(§ 90②).

행정각부(行政各部)

행정각부란 정부의 구성단위로서 대통령과 그를 보좌하는 국무총리의 통할하에 있으며, 법률이 정하는 소관사무를 담당하는 중앙행정기관을 말한다.

부령(部令)

부령이란 대통령중심제에 있어서 행정각부의 장이 소관사무에 관하여 법률이나 대통령령이 위임 또는 직권으로 발하는 명령을 말한다(헌§ 95). 이 부령에는 두 가지가 있다. 하나는 법률이나 대통령령의 위임에 의하여 발하는 부령이고, 다른 하나는 직권으로서 발하는 부령이다. 전자를 委任命令이라 하고, 후자를 職權命令이라고 한다.

감사원(監査院)

감사원은 국가의 세입·세출의 결산, 국가 및 법률이 정한 단체의 회계검사와 행정기관 및 공무원의 직무에 관한 감찰을 하기 위하여 대통령 소속 하에 설치된 헌법상의 기관이다(헌§ 97). 감사원은 장관을 포함한 5인 이상 11인 이하의 감사위원으로 구성되는 合議制機關이다(§ 98①). 감사원장은 대통령이 국회의 동의를 얻어 임명하며(§ 98②). 감사위원장은 원장의 제청으로 대통령이 임명하고, 임기는 감사원과 같이 4년이며 1차에 한하여 중임 할 수 있다(§ 98②, ③). 감사원의 조직·직무범위·감사위원의 자격·감사대상공무원의 범위 기타 필요한 사항은 법률로 정한다(§ 100). 감사원은 세입·세출의 결산을 매년 검사하여 대통령과 차년도 국회에 그 결과를 보고하여야 한다(§ 99).

중앙선거관리위원회 (中央選擧管理委員會)

중앙선거관리위원회란 최상급의 선거관리위원회를 말한다. 선거관리위원회란 선거와 국민투표의 공정한 관리 및 정당에 관한 사무를 처리하기 위하여 설치된 國家選擧管理機關을 말한다(헌§ 114). 중앙선거관리위원회는 9인의 위원으로 구성되는데, 3인은 대통령이 직접 임명하고, 3인은 국회에서 선출하며, 3인은 대법원장이 지명한다. 위원장은 위원 가운데에서 互選한다. 이와 같이 위원은 중립성이 보장된 대법원에서 3분의 1의 위원을 선출하게하여, 선거와 정당의 최고관리기관인 중앙선거관리위원회의 중립성을 보장하고 있다. 위원의 임기는 6년으로 한다. 위원은 정당에 가입하거나 정치에 관여할 수 없다. 위원은 탄핵 또는 형벌에 의하지 아니하고는 파면되지 아니한다. 중앙선거관리위원회는 법령의 범위 안에서 선거관리·국민투표관리 또는 정당사무에 관한 규칙을 제정할 수 있으며, 법률에 저촉하지 아니하는 범위 안에서 내부규율에 관한 규칙을 제정할 수 있다.

法 院

사법(司法)

실질적 의미의 사법이라 함은 입법 및 행정에 대하여 법규를 적용하여 권리관계를 확정하거나 또는 어떤 사항의 適法違法을 판단함으로써 구체적 爭訴를 해결하는 국가작용을 말한다. 형식적 의미로는 사법기관인 법원의 권한으로 되어 있는 사항을 말한다. 대륙법계 국가에서는 일반적으로 실질적 사법은 민사 및 형사재판권의 행사에 한정되어 있으나, 우리나라는 영미법적인 統一管轄主義아래서 행정사건의 재판에 대하여도 사법절차를 준용하고 있다(헌 § 107③).

사법권(司法權)

사법권이란 사법작용을 행사하는 통치권의 권능을 말한다. 입법권·행정권과 병립하는 개념이다. 근대국가의 근본원칙 가운데 하나인 삼권분립주의는 입법·사법·행정이라는 세 가지 권력이 각각 별개의 기관에 분속될 것을 요구하고 있다. 이에 따라 대부분의 국가는 사법권을 독립한 법원으로 하여금 행사하도록 하고 있다. 사법권에는 민사·형사·행정 재판권, 선거에 관한 재판권, 명령·규칙·처분 심사권 및 違憲法律審査提請權 등이 포함된다.

사법권의 독립(司法權의 獨立)
영 ; independence of judiciary
독 ; richterliche Unabhängigkeit

사법권의 독립이란 사법권이 입법부 및 행정부로부터 독립하여 공정한 재판을 하는 것을 말한다. 사법권의 독립은 법원의 입법부나 행정부로부터의 독립은 물론이지만, 특히 법관의 신분보장이 중심이 되는 인적 독립과, 직무상(재판상)의 독립을 의미하는 물적 독립으로 나누어 설명하여 볼 수 있다. (1) 人的 獨立(법원구성의 독립) : 인적 독립이란 법원의 인적 조직·법관의 자격·법관의 지위의 독립 및 보장을 말한다. 헌법이「사법권은 법관으로 구성된 법원에 속하며」(헌§ 101①),「법관의 자격은 법률로 정한다」(§ 101③), 또「법관은 탄핵 또는 금고이상의 형의 선고에 의하지 아니하고는 파면되지 아니하며 징계 처분에 의하지 아니하고는 停職減俸 기타 불리한 처분을 받지 아니한다」(§ 106①)고 규정한 것 등은, 법관의 신분보장과 행정부의 관여를 배제하고 인사의 독립성을 보장함으로써 법원구성의 독립성을 기하는데 목적이 있다. (2) 物的 獨立(裁判上의 獨立) : 물적 독립이란 소송사건을 심판함에 있어서, 외부로부터 어떠한 간섭이나 지시도 받지 않는다는 것을 의미한다. 헌법은「법관은 헌법과 법률에 의하여 그 양심에 따라 독립하여 심판한다」(§ 103)고 규정함으로써, 법관은 재판을 함에 있어서 헌법과 법률에만 구속당할 뿐, 어떠한 세력에도 영향을 받지 않음을 말하는 것이다. 사법권 안에서도 상급법원 또는 법관이 소속하고 있는 법원의 장으로부터의 간섭도 절대로 받지 않는다. 이러한 것은 물적 독립 또는 재판상의 독립이라 한다.

사법권의 우월(司法權의 優越)
영 ; judicial supremacy

사법권의 우월이란 법원에 법률의 실질적 심사권을 부여함으로써 사법권의 우위적 권능을 인정하는 제도를 뜻한다. 보통 입법권에 대한 우월성을 의미한다. 미국에서는 연방대법원의 違憲判決(1803 Marbury vs. Madison 사건에서 Marshall 판사의 논지)을 통하여 일찍이 확립되었으나, 유럽의 대부분 국가에서는 법원의 법률심사권을 부정하고 있다. 우리 헌법도 절대적 행정권 우위의 국가로서 법원의 실질적 법률심사권을 인정하지 않고 있다(헌§ 107①, ②).

법원(法院)

법원이란 좁은 의미로는 법관으로 구성된 사법관청을 말하며 헌법상 사법권을 행사하는 기관이다. 법원의 大綱에 관하여는 헌법 제101조 내지 제106조에 규정되어 있으나, 그 자세한 것에 관하여는 법원조직법에 규정되어있다. 이러한 의미의 법원에는 합의부와 단독판사의 두 가지가 있다. 한편 법원이라는 용어는 법원의 사무직원과 집달관까지도 포함하는 복합적 관서의 의미로도 사용되고 있다. 이러한 의미에서의 법원을 넓은 의미의 법원이라고 한다.

대법원(大法院)
영, Supreme Court
독, Oberstes Gericht

헌법과 법률의 구체적 해석 및 적용을 담당하고 있는 사법부의 최고기관을 말한다. 우리나라의 현행 헌법은 헌법재판소제도를 두면서도 대륙식 위헌법률심사제국가인 독불과 같은 사법분산제를 채택하지 아니하고, 사법심사제국가인 미·일의 사법집중제를 채택하고 있다. 다만 대법원에 위헌법률심사권을 인정할 것인가에 따라서 차이가 있었을 뿐이다. 현행 헌법에서 대법원이 가지는 지위는 (1)주권행사기관의 하나로서의 지위, (2)최고기관의 하나로서의 지위, (3)국민의 기본권보장기구로서의 지위, (4)최고최종심법원으로서의 지위, (5)위헌법률심사제청기관으로서의 지위, (6)최고사법행정기관으로서의 지위 등이 있다. 일반적으로 대법원은 대법원장과 대법관으로 구성된다. 대법관의 수는 대법원장을 포함하여 14인으로 한다(법원조직법 4조 2항). 대법원의 구성방식에 있어서 우리나라는 일본식을 모방하여 대법원에 여러 부를 두게 하고 있으며(헌법 제102조 1항), 특히 법원조직법은 대법원에 행정·조세·노동·군사·특허 등을 전담하는 부를 둘 수 있게 하고 있어(법원조직법 제7조 2항), 이러한 부에는 부장판사인 대법관을 두고 대법관이 아닌 법관을 배석판사로 임명할 가능성도 있다. 대법원의 심판권은 대법관의 전원의 3분의 2 이상의 합의체에서 이를 행하며 대법원장이 재판관이 된다. 다만 대법관 3인 이상으로 구성된 부에서 먼저 사건을 심리하여 의견이 일치할 때에 한하여 (1)명령 또는 규칙이 헌법에 위반함을 인정하는 경우, (2)명령 또는 규칙이 법률에 위반함을 인정하는 경우, (3)종전에 대법원에서 판시한 헌법·법률·명령 또는 규칙의 해석적용에 관한 의견을 변경할 필요가 있음을 인정하는 경우, (4)부에서 재판함이 적당하지 아니함을 인정하는 경우 등을 제외하고 그 부에서 재판할 수 있다(법원조직법 7조 1항). 대법원은 (1)상고사건, (2)항고법원·고등법원 또는 항소법원의 결정·명령에 대한 재항고 사건, (3)다른 법률에 의하여 대법관의 권한에 속하는 사건을 중심으로 재판한다(법원조직법 14조). 한편 상급법원의 재판에 있어서의 판단은 당해 사건에 관하여 하급심을 기속하므로(법원조직법 8조), 최고 법원의 대법원의 판결례는 향후 하급심의 유사사건 재판에 있어서 절대적 영향을 끼친다.

법관(法官)
영 ; judge   독 ; Richter   불 ; juge

법관이란 넓은 의미로는 분쟁 또는 이해의 대립을 법률적으로 해결·조정하는 판단을 내리는 권한을 가진 자를 뜻한다. 그리고 좁은 의미로는 우리 국법상 법관의 명칭을 가지는 공무원으로 헌법 또는 법률에 정한 바에 의하여 임명되고, 대법원 기타 각급 법원에 소속되어 재판사무를 담당하는 자를 말한다. 법관은 그 직권행사에 있어서 누구로부터도 지휘·명령을 받지 아니하고, 오직 그 양심에 좇아 헌법 및 법률을 해석·적용하여야 한다. 법관은 탄핵 또는 금고 이상의 형의 선고에 의하지 아니하고는 파면되지 아니하며, 징계처분에 의하지 아니하고는 정직·감봉 기타 불리한 처분을 받지 아니한다(헌§ 106①·法組§ 46①). 법관에는 대법원장, 대법관, 판사 등 3종류가 있는데, 대법원장과 대법관의 임기는 6년(대법원장은 중임 할 수 있으며, 대법관은 법률이 정하는 바에 의하여 連任할 수 있다)이고, 대법원장과 대법관이 아닌 법관의 임기는 10년이며 법률이 정하는 바에 의하여 연임할 수 있다(헌§ 105). 그리고 대법원장과 대법관이 아닌 법관은 대법관회의의 동의를 얻어 대법원장이 임명한다(§ 104③).

법령심사권(法令審査權)
독 ; richterliches Prüfungsrecht

법령심사권이란 법원이 재판을 행할 때에 적용해야 할 법령의 효력을 심사하고, 瑕疵있는 법령의 적용을 거부하거나 그 효력을 부인하는 권한을 말한다. 형식적 하자의 심사권은 일반적으로 법원이 가지고 있으나, 실질적 하자(법령의 내용이 상위의 법형식에 위반하는 것)의 심사권에 관하여는 나라마다 그 취급방법을 달리한다. 그리고 법원이 국회의 의결을 거친 법률에 대하여 심사권을 가질 수 있느냐에 대하여도 국가에 따라 다르다. 제1차세계대전 이전까지의 유럽제국가는 입법부의 우월성을 인정하고 법원의 위헌법률심사권을 부인하였다. 이에 대하여 미국은 사법부의 우월을 인정하고 일찍이 연방대법원의 판결로써 위헌법률심사권을 인정하였다. 그밖에 법률심사제는 인정하지만 이를 법원에 부여하지 않고 헌법재판소에 부여하는 국가도 있다. 위헌법률심사제에 관해 우리 나라는 건국헌법 시대에는 헌법위원회에, 1960년 헌법시대에는 헌법재판소에, 1962년 헌법시대에는 대법원에 위헌법률심사권을 부여하고 있었다. 1972년, 1980년 헌법에서는 헌법위원회가 위헌법률심사권을 갖고, 법원은 명령·규칙·처분의 심사권만 가지고 있었다. 1987년 헌법은 違憲法律審査權(위헌법률심사권)을 새로 구성된 헌법재판소의 관할로 하고 있다. 명령·규칙 그 가운데에서도 정부가 발하는 것에 대하여는, 법률의 위헌심사권을 부여하지 않는 국가라 할지라도 위헌·위법의 명령·규칙심사권을 법원에 부여하고 있는 것이 통례이다.

우리 헌법은「명령·규칙·처분이 헌법이나 법률에 위반되는 여부가 재판의 전제가 된 경우에는 대법원은 이를 최종적으로 심사할 권한을 가진다」(헌 § 107②)고 규정하고 있다 여기서 심사의 대상이 되는 것은 명령과 규칙 및 처분이다. 명령이라 함은 행정기관이 정립하는 일반적 규범을 뜻하고, 규칙은 행정권의 자유적 입법인 규칙 뿐만 아니라 국회가 제정하는 규칙, 대법원규칙, 지방자치단체의 조례와 규칙도 포함된다. 처분심사권은 행정작용으로 인한 국민의 피해를 구제하여 행정의 법적합성을 확보하기 위한 것으로 행정에 대한 사법적 통제의 기능을 하는 것이다. 이러한 심사권은 각급 법원의 권한에 속하며 다만 대법원은 이를 최종적으로 심사할 권한을 가진다. 법원은 법률의 위헌여부가 재판의 전제가 된 경우에 憲法裁判所(헌법재판소)에 제청하여 그 심판에 의하여 재판한다(§ 107①). 법원은 단지 헌법재판소에 제청권만을 가지므로 이에 관한 자유재량권을 가질 뿐이다.

위헌명령 · 규칙 · 처분의 심사
(違憲法令 · 規則 · 處分의 審査)

명령·규칙 또는 처분이 헌법이나 법률에 위반되는 여부가 재판의 전제가 된 경우에 이를 심사하는 것을 말한다. 위헌법률의 심사권은 헌법재판소가 행사하나(헌법 107조1항), 위헌명령 · 규칙 또는 처분의 심사권은 법원이 가지며, 최종적인 심사권은 대법원이 가진다(헌법 제107조2항). 여기서 명령이란 위임명령 · 집행명령 등 일반적 법규범을

의미하며, 여기에는 대통령령 · 대법원규칙 · 헌법재판소규칙 · 중앙선거관리위원회규칙 및 지방자치단체의 자치에 관한 조례 · 규칙 등도 포함된다. 위반여부의 판정기준은 헌법과 법률(실질적 의미의 헌법 · 법률 포함) 및 국회의 비준 · 동의를 받은 조약도 심사기준이 되며, 위헌명령 · 규칙의 위헌여부는 대법관 전원의 3분의2 이상의 합의체에서 행하고 대법원장이 재판장이 된다. 명령·규칙이 헌법이나 법률에 위반된다고 인정되는 경우에는 법원은 그 명령 · 규칙의 당해 사건에의 적용을 거부할 수 있다. 그러나 그 명령·규칙의 심사를 목적으로 하는 것이 아니며, 현행법상 위헌을 공고하는 방법이 없기 때문이다.

헌법 제107조 제2항이 규정한 명령 · 규칙에 대한 대법원의 최종심사권이란 구체적인 소송사건에서 명령 · 규칙의 위헌여부가 재판의 전제가 되었을 경우 법률의 경우와는 달리 헌법재판소에 제청할 것 없이 대법원의 최종적으로 심사할 수 있다는 의미이며, 헌법 제111조 제1항 제1호에서 법률의 위헌여부심사권을 헌법재판소에 부여한 이상 통일적인 헌법해석과 규범통제를 위하여 공권력에 의한 기본권침해를 이유로 하는 헌법소원심판청구사건에 있어서 법률의 하위법규인 명령 · 규칙의 위헌여부심사권이 헌법재판소의 관할에 속함은 당연한 것으로서 헌법 제107조 제2항의 규정이 이를 배제한 것이라고는 볼 수 없다(헌법재판소 1990. 10. 15.　89헌마 178 全員裁判部).

憲法裁判所

헌법재판소(憲法裁判所)

헌법재판소란 법원의 제청에 의한 법률의 위헌여부와 탄핵 및 정당해산 등에 관한 심판을 담당하는 국가기관을 말한다(헌§ 111①). 헌법재판소는 3권으로부터 완전히 독립하여 중립권력을 행사하는 헌법수호자로서의 지위를 가진다. 헌법재판소에서 결정한 사항은 최종적인 國家議事(국가의사)로서 확정되므로, 다른 어떠한 기관의 의사로써도 제약 또는 변경을 가할 수 없다. 헌법재판소는 9인의 재판관으로 구성되며, 재판관은 대통령이 임명한다(§ 111②). 이 9인의 위원 중 3인은 대통령이 지명하는 자를, 3인은 국회에서 선출하는 자를, 3인은 대법원장이 지명하는 자를 임명한다. 헌법재판소의 장은 국회의 동의를 얻어 재판관 중에서 대통령이 임명하고, 그 임기는 6년으로 하며, 법률이 정하는 바에 의하여 連任할 수 있다(§ 112①). 헌법재판소의 재판관은 彈劾(탄핵) 또는 禁錮(금고)이상의 형의 선고에 의하지 아니하고는 파면되지 아니한다. 이밖에 해임사유로서는 정당에 가입하거나 정치에 관여한 경우를 들 수 있다(§ 112②). 헌법재판소에서 법률의 위헌결정, 탄핵결정 또는 정당해산결정을 할 때에는 위원 6인 이상의 찬성이 있어야 한다. 또 법률에 저촉되지 아니한 범위 안에서 심판에 관한 절차, 내부규율과 사무처리에 관한 규칙을 제정할 수 있고, 조직과 운영 기타 필요한 사항은 법률로 정한다(§ 113②, ③憲裁§ 10). 헌법재판소는 違憲法律審判權(헌§ 107, § 111① I, § 113①), 彈劾審判權(§ 111① II, § 65), 政黨解散審判權(§ 111① III, § 8④), 權限爭議審判權(§ 111① IV) 및 憲法訴願審判權(§ 111① V) 등의 권한을 갖는다.

헌법재판(憲法裁判)
독 ; Verfassungsgerichtsbarkeit

헌법재판이란 의회에서 제정한 법률이 헌법에 위반하는지의 여부를 심사하고, 그것이 위헌이라고 판단될 때에는 그 법률의 효력을 상실시키거나 적용을 거부하는 제도를 말한다. 憲法裁判制度(헌법재판제도)에 관하여는 각국의 입법례가 다른데, 크게 나누어 보면 (1) 불문헌법인 국가에서는 헌법과 법률의 우열이 없으므로 문제되지 않고, (2) 일반법원과 독립한 헌법재판소를 설치하고 법률심사를 담당케 하는 국가(독일, 오스트리아, 이탈리아, 포르투갈, 스페인, 터키), (3) 일반법원에 법률심사권을 부여하는 국가(미국, 중남미제국, 호주 캐나다, 일본, 인도) (4) 헌법재판소도 순수한 일반법원도 아닌 특수한 성격을 가진 기관으로 하여금 헌법재판을 담당하는 국가(프랑스의 헌법원(conseilconstirufrmee), 그리스의 특별최고법원, 이란의 헌법수호위원회)등이 그것이다. 헌법재판제도에는 구체적인 爭訟事件(쟁송사건)과의 관련 또는 전제가 되는지에 따라 具體的 規範統制形式(구체적 규범통제형식)과 抽象的 規範統制形式(추상적 규범통제형식)(독일기본법, 1958년 오스트리아헌법, 1948

년 이탈리아 헌법)으로 구분할 수 있고 위헌결정의 효과에 따라 구체적 효력과 일반적 효력으로 구분할 수 있다. 우리 나라 헌법은 구체적 규범통제형식에 따르고 있으며 위헌심판의 효과로는 일반적 효력을 발생한다(헌§ 107①).

사법심사(司法審査)
영. judicial review

법치주의의 관념 아래 모든 국가기관의 행위, 특히 행정기관의 행위에 대하여 사법법원이 그 적법성의 심사를 하는 것을 말한다.

위헌법률심사제(違憲法律審査制)
영. review of the constitutionality

위헌법률심사제는 입법부의 위헌법률제정에 대한 헌법보장의 사법적 수단으로서 중요시되고 있다. 위헌법률심사제란 법률이 그 상위규범인 헌법에 합치하는가 여부를 사법기관이 심사하여 헌법에 위배된다고 생각하는 경우에는 그 효력을 상실하게 하거나 그 법률의 적용을 거부하는 제도를 말한다. 위헌법률심사제도에는 미국식인 사법심사제도와 독일식인 헌법재판소제도가 있다. 일반적으로 사법심사제는 일반법원에 의한 위헌심사제이나, 독일식 헌법재판소제도는 헌법재판소라는 특별한 기관을 두어 위헌심사를 담당하게 하고 있는 것이 특색이며, 또 사법심사제도는 어떤 법률의 위헌성 판단이 구체적 사건의 재판에 전제가 되어 이루어지는 위헌심사인 구체적 규범통제를 주로 하는데 비하여, 헌법재판소제도는 구체적

사건을 전제하지 않고서도 어떤 법률의 위헌성을 판단하는 이른바 추상적 규범통제도 아울러 행사함을 그 특색으로 하고 있다. 사법심사제와 헌법재판소제도는 그 기구·조직·관할·절차·심사대상·심사권의 한계, 판결의 효력 등에 있어서 현격한 차이가 있다. 우리 나라는 위헌법률심사권을 법원이 아닌 헌법재판소에 부여하고 있다. 즉 법률이 헌법에 위반되는 여부가 재판의 전제가 된 경우에는 법원(군사법원을 포함한다)은 직권 또는 당사자의 신청에 의한 결정으로 헌법재판소에 제청하여 그 심판에 의하여 재판한다(헌법 제107조1항, 헌법재판소법 제41조1항). 또 헌법재판소에서의 법률의 위헌결정은 재판관 9인중 6인 이상의 찬성이 있어야 한다(헌법 제113조). 법원이 법률의 위헌여부의 심판을 헌법재판소에 제청한 때에는 당해 소송사건의 재판은 헌법재판소의 위헌여부의 결정이 있을 때까지 정지된다. 다만 법원이 긴급하다고 인정하는 경우에는 종국재판외의 소송절차를 진행할 수 있다(헌법재판소법 제42조 제1항). 한편 위헌으로 결정된 법률 또는 법률의 조항은 그 결정이 있는 날로부터 효력을 상실한다. 다만 형벌에 관한 법률 또는 법률의 조항은 소급하여 그 효력을 상실한다(헌법재판소법 제47조2항).

위헌(違憲)
영. unconstitutional
독. verfassungswidrig
불. inconstitutioinnel

법령 등이 헌법규정에 위반하는 것

(헌법 제107조)을 말한다. 법률이 헌법에 위반되는 여부가 재판의 전제가 된 경우에는 법원은 헌법재판소에 제청하여 그 심판에 의하여 재판하며(헌법 제107조1항), 명령·규칙 또는 처분이 헌법이나 법률에 위반되는 여부가 재판의 전제가 된 경우에는 대법원은 이를 최종적으로 심사할 권한을 가진다(헌법 제107조2항).

위헌판결 (違憲判決)

위헌판결이란 법원이 헌법 제107조 1·2항에 의하여 법률·명령·규칙의 위헌·합헌을 심사하고, 그 결과 위헌으로 판단하여 내린 판결을 말한다. 違憲審査(위헌심사)에는 두 가지가 있다. 하나는 명령·규칙에 대한 違憲審査이고 또 하나는 법률에 대한 위헌심사이다. 명령·규칙 또는 처분이 헌법이나 법률에 위반되는가의 여부에 대하여는 각급 법원이 실질적 심사권을 가지고 있다(헌§ 107②). 그 심사는 위헌여부가 판결의 전제가 되고 있을 때 한하여 행사할 수 있는 것이 우리 헌법의 특색이다. 한편 법률의 위헌심사제도에 있어서는 세계각국의 헌법이 다양하게 규정하고 있다. 대략 살펴보면 일반법원에 위헌심사권을 부여하는 국가(미국, 중남미제국, 호주, 캐나다, 일본, 인도)와 독립된 헌법재판소를 따로 설치하여 위헌심사권을 행사하도록 하는 국가(독일, 오스트리아, 이탈리아, 포르투갈, 스페인, 터키)가 있다. 우리 헌법은 현재 법률의 위헌여부가 재판의 전제가 된 때에는 법원은 헌법재판소에 제청하여 그 심판에 따라 재판한다고 규정함으로써(§ 107①) 법원과 독립한 헌법재판소에 심사권을 부여하고 있다. 법률심사의 결과 위헌심판을 하게 되는 경우에는 어떠한 효력이 발생하는가도 문제가 되고 있다. 이에는 一般的 效力説과 개별적 효력설이 대립되고 있다. 일반적 효력설에 의하면 위헌심사를 함으로써 그 위헌법률은 효력의 상실하게 되므로 이후의 모든 사건과 국가기관을 구속한다고 한다. 이에 반하여 개별적 효력설에 따르면 위헌결정은 당해 사건과 소송당사자에 한하여 효력이 미칠 뿐 그 법률자체가 실효되는 것은 아니라고 본다. 具體的 規範統制形式(구체적 규범통제형식)(재판의 전제가 된 때에 한정하여 행하는 위헌심사제도)을 채택하는 나라에서는 이 경우에 개별적 효력을 인정한다. 이에 대하여 추상적 규범통제형식(구체적으로 재판의 전제가 되지 않은 때에도 인정되는 위헌심사제도)를 채택하는 나라에서는 일반적 효력을 인정한다.

우리 헌법은 제107조1·2항에서 구체적 규범통제형식을 채택하면서도 헌법재판소법 제47조에서는 일반적 효력을 인정하고 있다. 이 조에 따르면 법률이 위헌결정은 법원 기타 국가기관 및 地方自治團體(지방자치단체)를 기속하며, 위헌으로 결정된 법률 또는 법률의 조항을 그 결정이 있는 날로부터 효력을 상실한다. 다만, 형벌에 관한 법률 또는 법률의 조항은 遡及하여 그 효력을 상실한다고 규정하고 있다. 위헌판결에 대한 학설의 대립을 입법적으로 해결한 것이다.

위헌재판(違憲裁判)

위헌재판이란 법원에 법령심사권을 인정하는 국가에서 법원이 이 권한에 근거하여 어떤 법률·명령·규칙·처분이 헌법에 위반된다고 판단하는 재판을 말한다. 명령·규칙 또는 처분의 위헌재판은 일반법원의 권한으로 인정되는 것이 일반적이며, 우리 헌법 역시 이에 따르고 있지만(헌§ 107②), 법률의 위헌여부에 관하여는 그 심사를 전혀 인정하지 않는 제도, 일반법원에 그 재판권을 부여하는 제도, 특별법원에 그 재판권을 부여하는 제도, 특별기관에 그 결정권을 주는 제도 등 국가에 따라 다른데, 위헌재판은 일반법원(예컨대 미국 · 일본 · 호주 · 캐나다 · 인도 · 중남미제국 등) 또는 특별법원(예컨대 1919년의 오스트리아 헌법재판소 · 독일연방헌법재판소 · 1960년헌법하의 우리나라헌법재판소 등)에 그 재판권을 주는 국가에서만 인정된다. 우리 나라의 현행헌법은 특수기관인 헌법재판소에 법률의 구체적 違憲審査權(위헌심사권)을 부여하고 있다(§ 107①, 111① I).

불합치선언(不合致宣言)
독. unvereinbar

위헌확인 선언의 주문이라고 한다. 이와 같은 판결을 함에 있어서는 두 가지 관점이 표준이 된다. 하나는 입법자의 형성자유의 존중을 하려는 것이고, 또 하나는 법의 공백에 대비하여 법적 안정성을 유지하기 위한 것이다. 구체적으로 말하면 이는 헌법에 합치하지 아니한다는 위헌선언에 그치고 무효선언에까지 이르지 않는 경우이다. 위헌법률에 대한 대체입법없이 위헌선언하면 법률공백(Rechtsvakuum)이 생기고 따라서 법적 안정성을 해칠 우려가 있으므로 이를 피하기 위해 서독 연방헌법재판소는 1970년 법개정에 의하여 명문화하기 전부터 판례로 불합치 선언의 판결주문을 냈다. 무효선언을 하여 법규의 대안 없는 제거의 상태를 만드는 것이, 위헌법규라도 잠정적인 계속효를 인정하는 것보다는 더 위헌적임을 이유로 한다. 위헌적 상태를 제거하기 위한 신입법을 하는데 입법자에게 형성의 여지를 차단치 않기 위한 것이다. 즉 입법권자에게 법형성의 자유를 존중하여 신법에 의한 폐기 · 보완 · 변경의 여지를 주기 위한 것이다.

입법촉구결정(立法促求決定)

입법촉구결정을 또 하나의 독자적 결정형으로 보는 견해에 의하면, 입법촉구결정이란 결정 당시에는 합헌인 법률이지만 위헌법률이 될 소지가 있다고 인정하여, 헌법에 완전히 합치하는 상태를 실현하기 위하여 또는 장차 발생할 위헌의 상태를 방지하기 위하여 입법자에게 당해 법률의 개정 또는 보완 등 입법을 촉구하는 형식이라고 한다. 그러나 아직까지 우리나라에서는 직접 입법촉구를 주문에 명시한 결정례를 찾아볼 수 없다.

권한의 획정(權限의 劃定)

권한쟁의 또는 주관쟁의를 결정하는

것을 말한다. 행정관청의 권한에 관하여 분쟁이 있을 때에는 그 상급관청이 결정하며, 상급관청이 같지 않을 때에는 상급관청간의 협의에 의하여 결정하며, 협의가 이루어지지 않을 때에는 국무회의의 심의(헌법 제89조 10호)를 거쳐 행정부의 수반으로서 대통령이 결정한다. 한편 국가기관 상호간, 국가기관과 지방자치단체 및 지방자치단체 상호간의 권한쟁의에 관한 심판은 헌법재판소가 이를 관장한다(헌법 제111조 1항 4호).

탄핵제도(彈劾制度)

탄핵이란 일반적인 사법절차나 징계절차에 따라 소추거나 징계하기가 곤란한 집행부의 고위공무원이나 법관 등 신분이 보장된 공무원이 직무상 중대한 비위를 범한 경우에 의회가 이들을 소추하여 처벌하거나 파면하는 제도를 말한다. 현행 헌법상 탄핵제도는 탄핵소추와 탄핵심판의 두 절차로 구성되어 있고, 탄핵소추는 국회의 권한으로 하고(§ 65), 탄핵심판은 헌법재판소의 권한으로 하고 있다§ 111①). (1) 탄핵소추 : 대통령을 탄핵소추하는 경우에는 국회재적의원 과반수의 발의가 있어야 하고, 의결은 재적의원 3분의 2 이상의 찬성이 있어야 한다. 그 외의 자를 탄핵소추하는 경우에는 국회재적의원 3분의 1 이상의 발의와 재적의원 과반수의 찬성으로 의결한다(§ 65②). 탄핵소추의 의결을 받은 자는 소추결정서가 본인에게 송달된 때로부터 헌법재판소의 탄핵심판이 있을 때까지 권한행사가 정지된다(§ 65②). (2) 탄핵심판권 : 탄핵심판사건은 헌법재판소의 재판관 전

원(9인)으로 구성되는 재판부에서 관장한다. 재판부는 재판관 7인 이상의 출석으로 사건을 심리하고, 탄핵의 결정을 할 때에는 재판관 6인 이상의 찬성이 있어야 한다(§ 113①). 탄핵결정은 공직자를 공직으로부터 파면함에 그친다. 그러나 탄핵의 결정으로 민사상의 책임이나 형사상의 책임이 면제되는 것은 아니다(§ 65④). 탄핵결정은 징계적 처벌이므로 탄핵결정과 민·형사재판간에는 일사부재리의 원칙이 적용되지 아니한다(헌재법 § 54①).

헌법소원(憲法訴願)
독. Verfassungsbeschwerde

공권력에 의하여 국민의 기본권이 침해된 경우에 헌법재판소에 제기하는 기본권 구제수단을 말한다. 이는 오스트리아와 독일 헌법재판소에서 인정되어 우리나라를 비롯하여 현재 헌법재판소 제도를 가지고 있는 나라에서 대부분 인정되고 있다. 특히 우리나라에서는 헌법재판소법이 법률의 위헌제청신청이 기각된 경우에도 헌법소원을 할 수 있다고 규정하여(헌법재판소법 제68조2항), 그 의의가 매우 크다. 헌법소원 심판청구권자는 공권력의 행사 또는 불행사로 인하여 헌법상 보장된 기본권을 침해받은 자이며, 법률의 위헌여부심판의 제청신청이 법원에 의하여 기각된 때에는 그 신청을 한 당사자도 헌법소원을 청구할 수 있다(동법 68조). 헌법상 보장된 기본권을 침해하는 공권력의 행사·불행사가 청구의 대상이나, 또 헌법소원은 다른 법률에 구제절차가 있는 경우에는 그 절차를 모든 거친 후가 아

니면 청구할 수 없는 바(동법 68조1항 단서), 이를 헌법소원의 보충성이라고 한다. 헌법소원의 심판은 그 사유가 있음을 안 날로부터 60일 이내에, 그 사유가 있은 날로부터 30일 이내에 청구하여야 하며, 다른 법률에 의한 구제절차를 거친 헌법소원의 심판은 그 최종결정을 통지받은 날로부터 30일 이내에 청구하여야 한다(동법 69조1항). 헌법재판소법은 헌법소원의 청구인이 사인일 경우에는 반드시 변호사를 대리인으로 선임해야 심판수행을 할 수 있도록 하여(동법 25조3항), 변호사선임강제주의를 취하고 있다. 변호사를 선임할 자력이 없는 경우에는 헌법재판소에 국선대리인을 선임하여 줄 것을 청구할 수 있다(동법 70조). 또 헌법재판소는 헌법소원심판의 청구인에 대하여 공탁금의 납부를 명할 수 있다(동법 37조). 이는 헌법소원심판청구가 남용되는 것을 막기 위한 것이다. 그리고 헌법재판소의 부담을 경감시키기 위하여 헌법재판소에 재판관 3인으로 구성되는 지정재판부를 두어 헌법소원심판의 사전심사를 담당하게 한다(동법 72조1항). 만일 (1)다른 법률에 의한 구제절차를 거치지 않은 경우, 그 절차를 모두 거치지 않거나 또는 법원의 재판에 대하여 헌법소원의 심판이 청구된 경우, (2)청구기간이 경과된 후 헌법소원심판이 청구된 경우, (3)대리인의 선임없이 청구된 경우, (4)기타 헌법소원심판의 청구가 부적법하고 그 흠결을 보정할 수 없는 경우에 지정재판부 재판관 전원의 일치된 의견에 의한 결정으로 헌법소원의 심판청구를 각하하며, 지정

재판부가 각하결정을 하지 아니하는 경우에는 결정으로 헌법소원을 재판부의 심판에 회부하여야 한다. 헌법소원심판의 청구 후 30일이 경과할 때까지 각하결정이 없는 때에는 심판에 회부하는 결정이 있는 것으로 본다(동법 72조2·3항). 헌법소원에 관한 심판은 서면심리를 원칙으로 하나, 재판부는 필요하다고 인정하는 경우에는 변론을 열어 당사자·이해관계인 기타 참고인의 진술을 들을 수 있고(동법 30조), 헌법소원의 심판에 이해관계가 있는 국가기관 또는 공공단체와 법무부장관은 헌법재판소에 그 심판에 관한 의견서를 제출할 수 있다(동법 74조).

■ 편 저 ■

대한법률편찬연구회

헌법·헌재 지식정보법전	定價 14,000원

2016年 1月 05日 인쇄
2016年 1月 10日 발행
　편　저 : 대한법률편찬연구회
　발행인 : 김 현 호
　발행처 : 법문 북스
　공급처 : 법률미디어

1️⃣5️⃣2️⃣-0️⃣5️⃣0️⃣
서울 구로구 경인로 54길4
TEL : 2636-2911~3, FAX : 2636~3012
등록 : 1979년 8월 27일 제5-22호
Home : www.lawb.co.kr

▎ISBN 978-89-7535-335-2 13360
▎이 도서의 국립중앙도서관 출판예정도서목록(CIP)은 서지정보유통지원시스템 홈페이
　지(http://seoji.nl.go.kr)와 국가자료공동목록시스템(http://www.nl.go.kr/kolisnet)에
　서 이용하실 수 있습니다.(CIP제어번호: CIP2015028458)
▎파본은 교환해 드립니다.
▎본서의 무단 전재·복제행위는 저작권법에 의거, 3년 이하의
　징역 또는 3,000만원 이하의 벌금에 처해집니다.